Zen ! La méditation POUR LES NULS

Zen ! La méditation POUR LES NULS

Stephan Bodian

First Editions

Zen ! La méditation pour les Nuls
Titre de l'édition américaine : Meditation for Dummies

Publié par
IDG Books Worldwide, Inc.
Une société de International Data Group
919E. Hillsdale Blvd., Suite 400

Traduction : Nadège Verrier.

ISBN 2-87691-657-6
Dépôt légal : 1er trimestre 2002
Nous nous efforçons de publier des ouvrages qui correspondent à vos attentes et votre satisfaction est pour nous une priorité. Alors, n'hésitez pas à nous faire part de vos commentaires :

Éditions Générales First
33, avenue de la République
75011 Paris – France
e-mail : firstinfo@efirst.com

Sommaire

Troisième partie : Diagnostic des anomalies et réglages.... 185

Quatrième partie : La méditation en marche 273

Chapitre 15 : Comment méditer dans la vie quotidienne 275

Chapitre 16 : La méditation au service de la guérison et de l'amélioration des performances 293

Introduction

Le monde entier semble aujourd'hui vouloir s'initier à la méditation. Des ados angoissés aux retraités vieillissants, des femmes au foyer harcelées aux cadres pressés, des malades du cœur aux sportifs du dimanche, de plus en plus de personnes cherchent des solutions à leur vie stressée, surbookée et surexcitée. Les médias et la médicine traditionnelle s'étant montrés incapables de leur apporter des réponses satisfaisantes, ils se tournent de plus en plus nombreux vers des pratiques séculaires comme la méditation pour trouver des remèdes aux maux de la vie.

J'ai de bonnes nouvelles pour vous : la médiation marche ! Que vous soyez à la recherche d'une plus grande capacité de concentration pour mieux travailler, de moins de stress et de plus de tranquillité d'esprit, ou d'une perception plus profonde de la beauté et de la richesse de la vie, le simple geste de s'asseoir et de tourner son attention vers l'intérieur accomplit de véritables merveilles. Je suis bien placé pour le savoir : je pratique moi-même la méditation et l'enseigne depuis plus de vingt-cinq ans.

Pour ne rien vous cacher, vous pouvez apprendre les bases de la méditation en seulement 5 minutes. Il vous suffit de vous asseoir confortablement, le dos droit, de respirer profondément et de suivre votre souffle. Et voilà, le tour est joué ! Si vous pratiquez régulièrement, vous verrez qu'il ne vous faudra pas très longtemps pour vous sentir plus détendu et apprécier encore mieux la vie.

En dépit de sa simplicité apparente, la méditation peut également devenir d'une profondeur et d'une complexité immenses, pour peu que vous ayez envie de poursuivre plus loin. C'est un peu comme la peinture – vous pouvez acheter du matériel, prendre quelques leçons, et passer de très bons moments à peindre sur une feuille de papier. Mais vous pouvez également vous inscrire dans une école des beaux-arts, vous spécialiser dans un domaine particulier et faire de la peinture l'élément central de votre vie. Pour la méditation comme pour l'art, vous avez le choix entre le basique – consacrer 5 à 10 minutes quotidiennes à méditer – et le plus complexe, c'est-à-dire explorer les subtilités du fond du cœur. Tout dépend de vos besoins, de vos intentions, de votre degré d'intérêt et de passion.

À propos de ce livre

En tant que professeur de méditation, j'ai toujours eu des difficultés pour trouver un livre qui enseigne les bases, fournisse une vue d'ensemble détaillée des techniques et pratiques et serve de guide pour aller plus loin. Les ouvrages généraux passent souvent sous silence les aspects pratiques – sur quoi poser son attention, comment s'asseoir, que faire de son esprit fou. Les livres qui apprennent à méditer ne proposent en général que quelques techniques. Ceux, enfin, qui montrent comment explorer le riche monde intérieur de la méditation ont souvent une perspective spirituelle sectaire qui restreint l'étendue de leur présentation. (En d'autres termes, il vous faudrait devenir bouddhiste, yôgi ou soufi pour comprendre ce dont ils parlent.)

Contrairement aux autres livres que j'ai consultés, celui-ci couvre toutes les notions de base. Si vous recherchez des instructions méditatives simples et faciles d'accès, vous trouverez ici des conseils ultramodernes, truffés de tuyaux utiles fournis par les méditants chevronnés et la sagesse séculaire des grands maîtres du passé. Si vous êtes intéressé par une vue d'ensemble du champ de la méditation avant de vous rabattre sur l'un des enseignements ou l'une des méthodes, vous aurez un aperçu des principales approches disponibles de nos jours. Si vous méditez déjà et désirez élargir vos horizons pour y inclure d'autres techniques, vous découvrirez avec plaisir que ce livre présente des dizaines de méditations différentes pour des usages multiples, tirées de sources et de traditions très diverses. Et si vous cherchez seulement à comprendre pourquoi d'autres personnes méditent – votre partenaire, des amis ou votre collègue –, bienvenue à bord ! Plusieurs chapitres sont consacrés aux raisons qui poussent à méditer et aux bénéfices que vous pouvez vous aussi en tirer.

Le point le plus positif de ce livre, à mon humble avis, est qu'il est amusant à lire. La méditation ne doit pas être quelque chose d'ennuyeux ou de triste. Au contraire, son objectif premier est de donner de l'éclat à la vie et de la rendre plus tranquille et plus heureuse. Oubliez donc le stéréotype du reclus nombriliste ! Vous trouverez dans ce livre tout ce que vous pouvez avoir envie de savoir tout en vous divertissant.

Comment utiliser ce livre

Ce livre est plusieurs choses à la fois : un manuel d'instructions, un cours d'introduction et un guide pour une exploration plus approfondie. Vous pouvez le lire du début à la fin ou le survoler jusqu'à ce que vous atteigniez les chapitres qui vous intéressent. Vous y trouverez tout au long des méditations et des exercices à faire et apprécier.

En fonction de vos centres d'intérêt et de vos besoins, ce livre peut être utilisé de diverses façons :

1. Pour acquérir une meilleure compréhension de ce qu'est réellement la méditation et de ce qu'elle peut offrir, commencez par la première partie, où vous trouverez les réponses à vos questions et des solutions à vos problèmes (ça fera 45 € s'il vous plaît !).

2. Pour trouver un cours intensif de la pratique méditative, dirigez-vous vers la deuxième partie où vous découvrirez tout ce que vous devez savoir, depuis la façon de s'asseoir sans bouger, de focaliser son esprit, où et quand méditer, jusqu'au matériel dont vous aurez besoin et comment l'utiliser.

3. Pour des conseils précis destinés à gérer les problèmes pouvant survenir au bout de quelque temps de pratique, rendez-vous à la troisième partie.

4. Pour obtenir une vue d'ensemble du domaine de la méditation, voyez le chapitre 3 pour la perspective historique et le chapitre 13 pour les différentes approches visant à cultiver la spiritualité.

5. Pour trouver une méditation correspondant à un objectif ou un besoin spécifique, voyez le chapitre concerné ou bien, faites un tour dans la cinquième partie (celle des 10 commandements) où vous trouverez un choix des meilleures méditations à usages multiples.

Comment ce livre est-il organisé ?

Même si j'ai écrit ce livre pour qu'il soit lu d'un bout à l'autre – certains le font encore, rassurez-moi ! –, j'ai également fait en sorte que vous puissiez trouver ce que vous cherchez rapidement et facilement. Chaque partie couvre une phase différente de votre rencontre avec la méditation.

Première partie : Rencontre avec la méditation

Si vous n'avez aucune notion sur la méditation, c'est très certainement là qu'il est préférable de commencer. Vous y découvrirez ce qu'est (et n'est pas) la méditation, ses origines et comment elle peut vous être utile pour réduire votre stress, améliorer votre santé, développer vos sentiments de paix et de bien-être. Cette partie vous divulgue aussi les rouages retors de votre esprit (pour le cas où vous ne l'auriez pas encore remarqué) et vous explique comment la méditation vous aide à conserver votre calme et votre concentration.

Deuxième partie : Cette fois, on y va

C'est là que vous apprenez véritablement comment s'asseoir, et travailler sur votre esprit (et votre cœur !). Au cas où la perspective de vous retrouver dans le silence et de vous tourner vers l'intérieur vous intimidait, je vous ai donné des instructions faciles à suivre qui vous mèneront en douceur, étape par étape, tout au long du processus. J'ai ajouté un chapitre à part qui concerne tous les petits détails que la plupart des livres de méditation considèrent comme allant de soi – comment garder le dos (plus ou moins) droit sans être trop tendu ou que faire de ses yeux ou de ses mains par exemple – ainsi qu'un autre sur les étirements et la préparation du corps à la posture assise. Vous pouvez même méditer allongé si vous préférez.

Troisième partie : Diagnostic des anomalies et réglages

Lorsque vous aurez commencé à pratiquer régulièrement, vous verrez de temps à autre des questions et même des problèmes surgir. Vous pouvez vous demander comment assembler toutes les pièces du puzzle pour répondre spécifiquement à vos besoins. Vous pourrez également rencontrer des distractions que vous ne savez pas gérer – rêves récurrents ou émotions difficiles. (Par exemple « comment faire pour que mon esprit arrête de jouer toujours le même air »). Vous pourrez aussi connaître une expérience surprenante et avoir envie d'utiliser la méditation pour trouver des réponses à des questions spirituelles. Cette partie traite des points subtils et névralgiques de la pratique.

Quatrième partie : la méditation en marche

C'est une chose d'apaiser votre esprit et d'ouvrir votre cœur dans l'intimité de votre lieu de méditation, c'en est une toute autre de pratiquer la méditation tout au long de la journée, avec votre patron (ou vos clients), votre partenaire, vos enfants, et l'automobiliste juste devant vous. Vous allez apprendre dans cette partie à élargir les bénéfices de la méditation à tous les aspects de votre vie. Un chapitre spécifique est consacré à la guérison et à l'amélioration des performances.

Cinquième partie : La partie des dix

Ayant tendance à aller d'abord à la fin des livres, j'adore les listes comme celles-ci. Vous trouverez dans cette partie les réponses aux questions les plus souvent posées à propos de la méditation et un condensé des meilleures méditations à usages multiples.

Les icônes utilisées dans ce livre

Ces brefs exercices procurent une pause agréable dans notre vie agitée. Ils ont pour objectif de vous faire sortir de votre tête pour vous placer ici et maintenant.

Lorsque vous voyez cette icône, soyez prêt à arrêter ce que vous êtes en train de faire, respirer plusieurs fois profondément et commencer à méditer. C'est l'occasion de goûter la méditation pour de vrai !

Si je ne l'ai pas dit avant, j'aurais dû – il s'agit d'une information importante qui vaut le coup d'être répétée.

Cette icône vous indique où trouver des notions de nature plus philosophique.

Si vous voulez que vos méditations soient plus faciles et efficaces, suivez ces conseils d'initiés.

Les hommes méditent depuis des milliers d'années. Voici quelques petits trucs qu'ils ont appris, présentés sous forme d'anecdotes ou d'histoires.

Première partie

Rencontre avec la méditation

« Un petit tuyau : si vous vous entendez ronfler, c'est que votre méditation est trop profonde. »

Dans cette partie…

Vous trouverez dans ce livre tous les aspects de la méditation qui peuvent vous intéresser, vous motiver pour enfin vous aider à démarrer. Savez-vous par exemple, que la méditation peut s'enorgueillir d'une illustre tradition multiculturelle ? Qu'une pratique régulière procure des bienfaits multiples et divers, scientifiquement prouvés, comme la réduction du stress, de la tension artérielle et du taux de cholestérol ; le développement de l'empathie et de la créativité ?… Voilà pour les principaux thèmes abordés ici, il ne vous reste plus qu'à poursuivre la découverte.

Chapitre 1

La méditation : ce qu'elle est et ce qu'elle n'est pas

Dans ce chapitre :

- L'ascension vers la méditation
- Trouver des haltes et des sommets moins élevés en chemin
- À la découverte des principales techniques méditatives
- Que trouve-t-on au sommet ?
- Développer la concentration, la conscience réceptive, la contemplation et la culture d'états

La méditation est en réalité quelque chose de très simple, et c'est en cela qu'elle est formidable. Il suffit de s'asseoir, de rester calme, de porter son attention vers l'intérieur et de focaliser son esprit. Voilà, ce n'est pas plus compliqué que cela. (Reportez-vous à l'encadré page suivante « La méditation : un exercice bien plus simple que vous ne le pensez. ») Pourquoi alors, me direz-vous, écrit-on tant d'ouvrages et d'articles sur le sujet ? Et pourquoi un livre aussi détaillé que celui-ci ? Ne suffirait-il pas de donner quelques instructions de base et de laisser tomber tout ce verbiage ?

Imaginons que vous envisagiez de partir pour un long voyage en voiture vers une destination très pittoresque. Vous pouvez vous contenter de griffonner les indications routières et les suivre méthodiquement. Au bout de quelques jours, vous arriverez sûrement à destination. Mais ne pensez-vous pas que le voyage vous semblera plus agréable si vous êtes accompagné d'un guide qui vous montre les choses à voir tout au long du parcours ? Sans compter que vous vous sentirez certainement plus rassuré si vous partez avec un manuel de dépannage en cas de pépin avec votre véhicule ! Et pourquoi ne pas vous donner la possibilité de faire des détours pour admirer des points de vue intéressants ou plus radicalement de changer totalement d'itinéraire, voire de véhicule ?

La méditation : un exercice bien plus simple que vous ne le pensez

La méditation est un exercice qui consiste seulement à focaliser son attention sur un objet donné – en général ordinaire comme un mot ou une expression, la flamme d'une bougie, une figure géométrique ou son souffle (inspiration et expiration). Au quotidien, l'esprit établit un barrage constant de sensations, d'impressions visuelles, d'émotions et de pensées. Au cours de la méditation, l'attention est moins dispersée et le bombardement du système nerveux par les stimulis extérieurs plus faibles ce qui a pour effet d'apaiser l'esprit.

Les instructions suivantes vont vous donner un rapide avant-goût de ce qu'est la méditation. (Pour plus de détails, reportez-vous au chapitre 3.)

1. **Installez-vous dans un endroit calme et asseyez-vous confortablement, le dos relativement droit.**

   Si vous avez tendance à vous enfoncer dans votre fauteuil favori, optez pour un siège qui vous soutienne mieux.

2. **Respirez profondément à plusieurs reprises puis fermez les yeux et détendez votre corps autant que possible.**

   Si vous ne savez pas comment vous relaxer, voyez dès à présent le chapitre 4.

3. **Choisissez un mot ou une expression qui revête une signification personnelle ou spirituelle pour vous.**

   « Seul l'amour compte » « Don't worry, be happy », « Croyez en Dieu » sont quelques-uns des exemples possibles.

4. **Commencez à respirer par le nez (si vous le pouvez) tout en vous répétant calmement le mot ou l'expression choisi.**

   Vous pouvez murmurer votre mantra, le subvocaliser (c'est-à-dire bouger la langue comme si vous alliez le prononcer mais rester muet) ou tout simplement le répéter mentalement. S'il vous arrive d'être distrait, retournez à l'objet de votre méditation.

   Une autre possibilité consiste à suivre le passage de votre respiration (inspirations et expirations) à travers vos narines. Là encore, retournez à votre souffle en cas de distraction.

5. **Méditez pendant au moins 5 minutes puis relevez-vous lentement avant de reprendre vos activités normales.**

Qu'avez-vous ressenti ? Avez-vous trouvé étrange de répéter la même chose ou de suivre votre souffle sans vous arrêter ? Êtes-vous parvenu sans difficulté à garder votre concentration ? Avez-vous souvent changé de mantra ? Si c'est le cas, ne vous inquiétez pas ; avec de la pratique et l'aide de nos conseils, vous attraperez vite le tour de main.

S'il est possible de consacrer plusieurs années fructueuses et agréables à la maîtrise des subtilités et complexités de la méditation, l'exercice de base est suffisamment simple pour permettre, même à un non-spécialiste, de bénéficier de ses formidables avantages.

La pratique de la méditation est en quelque sorte comparable à un long voyage dont vous tenez entre les mains le guide touristique. Ce chapitre vous propose une vue d'ensemble de votre périple, vous offrant des déviations et des chemins alternatifs jusqu'à votre destination. Il vous explique les techniques de base que vous devez connaître pour vous y rendre, sans oublier de vous mettre en garde contre les détours qui semblent apporter les mêmes bénéfices mais qui n'entraînent que déception.

Le voyage vers la méditation

Vous ne tenez pas ce livre entre les mains par hasard. Vous êtes certainement à la recherche de quelque chose de plus dans votre vie – tranquillité d'esprit, quête d'énergie, de bien-être, du sens vrai, du bonheur, de joie. Vous avez entendu parler de la méditation et vous vous demandez ce qu'elle peut réellement vous offrir. Pour continuer avec la métaphore du voyage, disons que la méditation vous prend là où vous êtes et vous emmène là où vous voulez être.

Aimant l'aventure, j'aime à comparer ce voyage à l'ascension d'une montagne : vous avez eu l'occasion de voir des photos de son sommet mais à ses pieds, vous entrevoyez à peine la cime à travers les nuages. Le seul moyen de l'admirer est d'entreprendre l'ascension de la montagne – étape par étape.

Les différents chemins menant au sommet

Une fois prêt, quel moyen allez-vous prendre pour arriver à la cime ? Deux options s'offrent à vous : prendre des leçons d'alpinisme, acheter l'équipement adéquat et commencer l'ascension par l'un des versants rocheux ou opter pour l'un des nombreux sentiers qui serpentent et monter en randonnée jusqu'au faîte de la montagne. (Il est toujours possible de tricher et de monter en voiture, mais là, ma métaphore ne tient plus !).

Si ces chemins mènent au même endroit, chacun possède ses propres caractéristiques. Le premier vous hissera par un versant à pic, sec et rocailleux, le second vous conduira à travers forêts et prairies. Vous y verrez des paysages forts différents : des terres arables ou des déserts dans le premier cas et des vallées luxuriantes parsemées de fleurs dans le second.

Selon votre énergie et votre motivation, vous pourrez peut-être faire une halte pour pique-niquer et apprécier ces moments de paix et de sérénité pendant quelques heures (ou quelques jours). Mais vous pourrez aussi ne pas avoir envie d'aller plus haut tellement vous vous sentez bien, ou bien vous contenter d'un plus petit sommet ou encore désirer atteindre le sommet le plus rapidement possible sans vous attarder en route.

Le voyage vers la méditation rappelle en de nombreux points l'ascension d'une montagne. Quelle que soit la voie choisie, le chemin vous procurera du plaisir et vous recueillerez les bénéfices des exercices de respiration profonde qui font travailler des muscles dont vous ne soupçonniez même pas l'existence !

L'ascension vers la méditation est pratiquée dans de nombreuses parties du monde depuis des milliers d'années. (Pour en savoir plus sur l'histoire de la méditation, reportez-vous au chapitre 3). Les cartes topographiques et les guides de voyage sont par conséquent très nombreux ; chacun proposant un parcours propre ainsi qu'une méthode d'ascension et des conseils sur l'équipement requis.

En règle générale, les guides en vente décrivent un chemin spirituel jalonné de croyances et de pratiques, souvent secrètes, qui se transmettent de génération en génération. (Voir l'encadré ci-après « Les racines spirituelles de la méditation. ») Au cours des dernières décennies, les chercheurs et professeurs occidentaux ont arraché la méditation de ses origines spirituelles pour en faire un remède contre quelques-uns des maux du XXIe siècle. (Pour en savoir plus sur les bienfaits de la méditation, reportez-vous au chapitre 2).

Si la description du sommet diffère selon les ouvrages et les cartes – certains mettant l'accent sur la liberté des grands espaces, d'autres sur le sentiment de paix ou de joie intense éprouvé à l'arrivée, ou sur la présence de plusieurs sommets et pas uniquement d'un seul – je partage l'avis de l'ancien sage qui disait que « les techniques de méditation ne sont que différents chemins menant à la cime de la même montagne ».

Voici quelques-unes des nombreuses techniques mises au point au cours des siècles passés :

- La répétition de mots ou de formules incantatoires, appelés mantras (voir chapitre 3)
- La conscience attentive du moment présent (le thème de la pleine conscience est développé aux chapitres 4 et 7)
- Les techniques de respiration (voir chapitre 4)
- L'attention portée au flot d'émotions qui traverse le corps (voir chapitre 4)
- La culture de la bonté, de la compassion, du pardon et d'autres émotions curatives

- La concentration sur une figure géométrique ou tout autre objet visuel ordinaire
- La visualisation d'un endroit calme, d'une énergie ou entité curative
- La lecture ou la réflexion sur des écrits sacrés ou inspirateurs
- La contemplation de l'image d'un être sacré ou d'un saint
- La contemplation de la nature
- Les psalmodies de prières à Dieu

Tout au long de ce livre, vous aurez la possibilité d'expérimenter un grand nombre de ces techniques dont une en particulier est plus détaillée : la pleine conscience qui permet, à partir d'exercices de respiration, de mener à la méditation à n'importe quel moment de la journée.

Qu'y a-t-il au sommet – et à la cime des autres pics rencontrés en chemin ?

NOTIONS SPIRITUELLES

Que découvre-t-on une fois au sommet? Si l'on fait confiance aux déclarations des méditants et des mystiques qui ont gravi la montagne avant nous, au sommet se trouve la *source* de tout amour, sagesse, bonheur et joie. Certains la nomment esprit ou âme, vraie nature ou vrai moi, vérité suprême ou fondations de l'être (ou simplement l'être). D'autres l'appellent Dieu ou le Divin, le Saint Mystère ou l'Éternel. Il existe presque autant de noms pour la décrire que de personnes qui l'ont rencontrée. Dans certaines traditions spirituelles, elle est tellement sacrée et puissante qu'elle n'est bien souvent jamais nommée.

L'*expérience* même que constitue l'accès au sommet est qualifiée par les méditants expérimentés d'illumination (par opposition aux ténèbres de l'ignorance), de réveil (d'un rêve), de libération (d'un esclavage), de liberté (non entravée par des limites) et d'union (avec Dieu ou l'être, ou la vraie nature).

SAGESSE POPULAIRE

Tous ces mots et noms sont comparés, dans un vieil adage, à des doigts pointés vers la lune. Prêter trop attention aux doigts risque d'occulter la lune si belle, pourtant la raison de la présence des doigts. En fin de compte, vous devez accéder à la lune – ou, dans notre exemple, au sommet – pour vous-même.

Les racines spirituelles de la méditation

Si la méditation est aujourd'hui pratiquée par un grand nombre de personnes (peut-être même parmi vos connaissances), elle fut pendant des siècles tenue secrète et occultée par les moines, les nonnes, les mystiques et les ascètes qui y avaient recours pour entrer dans des états supérieurs de conscience et atteindre ainsi l'apogée de leur propre voie.

Bien sûr, des profanes très motivés et disposant de temps pouvaient toujours apprendre quelques techniques mais la pratique stricte de la méditation demeurait une recherche sacrée réservée à une petite élite aspirant à renoncer au monde et à consacrer sa vie à la méditation. (Pour en savoir plus sur l'histoire de la méditation, reportez-vous au chapitre 3.)

Les temps ont indéniablement bien changé ! Depuis le zen de la *Beat generation* des années 50, l'influence des yôgis et des swamis indiens des années 60 et la fascination de plus en plus forte aujourd'hui pour le Bouddhisme, la méditation est devenue irrévocablement un courant dont les bénéfices pratiques sont applaudis dans tous les moyens d'expression, réels ou virtuels. Pour vous en convaincre, faites un tour sur Internet et vous verrez le nombre époustouflant de sites qui lui sont dédiés !

La méditation a fait l'objet d'abondantes études dans les laboratoires de psychologie et réduite à des formules simples comme l'atteinte d'un état de relaxation. Elle n'a pourtant jamais perdu ses racines spirituelles et si elle rencontre un tel succès c'est justement parce qu'elle nous rattache à une dimension spirituelle, que l'on peut nommer de bien des façons mais que j'appelle simplement « l'être ».

Atteindre des états supérieurs ou connaître des expériences comme celles de l'illumination ou de l'union n'est pas forcément votre objectif. Vous pouvez très bien n'avoir acheté ce livre que pour apprendre à réduire votre stress, consolider votre rétablissement ou mieux gérer vos émotions. Dans ce cas, oubliez les saints mystères – vous cherchez juste un peu plus de clarté et de tranquillité d'esprit. Parfait !

Sachez toutefois, que quel que soit le sommet choisi, le chemin qui y mène est identique. Les instructions de base sont les mêmes – mais vous devez choisir votre destination. Voici quelques-uns des arrêts et promontoires les plus fréquents sur le chemin vers le sommet.

- Le travail sur l'attention et de la concentration
- La réduction de la tension, de l'anxiété et du stress
- Une plus grande clarté d'esprit et l'apaisement du désarroi émotionnel
- La réduction de la tension artérielle et du taux de cholestérol
- Un soutien dans la lutte contre les dépendances et autres comportements autodestructeurs

- Une créativité et des performances plus grandes au travail et dans les loisirs
- Une meilleure compréhension et acceptation de soi
- Davantage d'amour, de joie et de spontanéité
- Une plus grande intimité avec ses amis ou sa famille
- Une meilleure compréhension du sens et de l'objectif des choses
- Un aperçu de la dimension spirituelle de l'être

Comme vous pouvez le constater par vous-même, ces étapes sont des destinations à part entière et toutes valent la peine de faire l'objet du voyage. (Pour en savoir plus sur les bénéfices de la méditation, reportez-vous au chapitre 2.) Une fois l'objectif recherché atteint (détente, bien-être, meilleure santé), vous n'éprouverez pas forcément l'envie ni le besoin de poursuivre plus haut. Mais vous pouvez aussi vouloir dépasser vos ambitions initiales et gagner les altitudes plus élevées décrites par les illustres méditants.

Le goût de l'eau pure de la montagne

- Pour aller plus loin dans notre métaphore de la montagne, imaginez l'existence d'une source à son sommet d'où jaillirait, sans jamais se tarir, *l'eau pure de l'être*. (Cette eau peut tout aussi bien être appelée eau de la bénédicité, de l'esprit ou de l'amour inconditionnel, selon vos convictions). Ceux qui parviennent au sommet, plongent dans l'étendue d'eau entourant la source, s'immergeant totalement. Certains fusionnent avec l'eau ne faisant alors plus qu'un avec l'être lui-même. (Rassurez-vous rien ne vous y oblige si vous n'en sentez pas l'envie !)

Il n'est pas nécessaire atteindre la cime pour pouvoir connaître le goût de l'être. L'eau dévale les versants en cours d'eau et petits ruisseaux, nourrissant les vallées et les villes en contrebas. En un mot, l'être peut se goûter partout, dans toutes choses car il représente l'essence même de la vie à tous les niveaux. Sans méditation, il est difficile de se rendre compte de son véritable goût.

La pratique de la méditation permet de se rapprocher de la source d'eau et d'apprendre à reconnaître son goût. (Celui-ci est d'ailleurs perçu différemment selon la personnalité de chacun et l'endroit de la montagne où l'on se trouve, devenant calme, paix, bien-être, intégrité, clarté et compassion). Peu importe l'endroit où vous êtes arrêté, vous devez plonger les mains dans l'eau de la source et la boire par vous-même afin de retrouver son goût partout où vous irez.

On n'est nulle part si bien que chez soi – et vous y êtes !

La métaphore de la montagne achevée, il ne me reste plus qu'à la balayer d'une seule main – comme une vague emportant un château de sable. Le voyage vers la méditation nécessite de l'assiduité et un effort régulier comparables à l'ascension d'un sommet. (Pour en savoir plus sur l'effort et la discipline, reportez-vous au chapitre 9). Elle occulte cependant d'importants paradoxes :

- Premier point, le sommet dont il est question ici ne se situe pas dans un mystérieux lieu lointain et extérieur à vous : il se trouve dans les profondeurs de votre être – ou de votre cœur selon certaines traditions – et attend d'être découvert. (Voir l'encadré « À la découverte du trésor de votre propre demeure », plus loin dans ce chapitre.)
- Deuxième point, ce sommet peut se conquérir en un instant et ne requiert pas nécessairement plusieurs années de pratique. Lorsque vous méditez, par exemple, que votre esprit s'apaise, que vous vous sentez enveloppé par une sérénité ou une paix profonde, que vous percevez le lien qui vous unit à tous les êtres ou que vous ressentez une montée de paix ou d'amour, vous goûtez l'eau de l'être jaillie de votre source intérieure. Ces moments vous guident et vous nourrissent dans des proportions dont vous n'avez pas idée.
- La métaphore de la montagne suggère de plus un voyage progressif, avec un objectif à la clé alors que le but de la méditation est au contraire de mettre de côté toutes les intentions et les efforts pour ne plus qu'être. Comme le dit si justement le titre du best-seller de Jon Kabat-Zinn, spécialiste de la réduction du stress, « Où tu vas, tu es », ou bien Dorothy dans « Le magicien d'Oz » « On n'est nulle part si bien que chez soi » – et comme Dorothy, vous y êtes déjà !

SAGESSE POPULAIRE

À la découverte du trésor de votre propre demeure

Cette histoire tirée de la tradition juive se retrouve sous une forme plus ou moins proche dans les principaux enseignements méditatifs du monde. Simon, simple tailleur, rêve jour et nuit du fabuleux trésor qu'il découvrira un jour, lorsqu'il quittera son petit village et sa maison familiale pour partir à la découverte du monde. Un soir, tard dans la nuit, il rassemble ses effets et se met en route.

Pendant des années, il parcourt les plus grandes villes, gagnant son pain en reprisant les vêtements usés, à la recherche du trésor qu'il sait sien. Mais tous ceux qu'il interroge à propos de son trésor se débattent avec leurs problèmes personnels et sont incapables de l'aider.

Un jour, il fait la rencontre d'une voyante connue partout pour ses dons extraordinaires. « C'est vrai », lui dit-elle, « il existe bel et bien un immense trésor qui appartient à vous et à vous seul ». À l'écoute de ces mots, les yeux de Simon se mettent à briller d'excitation. « Je vais vous dire comment le trouver », poursuit-elle en donnant à Simon des indications complexes qu'il note scrupuleusement. Lorsqu'elle arrive au terme de ses consignes et qu'elle a fini de décrire la rue et la maison où le trésor est prétendument enfoui, Simon n'en croit pas ses oreilles car il se trouve à l'endroit même qu'il a quitté plusieurs années auparavant pour partir à sa recherche.

Il remercie rapidement la voyante, glisse les indications dans sa poche et se hâte de revenir à son ancienne demeure. Et c'est là qu'il découvre, à sa grande surprise, un énorme trésor caché sous l'âtre.

Que signifie cette histoire ? La chose suivante : pendant que nous errons à la recherche de la paix intérieure et essayons toutes sortes de pratiques méditatives, la paix, la sagesse et l'amour que nous poursuivons se trouvent constamment à portée de nous, cachés au fond de nos cœurs.

Il est évident que vous n'allez pas abandonner toutes vos actions et vos efforts instantanément et être tout simplement, même lorsque vous méditez. C'est quelque chose qui s'acquiert lentement avec de l'entraînement et l'apprentissage de la concentration. Peu à peu, vous irez vers la simplification de vos méditations, agissant de moins en moins, pour « être » de plus en plus. Voici quelques-unes des étapes que vous pourrez rencontrer avant de parvenir à « être » tout simplement :

- Prendre l'habitude de rester assis immobile
- Développer votre faculté de tourner votre attention vers l'intérieur
- Lutter pour fixer votre attention
- Être distrait plusieurs fois
- Améliorer votre capacité d'attention

- Vous détendre de plus en plus pendant la méditation
- Remarquer les moments fugaces où l'esprit s'apaise
- Sentir des visions fugitives de sérénité et de paix

Et voici peut-être le plus grand paradoxe : si vous pratiquez la méditation avec application, vous finirez par vous rendre compte que vous n'avez jamais quitté votre demeure, même pour un instant.

N'OUBLIEZ PAS

Prendre conscience de votre conscience

En règle générale, vous n'accordez que peu d'attention à votre conscience. Et pourtant, sans elle, aucune de nos actions ne serait possible. Lorsque vous regardez la télé, révisez vos leçons, cuisinez, conduisez, écoutez de la musique ou discutez avec un ami, vous êtes conscient ou prêtez attention à ce que vous faites. Avant de méditer de façon traditionnelle, explorer votre propre conscience peut s'avérer utile.

Tout d'abord, que signifie être conscient ? Cherchez dans votre quotidien des moments où vous n'avez conscience de rien. Maintenant, complétez cette phrase : « je suis conscient de… » Répétez l'exercice plusieurs fois pour voir où vous entraîne votre conscience.

Êtes-vous davantage conscient des sensations internes ou des sensations externes ? Accordez-vous plus d'importance aux pensées et idées fantastiques ou aux expériences sensorielles du moment ? Notez si la conscience du temps présent est perturbée par une préoccupation qui déclenche une activité mentale.

Attachez-vous ensuite à déterminer si votre conscience se concentre sur un objet ou une sensation particulière ou si elle est plus vaste et englobante. Vous découvrirez peut-être qu'elle ressemble à un projecteur se déplaçant d'un objet à un autre. Contentez-vous de l'observer sans tenter de la modifier.

Essayez de la décrire. Se déplace-t-elle rapidement d'un point à un autre ou au contraire plus lentement, en s'arrêtant sur chaque objet avant de bouger? Faites-en l'expérience en accélérant puis en ralentissant son flot. Notez l'effet produit.

Il se peut que votre conscience soit en permanence ramenée à certains types d'objets ou d'événements et pas à d'autres. Où se promène-t-elle souvent ? Quelle expérience semble-t-elle éviter de manière sélective ?

À présent, essayez de diriger doucement votre conscience d'un point à un autre. Vous remarquerez peut-être que lorsque vous prêtez attention aux sons, vous oubliez pendant un instant vos mains ou une éventuelle sensation de gène dans le dos ou les genoux. Essayez de vous concentrer sur un objet aussi longtemps que possible. Combien de temps restez-vous sans être distrait avant que votre esprit ne passe à autre chose ?

Travailler la conscience : le secret de la méditation

Si, comme dit un vieux proverbe chinois, « un voyage de mille li a commencé par un pas » (le li est une mesure itinéraire correspondant environ à 600 m), le voyage vers la méditation commence par la culture de la *conscience* ou de l'*attention*. En fait, la conscience est le muscle mental qui vous conduit et vous soutient tout au long de votre voyage, pas à pas. Quelle que soit la voie ou la technique choisie, la méditation consiste à développer, focaliser et diriger la conscience. (Notez au passage que l'attention est une conscience légèrement concentrée et que j'utilise les deux termes de façon plus ou moins interchangeable tout au long de ce livre. Reportez-vous à l'encadré « Prendre conscience de votre conscience. »)

Pour mieux comprendre le fonctionnement de la conscience, prenons la métaphore de la lumière. Il est difficile de fonctionner sans (avez-vous déjà essayé de trouver quelque chose dans l'obscurité totale ?), à moins de développer les aptitudes et la sensibilité plus grandes des non-voyants, et pourtant voir semble si naturel qu'on n'y fait même plus attention. Il en est de même pour la conscience. Même si vous n'êtes pas conscient de son rôle, vous seriez incapable, sans elle, de mener à bien les tâches même les plus simples.

L'utilisation de la lumière est très vaste. Elle sert à éclairer plus ou moins intensément une pièce, à rechercher un objet dans le noir lorsque ses rayons sont davantage concentrés ou lorsqu'elle est amplifiée ou encore, lorsqu'elle est concentrée dans un puissant rayon laser, à traverser l'acier ou à envoyer des messages aux étoiles.

Comme la lumière, la conscience peut être utilisée de diverses façons dans la méditation. Vous pouvez accroître votre capacité de conscience en développant la *concentration* sur un objet donné. (Une liste succincte d'objets de méditation est proposée au début de ce chapitre dans la section « Les différents chemins menant au sommet ».

Puis, lorsque vous avez appris à stabiliser votre concentration, vous pouvez, en pratiquant la conscience réceptive, élargir votre conscience – comme l'éclairage d'une pièce – pour illuminer l'ensemble de vos expériences. En poussant votre concentration encore plus loin, vous parviendrez à *cultiver* des émotions et des états mentaux positifs.
La conscience permet aussi d'étudier votre expérience intérieure et de *contempler* l'essence de l'existence elle-même. Ces quatre notions : *concentration*, *conscience réceptive*, *contemplation* et *culture d'états* – représentent les principales utilisations de la conscience dans les plus importantes traditions méditatives.

Travailler la concentration

Pour réussir à peu près tout, vous devez focaliser votre conscience. Les personnes les plus productives ou créatives dans tous les domaines – athlètes, acteurs, hommes d'affaires, scientifiques, chercheurs, écrivains – partagent tous la faculté de faire barrage à toute distraction et de s'immerger totalement dans leur tâche. Comment ne pas imaginer que sans une concentration totale, les Français seraient parvenus à marquer trois buts en finale de la coupe du Monde de football !

Certaines personnes ont une faculté de concentration quasiment innée mais pour la plupart d'entre nous, elle doit être travaillée. Les bouddhistes comparent volontiers l'esprit à un singe qui parle sans cesse, sautant de branche en branche, comme d'un sujet à un autre. Avez-vous remarqué que la plupart du temps, vous n'aviez qu'un contrôle partiel des caprices et indécisions de votre conscience qui peuvent s'espacer un temps pour devenir obsessionnels peu après. La méditation permet d'apaiser la conscience dissipée en la rendant unidirectionnelle plutôt que distraite et dispersée.

Dans un grand nombre de traditions spirituelles, la concentration est enseignée comme la pratique fondamentale de la méditation. Il est demandé aux étudiants de se concentrer sur un mantra, un symbole ou une visualisation pour pouvoir atteindre ce que l'on appelle l'état d'absorption ou *samâdhi*.

Dans l'état de samâdhi, le sentiment d'être un « Moi » séparé disparaît pour ne laisser place qu'à l'objet de l'attention. La pratique de la concentration peut, poussée jusqu'à son objectif ultime, aboutir à l'union avec l'objet de la méditation. Si vous êtes passionné par le sport, l'objet en question peut être votre raquette de tennis ou votre club de golf, si vous êtes davantage porté sur la voie mystique, il peut être Dieu, l'être ou l'Absolu.

Même si vous ne connaissez pas encore les pratiques méditatives, vous avez certainement déjà connu des moments d'absorption totale, où s'efface la notion de séparation : contempler un coucher du soleil, écouter de la musique, créer une œuvre d'art ou simplement plonger son regard dans les yeux de l'être aimé. Lorsque vous êtes totalement impliqué dans une activité, quelle qu'elle soit, que le temps s'arrête et que la conscience baisse les armes, vous entrez dans un état que le psychologue Mihaly Csikszentmihalyi appelle le « *flux* ». Csikszentmihalyi prétend que les activités qui encouragent le « flux » incarnent ce que la plupart d'entre nous définissent comme le plaisir. Le flux peut s'avérer extraordinairement revigorant, vivifiant et très significatif. Il ne peut être que le résultat d'une concentration sans faille.

S'ouvrir à la conscience réceptive

Selon la pensée taoïste chinoise, le *yin* et le *yang*, les forces masculines et féminines, opposées et complémentaires en toute chose, déterminent comme modalités alternantes le fonctionnement de l'univers. Si la concentration est le yang de la méditation – focalisée, puissante et pénétrante –, la *conscience réceptive* est le yin : ouverte, large et accueillante.

Alors que la concentration dompte, calme et immobilise l'esprit, la conscience réceptive détend et repousse les frontières de la pensée, créant un espace intérieur plus vaste qui vous permet de vous familiariser avec le contenu de votre esprit. À l'inverse de la concentration qui fait obstacles aux stimulis extérieurs pour éviter toute distraction, la conscience réceptive accueille et intègre toutes les expériences qui surviennent.

Dans la plupart des méditations, on retrouve l'interaction entre la concentration et la conscience réceptive, à l'exception de certaines techniques plus avancées qui enseignent la pratique de la conscience réceptive seule. On pourrait ainsi résumer leur doctrine : « restez ouvert, conscient et accueillez tout ce qui survient, et vous serez 'pris par la vérité' ». L'objectif ultime de cette pratique est de dépasser les pensées, émotions et histoires que vous raconte votre esprit pour découvrir votre véritable identité qui est votre vraie nature.

Il est évident que si vous ne savez pas travailler avec attention, ces instructions sont inutilisables. C'est pour cette raison que la concentration constitue la première étape de la plupart des traditions méditatives. Un esprit suffisamment calmé et immobilisé pour ne pas être emporté par un déluge de sentiments et de pensées hors propos dès qu'il s'ouvre est une base solide pour la pratique de la méditation.

Accéder à une meilleure vision intérieure par la contemplation

Si la concentration et la conscience réceptive procurent des bénéfices extrêmement importants, c'est au bout du compte la vision intérieure et la compréhension – de la façon dont fonctionne votre esprit et dont vous perpétuez votre souffrance, de votre attachement aux dénouements d'événements incontrôlables et fugaces – qui vous libèrent de la souffrance. Dans la vie quotidienne, la pensée créative – libérée des modèles de pensée répétitifs et limités – propose des solutions à ces problèmes.
La *contemplation* représente donc le troisième élément clé, capable de transformer un exercice apaisant et relaxant en un moyen d'accéder à la liberté et à l'expression créative.

Lorsque vous aurez développé votre concentration et élargi votre conscience, vous découvrirez que vous avez accès à une vision intérieure plus pénétrante de l'essence de votre expérience. Vous pouvez utiliser cette faculté pour explorer votre demeure intérieure afin de parvenir à comprendre et annihiler les tendances de votre esprit à vous faire souffrir et vous stresser. Si vous êtes en quête de spiritualité, cette faculté peut vous aider à explorer l'essence du moi ou à réfléchir au mystère de Dieu et de la Création.

N'OUBLIEZ PAS

La pleine conscience : la méditation comme mode de vie

Même si vous trouverez dans ce livre diverses techniques à découvrir et explorer, l'approche principale que j'ai choisie est celle que les bouddhistes nomment la pleine conscience – attention continue de tout ce qui se produit à tout instant.

Mes nombreuses années d'expérience et d'entraînement m'ont conduit à considérer la pleine conscience, qui englobe la concentration et la conscience réceptive, comme l'une des techniques les plus accessibles aux débutants et les mieux adaptées au rythme effréné auquel la plupart d'entre nous sont confrontés. Somme toute, ce qui vous intéresse en premier lieu, si vous êtes comme moi, c'est de rendre votre vie plus harmonieuse, pleine d'amour, et moins stressante et non d'atteindre un royaume spirituel désincarné, détaché des personnes et des lieux qui vous sont chers.

La beauté, les liens et l'amour que vous recherchez sont là, à portée de main. Il ne vous reste plus qu'à dégager votre esprit et ouvrir vos yeux, ce que la pratique de la pleine conscience va vous apprendre. Pendant vos moments d'attention, vous vous libérez de vos rêveries et des soucis créés par votre esprit pour revenir à la netteté, la précision et la simplicité du présent.

L'un des gros avantages de cette pratique est de ne pas nécessiter de lieux ou de moments spécifiques. Vous pouvez vous entraîner dans n'importe quel endroit, en marchant dans la rue par exemple, et à n'importe quelle heure. Il suffit tout simplement de prêter attention à ce qui se passe autour de vous.

Cultiver des états d'esprit positifs et salutaires

Certaines pratiques méditatives se donnent pour objectif d'ouvrir le cœur et de développer des qualités comme la compassion, la bonté, la sérénité, la joie ou le pardon. D'un point de vue pratique, la méditation est utilisée pour cultiver un système immunitaire sain et dynamique ou pour développer assurance et précision dans un sport donné. Vous pouvez par exemple visualiser les cellules T destructrices attaquer votre cancer ou vous voir effectuant un plongeant sans commettre la moindre erreur.

La contemplation vise à rechercher et étudier pour découvrir l'essence profonde des choses. Vous pouvez également transformer votre vie intérieure en dirigeant votre concentration pour renforcer des états mentaux positifs et sains et retirer de l'énergie à ceux qui ont tendance à être plus réactifs et autodestructeurs.

Les faux voyages vers la méditation

Maintenant que vous avez acquis une vue d'ensemble du voyage méditatif, nous allons passer en revue les chemins qui ressemblent à la méditation mais qui conduisent dans une direction bien différente. Il est évident qu'exécutée en toute conscience ou avec concentration, n'importe quelle activité peut devenir méditation. On peut ainsi laver la vaisselle, conduire ou parler au téléphone avec méditation. (Pour apprendre comment faire, reportez-vous au chapitre 7). Mais attention à la confusion, certaines activités finissent dans l'imagination populaire par devenir elles-mêmes des pratiques méditatives, de nombreuses personnes allant jusqu'à donner le nom de méditation à des activités comme lire le journal ou regarder leur feuilleton télévisé préféré. Bon, ai-je le droit de les contredire ?

Voici quelques-uns des ersatz de la méditation qui ont certainement leur place dans la liste des quêtes de loisirs mais qui ne procurent pas les bénéfices de la méditation.

- **La pensée** : En Occident, le terme de « méditation » fait souvent référence à une réflexion longue et approfondie sur un thème ou sujet donné. Ne dit-on pas « je vais méditer sur le problème » ? Même si la quête ou la contemplation d'un ordre supérieur joue un rôle dans certaines techniques méditatives, elle est très loin du processus souvent torturé et conflictuel qui se passe généralement pour la pensée. Autre point important : penser fatigue et consomme de l'énergie, tandis que la méditation repose et revigore.
- **La rêverie** : La rêverie et l'imagination procurent des bénéfices et des plaisirs en elles-mêmes, permettant de temps en temps de vous aider à trouver des solutions ou tout du moins d'offrir un moment d'évasion dans une situation difficile ou ennuyeuse. Mais au lieu d'une impression d'espace ou d'un contact plus étroit avec votre être, comme l'aurait fait la méditation, la rêverie ne conduit bien souvent qu'à vous empêtrer davantage dans vos problèmes.

- **L'espacement** : Il arrive que l'espacement entraîne une trouée temporaire dans le flot ininterrompu des pensées et sensations qui inondent votre conscience, une sorte d'espace vide à l'intérieur duquel rien ne semble se produire à l'exception du fait d'être. Les vrais espacements se rencontrent au cœur de la méditation. Ils peuvent être cultivés et élargis à dessein. Malheureusement, la plupart des espacements ne sont qu'une forme particulière de rêveries !
- **La répétition d'affirmations** : Cette pratique courante du New Age – version contemporaine de ce que l'on appelait autrefois la pensée positive – vise à fournir une antidote à vos convictions négatives en les remplaçant par des certitudes positives. Mais la négativité est en général si profondément enracinée que les affirmations ne font qu'en effleurer la surface, ne pénétrant pas les profondeurs, là où réside le noyau des convictions.
- **L'auto-hypnose** : En décontractant progressivement votre corps et imaginant un lieu sûr et protégé, vous parvenez à un état ouvert et influençable dit de *transe légère* dans lequel vous pouvez préparer les situations à venir, revivre des événements passés pour leur donner un aboutissement plus favorable et reprogrammer votre cerveau à l'aide d'affirmations. Si l'auto-hypnose diverge de la pleine conscience – la principale approche enseignée dans ce livre qui met l'accent sur l'attention continue portée au moment présent – elle est très proche des techniques de guérison ou d'amélioration des performances, développées au chapitre 16.
- **La prière** : La prière ordinaire ou requérante, c'est-à-dire celle qui en appelle à l'aide ou à la bonté divine, peut être pratiquée de façon méditative mais reste très différente de la méditation telle que je l'ai décrite. La prière contemplative ou oraison, en revanche, – qui est une aspiration de l'âme à l'union avec Dieu – est en réalité une forme de contemplation intense dont le centre d'attention est Dieu.
- **Le sommeil** : Même s'il est très revigorant, le sommeil n'est pas une méditation – à moins d'être un spécialiste yôgi ! Des études ont montré que les ondes cérébrales générées pendant le sommeil étaient très différentes de celles produites pendant la méditation. Certes, il arrive souvent aux méditants de s'endormir. Mais comme le disait un de mes professeurs, qu'ils fassent de beaux rêves !

EXERCICE

Manger un fruit

Pour ce petit exercice, imaginez que vous soyez fraîchement débarqué d'une lointaine planète et que vous n'ayez encore jamais mangé d'orange.

1. **Placez une orange dans une assiette puis fermez les yeux.**
2. **Mettez de côté toutes vos pensées et idées préconçues, ouvrez les yeux et regardez le fruit comme si c'était la première fois.**

   Faites attention à sa forme, sa taille, sa couleur, sa texture.

3. **Tout en commençant à la peler, soyez attentif aux sensations perçues par vos doigts, au contraste entre la chair et la pelure, au poids du fruit dans vos mains.**
4. **Amenez lentement l'orange jusqu'à vos lèvres et arrêtez-vous un instant avant de la manger.**

   Prenez le temps d'en sentir l'odeur.

5. **Ouvrez la bouche, mordez dedans et ressentez la texture de sa chair molle et le premier jet de jus envahir votre palais.**
6. **Continuez à mordre et à mâcher l'orange, en restant à chaque instant conscient de la palette de sensations.**

   En imaginant que c'est la première et dernière orange qu'il vous sera à jamais donné de manger, faites de chaque instant un moment de fraîcheur, de nouveauté et de perfection. Comparez enfin cette expérience avec votre façon habituelle de consommer un fruit.

Chapitre 2

La méditation : pour quoi faire ?

Dans ce chapitre :

- En quoi la vie ne parvient-elle pas à répondre à vos attentes ?
- Quel est le prix à payer pour supporter ces changements rapides et constants ?
- La méditation : nouveau remède pour soulager des maux du XXIe siècle comme le stress, l'anxiété ou l'isolement
- Liste des nombreux bienfaits de la méditation

Comme beaucoup de gens, dont moi, vous avez peut-être envie, avant de commencer une activité, de savoir ce que l'énergie et le temps dépensés vont vous rapporter. À quoi bon s'escrimer sur un step pendant une heure, suer sang et eau dans un cours d'aérobic si vous ne pouvez même pas espérer perdre un peu de poids, vous étoffer ou améliorer votre endurance ? Pourquoi perdre une soirée par semaine dans un cours de cuisine gastronomique si vous n'êtes pas capable de préparer un canard à l'orange ou un pot-au-feu ?

Il en va de même avec la méditation. Pourquoi consacrer quotidiennement 10 à 15, voire 20 minutes de votre temps si précieux pour suivre votre souffle ou répéter inlassablement la même expression, alors que vous pourriez faire un jogging, vous relaxer devant la télé ou surfer sur Internet ? Tout simplement à cause des innombrables avantages de la méditation.

Avant d'étudier ces bénéfices plus en détail, nous allons nous attacher à quelques-uns des problèmes que la méditation peut aider à résoudre. Beaucoup considèrent leur vie « cassée » d'une manière ou d'une autre. Il y a bien une ou deux bonnes raisons qui vous ont poussé à vous procurer ce livre, par exemple ! Il est temps maintenant de chercher ce que peuvent être certaines de ces raisons.

Comment la vie conduit à la méditation

Même si vous avez du mal à l'admettre, tout du moins publiquement, votre vie ne répond pas toujours à vos attentes. Il en résulte une souffrance – due au stress, à la déception, à la peur, à la colère, à l'indignation, aux blessures infligées et à beaucoup d'autres émotions tout aussi désagréables. La méditation enseigne comment appréhender les circonstances difficiles et les émotions et tensions qu'elles engendrent avec équilibre, sérénité et compassion. Avant de décrire les solutions positives offertes par la méditation – soyez d'ors et déjà rassuré, elles sont nombreuses – j'aimerais vous emmener faire un tour d'horizon des problèmes que ces solutions ont pour objectif de résoudre.

Le mythe de la vie parfaite

Au cours de ma carrière de psychothérapeute et de professeur de méditation, j'ai remarqué que beaucoup de personnes souffraient uniquement parce qu'elles comparaient leur existence à une image idéalisée de ce que devrait être la vie. Amalgame hétéroclite de conditionnement infantile, de messages médiatiques et de désirs personnels, cette image erronée est tapie dans l'ombre et fait office de référence à laquelle tout succès, échec, événement est comparé et jugé. Arrêtez-vous un instant pour analyser votre propre image de la vie.

Peut-être avez-vous consacré toute votre énergie à atteindre un statut et une position sociale confortables : deux enfants, une maison en banlieue (ou grande banlieue), une brillante carrière, bref, ce que Zorba le Grec nommait « le désastre total ». Après tout, c'est ce que vos propres parents avaient (ou au contraire n'avaient pas) et vous considérez que vous vous devez de réussir, pour eux et pour vous-même. Mais à présent, vous jonglez avec deux emplois pour pouvoir mettre de l'argent de côté et payer les crédits, votre mariage bat de l'aile et vous culpabilisez de ne jamais avoir de temps à consacrer à vos enfants.

Vous pensez peut-être que le bonheur suprême viendrait à vous si seulement vous parveniez à atteindre une silhouette ou un physique parfait. Le hic est que les régimes ne fonctionnent pas, que vous êtes fâché avec tout exercice et que vous avez envie de vous évanouir à chaque fois que vous vous regardez dans la glace. Ou bien, vous faites partie de ceux qui croient que le nirvana terrestre se trouve dans la relation parfaite. Malheureusement, vous approchez la quarantaine, la personne que vous attendez ne se présente toujours pas et vous parcourez fébrilement les petites annonces de rencontres redoutant secrètement d'être atteint d'une terrible maladie sociale.

Peu importe l'image idéalisée que vous avez de la vie – amour parfait, santé de fer, paix sans nuage ni stress ni tension, vacances éternelles – vous payez très cher ces désirs inaccessibles. Lorsque la vie ne répond pas à vos attentes – ce qui se produit immanquablement – vous souffrez et vous vous tenez responsable de cet échec. (Faites-moi confiance, je suis tombé plusieurs fois dans le piège !). Si seulement vous aviez plus d'argent, plus de temps pour rester à la maison, un conjoint plus aimant, si vous pouviez reprendre vos études, perdre les kilos superflus… et on pourrait continuer ainsi à l'infini. Quoi que vous fassiez, vous avez l'impression de ne pas posséder les qualités requises.

N'oublions pas la petite minorité de ceux qui sont parvenus à obtenir tout ce qu'ils désiraient. Mais maintenant, ils s'ennuient et attendent encore plus de la vie – tout du moins lorsqu'ils ne consacrent pas tout leur temps et leur énergie à protéger et contrôler ce qu'ils ont déjà acquis !

Les grandes traditions méditatives délivrent un message plus humain : la vie idéale sur terre est un mythe. Comme le dit un vieux dicton chrétien « L'homme propose, Dieu dispose. » Ou dans sa version plus populaire « Si vous voulez faire rire Dieu, faites-lui part de vos projets ». Ces traditions rappellent qu'il existe dans l'univers des forces en jeu bien plus puissantes que vous et moi. Vous pouvez envisager, vouloir, lutter et tenter l'impossible pour contrôler ce que vous désirez – et même obtenir un succès minimal – à long terme, vous et moi n'avons qu'une maîtrise extrêmement limitée sur les évènements de notre propre vie !

Lorsque tout s'effondre

Accepter la vérité spirituelle que nous venons d'énoncer va peut être vous demander un peu de temps car elle va à l'encontre de tout ce qu'on vous a enseigné jusqu'ici. L'intérêt de la vie n'est-il pas de sortir et « just do it » (fais-le) comme l'exhorte une publicité célèbre ? Oui, c'est vrai, vous devez suivre vos rêves et vivre votre vérité ; c'est une part essentielle du problème.

Comment réagissez-vous lorsque la vie vous boude ou vous gifle de plein fouet, comme cela arrive parfois? (Pensez aux skieurs qui s'entraînent pendant des années pour voir leurs espoirs anéantis par le mauvais temps ou une vulgaire plaque de verglas !) Vers quoi ou qui vous tournez-vous pour trouver secours et réconfort lorsqu'elle vous porte aux nues pour vous priver ensuite de tout ce qu'elle vous a donné, y compris la confiance et l'estime de soi si durement gagnées ? Comment gérez-vous la douleur et la confusion ? À quelles ressources intérieures faites-vous appel pour vous guider sur ce terrain inconnu et terrifiant ? Étudions maintenant l'histoire qui suit.

Un jour, une femme vint voir le Bouddha (le grand maître spirituel qui vécut il y a environ 2 500 ans en Inde), portant dans les bras son enfant mort. Terrassée par le chagrin, elle avait erré ainsi, suppliant les médecins et ceux qu'elle rencontrait de lui redonner la vie. En dernier recours, elle demanda au Bouddha s'il pouvait l'aider. « Oui » lui répondit-il « mais vous devez d'abord m'apporter des graines de moutarde d'une maison où il n'y a jamais eu de mort. »

Remplie d'espoir, la femme frappa à toutes les portes mais personne ne fut en mesure de l'aider. Toutes les maisons avaient connu leur lot de deuils. Arrivée au bout du village, elle avait pourtant pris conscience que la maladie et la mort étaient inévitables. Après avoir enterré son fils, elle retourna voir le Bouddha pour recevoir un enseignement spirituel. « Une seule loi dans l'univers est immuable » lui expliqua-t-il, « toutes les choses changent et sont provisoires ». À l'écoute de ces paroles, la femme devint disciple du Bouddha et arriva, dit-on, à l'illumination.

La vie n'offre pas que la maladie et la mort ; elle procure aussi d'extraordinaires moments d'amour, de beauté, d'émerveillement, et de plaisir. Mais comme la femme de l'histoire, en Occident, nous avons tendance à occulter la partie sombre de la vie. Nous reléguons nos personnes âgées ou en fin de vie dans des maisons de repos ou des hospices, nous sommes devenus indifférents aux sans domicile, cantonnons les minorités appauvries dans des cités-ghettos, enfermons les handicapés dans des hôpitaux ou des asiles et tapissons nos panneaux d'affichage et nos couvertures de magasines de sourires radieux, incarnations de la jeunesse et de la prospérité.

Mais en vérité, la vie est une riche et curieuse interaction entre l'ombre et la lumière, le succès et l'échec, la jeunesse et la vieillesse, le plaisir et la douleur et, bien entendu, la vie et la mort. Les événements changent tout le temps, semblant se désagréger à un moment donné pour se recomposer au suivant. Comme le décrit le maître zen Shunryu Suzuki, en permanence toute chose « est bouleversée dans un contexte d'équilibre parfait ».

Le secret de la sérénité ne se situe pas au niveau des événements eux-mêmes mais de la réponse que vous y apportez. Comme le disent les bouddhistes, souffrir est vouloir ce que l'on a pas et ne pas vouloir ce que l'on a et le bonheur est exactement l'inverse : savoir apprécier ce que l'on a sans désirer à tout prix ce que l'on a pas. Cela ne veut pas dire que vous devez abandonner vos valeurs, vos rêves et vos aspirations – seulement que vous devez arriver à trouver un équilibre avec la faculté d'accepter les choses telles qu'elles sont.

La méditation vous donne l'occasion de cultiver cette faculté en vous apprenant à réserver votre jugement et à vous ouvrir à chaque nouvelle expérience sans tenter de la modifier ou de vous en débarrasser. Par la suite, lorsque les choses vont mal, vous pouvez vous servir de cette qualité pour calmer le jeu et retrouver la paix. (Pour savoir comment accepter les choses telles qu'elles sont, reportez-vous au chapitre 4.

Gérer les situations postmodernes difficiles

L'inconstance des conditions de vie n'est un secret pour personne – les pandits et les sages ont divulgué cette vérité depuis longtemps. Mais jamais encore les changements n'avaient été si envahissants et si incessants – touchant si profondément nos vies – qu'au cours des dix à quinze années passées. Les journaux et la télévision nous inondent de statistiques et d'images de violence et de famine, de déprédation de l'environnement, d'instabilité économique, qui décrivent un monde de plus en plus décousu.

Plus concrètement, vous avez peut-être perdu votre travail à cause du rachat de votre entreprise, brisé votre couple suite à une mutation lointaine, été victime d'un crime violent ou perdu une petite fortune sur un marché volatile. Peut-être consacrez-vous toute votre énergie à chercher une solution pour garder une longueur d'avance dans un environnement de travail très compétitif ou peut-être ne dormez-vous plus la nuit, angoissé par la vague de changement qui pourrait venir vous emporter. Avez-vous reconnu (ou vivez-vous) l'une de ces situations ?

SAGESSE POPULAIRE

Apprécier le caractère éphémère des choses

Dans son livre *Pensées sans penseur*, le psychanalyste Mark Epstein raconte son enseignement par le maître de méditation Thai Achaan Chaa. « Vous voyez ce verre ? » demande Achaan Chan, « Pour moi, ce verre est déjà brisé. Je l'apprécie. Je bois dedans. Il garde admirablement bien mon eau, reflétant même parfois le soleil en de jolis dessins. Si je lui donne un petit coup, il produit un joli tintement. Mais lorsque je range le verre sur l'étagère et que le vent le renverse ou que je l'effleure sur la table avec ma manche et qu'il tombe à terre et se brise, je dis « évidemment ». Lorsque je comprend que ce verre est déjà cassé, chaque moment de sa présence est précieux. »

Les sociologues appellent cette période le *postmodernisme*. Le changement continuel y est érigé en mode de vie et les valeurs et vérités séculaires rapidement démantelées. Mais comment avancer dans la vie lorsqu'on ne sait même plus ce qui est vrai ni comment trouver la vérité ? Doit-on la chercher sur l'Internet, dans la bouche des prophètes du petit écran ?

En dépit des avantages incontestables de tous les gadgets électroniques devenus indispensables depuis les années 1980, vous avez peut-être remarqué que plus vous communiquiez vite, moins vous aviez de véritable contact riche et sérieux avec les autres. Un dessin humoristique paru dans l'hebdomadaire américain *Newsweek* illustre cette idée. Intitulé « les vacances des années 90 », on y voyait une famille sur la plage, chaque membre ayant en main son propre appareil électronique : la mère avec le portable, le père sur Internet, un des enfants réceptionnant un fax, un autre répondant à son bip-bip, un troisième écoutant son courrier vocal – tous inconscients de la présence des autres !

N'OUBLIEZ PAS

Ces changements incessants ont un prix émotionnel et spirituel élevé que l'on a tendance à démentir dans notre effort collectif pour accentuer l'aspect positif et nier le négatif. Voici quelques-uns des effets secondaires négatifs de la vie de notre époque :

- **L'anxiété et le stress** : lorsque le sol commence à trembler sous vos pieds, votre première réaction alors que vous essayez de rétablir votre équilibre, de vous alarmer ou d'avoir peur. Cette réponse des tripes a été génétiquement programmée par des millions d'années de vie dangereuse. Aujourd'hui, malheureusement, les secousses ne s'arrêtent plus et les petites peurs s'accumulent et se figent en tension et stress continuels. Votre corps se sent perpétuellement préparé à affronter la prochaine attaque de difficultés et de responsabilités – l'empêchant pratiquement de se relaxer et d'apprécier un tant soit peu la vie. En décontractant votre corps et réduisant votre stress, la méditation peut vous apporter un antidote bienvenu.

- **La fragmentation** : Autrefois, les gens vivaient, faisaient leurs courses, travaillaient, élevaient leurs enfants et se divertissaient au sein d'une même communauté. Tous les jours, ils voyaient les mêmes visages, se mariaient pour la vie, gardaient le même emploi et voyaient même leurs enfants élever leurs propres enfants tout près d'eux. Aujourd'hui, beaucoup habitent loin de leur lieu de travail, les enfants sont confiés à des nourrices, des baby-sitters et nous sommes obligés de gérer les emplois du temps de chacun au téléphone ! Il est devenu de plus en plus improbable de garder le même travail toute sa vie, ni même d'ailleurs le même conjoint. Bien souvent, les enfants grandissent et partent à leur tour chercher du travail. S'il est impossible d'empêcher cette fragmentation, la méditation permet d'établir un lien avec une intégralité plus profonde que les événements extérieurs ne viennent pas perturber.

- **L'aliénation** : Ne soyez pas surpris de vous sentir totalement stressé si votre vie semble n'être constituée que de bric et de broc. En dépit des statistiques et indices de prospérité, nombreux sont ceux qui subsistent avec un travail purement alimentaire, qui ne sert qu'à payer les factures sans donner ni but ni sens des valeurs. La tendance actuelle serait à un retour dans les petites villes pour retrouver le sens de la communauté. À chaque élection, la désertion des bureaux de vote s'amplifie, de plus en plus de gens ne croyant plus en leur pouvoir de faire changer les choses. Jamais auparavant les hommes ne s'étaient sentis si aliénés, non seulement de leur travail et de leur gouvernement mais aussi des autres, d'eux-mêmes et de leur propre être essentiel. Et la plupart n'ont pas la capacité ou le mode d'emploi pour se reconnecter ! En comblant le gouffre qui nous sépare de nous-même, la méditation permet de guérir notre aliénation envers les autres et le monde dans son ensemble.
- **La solitude et l'isolement** : la difficulté de trouver un emploi, l'éclatement des ménages et le manque de temps a abouti à l'éloignement des membres de la famille qui perdent contact avec ceux qu'ils connaissent et chérissent. J'ai entendu récemment sur une radio américaine une publicité vantant les mérites d'un pack Net pour la famille. Puisque les dîners en famille étaient devenus obsolètes, pourquoi ne pas acheter un Family Net – un téléphone portable pour le père, la mère et les enfants afin qu'ils puissent rester en contact ! Difficile de résister aux forces qui nous séparent ! Grâce à la méditation, chaque moment ensemble se transforme en un moment « de grande qualité ».
- **La dépression** : la solitude, le stress, l'aliénation, l'absence de sens ou d'objectif profondément ancré conduisent certaines personnes à la dépression. Dans un pays recordman de la consommation de tranquillisant et d'antidépresseurs ou le Prosac® est devenu un terme ménager, plusieurs millions de personnes avalent quotidiennement des médicaments psychotropes pour ne pas souffrir de la vie moderne. La méditation, elle, vous aide à vous connecter avec votre source intérieure de bien-être et de joie qui dissipe naturellement les nuages de la dépression.
- **Les maladies liées au stress** : L'augmentation progressive des maladies liées au stress – qu'il s'agisse de céphalées hypertensives, de brûlures d'estomac, de maladies cardiaques ou de cancers – reflète notre incapacité collective à gérer l'instabilité et la fragmentation de notre époque. Elle alimente en outre l'industrie pharmaceutique qui ne parvient à masquer que par moments les problèmes plus profonds de peur, de stress et de désorientation. Comme l'ont montré bon nombre d'études scientifiques, la pratique régulière de la méditation permet de renverser les attaques de maladies liées au stress. (Reportez à la section intitulée « Comment survivre au XXIe siècle - avec la méditation » plus loin dans ce chapitre.)

SAGESSE POPULAIRE

Accepter les choses telles qu'elles sont

Voici une histoire tirée de la tradition zen.

Il était une fois un pauvre fermier qui avait perdu son unique cheval. Alors que ses amis et ses voisins déploraient son malheur, il restait imperturbable. « Nous verrons bien », dit-il avec un sourire énigmatique.

Plusieurs jours plus tard, son cheval réapparut accompagné de cinq étalons sauvages qu'il avait rencontré en chemin. Ses voisins se réjouirent de sa bonne fortune mais il ne semblait pas très enthousiaste. « Nous verrons bien », répéta-t-il.

La semaine suivante, alors qu'il essayait de monter et d'apprivoiser l'un des étalons, son fils unique bien-aimé tomba et se cassa la jambe. Les voisins toujours aussi attentionnés en étaient chagrinés mais le fermier, qui réconforta et soigna pourtant son fils, ne s'inquiétait pas pour l'avenir. « Nous verrons bien », commenta-t-il.

À la fin du mois, le seigneur local de la guerre arriva dans le village du fermier pour enrôler tous les jeunes gens valides afin de combattre dans la dernière campagne. Quant au fils du fermier… je vous laisse terminer l'histoire.

Pour le cas où vous ne le sauriez pas encore, la vie ressemble à un voyage sur des montagnes russes dont il est impossible de maîtriser les hauts et les bas. Si vous voulez garder votre repas – et votre équilibre mental – il vous faut apprendre à conserver votre tranquillité d'esprit.

Quatre « solutions » en vogue qui ne fonctionnent pas vraiment

N'OUBLIEZ PAS

Avant d'achever la litanie des malheurs du postmodernisme et de vous proposer des solutions qui marchent, j'aimerais que nous survolions quelques approches très prisées de gestion du stress et de l'incertitude qui créent plus de problèmes qu'elles n'en résolvent.

- **La dépendance** : En détournant les personnes de leurs souffrances, en les encourageant à laisser de côté leurs soucis et préoccupations et en modifiant la chimie du cerveau, la dépendance imite certains des bénéfices de la méditation. Malheureusement, elle fixe l'esprit sur une substance ou une activité dont on ne peut plus se défaire – drogues, alcool, sexe, jeu, etc. Il devient alors plus difficile de s'ouvrir aux merveilles du moment ou d'entrer en contact avec une dimension plus profonde de l'être. La majorité des dépendances entraînent un mode de vie autodestructeur qui aboutit à une intensification des problèmes que la personne voulait au départ fuir.

- **Le fondamentalisme** : en proposant une réponse simple et superficielle aux problèmes complexes, un sens et un sentiment d'appartenance et en rejetant un grand nombre des fléaux évidents du postmodernisme, le fondamentalisme – tant dans sa forme religieuse que politique – offre un refuge contre l'ambiguïté et l'aliénation. Les fondamentalistes divisent malheureusement le monde en deux blocs : le blanc et le noir, le bon et le mauvais, nous et les autres, ce qui ne fait en fin de compte d'attiser l'aliénation, les conflits et le stress.
- **Les divertissements** : Lorsque vous vous sentez seul ou aliéné, il vous suffit d'allumer la télé ou de vous rendre au cinéma le plus proche et de vous jeter sur la dernière nouveauté. Cela calme votre anxiété et apaise votre souffrance. En plus de divertir, les médias donnent l'impression de recréer un esprit communautaire en établissant un contact entre les gens et le monde autour d'eux. Mais il est impossible d'avoir une conversation à cœur ouvert avec une vedette de télévision ni d'embrasser son acteur préféré ! Sans oublier que les médias – intentionnellement ou non – manipulent nos émotions, remplissent nos têtes d'idées et d'images issues de la culture populaire et dirigent notre attention en dehors de nous-même – au lieu de nous donner la possibilité de découvrir ce que nous savons, pensons et éprouvons vraiment.
- **Le consumérisme** : le consumérisme est une réponse fausse aux maux de la vie, fondée sur la croyance que la solution consiste à vouloir et avoir toujours plus – plus de nourriture, plus de biens, plus de vacances, plus de tout ce que les cartes de crédit peuvent acheter. Comme vous l'avez déjà peut-être compris, le plaisir s'estompe vite et vous planifiez activement votre prochain achat – à moins que vous n'essayiez de trouver un moyen de régler les factures de cartes de crédit qui tombent avec une précision d'horloge à la fin de chaque mois. J'en ai dit assez ?

Comment survivre au XXIe siècle – avec la méditation

Et maintenant passons enfin aux bonnes nouvelles ! Comme nous l'avons déjà vu dans ce chapitre, la méditation apporte un antidote bienvenu à la fragmentation, l'aliénation l'isolement et le stress – et même aux maladies liées au stress et à la dépression. Elle ne va certes pas résoudre vos problèmes extérieurs mais elle vous aidera à développer la résistance intérieure, l'équilibre et la force pour trouver des solutions créatives.

Pour avoir une idée du fonctionnement de la méditation, imaginez que votre corps et votre esprit constituent un ordinateur complexe. Au lieu d'être programmé pour ressentir la paix intérieure, l'harmonie, la sérénité et la joie, vous avez été programmé pour répondre aux inévitables hauts et bas de la vie avec stress, anxiété et frustration. Mais vous avez la capacité de modifier votre programmation. En mettant de côté toutes les autres activités, en vous asseyant tranquillement et en vous adaptant au moment présent pendant 10 à 15 minutes chaque jour, vous construisez un ensemble de nouvelles réponses et vous vous programmez pour connaître des émotions et des états mentaux plus positifs. (Pour en savoir plus sur la pratique même de la méditation, voyez les chapitres 6 et 10.)

Si la comparaison avec l'ordinateur est trop rebutante, imaginez que la vie soit un océan, dont les vagues agitées et bouillonnantes en surface représentent les hauts et les bas de la vie. Grâce à la méditation, vous plongez en profondeur pour trouver une eau plus calme et homogène.

La méditation est un moyen de transformer le stress et la souffrance en sérénité et tranquillité d'esprit. Dans cette section, vous allez voir comment les méditants cueillent depuis des millénaires les fruits de leur pratique et comment vous aussi pouvez y parvenir !

Une technologie de pointe pour l'esprit et le cœur

Le monde occidental a traditionnellement mis l'accent sur la réussite extérieure tandis que le monde Oriental privilégiait le développement intérieur. Les grandes découvertes scientifiques et technologiques de ces 500 dernières années sont nées en Occident pendant que les yôgis et les rôshis des monastères et ashrams d'Orient cultivaient l'art intérieur de la méditation. (Pour plus d'informations sur l'histoire de la méditation, voir le chapitre 3.) À l'heure actuelle, les courants de l'Orient et de l'Occident, du nord et du sud se sont rejoints et mélangés pour former une économie et une culture mondiales naissantes. Il est devenu possible d'appliquer la « technologie » intérieure de l'Orient pour compenser les excès des innovations technologiques rapides de l'Occident !

Comme les informaticiens sur leurs ordinateurs, les grands maîtres de la méditation ont au cours des siècles travaillé la faculté de programmer leur corps, leur esprit et leur cœur afin de connaître les états très raffinés de l'être. Alors qu'en Occident, nous cartographiions les cieux et inaugurions la Révolution industrielle, ils accomplissaient de leur côté de véritables prouesses :

- L'accès à des visions intérieures pénétrantes dans la nature de l'esprit et dans le processus par lequel il crée et perpétue la souffrance et le stress
- L'atteinte d'états profonds d'absorption extatique au cours desquels le méditant est totalement immergé, en union avec le Divin
- La sagesse de différencier la réalité relative et la dimension sacrée de l'être
- Une paix intérieure inébranlable que les circonstances extérieures ne peuvent perturber
- La culture d'états mentaux positifs, bénéfiques et nécessaires à la vie comme la patience, l'amour, la bonté, la sérénité et joie et – tout spécialement – la compassion pour les souffrances des autres
- La faculté de maîtriser les fonctions corporelles habituellement considérées comme involontaires, comme le rythme cardiaque, la température corporelle et le métabolisme
- La capacité de mobiliser et déplacer l'énergie vitale à travers les différents centres et canaux du corps pour guérir ou conduire à une transformation personnelle
- Le développement de pouvoirs psychiques extraordinaires comme la *clairvoyance* (faculté de perception extrasensorielle qui permet de pénétrer la pensée d'autrui) et la *télékinésie* (faculté de déplacer des objets sans contact)

Les grands méditants d'autrefois utilisaient ces qualités afin de parvenir à se libérer de la souffrance, soit en se retirant du monde pour rejoindre une réalité plus élevée, soit en parvenant à des visions pénétrantes de la nature de l'existence. Les techniques méditatives qu'ils ont mis au point – largement disponibles en Occident depuis deux décennies – peuvent être utilisées dans des formes ordinaires et quotidiennes par des gens comme vous et moi.

Les bénéfices psychophysiologiques de la méditation

Si les premières études scientifiques sur la méditation remontent aux années 30-40, il faut attendre les années 70 pour voir apparaître les premières études sur leurs effets psychophysiologiques, suscitées par l'intérêt naissant pour la méditation transcendantale, le zen et autres pratiques méditatives orientales. Depuis lors, le nombre d'études n'a cessé de croître de par le monde. Dans leur livre intitulé *The Physical and Psychological Effects of Meditation*, Michael Murphy et Steven Donovan ont procédé à une synthèse des études publiées jusqu'alors.

Murphy, auteur du best-seller *Golf dans le royaume* a travaillé le premier sur l'exploration du potentiel humain depuis qu'il a co-fondé l'*Esalen Institute* à Big Sur, en Californie en 1962 (Esalen est considéré comme le lieu de naissance du mouvement pour le potentiel humain).

À l'écoute de son corps

Comme M. Duffy dans l'œuvre de James Joyce *Ulysse*, la plupart des êtres « vivent à une courte distance» de leur corps. La méditation suivante, dont on trouve des équivalences dans le yoga et le bouddhisme, aide à rétablir le contact avec le corps en portant l'attention sur chaque partie corporelle. En cultivant la conscience et relaxant les muscles et les organes internes, elle constitue un excellent préambule à une pratique méditative plus formelle. Consacrez au moins 20 minutes à cet exercice.

1. **Couchez-vous sur le dos sur une surface confortable – pas trop toutefois à moins d'avoir l'intention de dormir par la suite.**
2. **Prenez le temps de sentir votre corps dans son ensemble, sans oublier les points en contact avec le lit ou le sol.**
3. **Portez votre attention sur les orteils du pied droit**

   Soyez sensible à toutes les sensations ressenties dans cette partie du corps. Si vous ne ressentez rien, attachez-vous à « ne rien sentir ». Pendant que vous respirez, imaginez que vous inspiriez et expiriez par les orteils. (Si cela vous semble étrange ou inconfortable, contentez-vous de respirer normalement.)
4. **Lorsque vous en avez terminé avec les orteils, faites de même avec la plante des pieds, le talon, le dessus du pied, la cheville, en étant attentif aux sensations perçues dans chacune des parties comme vous l'avez fait pour les orteils.**

   Prenez votre temps. L'objectif de cet exercice n'est pas d'arriver à quoi que ce soit, ni même de vous relaxer mais d'être aussi présent que possible en quelque endroit que vous soyez.
5. **Remontez progressivement le long de votre corps en accordant au moins 3 à 4 respirations à chaque partie.**

   Suivez cet ordre : mollet droit, genou droit, cuisse droite, hanche droite, orteils gauches, pied gauche, mollet gauche, genou gauche, cuisse gauche, hanche gauche, bassin, bas du ventre, bas du dos, plexus solaire, haut du dos, poitrine, épaules ; concentrez-vous ensuite sur les doigts, les mains et les bras des deux côtés puis sur le cou, la gorge, le menton, les mâchoires, le visage, l'arrière de la tête et le sommet du crâne.

   Parvenu au sommet du crâne, vous aurez peut-être l'impression que les frontières entre vous et le reste du monde sont devenues plus fluides ou se sont évanouies. En même temps, vous vous sentirez peut-être silencieux et calme – comme libéré de votre agitation habituelle.
6. **Reposez-vous pendant quelques instants ; puis prenez progressivement conscience de votre corps dans son ensemble.**
7. **Remuez les orteils, bougez les doigts, ouvrez les yeux, balancez-vous doucement d'un côté à l'autre puis asseyez-vous doucement.**
8. **Autorisez-vous quelques instants pour vous étirer et revenir dans le monde qui vous entoure avant de vous lever et de vaquer à vos occupations.**

Donovan, ancien président et directeur général d'Esalen a dirigé l'*Institute's Study of Exceptional Functioning.* À partir des résultats de leurs études, Murphy et Donovan sont parvenus à dégager les bénéfices suivants pour le corps et l'esprit.

Les bénéfices physiologiques :

- Le ralentissement du rythme cardiaque pendant la méditation silencieuse
- Une diminution de la tension artérielle chez les sujets normalement ou modérément hypertendus
- Un rétablissement plus rapide après une période de stress
- Une augmentation du rythme alpha (activité électrique cérébrale lente et de haute amplitude qui apparaît lors du repos ou de la relaxation)
- Une meilleure synchronisation (c'est-à-dire un fonctionnement simultané) des deux hémisphères gauche et droit du cerveau (qui pourrait être en corrélation avec la créativité)
- Une diminution des taux de cholestérol sérique
- Une consommation plus faible d'énergie et d'oxygène
- Une respiration plus profonde et plus lente
- La relaxation des muscles
- Une réduction de l'intensité de la douleur

Les bénéfices psychologiques :

- Une meilleure empathie
- Une meilleure créativité et réalisation de soi
- Une précision et une sensibilité perceptives accrues
- Une régression de l'anxiété chronique ou aiguë
- Un complément à la psychothérapie et aux autres approches dans le traitement de la dépendance

Promouvoir les bénéfices de la méditation

Même si les chercheurs occidentaux étudient les bienfaits de la méditation depuis plus d'un demi-siècle, trois personnes ont joué un rôle capital dans la promotion des pratiques méditatives en démontrant au grand public les bénéfices pour la santé :

- **Herbert Benson et son livre intitulé *The Relaxation Response***

  Cardiologue et professeur de médecine à l'école de médecine de Harvard, Benson fut le premier à étudier le domaine de la psychophysiologie avec la publication de son best-seller *The Relaxation Response* en 1975. En se fondant sur son étude des adeptes de la méditation transcendantale, il identifie un mécanisme de réflexe naturel qui se déclenche après 20 minutes de pratique quotidienne de la méditation dans un environnement calme, avec la répétition d'un bruit ou d'une expression, une attitude réceptive et une position assise.

  Une fois initié, ce réflexe induirait la relaxation, la réduction du stress et contrerait la réponse fuite ou affrontement. Au cours d'études ultérieures, Benson a découvert un effet bénéfice de cette réponse relaxante sur l'hypertension, les maux de tête, les maladies cardiaques, la consommation d'alcool, l'anxiété et le syndrome prémenstruel.

- **Jon Kabat-Zinn et la théorie de la réduction du stress fondée sur la Pleine Conscience.**

  Depuis 1979, date à laquelle il fonde la Stress Reduction Clinic à l'Université du Massachusetts Medical Centre, Kabat-Zinn et ses collègues ont enseigné à des milliers de patients souffrant de maladies diverses les fondements de la pratique bouddhiste de la Pleine Conscience et du Hatha-yoga. Les études menées ont montré que les 8 semaines de programme incluant des cours théoriques, des devoirs à la maison et un atelier de méditation d'une journée permettaient aux participants de réduire le stress à l'origine de leurs maladies et leur apprenaient comment élargir les bénéfices de la pleine conscience à tous les aspects de leur vie quotidienne.

- **Dean Ornish et le programme d'ouverture du cœur**

  Dans une étude décisive publiée dans le *Journal of the American Medical Association*, Ornish, nutritionniste et directeur du Preventive Medecine Research Institute, institut à but non lucratif, montrait que les patients pouvaient véritablement inverser leur maladie cardiaque grâce à des changements radicaux de mode de vie et sans l'aide de la chirurgie ou de traitement contre le cholestérol. Même si ce programme prônait également, la pratique d'une activité physique, une alimentation faible en graisses et le Hatha-yoga pour une meilleure santé, la clef de la guérison était selon Ornish dans l'ouverture du cœur par le biais de la méditation qui nous aide à nous débarrasser de nos comportements habituels de stress et de réactivité émotionnelle.

Onze autres raisons encore meilleures de méditer

Inutile, pour profiter vous aussi des bienfaits de la méditation, de rejoindre un culte, de vous faire baptiser ou de devenir bar mitzvah. Pas besoin non plus d'abandonner votre vie quotidienne pour rejoindre un monastère dans le lointain Himalaya. Il vous suffit de pratiquer régulièrement la méditation sans chercher à arriver quelque part ni à quelque chose de précis. Comme les intérêts sur un compte de marché monétaire, les bénéfices s'accumulent tous seuls. Les voici :

- **La prise de conscience du moment présent** : Si vous ne faites que courir à en perdre haleine du présent au futur, anticipant le problème à venir ou dans l'attente anxieuse d'un autre plaisir, vous ratez la beauté et l'immédiateté du présent. Grâce à la méditation, vous apprendrez à ralentir votre rythme et prendre chaque instant comme il vient – les bruits de la circulation, l'odeur des habits neufs, le rire d'un enfant, l'air inquiet qui se lit sur le visage d'une vieille femme, votre respiration. En fait, comme nous le rappelle la tradition méditative, seul existe le moment présent – le passé appartient à la mémoire et le futur n'est qu'un rêve projeté sur l'écran de l'esprit à un moment donné.
- **Entrer en amitié avec soi-même** : Si vous consacrez toute votre énergie à vous montrer digne d'une image et d'une attente (imposée par vous ou les autres) ou à vous remettre en question pour survivre dans un environnement compétitif, vous avez rarement l'occasion ou même le désir d'apprendre à connaître la personne que vous êtes vraiment. Le doute ou la haine de soi peuvent alors apparaître pour vous pousser à vous améliorer mais ces sentiments sont douloureux et contribuent à faire naître des états mentaux négatifs comme la peur, la colère, la dépression, l'aliénation qui vous empêchent d'atteindre votre potentiel. La méditation vous apprend à accepter toutes les expériences et facettes de votre être sans y apporter ni jugement ni rejet. Vous commencez alors à vous traiter comme vous le feriez d'un ami proche ; acceptant (et même aimant) la personne dans son ensemble, avec ses qualités et ses forces mais aussi ses faiblesses et ses défauts.
- **Approfondir le contact avec les autres** : En prenant conscience du moment présent, en ouvrant votre cœur et votre esprit à votre propre expérience, vous devenez tout naturellement capable de mettre tous ces acquis à profit dans vos relations avec vos proches. Comme tout le monde, vous avez peut-être tendance à reporter vos propres désirs et attentes sur les autres, formant une barrière à une vraie communication. Mais lorsque vous acceptez les autres tels qu'ils sont, vous ouvrez tous les canaux permettant une intimité et un amour plus profonds entre eux et vous.

- **Détendre le corps et apaiser l'esprit** : Comme l'ont découvert les médecins actuels – et comme il est dit dans les textes traditionnels – le corps et l'esprit sont inséparables et lorsque l'esprit est agité le corps est stressé. Si vous parvenez à calmer, détendre et ouvrir l'esprit pendant la méditation, le corps fera de même. Plus vous méditez – ce qui comprend à la fois le nombre de minutes consacré quotidiennement à la méditation, mais aussi à une pratique régulière au fil des jours et des semaines – plus ce sentiment de paix et de relaxation se fera sentir dans tous les domaines de votre vie, y compris la santé.
- **Vers la lumière** : Peut-être avez-vous remarqué que lorsque vous n'arriviez pas à faire cesser votre inquiétude ou le cheminement de votre pensée, vous parveniez à une sorte de claustrophobie intérieure – l'angoisse génère l'angoisse, les problèmes semblent progresser de façon exponentielle – qui conduit invariablement à un sentiment d'accablement et de panique. La méditation favorise une grandeur mentale intérieure dans laquelle les difficultés ne semblent plus aussi menaçantes et des solutions deviennent envisageables ainsi qu'un certain détachement qui facilite une plus grande objectivité, une perspective et même, oui, le sens de l'humour.
- **La concentration et le flux** : Lorsque vous êtes si absorbé par une activité que tout sentiment de conscience, de séparation et de distraction disparaît, vous êtes entré dans ce que le psychologue Mihaly Csiksezntmihalyi nomme « l'état de flux » (voir chapitre 1). Chez les hommes, cet état d'immersion totale représente le plaisir suprême et procure l'antidote fondamental contre la fragmentation et l'aliénation de la vie postmoderne. Vous avez à n'en pas douter déjà connu des moments de ce type – soit par le biais du sport, ou de la création d'une œuvre d'art, soit en jardinant ou en faisant l'amour. Les athlètes surnomment ce moment « la zone ». La méditation permet d'accéder à une telle concentration dans toutes nos activités et d'en tirer les mêmes profits.
- **Se sentir plus solidement ancré et équilibré** : Pour pallier l'insécurité grandissante de la vie dans une période de bouleversements perpétuels, la méditation offre un ancrage intérieur et un équilibre que les circonstances extérieures ne peuvent atteindre. Lorsque vous apprenez à toujours revenir à vous – à votre corps, votre respiration, vos sensations et vos sentiments – vous finissez par comprendre que vous êtes toujours chez vous, quel que soit l'endroit où vous vous trouvez. Entrer en amitié avec soi-même, accepter la nuit et la lumière, le faible et le fort permet de ne plus jamais être déstabilisé par les frondes et les flèches de la vie.

- **Améliorer les performances au travail ou dans les loisirs** : Des études ont montré que des pratiques méditatives de base pouvaient à elles seules améliorer la clarté de perception, la créativité, la réalisation de soi et nombre d'autres facteurs entrant en ligne de compte dans la réussite. Il a aussi été prouvé que certains types de méditations augmentaient les performances dans diverses activités, tant sportives que scolaires.
- **Développer l'estime, la gratitude et l'amour** : En apprenant à considérer votre expérience sans jugement ni aversion, votre cœur s'ouvre progressivement – à vous-même et aux autres. Certaines méditations servent à cultiver l'estime, la gratitude et l'amour. Il se peut aussi, à l'image de bien des méditants avant vous, que ces qualités surgissent d'elles-mêmes lorsque vous regardez le monde avec un regard neuf, libéré des prévisions et espoirs habituels.
- **Avoir un but plus profond** : Lorsque vous vous entraînez à passer de l'action et de la pensée au seul fait d'être (voir chapitre 1), vous découvrez comment répondre à un sens et un sentiment d'appartenance plus profondément enfouis. Vous touchez des aspirations et des sentiments personnels restés longtemps cachés de votre conscience ou encore une source plus universelle de but et de direction – ce que certaines personnes nomment le *moi supérieur* ou le *guide intérieur.*
- **Prendre conscience d'une dimension spirituelle de l'être** : Au fur et à mesure que la méditation vous ouvre à la subtilité et à la richesse de chaque moment fugace mais irremplaçable, la réalité sacrée au cœur des choses apparaîtra naturellement à travers le voile des apparences. Puis, un jour peut-être (mais cela peut vous prendre la vie entière) vous réaliserez que cette vérité sacrée représente en fait qui vous êtes au fond de vous-même. Cette compréhension profonde, qui correspond pour les sages et les maîtres à « remonter depuis l'illusion de la séparation » brise et finit par éliminer la solitude et l'aliénation pour vous ouvrir à la beauté de la condition humaine.

EXERCICE

Travailler sur une habitude

Prenez une habitude dont vous voulez vous débarrasser sans y parvenir. Ce peut être le tabac, le café ou la nourriture industrielle. La prochaine fois que vous succombez, au lieu de vous détacher ou de rêver éveillé, transformez cet instant en méditation. Prenez conscience de la fumée qui pénètrent à l'intérieur de vos poumons. Notez comment votre corps réagit. Dès que votre esprit s'égare, notez où il vous entraîne – vos fantasmes préférés l'accompagnent peut-être – puis recentrez-le doucement vers l'exercice.

N'essayez ni d'arrêter ni de modifier cette habitude ; procédez comme d'ordinaire mais en étant conscient de ce que vous faites. La fois suivante, notez scrupuleusement vos sensations. Avez-vous remarqué un quelconque changement ? Que constatez-vous cette fois-ci que vous n'aviez pas relevé auparavant ?

Chapitre 3

Les origines de la méditation

Dans ce chapitre :

- Retrouver les racines indiennes de la méditation
- Yoga et méditation
- Découvrir les secrets sensuels des tantra
- Étudier la renaissance de la méditation dans le judaïsme et le christianisme
- Retrouver les traces de la méditation en France et en Europe

Qu'évoque pour vous le mot méditation ? L'image d'un moine ou un yōgi asiatique vêtu d'un pagne ou d'une robe, assis les jambes croisées et plongé dans une profonde concentration ? La méditation fut sans aucun doute confinée à une époque aux temples, monastères et grottes de l'Orient et du Proche-Orient, puis – et c'est tant mieux pour vous et moi – s'est progressivement introduite en Occident il y a une centaine d'années. Elle apparaît néanmoins sous une forme différente et moins visible dans la tradition judéo-chrétienne. Saviez-vous par exemple, que beaucoup de prophètes de la Bible méditaient ? Ou encore que Jésus lui-même avait accompli une forme de méditation lors de sa retraite de 40 jours dans le désert ?

La pratique de la méditation remonte à nos premiers ancêtres qui contemplaient avec émerveillement le ciel nocturne, restaient des heures durant tapis dans les buissons à l'affût du gibier, ou s'asseyaient perdus dans leurs rêveries autour des feux collectifs. Parce que la méditation demande simplement d'être sans agir ni penser (pour en savoir plus sur « le fait d'*être* », reportez-vous au chapitre 1), nos aïeux avaient une longueur d'avance sur nous ! Leurs vies étaient après tout plus simples, leur pensée plus rudimentaire et leur rapport avec la nature et le sacré beaucoup plus fort.

S'il n'est pas indispensable pour méditer de savoir d'où vient cette pratique, suivre son développement permet néanmoins de la replacer dans un contexte historique et spirituel. Je vous emmène donc maintenant à la découverte de l'évolution de la méditation en tant que *pratique sacrée* dans divers endroits du monde.

Les chamans : les premiers grands méditants

Longtemps avant l'époque du Bouddha, ou des grands yôgis de l'Inde, les chamans des peuples de chasseurs-cueilleurs de tous les continents utilisaient des pratiques méditatives pour entrer dans un état modifié de conscience appelé transe. Conduits par le bruit du tambour, une psalmodie rythmée, des pas de danse répétés et parfois des plantes hallucinogènes, ces puissants personnages spirituels (hommes et femmes) abandonnaient leur corps pour rejoindre « le monde des esprits ». Ils en revenaient chargés de sagesse sacrée, de facultés de guérison, de pouvoirs magiques et de bénédictions des esprits pour la tribu.

On a retrouvé des peintures rupestres datant d'au moins 15 000 ans représentant des personnages couchés à terre dans une absorption méditative. Selon les spécialistes, ils représentaient des chamans en état de transe, demandant aux esprits de leur accorder une chasse fructueuse. D'autres peintures rupestres de la même période à peu près évoquent des chamans transformés en animaux – pratique typique encore en vigueur de nos jours. (Selon vos convictions, vous pouvez rejeter cette expérience comme produit d'une imagination surexcitée mais les chamans et leurs adeptes sont convaincus que de telles transformations ont bel et bien lieu).

Si le chamanisme déclina avec le passage de la chasse et de la cueillette à l'agriculture, les chamans jouent encore le rôle de guérisseurs, de guides pour les morts et d'intermédiaires entre les humains et les esprits dans des régions de Sibérie, d'Amérique du Nord, du Mexique, d'Amérique du Sud, d'Afrique, d'Australie, d'Indonésie et d'Asie. Au cours de ces dernières années, grâce aux écrits de Carlos Castaneda, Michael Harner et Joseph Campbell, de plus en plus d'Occidentaux se sont intéressés au chamanisme – certains étant même devenus eux-mêmes chamans.

Les racines indiennes

C'est en Inde que se trouvent les plus profondes racines de la méditation avec les *sâdhus* (hommes et femmes sacrés ayant renoncé à toute attache matérielle pour se consacrer à la recherche spirituelle) et les *yôgis* qui ont cultivé une forme ou une autre de méditation depuis plus de 5 000 ans. L'Inde a fournit un sol fertile sur lequel les arts méditatifs se sont épanouis avant de se diffuser en Orient et en Occident. Ce phénomène est attribuable au climat qui ralentit le rythme de la vie, à la mousson qui contraint les gens à passer plus de temps chez eux ou simplement à une lignée ininterrompue de méditants tout au long des siècles.

Dans les *Védas*, premiers textes écrits indiens, on ne trouve même pas de mot pour la méditation, mais les prêtres védiques accomplissaient des rites et des chants complexes destinés aux dieux qui requéraient une immense concentration. Peu à peu, ces pratiques se sont transformées en une sorte de méditation pieuse alliant les techniques de contrôle du souffle et la focalisation dévote envers le Divin. (Pour en savoir plus sur la focalisation, voyez le chapitre 1). Plus les prêtres fouillaient en profondeur, plus ils se rendaient compte que l'adorateur et l'objet adoré, l'être individuel et l'être divin lui-même ne faisaient qu'un – une vision intérieure profonde qui a continué à inspirer et instruire les personnes en quête de spiritualité de tous les temps.

C'est du jardin de la spiritualité védique et post-védique qu'ont germé trois des traditions méditatives les plus connues de l'Inde : le *yoga*, le *bouddhisme* et le *tantrisme*.

L'art du mantra

Comme l'explique Herbert Benson dans ouvrage *The Relaxation Response*, la répétition méditative d'un mantra a pour effet d'apaiser l'esprit et de décontracter le corps. Les premiers utilisateurs de mantras étaient cependant motivés par des intentions plus spirituelles, notamment celles d'invoquer la puissance d'un dieu spécifique, de cultiver et d'améliorer les qualités positives et de parvenir à l'union avec la réalité divine.

Si le terme « mantra » qui signifie « instrument de pensée » provient du sanscrit, la pratique apparaît sous une forme ou une autre dans presque toutes les religions. Les soufis répètent ainsi l'expression *ila'ha il'alahu* (Seul Dieu existe), les chrétiens récitent le « Notre Père » ou la prière du cœur (Seigneur ait pitié de moi), les bouddhistes psalmodient des invocations sacrées comme *om mani padme hum* ou *namu amida butsu* et les hindous répètent l'un des nombreux noms ou louanges à Dieu.

Pour résumer, les mantras sont des sons dotés de pouvoirs spirituels ou mystérieux insufflés par un maître ou une tradition. Lorsque vous répétez un mantra – à haute voix, tout bas ou mentalement (méthode considérée comme la plus probante), vous résonnez d'une fréquence spirituelle particulière ainsi que du pouvoir et des bénédictions que le son a accumulé au fil du temps.

La pratique des mantras focalise et stabilise l'esprit, le protégeant des distractions indésirables. C'est pour cette raison que les récitations de mantras s'accompagnent souvent de pratiques méditatives plus formelles. Pour essayer, il vous suffit de choisir un mot ou une expression doté d'une signification personnelle ou spirituelle profonde. (La tradition veut que le mantra soit donné par le maître en personne.) Asseyez-vous calmement et répétez-le à l'infini, en laissant votre esprit se reposer sur le mot et la sensation qu'il évoque. Si votre esprit s'égare, revenez simplement à votre mantra.

Le yoga classique : le chemin de l'union sacrée

Qu'évoque pour vous le mot yoga ? L'image d'une personne s'étirant et se contorsionnant dans des positions invraisemblables ? Même si vous pratiquez le hatha-yoga, vous pouvez très bien ignorer que ces « postures » ne sont qu'une facette du chemin traditionnel du yoga classique qui englobe également le contrôle du souffle et la méditation.

L'adepte du yoga classique cherche à se couper du monde matériel considéré comme illusoire et à fusionner avec la réalité suprême de la conscience. Après avoir préparé leur corps par les *asanas* (postures familières du hatha-yoga), développé des états d'énergie raffinée par diverses techniques du souffle et écarté toutes les distractions extérieures, les yôgis se concentrent sur un objet intermédiaire comme un *mantra* (répétition d'un mot ou d'une expression) ou un objet sacré pour arriver à se focaliser sur la conscience elle-même. Le yôgi atteint un état d'absorption (*sâmadhi*) où toutes traces de séparation se sont évanouies, le laissant en union avec la conscience.

Établie et codifiée par Patanjali (sage du second siècle après J.-C.), la philosophie et la pratique du yoga classique a donné naissance au fil des siècles à un nombre très important d'écoles - dont certaines ont par moment été concurrentes. La plupart des yôgis et swamis qui ont enseigné en Occident tiraient leur enseignement du yoga classique.

Le début du bouddhisme : les racines de la méditation consciente

Le fondateur du bouddhisme est un prince hindou du nom de Gautama ou Shakyamuni, dit le Bouddha, qui selon la tradition, renonça à sa vie de luxe pour percer les mystères de la souffrance, de la vieillesse et de la mort. Après 7 années d'ascétisme et de pratique du yoga, il réalisa que mortifier sa chair et se couper du monde ne l'amenait pas là où il voulait aller. Il s'assit alors sous un figuier et se tourna vers les profondeurs de son esprit. Après 7 jours et 7 nuits de méditation profonde, il s'éveilla à la nature de l'existence – d'où son surnom de *Bouddha* qui signifie « l'Éveillé ».

Selon la doctrine qu'il développa, nous souffrons en raison de notre attachement à des convictions erronées, notamment parce que nous pensons que (1) les choses sont immuables et doivent apporter la félicité et (2) nous possédons un moi durable qui existe indépendamment de tout autre être et fait de nous ce que nous sommes. Le Bouddha enseignait au contraire que rien n'est immuable : ni nos esprits, ni nos émotions, ni notre sens du moi, ni les circonstances et les objets du monde extérieur.

Pour se délivrer de la souffrance, il conseillait de se libérer de l'ignorance et d'éliminer la peur, la colère, la convoitise, la jalousie et tout autre état mental négatif. Son approche reposait à la fois sur des pratiques pour travailler son esprit et des instructions pour mener une vie vertueuse et spirituelle.

La méditation est au cœur de l'approche historique du Bouddha. La pratique méditative qu'il enseignait, appelée pleine conscience, impliquait de prêter une attention consciente à notre expérience de chaque instant.

Voici les quatre fondations de la pleine conscience :

- Conscience du corps
- Conscience des sensations
- Conscience des pensées et états mentaux
- Conscience des lois de l'expérience (relation entre ce que nous pensons et ce que nous vivons)

Se démarquant des maîtres de son époque qui prônaient le retrait du monde pour rechercher l'union extatique avec le Divin, le Bouddha enseignait l'importance d'accéder à la compréhension de la nature de l'existence et des mécanismes de souffrance créés par l'esprit. Il se comparait davantage à un médecin offrant un traitement pour guérir les blessures qu'à un philosophe apportant des réponses abstraites à des questions métaphysiques.

Les tantra indiens : trouver le sacré dans le monde des sens

Pour bon nombre d'Occidentaux, le mot « tantra » est associé à des pratiques sexuelles qui ont été adaptées pour gagner une audience populaire. Le *tantrisme* s'est développé dans les premiers siècles apr. J.-C., comme une importante doctrine de pensées et de pratiques indiennes. Se fondant sur l'idée que la réalité absolue et le monde relatif des sens étaient inséparables, les tantriques utilisaient les sens – y compris la pratique de rites sexuels – comme accès à la réalisation spirituelle. Inutile de dire qu'une telle approche a inévitablement des écueils ; si le yoga et le bouddhisme peuvent se tourner vers l'abnégation, le tantrisme peut se confondre avec le péché sensuel.

La méditation tantrique englobe souvent des pratiques visant à éveiller la *Kundalinî-shakti*, énergie associée à la créature divine dormant à la base de la colonne vertébrale. Une fois stimulée, la *shakti* s'élève par un canal énergétique situé dans la colonne vertébrale et ouvre sur son chemin chacun des 7 centres de conscience du corps ou *chakras* ou *çakras*. Ces centres qui vibrent à des fréquences différentes et sont associés à diverses fonctions physiques et psychologiques, sont localisés près du périnée, des organes génitaux, du plexus solaire, du cœur, de la gorge, du front (troisième œil) et de la couronne de la tête. (Pour en savoir plus sur les chakras, voyez le chapitre 12). Enfin, la shakti peut jaillir à travers le chakra de la tête dans une explosion d'extase. C'est à ce stade que le pratiquant se rend compte de son identité avec le divin, alors qu'il se trouve enfermé dans une enveloppe corporelle.

Vers le toit du monde et au-delà

Avant de quitter définitivement l'Inde vers la fin du premier millénaire apr. J.-C., le bouddhisme ancien a connu de profonds bouleversements. Les premières écoles ont évolué vers ce que l'on appelle aujourd'hui le *Theravada*, une école importante qui s'est développée depuis le sud de l'Inde au Sri Lanka et dans tout le Sud-Est asiatique. En grande partie limitée aux moines et aux religieuses, la doctrine du *Theravada* met l'accent sur un chemin progressif vers la libération. Un peu plus tardivement, naquit un autre courant, le *Mahâyâna* (Grand véhicule) qui prêchait l'idéal du *bodhisattva* – celui qui cultive l'éveil pour le bien de tous et consacre sa vie à libérer les autres. Ce second courant était plus égalitaire et offrait à tous, y compris aux laïcs, la voie de l'illumination.

De l'Inde, les moines et les érudits errants ont véhiculé le *Mahâyâna* par-delà l'Himalaya (le Toit du monde) vers la Chine et le Tibet. Là, il s'est mélangé avec des doctrines spirituelles locales, a pris racine et a donné naissance à différentes traditions et écoles dont les plus connues sont le *Ch'an* (ou Zen) et le *Vajrayâna* ou *Tantrayâna* (véhicule des tantriques) qui a porté la pratique de la méditation encore plus haut.

Le Ch'an ou Zen : le bruit d'une seule main qui applaudit

Vous avez certainement déjà entendu parler de ces maîtres zen qui frappent leurs disciples avec un bâton ou hurlent des instructions à tue-tête. Ce que vous ne savez peut-être pas, c'est que le zen est un mélange unique entre le bouddhisme Mahâyâna (dont je viens de mentionner l'aspect égalitaire) et une tradition originaire de Chine appelée taoïsme (qui met l'accent sur la nature continue et indivisée de la vie appelée Tao). Même si la pénétration du bouddhisme en Chine grâce aux moines indiens débuta dans les premiers siècles après J.-C., il fallut attendre le VIIe ou le VIIIe siècle pour que le zen devienne un courant distinct. Il s'est alors démarqué radicalement de la tradition bouddhiste en mettant l'accent sur une transmission directe et muette de l'état d'illumination du maître au disciple – parfois par un comportement que les normes actuelles considéreraient certainement comme excentrique voire bizarre.

Contrairement aux autres traditions bouddhistes qui se sont focalisées sur l'étude des textes, le Zen a rejeté les théories métaphysiques pour ne plus donner qu'un mot d'ordre : contentez-vous de vous asseoir ! La méditation est alors devenue le moyen essentiel de démanteler une vie entière d'attachement au monde matériel et de comprendre ce que les maîtres zen appelaient la *Nature-de-Bouddha*, la sagesse innée présente en chacun de nous.

Le zen a également introduit ces énigmes apparemment simples mais insolubles appelées « kōans » comme « Qu'elle est la nature du bruit provoqué par une seule main qui applaudit ? » ou encore « à quoi ressemblait votre visage originel avant la naissance de vos parents ? ». En s'immergeant totalement dans le kōan, le moine arrivait à percevoir l'essence de l'existence, ce que le maître nommait *satori*.

Au Japon, le zen a donné naissance à un ascétisme austère et immaculé, à l'origine des techniques de peinture et des jardins de pierres si typiques de la culture japonaise. Du Japon, le zen s'est bien évidemment propagé vers l'Amérique du nord, où il a rencontré la Beat generation des années 50 et préparé le terrain au regain d'intérêt actuel pour la méditation.

Le Vajrayâna : la voie de la transformation

Comme en Chine, (où le bouddhisme a rencontré le taoïsme), le Tibet possédait sa propre religion, le Bönpo, faits entre autres, de pratiques magiques destinées à apaiser les esprits locaux et les divinités. Lorsque le grand maître indien Padmasambhava introduisit le bouddhisme au Tibet au VIIe siècle apr. J.-C., il lui fallut d'abord conquérir les esprits hostiles qui résistaient à ses efforts. Ceux-ci furent finalement inclus dans le bouddhisme indo-tibétain en tant que protecteurs et alliés au sein d'un panthéon qui englobait plusieurs Bouddha et *dakinis* (femmes éveillées).

Les bouddhistes tibétains croyaient que le Bouddha historique enseignait simultanément à plusieurs niveaux, en fonction des besoins et des capacités de ses disciples. Les enseignements les plus évolués, pensaient-ils, étaient tenus secrets depuis plusieurs siècles avant d'arriver au Tibet sous la forme du *Vajrayâna* (Véhicule de Diamant). Outre la traditionnelle méditation en pleine conscience, cette approche avait emprunté des éléments du tantrisme indien et de puissantes pratiques pour travailler sur l'énergie. Au lieu d'éliminer les émotions négatives et les états mentaux tels que la peur, la convoitise, la colère comme le recommande la doctrine bouddhique traditionnelle, le Vajrayâna enseigne comment transformer l'énergie négative en sagesse et compassion.

La méditation du bouddhisme indo-tibétain fait aussi appel à la *visualisation* – utilisation active de l'imagination – pour invoquer les puissantes forces spirituelles qui alimentent le processus de réalisation spirituelle.

Du Moyen-Orient au reste du monde

Si la méditation dans les traditions judéo-chrétienne et islamique a connu un développement indépendant, il est possible que les méditants du Moyen-Orient aient pu être influencés par les pratiques de leurs homologues de l'Inde et du Sud-Est asiatique (voir plus haut dans ce chapitre). Les historiens possèdent des preuves que les voyages de pèlerins étaient constants entre ces deux régions et que l'apparition des premiers moines bouddhistes à Rome date du début de l'ère chrétienne. Selon une rumeur – encouragée par des coïncidences historiques intéressantes – Jésus aurait même appris la méditation en Inde ! Alors que les méditants indiens – suivant l'idée ancienne que *âtman est égal à Brahman* (Moi et l'essence de l'être ne font qu'un) – ont progressivement porté leur attention vers l'intérieur pour chercher le sacré dans les profondeurs de leur être, les penseurs et théologiens occidentaux se sont orientés vers un Dieu qui existerait prétendument en dehors de l'individu. À la même période, les mystiques d'Occident s'acharnaient avec le paradoxe d'un Dieu à la fois à l'intérieur et à l'extérieur, personnel et transcendent.

N'OUBLIEZ PAS

Dans les traditions occidentales, la méditation revêt souvent la forme d'une prière – c'est-à-dire d'une communion directe avec Dieu. La prière méditative des moines et des mystiques diffère de la prière ordinaire, souvent faite de plaintes et de requêtes. La prière méditative est une approche de Dieu faite avec humilité et dévotion. Elle consiste à contempler Ses qualités divines et solliciter Sa présence dans le cœur du méditant. L'objectif final est de soumettre totalement le moi individuel à l'union avec le Divin.

La méditation chrétienne : la pratique de la prière contemplative

L'équivalent chrétien de la méditation, appelé *prière contemplative*, remonte à Jésus-Christ lui-même qui jeûna et pria dans le désert pendant 40 jours et 40 nuits. Dans la contemplation, dit le Père Thomas Keating, dont la « prière centralisante » a permis de raviver l'intérêt dans la méditation chrétienne, vous ouvrez votre conscience et votre cœur à Dieu, le mystère ultime qui demeure dans les profondeurs de votre être, hors de portée de l'esprit. (Reportez-vous à l'encadré page suivante pour en savoir plus sur la pratique enseignée par le Père Keating.)

Après Jésus, les premiers grands méditants chrétiens furent les pères du désert d'Égypte et de Palestine au IIIe et IVe siècle qui vivaient dans une solitude quasi totale et cultivaient la conscience de la présence divine à travers la répétition d'une expression sacrée. Leurs descendants directs, les moines, nonnes et mystiques de l'Europe médiévale utilisaient la pratique contemplative qui consiste à répéter et ruminer un passage biblique (à ne pas confondre avec le fait d'y réfléchir ou de l'analyser !) jusqu'à ce que sa signification profonde se révèle à l'esprit. Ces deux pratiques, explique le Père Keating, rappellent l'admonition de Jésus « Quand vous priez, allez dans votre placard, dans votre être le plus intime et verrouillez la porte ».

Dans les Églises orthodoxes de Grèce et d'Europe de l'Est, les moines se livraient depuis longtemps à des pratiques similaires, combinant des *prosternations* et la répétition du Notre Père « Seigneur, ait pitié de moi pauvre pêcheur » jusqu'à ce que toutes ces pratiques s'arrêtent brusquement pour révéler un silence intérieur rempli d'amour et de béatitude.

Au cours des dernières années, de nombreux ministres et moines chrétiens ont été influencés par les maîtres hindous et bouddhistes, de plus en plus présents en Occident. Certains ont même adapté les pratiques orientales pour répondre aux besoins des chrétiens. D'autres, comme le Père Keating, se sont penchés sur leurs propres racines contemplatives pour ressusciter des pratiques qui étaient devenues complètement obsolètes.

La prière centralisante

Mise au point par Thomas Keating, un prêtre catholique, et fondée sur les sources chrétiennes traditionnelles, la *prière centralisante* est une pratique contemplative qui permet d'ouvrir l'esprit et le cœur à la présence divine. Contrairement au mantra qui vise à clarifier ou apaiser l'esprit, la prière centralisante purifie le cœur et conduit, si nous y consentons, à l'union divine. Au lieu de la répétez à l'infini comme un mantra, il suffit de la garder dans sa conscience comme un objet de contemplation.

Voici les instructions données par le Père Keating pour pratiquer la prière. Ses propres paroles sont placées entre guillemets.

1. **Choisissez un « mot sacré comme symbole de votre consentement à la présence et à l'action de Dieu en vous. »**
2. **Installez-vous confortablement et introduisez silencieusement le mot sacré en vous.**

   Quand vous êtes conscient de vos pensées, retournez délicatement au mot sacré.
3. **Gardez le même mot pendant la période de contemplation.**

Certaines personnes préfèrent « se tourner intérieurement vers Dieu, comme si elles le contemplaient » sans utiliser de mot. Dans tous les cas, les consignes sont identiques. Lorsque nous nous ouvrons à Dieu, dit le Père Keating, vous trouvons que Dieu est « plus près que la respiration, plus près que la pensée, plus près que le choix – plus près que la conscience elle-même. »

La méditation dans le judaïsme : se rapprocher de Dieu

Selon Rami Shapiro, rabbin du temple Beth Or de Miami en Floride et auteur d'un ouvrage intitulé *Wisdom of the Jewish Sages*, les interprètes mystiques de la Bible ont trouvé la preuve d'une pratique de la méditation remontant à Abraham, fondateur du Judaïsme. Les prophètes de l'Ancien Testament entraient apparemment dans des états de conscience modifiée grâce au jeun et aux pratiques ascétiques. Les mystiques des premiers siècles apr. J.-C., méditaient sur une vision du prophète Ézéchiel.

Mais la première méditation juive formelle, poursuit Shapiro, était centrée sur l'alphabet hébreux considéré comme le langage divin à travers lequel Dieu avait créé le monde. « Voir l'alphabet » explique Shapiro « revenait à voir la source de la création et donc à ne plus faire qu'un avec le Créateur lui-même. »

À l'image des pratiquants de toutes les religions centrées sur Dieu, les méditants juifs utilisaient des phrases sacrées ou des versets de la Bible comme mantras pour se rapprocher de Dieu. Comme le disait un grand maître hassidique à propos de l'expression *r'bono shel olam*, (qui signifie maître de l'univers), si vous la répétez en continu, vous parvenez à l'union avec Dieu. Et c'est précisément cette union que recherche la méditation juive.

À l'instar du christianisme, l'influence orientale de ces dernières années a fait ressurgir les traditions méditatives dans le judaïsme. Des rabbins comme Shapiro (qui pratique la méditation zen) et David Cooper (qui s'est formé à la méditation en pleine conscience du bouddhisme) contribuent à la renaissance de la méditation juive en élaborant une nouvelle synthèse des techniques anciennes d'Orient et d'Occident.

MÉDITATION

Contempler les étoiles

Dans son ouvrage intitulé *Jewish Meditation*, le rabbin Aryeh Kaplan décrit une technique traditionnelle fondée sur le verset suivant de la bible : « Levez vos yeux en haut, et regardez ! Qui a créé ces choses ? [étoiles] Qui fait marcher en ordre leur armée ? Il les appelle toutes par leur nom… » (Ésaïe , 40 :26)

1. **Par une nuit claire, allongez-vous ou asseyez-vous confortablement dehors, pour contempler les étoiles.**

2. **Tout en répétant un mantra, focalisez votre attention sur les étoiles comme si vous vouliez les pénétrer pour découvrir les mystères qu'elles cachent.**

   Vous pouvez utiliser le mantra traditionnel juif r'bono shel olam, pour vous aider à approfondir votre concentration et votre sens du sacré. Mais n'hésitez pas à choisir un mantra de votre choix.

   Comme le rappelle le rabbin Kaplan, vous « appelez Dieu dans les profondeurs des cieux, le cherchant au-delà des étoiles, au-delà des limites mêmes du temps et de l'espace. »

3. **Restez absorbé dans votre contemplation aussi longtemps que vous le désirez.**

Selon le rabbin Kaplan, cette méditation « peut mener une personne vers une expérience spirituelle extraordinairement profonde. »

MÉDITATION

Vers l'unique

Pour se préparer à des pratiques méditatives plus poussées, les soufis débutent souvent par un *darood* – récitation de mots sacrés au rythme de la respiration. Samuel Lewis, maître soufi d'origine américaine décédé en 1971, enseignait l'exercice suivant :

1. **Débutez par une marche rythmée sur laquelle vous synchronisez votre souffle – quatre pas pendant l'inspiration suivis de quatre pas pendant l'expiration.**
2. **Tout en marchant, répétez « Vers l'unique » – en décomposant les syllabes : les trois syllabes lors des trois premiers pas, puis le quatrième pas silencieux.**

   La marche développe et renforce le rythme du souffle.
3. **Poursuivez aussi longtemps que vous le désirez, en y accordant une attention totale.**

« Le soufi vit dans le souffle 24 h sur 24 h » déclare Shabda Kahn, enseignant soufi qui a étudié avec Lewis.

La méditation chez les soufis : se soumettre au Divin à chaque respiration

Depuis l'époque du prophète Mahomet au VIIe siècle apr. J.-C., les soufis portent les vêtements de l'islam. Mais comme le fait remarquer le professeur soufi d'origine américaine Shabda Kahn, leurs racines sont beaucoup plus anciennes. Elles remontent bien avant Mahomet, Bouddha ou autres célèbres maîtres, jusqu'à la première personne éveillée. Les soufis prétendent être une confrérie de chercheurs mystiques dont l'unique objectif est l'union avec Dieu dans leurs propres cœurs. Si le soufisme diffère selon l'époque, les maîtres et la région géographique, l'enseignement de base reste le même : il n'y a rien en dehors de Dieu.

La méditation soufie prend généralement la forme d'une psalmodie de paroles sacrées, soit silencieuse soit à haute voix, rythmée par une respiration profonde – pratique appelée le *zikr* (souvenir de l'Être Divin). Selon Kahn, les soufis retraduisent la béatitude biblique « Heureux les pauvres en esprit » par « Heureux ceux qui ont une respiration purifiée. » Une fois le souffle cultivé et purifié, le soufi peut l'utiliser pour se soumettre à l'être Divin à chaque instant – littéralement à chaque souffle.

Jouer avec la pesanteur

1. **Asseyez-vous sur une chaise et prenez peu à peu conscience de la pesanteur sur votre corps.**
2. **Notez le poids de vos jambes et de vos hanches contre la chaise.**
3. **Levez-vous et prenez conscience de votre attraction vers le sol.**
4. **Commencez à marcher en observant à chaque pas la force de gravité sur vos pieds.**
5. **Regardez autour de vous et réfléchissez à la façon dont tous les objets sont maintenus au sol par la pesanteur – comment vous vous déplacez dans un champ gravitationnel comme un poisson dans l'eau.**

   Cette force mystérieuse se trouve partout, même si vous ne voyez ou ne la comprenez pas.
6. **Gardez en tête la présence de ce champ invisible mais puissant pendant que vous vaquez à vos occupations.**

Chapitre 4

Poser les fondations : motivation, attitude et « esprit neuf du débutant »

Dans ce chapitre :

- Reconnaître et maintenir « l'esprit neuf du débutant »
- Trouver la motivation pour méditer
- Examiner 5 styles de motivation basiques
- Approfondir la méditation en cultivant une « disposition »

La méditation est d'une efficacité inégalée pour reprogrammer l'esprit et ouvrir le cœur. Mais elle n'est traditionnellement jamais seule ; motivation et disposition, qualités d'esprit indispensables pour alimenter la méditation et permettre d'aller de l'avant même quand les choses vont mal, l'accompagnent toujours.

Certains professeurs de méditation pourront vous conseiller vivement de dédier votre méditation au bien-etre des autres, plutôt que de chercher à en récolter tous les bienfaits pour vous-même. D'autres vous demanderont de vous attacher à vos aspirations, attitudes ou intentions les plus profondes – ce qu'un maître zen appelle le « désir le plus intime ». Quel que soit le terme choisi, il vous faut regarder au plus profond de votre esprit et de votre cœur pour clarifier les raisons qui motivent votre méditation. Ce n'est qu'ensuite que vous pourrez vous y référer lorsque la pratique deviendra ennuyeuse et commune – ce qui se produit immanquablement.

Mon neveu, encore adolescent, aspire à devenir joueur de basket professionnel. Malgré les statistiques, il pourrait très bien y parvenir : c'est un gaucher de 2,18 m d'une extraordinaire rapidité de balle, qui possède de surcroît le culte du travail d'un vainqueur. Il m'a demandé, il n'y a pas longtemps, de lui apprendre à méditer pour améliorer son sang-froid et son calme. J'ai aussi un cousin d'une trentaine d'années, sorti de Harvard avec un MBA, qui travaille pour une prestigieuse compagnie d'investissement de la côte Est. Il se demandait, la dernière fois que je l'ai eu au téléphone, si la méditation ne pouvait pas l'aider à dissiper le stress continu, inhérent à son travail.

Une amie intime d'une cinquantaine d'années, qui vient juste d'apprendre qu'elle est atteinte d'un cancer du sein, veut apprendre à méditer pour gérer sa peur et favoriser sa guérison.

L'une de mes patientes me demande des instructions pour calmer son esprit et mieux comprendre les schémas de pensées et d'action qui perturbent sa vie et l'empêchent d'être heureuse.

Les motifs qui mènent à la méditation sont multiples et variés. Il peut s'agir d'une douleur, d'une souffrance, d'un désespoir quelconque ou plus simplement d'un sentiment de mécontentement ou de frustration par rapport à votre vie – trop de stress, absence de plaisir, vie trop rapide ou trop intense. Peu importe votre histoire, mais sachez qu'une forte motivation est indispensable si vous voulez vraiment vous donner la peine de changer votre routine, apprendre à ralentir le pas et consacrer 15 à 20 minutes quotidiennes à tourner votre esprit vers l'intérieur de vous-même. Ce chapitre a pour objectif de vous faire découvrir votre propre insatisfaction et de vous aider à cultiver votre motivation sur le long terme.

Débuter (et finir) avec « l'esprit neuf du débutant »

Selon les grands professeurs de méditation, la meilleure attitude face à la méditation est de garder un esprit ouvert, totalement libéré de toute idée reçue et de toute attente. L'un de mes premiers professeurs, le maître zen Shunryu Suzuki appelait cette attitude l'*esprit neuf* du débutant et disait que l'objectif de la méditation n'était pas d'engranger des connaissances, d'apprendre quelque chose de nouveau ou d'atteindre un état d'esprit particulier, mais uniquement de conserver cette perspective nouvelle et dépouillée.

« Si votre esprit est vide, il est toujours prêt pour quelque chose ; il est ouvert à tout », peut-on lire dans son ouvrage *Esprit zen, esprit neuf.* « L'esprit du débutant contient beaucoup de possibilités, mais celui de l'expert en contient peu », lit-on encore. Comme le suggère clairement le titre de son ouvrage, l'esprit neuf du débutant et l'esprit zen – c'est-à-dire l'esprit éveillé, clarifié et sans entrave du maître Zen Illuminé – sont identiques dans leur essence. Ou comme le dit un autre professeur « celui qui cherche est l'objet de sa recherche ».

Inutile de dire qu'il est beaucoup plus facile de parler de l'esprit neuf du débutant que de garder ou même reconnaître cet esprit. Mais, et c'est là le point essentiel, « l'esprit ignorant » du débutant est incapable de conceptualiser ou d'identifier l'esprit du débutant, exactement comme l'œil ne peut pas se voir lui-même, bien qu'il soit à l'origine de toute vision. La technique de méditation que vous allez choisir a peu d'importance. Essayez de la pratiquer avec l'esprit ouvert, innocent et ignorant de l'esprit du débutant. Dans un sens, l'esprit du débutant est « l'absence d'attitude » sous-jacente à toute attitude, « l'absence de technique » au cœur de toutes les techniques réussies.

NOTIONS SPIRITUELLES

Tout finit au commencement

L'un des grands mystères de la méditation est que vous finissez inévitablement là où vous avez commencé. Comme Simon dans l'encadré « À la découverte du trésor de votre propre demeure », au chapitre 1, vous découvrirez que le trésor a toujours été caché dans votre propre demeure et que le chemin que vous suivez ne fait que vous ramener en vous.

Pour rendre ce mystère plus accessible, les Tibétains différencient le *terrain*, le *chemin* et la *réalisation*. L'esprit confus, occupé et malade, disent-ils, possède en lui la paix, l'amour et la joie que nous recherchons, c'est-à-dire le terrain ou la base pour s'éveiller. Mais les nuages de la négativité (doute, jugement, peur, colère, attachement) obscurcissant ce terrain (qui représente l'être que vous êtes vraiment au fond de vous-même) sont devenus si denses et impénétrables qu'il vous faut partir sur le chemin de la méditation pour éclaircir les nuages et retrouver la vérité.

Lorsque vous parvenez à reconnaître votre être essentiel – au moment de la réalisation – vous comprenez qu'il a toujours été là, là où vous êtes déjà, plus proche de votre cœur, plus près de votre respiration. Cet être essentiel est identique à ce que les adeptes du zen appellent *l'esprit neuf du débutant*.

Voici les caractéristiques de l'esprit neuf du débutant :

- **Ouverture sur tout ce qui survient** : accueillir l'expérience dans la méditation sans tenter de la modifier permet d'être sur la même ligne que l'être lui-même qui englobe tout – la lumière et l'obscurité, le bon et le mauvais, la vie et la mort – sans jugement ni aversion.
- **Un esprit libéré de toute aspiration** : chaque moment est perçu par des yeux et des oreilles neuves. Au lieu de méditer dans un objectif précis, vous êtes assis, confiant que votre conscience ouverte et prête contient toutes les qualités comme l'amour, la paix, le bonheur, la compassion, la sagesse et la sérénité – que vous recherchez.
- **Un esprit spacieux et spontané** : certains enseignants comparent l'esprit neuf du débutant au ciel – même si des nuages peuvent le traverser, son étendue infinie n'est jamais ni endommagée ni restreinte. Pour ce qui est de la spontanéité, Jésus la résuma lorsqu'il dit :

« Quiconque n'accueille le royaume de Dieu en petit enfant n'y entrera pas. » Libéré de toute aspiration et attente, et ouvert à tout, vous répondez avec spontanéité à toutes les situations.

SAGESSE POPULAIRE

Vider la tasse

Voici une vieille histoire zen à propos d'un érudit américain désirant étudier auprès d'un maître zen. L'érudit se rend chez ce maître et lui pose question après question, si imbu de ses propres idées qu'il laisse à peine le temps au maître de répondre.

Après environ une heure de ce quasi-monologue, le maître demande à l'Américain s'il désire une tasse de thé. Puis, lorsque l'Américain présente sa tasse, le maître verse le thé et continue de verser, faisant déborder le thé de la tasse.

« C'est bon, s'écrie alors l'Américain, la tasse est pleine et déborde. »

« Je sais, dit le maître, c'est comme ça qu'est votre esprit ; vous ne pouvez pas apprendre le zen avant d'avoir vider la tasse. »

- **Une conscience originelle et primitive** : un célèbre *kôan zen* (énigme formulée par un maître à l'attention d'un disciple) dit cela : « Quel était votre visage originel, avant la naissance de vos parents ? » Ce kōan renvoie à la qualité primitive et ineffable de l'esprit qui vient avant la personnalité et le corps physique. Peut-être faudrait-il appeler l'esprit neuf du débutant l'esprit sans commencement !

Quelles sont vos motivations pour méditer ?

Dans notre culture, on ne parle guère de motivation – à moins qu'elle ne soit défectueuse ou absente et qu'il nous faille la développer pour toujours « être motivé ». Vous êtes peut-être le genre de personne qui fait les choses comme elles viennent ou parce qu'elles sont amusantes, excitantes, éducatives ou tout bonnement intéressantes. Vous faites peut-être au contraire partie de ceux dont la vie est constituée d'obligations qu'il faut satisfaire.

En regardant de plus près vos motivations, vous découvrirez peut-être que ce qui vous motive à faire une chose plutôt qu'une autre joue un rôle essentiel sur la façon dont vous vivez cette activité. Prenons le sexe par exemple. Une relation sexuelle uniquement motivée par l'attrait physique, la peur ou l'ennui vous procurera un plaisir imprégné du sentiment qui a induit votre motivation de départ. Si, en revanche, le rapport sexuel exprime votre amour sincère pour votre partenaire, vous ferez les mêmes gestes aux mêmes endroits avec les mêmes techniques, mais votre expérience sera grandement différente.

MÉDITATION

Réfléchir sur sa vie

Les grands enseignants spirituels et les maîtres de méditation n'ont de cesse de nous rappeler la brièveté de la vie. Pour ne jamais oublier qu'ils étaient mortels, les mystiques chrétiens du Moyen Âge gardaient un crâne sur leur bureau. Dans certains pays asiatiques, les moines et les nonnes bouddhistes continuent encore aujourd'hui de méditer dans les cimetières afin d'approfondir leur conscience de l'impermanence. Nous mourrons tous un jour – y compris vous et moi ! –, que ce soit demain, l'année prochaine ou dans plusieurs années. Se remémorer cette vérité de temps en temps permet d'établir des priorités et de nous souvenir de nos raisons de méditer.

Si le simple fait de penser à la mort vous plonge dans un profond désarroi, oubliez cet exercice. Il n'est cependant pas impossible que votre aversion initiale s'estompe au fur et à mesure que votre cœur s'ouvre à la valeur de la vie. Consacrez 10 minutes (au moins) à cette méditation guidée (adaptée du livre de Jack Kornfield *Périls et Promesses de la vie spirituelle*).

1. **Asseyez-vous en silence, fermez les yeux et respirez plusieurs fois profondément, en vous décontractant légèrement à chaque respiration.**

2. **Imaginez que vous soyez arrivé à la fin de votre vie et que la mort approche à grands pas.**

   Prenez conscience du caractère provisoire de la vie – vous pouvez mourir à tout moment.

3. **Réfléchissez à votre vie en regardant le film se jouer devant vos yeux.**

4. **Choisissez en passant deux choses que vous avez faites et dont vous êtes aujourd'hui fier et heureux.**

   Il peut s'agir de choses peu importantes ou de véritables tournants ou d'événements simples, apparemment insignifiants.

5. **Regardez attentivement ce qui rend ces moments inoubliables – et les qualités d'esprit et de cœur que vous y avez apporté.**

6. **Observez ensuite comment ces souvenirs vous touchent – quels sentiments et autres souvenirs ils éveillent.**

7. **À la lumière de ces souvenirs, imaginez ce que vous changeriez (ou pas) si vous deviez revivre votre vie.**

   À quoi ou à qui consacreriez-vous davantage (ou moins) de temps ? Quels sont les traits de votre personnalité que vous développeriez davantage ?

8. **Lorsque vous reprenez vos activités usuelles à la fin de l'exercice, essayez de vous rendre compte si votre attitude face à la vie a changé.**

La méditation est en quelque sorte comparable au sexe – vous récoltez les fruits de ce que vous avez semé ! En fait, la motivation détermine les résultats de votre pratique autant que la technique utilisée ou le temps consacré. Comme les patients d'une thérapie jungienne font des rêves jungiens et les patients d'une thérapie freudienne, des rêves freudiens, les méditants chrétiens approchent Dieu ou le Christ, les méditants bouddhistes rencontrent le vide – et ceux qui cherchent la guérison, la tranquillité d'esprit ou des performances meilleures obtiennent ce qu'ils sont venus chercher.

MÉDITATION

Voir au fond de son propre cœur

Asseyez-vous en silence, respirez plusieurs fois profondément et prenez le temps de chercher à l'intérieur de votre cœur et de votre esprit la réponse à ces questions :

- Qu'est-ce qui m'a conduit à la méditation ?
- Qu'est-ce qui me motive ?
- Qu'est-ce que j'espère atteindre ?
- Qu'est-ce que je pense apprendre ?

Mettez de côté les premières pensées qui vous viennent à l'esprit, regardez plus profondément en vous et posez-vous la question suivante : « Quelle est la frustration ou la souffrance qui me pousse ? »

- Ai-je envie d'être moins stressé et d'apaiser mon esprit ?
- Ai-je envie d'être plus heureux et de mieux m'accepter ?
- Est-ce que je cherche des réponses à des questions existentielles plus profondes comme « Qui suis-je ? », « Quel est le sens de la vie ? »

Vous êtes peut-être sensible à la souffrance des autres et aspirez à les aider en priorité avant de vous aider vous-même. Mais il est de votre droit de vouloir simplement améliorer vos performances au travail ou être plus attentionné et plus aimant envers votre famille. Quelles que soient les réponses aux questions, contentez-vous de les noter sans les juger et servez-vous-en pour rester motivé.

N'OUBLIEZ PAS

Les traditions spirituelles classent souvent les dispositions et les motivations en « supérieures » ou « inférieures » et s'accordent généralement pour dire que les motivations pour aider autrui avant soi-même font partie des « supérieures ». Mais il faut démarrer là où vous en êtes – et il est plus important d'être honnête avec vous-même que d'aller prétendre à une motivation qui est fausse. Quoi qu'il en soit, plus vous méditerez, plus vous ouvrirez votre cœur et découvrirez votre souci naturel et inhérent au bien-être des autres. Notez aussi que les frontières entre ces catégories sont, au mieux, floues, et que nous sommes, pour la plupart, un mélange de plusieurs ou de toutes.

Vers une vie meilleure

Imaginez que votre vie soit en désordre et que vous vous efforciez d'y voir plus clair – raison pour laquelle vous vous tournez vers la méditation, pensant qu'elle va vous enseigner la concentration et l'autodiscipline dont vous avez besoin pour parvenir à votre objectif. Mais d'autres cas de figure sont possibles. Vous pouvez avoir des difficultés relationnelles et vouloir calmer votre esprit et aplanir les hauts et les bas émotionnels pour ne plus être en conflit permanent. Certains, atteints d'une maladie chronique, espèrent réduire leur stress par la méditation et améliorer leur état de santé général. D'autres désirent tout simplement devenir plus performants ou mieux profiter de leur famille, amis ou loisirs. Dans tous les cas, votre objectif premier à ce niveau est d'aller mieux et d'améliorer à la fois vous-même et les circonstances extérieures – intention parfaitement noble.

Se comprendre et s'accepter

Arrivé à un stade donné de votre développement, vous en aurez peut-être assez d'essayer de vous « arranger » ou bien vous avez déjà accompli un si bon travail qu'il est temps de passer à l'étape suivante. C'est à ce moment-là que vous comprendrez que certains schémas ne peuvent être modifiés – et que vouloir coûte que coûte les transformer ne fait que les rendre plus inébranlables – et décidez de cesser de vous « arranger » pour prendre conscience de vous et vous accepter.

Je compare volontiers le changement à l'un de ces casse-tête chinois que l'on glissait sur les doigts, très en vogues lorsque j'étais gamin. Plus vous tiriez, plus vous étiez coincé. Mais si vous bougiez vos doigts l'un vers l'autre – geste de l'acceptation de soi – vous pouviez facilement les libérer. Si vous doutez de vous, n'avez pas confiance en votre jugement ou vous accablez de reproches, la méditation va vous apprendre à vous accepter et même à vous aimer.

N'OUBLIEZ PAS

Grâce à mon travail de psychothérapeute, j'ai réalisé qu'une autocritique mesquine pouvait infliger des dégâts dans le psychisme de personnes par ailleurs parfaitement équilibrées – et que l'antidote impliquait inévitablement une acceptation de soi-même, ce que les bouddhistes appellent « entrer en amitié avec soi-même ». Lorsque vous apprenez à vous accepter tel que vous êtes, vous vous adoucissez et ouvrez votre cœur, non seulement à vous mais aussi aux autres. (Pour en savoir plus sur l'acceptation de soi, voyez les chapitres 6, 10 et 11.)

À la rencontre de votre Vraie Nature

Même si entrer en amitié avec soi-même ou s'améliorer est sans conteste très important, c'est pour certains le désir de déchirer le voile qui les sépare de la Vraie Nature de toute chose, paix et amour qui les mène à la méditation. Rien de moins ne pourra vous satisfaire ! Peut-être l'une des grandes questions spirituelles « Qui suis-je ? », « Qui est Dieu ? », « Quel est le sens de la vie ? » ne cesse de vous obséder. Dans la philosophie zen, on dit qu'un désir de vérité aussi ardent est comme une balle de fer chauffée au rouge dans le creux du ventre : vous ne pouvez ni la digérer ni la recracher. Votre seule option est de la transformer par la puissance de la méditation.

Il arrive qu'une souffrance personnelle soit la motivation initiale mais qu'après avoir atteint la première phase, celle de l'amélioration et de l'acceptation de soi, la personne se sente attirée par le sommet de la montagne décrite au chapitre 1, appelée par les grands maîtres *illumination* ou *satori*. En réalisant qui vous êtes dans votre essence, le moi disparaît, laissant la place à la découverte de votre Vraie Nature même. Cet éveil a des conséquences tentaculaires et aboutit, notamment, à une vie plus heureuse et plus harmonieuse, une acceptation et un amour de soi complets.

L'éveil des autres

Dans le bouddhisme tibétain, les méditants doivent cultiver la motivation la plus importante de toutes : la libération des autres avant même leur propre libération. *La Bodhichitta*, littéralement « esprit d'éveil », est une aspiration désintéressée qui accélère le processus méditatif en offrant un antidote contre la tendance humaine à amasser ses propres réussites et visions intérieures et défendre son territoire psychique et spirituel. Selon les Tibétains, si elle n'est pas imprégnée par la Bodhichitta, la méditation ne peut pas conduire au-delà de la réalisation de soi.

Exprimer sa perfection naturelle

Dans la tradition zen, la motivation supérieure pour méditer n'est pas d'atteindre un état d'esprit particulier mais d'exprimer sa « Vraie Nature », naturellement pure et non corrompue – ce que j'ai évoqué précédemment comme « l'esprit neuf du débutant » ou au chapitre 1 « l'être pur ». Grâce à cette motivation, vous ne quittez jamais votre propre maison, mais demeurez assis, confiant d'être déjà la paix et la sérénité que vous recherchez. Ce niveau de motivation requiert une maturité spirituelle immense, mais dès que vous aurez un aperçu de qui vous êtes réellement, vous ressentirez peut-être le besoin de méditer pour réaliser et approfondir cette compréhension.

Vivre en harmonie avec sa méditation

Maintenant que vous avez défini votre motivation, voici quelques conseils qui vont vous permettre d'améliorer et d'approfondir votre pratique de la méditation. Au fil des siècles, les méditants se sont rendus compte que la façon d'agir, de penser et les qualités de chacun avaient des répercussions immédiates sur la profondeur et la constance de la méditation.

Toutes les traditions spirituelles mettent l'accent sur une bonne conduite, qui n'est d'ailleurs pas nécessairement fondée sur les notions de bien et de mal. Lorsque vos actions ne collent pas avec vos motivations – si vous désirez par exemple réduire votre stress et que votre comportement ravive les conflits – votre vie quotidienne est en désaccord total avec le temps que vous passez sur le coussin (le mot hébreu pour « péché » signifiait à l'origine « être à côté de la plaque ! »). Plus vous méditez, plus vous devenez sensible au fait que certaines activités stimulent ou sont positives pour votre méditation tandis que d'autres la gênent ou l'entravent.

Il existe bien évidemment une rétroaction sans fin entre la méditation et la vie quotidienne : votre mode de vie influe sur votre méditation qui, à son tour, joue sur votre vie quotidienne.

En gardant ces idées à l'esprit, voici dix conseils essentiels pour vivre en harmonie avec l'esprit de méditation :

- **Se soucier des relations de cause à effet**. Prenez conscience de l'effet de vos actions – ainsi que des sentiments et pensées qui les accompagnent – sur les autres et votre propre état d'esprit. Lorsque la colère vous emporte ou lorsque la peur vous rend violent, observez les répercussions de votre comportement les heures, voire les jours suivants, à la fois dans les réactions des autres, dans votre propre corps et dans votre méditation. Faites la même observation avec des actes exprimant la gentillesse ou la compassion. Comme le dit la Bible « Ce que l'on sème est aussi ce que l'on récolte. »
- **Réfléchir sur l'impermanence et la valeur de la vie**. Dans la tradition tibétaine, la vie est une réalité qui survient sans crier gare. Le corps sera un jour à son tour la nourriture des vers et autres créatures terrestres. À une époque où le bien-être physique est facilement accessible et les pratiques de méditation ou autres méthodes pour soulager le stress et alléger les souffrances abondent, prendre conscience qu'être humain est une chose exceptionnelle peut constituer une source de motivation supplémentaire pour mieux profiter de tout ce qui s'offre à vous.

- **Se rendre compte des limites de la réussite matérielle**. Faites une liste de tous ceux que vous connaissez qui sont parvenus à la réussite matérielle que vous poursuivez. Sont-ils vraiment plus heureux que vous ? Y a-t-il plus d'amour ou de tranquillité d'esprit dans leur vie ? La méditation peut vous conduire à un niveau de réussite intérieure fondée sur la joie et la sérénité plutôt que le gain matériel.
- **Pratiquer le détachement**. Ce conseil bouddhiste classique peut sembler à première vue irréalisable. Il ne s'agit pourtant pas là de devenir indifférent ou de se retirer du monde mais de remarquer à quel point l'attachement aux conséquences de vos actes ont une incidence sur vos méditations – et vous perturbent. Que ressentirait-on à agir sans réserve, avec les meilleures intentions, puis arrêter de se battre pour que les choses soient ainsi et pas autrement ?
- **Cultiver la patience et la persévérance**. La pratique de la méditation requiert au moins la volonté de continuer – appelez-la comme vous voulez, discipline, zèle, persévérance, ténacité, opiniâtreté. Vous en récolterez davantage de bénéfices si vous faites preuve de régularité par une pratique quotidienne. La patience et la persévérance sont de surcroît des qualités qui ont des effets bénéfiques dans tous les aspects de la vie. (Pour en savoir plus sur l'effort et l'autodiscipline, reportez-vous au chapitre 9.)
- **Se simplifier la vie**. Plus votre vie est active et compliquée, plus votre esprit sera agité pendant la méditation – et plus vous serez stressé. Prenez garde à toutes les activités que vous rajoutez à un emploi du temps déjà surchargé (dans l'intention peut-être de ne pas avoir le temps de respirer, d'entendre les battements de votre cœur, de faire face à vos angoisses ou d'occulter les sentiments de solitude, de vacuité, de peine ou de ne pas être à la hauteur). Si vous arrêtez de courir et écoutez plus attentivement, vous entendrez peut-être la voix de votre sagesse intérieure.
- **Mener une vie honnête et intègre**. Si vous détournez, manipulez ou faites des compromis avec les valeurs de votre âme, vous parviendrez à vous voiler la face pendant un moment, jusqu'à ce que vous arriviez à votre coussin de méditation. Mais là, le légendaire « Tu sais quoi » fait mouche et la moindre peccadille réapparaît pour vous hanter. La méditation est un miroir qui vous renvoie à vous et ce que vous y voyez peut constituer une motivation pour mieux utiliser votre potentiel positif.
- **Affronter les situations avec le courage d'un guerrier**. À l'inverse des combattants sur un champ de bataille, les « guerriers de la méditation » cultivent le courage de renoncer à leur agressivité et leur attitude de défense, d'affronter leurs peurs et d'ouvrir leur cœur aux autres et à eux-mêmes. Plus facile à dire qu'à faire, mais la méditation est là pour vous guider. Condition sine qua non : vous devez consentir à mettre

ces principes à exécution dans les situations de tous les jours. Enfin, tout instant est une occasion de vous entraîner. (Pour savoir comment méditer dans tous les moments de sa vie, voyez le chapitre 15.)

- **Faire confiance aux techniques de méditation – et à vous-même**. Pour vous aider, sachez que les hommes méditent avec succès depuis des milliers d'années – c'est-à-dire bien plus longtemps que vous n'utilisez votre voiture ou votre PC. Il s'agit ici de surcroît d'une technologie traditionnelle, quelque chose à la portée de tous, comme respirer ou prêter attention. Faites confiance à cette technologie, suivez-en les instructions – et laissez venir les résultats.
- **Consacrer votre pratique à aider les autres**. Comme je l'ai déjà souligné, les Tibétains nomment cette aspiration désintéressée *Bodhichitta* (« esprit d'éveil ») et la considèrent comme une conception centrale qui « change la vie » plutôt que d'être simplement cosmique. Des études sur l'impact de la prière sur la guérison, citées dans *Healing Words : The Power of Prayer and the Practice of Medecine* de Larry Dossey, ont montré que les prières demandant des résultats spécifiques ne sont pas aussi efficaces que celles demandant le meilleur pour tous ceux qui sont concernés.

EXERCICE

Regarder pour la dernière fois

Imaginez que ce soit la dernière fois que vous voyez vos amis ou ceux que vous aimez. Puis faites comme suit :

1. **Asseyez-vous en silence, respirez plusieurs fois profondément et fermez les yeux.**
2. **Laissez les pensées, sentiments et préoccupations qui vous entourent se disperser comme le brouillard par une matinée ensoleillée.**
3. **Observez les objets et personnes dans votre champ de vision comme si vous les voyiez pour la dernière fois.**

   Comment vous apparaissent-ils ? Que ressentez-vous ? Quelles pensées traversent votre esprit ?
4. **Prenez conscience de la beauté et de la valeur de ce moment unique et ultime.**
5. **Songez que chaque moment est identique à celui-ci.**
6. **En sortant de votre méditation, laissez vos visions intérieures continuer d'imprégner votre expérience.**

Chapitre 5

Comment l'esprit nous stresse-t-il et que peut-on y faire ?

Dans ce chapitre :

- Plonger à l'intérieur des pensées et des sentiments
- Recourir à la concentration pour apaiser l'esprit
- Laisser le stress s'échapper grâce à un relâchement spontané
- Pénétrer les zones de blocage grâce à la vision intérieure

Depuis des milliers d'années, les pandits et les sages d'Orient et d'Occident nous répètent que tous nos problèmes sont issus de notre esprit. Vous ne serez donc pas surpris si je joins ma voix à la leur. Ils ont effectivement raison, votre esprit peut « faire un paradis de l'enfer et un enfer du paradis », comme le dit le poète anglais John Milton. Vous êtes en droit de vous demander comment cette affirmation évidente va bien pouvoir vous aider alors que vous ne savez pas quoi en faire. « D'accord, le problème vient de mon esprit, mais on ne peut pas chirurgicalement me l'ôter ! »

Se familiariser avec le fonctionnement de son esprit est possible. Celui-ci se compose d'un mélange complexe de pensées, d'idées, d'histoires, d'impulsions, de préférences et d'émotions. Sans plan, il est aussi difficile à démêler que l'enchevêtrement de fils et de tuyaux sous le capot d'une voiture.

Une fois que vous avez compris sa structure et son fonctionnement, vous êtes à même de voir comment toutes vos pensées et sentiments déforment votre expérience et sont autant d'entraves à votre quête de bonheur, de détente, d'efficacité ou de guérison. La solution se trouve dans la méditation qui vous apprend à tout changer en apaisant et concentrant votre esprit pour, au bout du compte, fouiller plus profondément et dénouer les schémas et les histoires habituels à l'origine de votre souffrance et de votre stress.

Visiter votre terrain intérieur

Fervent nageur et randonneur, j'ai une prédilection pour les métaphores naturelles qui se prêtent, ma foi, fort bien à la méditation. Au chapitre 1, j'ai comparé la pratique de la méditation à l'escalade d'une montagne. Je vais maintenant littéralement renverser la métaphore : au lieu de grimper, vous allez vous immerger au fond d'un lac. (Rien ne s'oppose à vous figurer dans une combinaison de plongée si cela peut vous aider.) Le lac dont il s'agit est bien évidemment *vous-même* : vous allez plonger dans les profondeurs de votre propre être.

Explorer les couches de votre expérience intérieure

Outre la concentration et l'apaisement de l'esprit, la méditation permet de fouiller plus profondément dans votre expérience intérieure – et parfois de découvrir des couches dont vous ignoriez jusqu'à l'existence. D'après vous, qu'allez-vous découvrir tout au fond ? Les grandes traditions méditatives lui donnent des noms différents – l'essence, l'être pur, la vraie nature, l'esprit, l'âme, la source de toute sagesse et amour. Dans la tradition zen, il s'agit de votre visage originel, avant la naissance de vos parents. Vous pouvez, si vous le désirez, imaginer qu'il s'agit d'une source de laquelle jaillit sans restriction l'eau pure, rafraîchissante et nourrissante de l'être. (Pour en savoir plus sur cette source, reportez-vous au chapitre 1 ; elle y attend le randonneur qui monte au sommet de la méditation.)

NOTIONS SPIRITUELLES

Vers le haut ou vers le bas ?

Les professeurs spirituels et les défenseurs du développement personnel raffolent des métaphores d'amplitude. Pour certains, le méditant, tel un mineur, descend au fond de son expérience intérieure, atteint une vision profonde de lui, ressent ou découvre la profondeur des choses. Pour d'autres, il rencontre la conscience supérieure, transcende le terrestre ou possède un esprit comme le ciel. (Je me suis accommodé dans ce livre des deux en utilisant indifféremment les deux directions.)

Dans une certaine mesure, la différence réside dans les préférences de chaque auteur ou professeur. Mais elle reflète également l'attitude par rapport à l'expérience intérieure : si vous croyez que le puit de la source de l'être se trouve en vous, sous l'individu, vous serez plus enclin à parler de profondeur. Si, au contraire, vous pensez que cette expérience se trouve à des échelons supérieurs de votre être ou qu'elle descend comme la grâce ou l'esprit de là-haut, vous vous référerez à l'altitude.

À mon humble avis, si vous plongez suffisamment profond, vous vous retrouverez au sommet de la montagne et si vous grimpez assez haut, vous parviendrez au fond de la mer. En fin de compte, vous vous trouvez exactement au même endroit. Tout cela pour dire que *l'être pur* n'est nulle part – il est partout en chacun de nous, à tous moments.

TRUC

Quelle est la différence entre les pensées et les sentiments ?

Au cours de ma carrière de psychothérapeute, je me suis rendu compte que beaucoup de personnes avaient des difficultés à distinguer les pensées des sentiments. Lorsque je leur demandais par exemple « qu'est-ce que vous ressentez ? », elles me répondaient « Il me semble que je ne devrais plus être aussi ouvert avec mon partenaire. » C'est bien souvent par un jugement et non un sentiment qu'elles réagissaient. Voici quelques indications qui vous aideront à bien faire la différence :

- *Les sentiments* provoquent des sensations reconnaissables au niveau corporel. La colère se traduit physiquement par une tension dans les épaules et les mâchoires ainsi qu'une montée d'énergie derrière la tête. La tristesse, inversement, se manifeste par une sensation de lourdeur au niveau de la poitrine et du cœur et de congestion des sinus et de la gorge. Par la pratique de la méditation, vous découvrirez comment faire l'expérience de vos sentiments sous forme de sensations, en les dissociant des pensées et histoires qui les perpétuent. (Pour en savoir plus sur la méditation sur les pensées et les sentiments, reportez-vous au chapitre 11.)
- *Les pensées* sont les images, les souvenirs, les convictions, les jugements et les réflexions qui traversent votre esprit, générant bien souvent des sentiments. Vous pouvez vous entraîner à découper les sentiments forts en différentes parties, en vous posant les questions suivantes : quelles pensées et images me donnent ce sentiment ? Qu'est-ce que je ressens physiquement en ce moment même, en dehors de mes pensées ?

Non satisfaites de générer des sentiments, les pensées se font souvent passer pour des sentiments (occultant les vôtres), essayent de vous éloigner de ces sentiments, de les juger ou de les supprimer. Plus vous parviendrez à prendre part à votre expérience intérieure et à l'exprimer avec clarté et conscience, plus vous parviendrez à démêler vos sentiments de vos pensées.

La source de l'être est celui que vous êtes réellement, au fond de vous-même, avant d'avoir été conditionné à croire que vous n'étiez pas tout à fait à la hauteur (comme c'est le cas pour beaucoup d'entre nous). C'est votre intégrité et votre plénitude – l'état avant le sentiment de séparation, de solitude ou de fragmentation. C'est l'intuition profonde d'être inextricablement lié à quelque chose de plus vaste que vous-même et avec tout ce qui vous entoure. C'est, au bout du compte, la source de toute paix, bonheur, joie et sentiments positifs – même si vous pensez qu'ils sont dus à des circonstances extérieures. (L'expérience de cette source est propre à chacun d'entre nous, d'où le nombre important de mots pour la décrire.)

N'OUBLIEZ PAS

Atteindre cette source de l'être pur de quelque manière que ce soit est l'objectif de la méditation, que vous aspiriez à l'illumination ou simplement à diminuer votre stress quotidien, être plus performant ou mieux vivre. C'est là que va irrévocablement vous conduire la méditation. Au cours de vos méditations, vous croiserez des choses qui semblent constituer un obstacle entre vous et l'expérience de votre être, comme vous pourriez rencontrer des couches de sédiments, des algues, des poissons et des débris si vous deviez rejoindre le fond d'un lac. Ces couches ne posent problème qu'en cas de turbulence de l'eau intérieure, qui empêche alors toute vision claire. (Par *turbulence*, j'entends un esprit agité ou encombré ou encore un cœur inquiet et effrayé.) L'ordre plus ou moins exact dans lequel vous rencontrerez ces couches dans vos méditations est le suivant :

- **Le bavardage de l'esprit** : la première chose que vous rencontrerez certainement lorsque vous prêterez attention à votre espace intérieur, c'est le bavardage incessant de votre esprit. Les bouddhistes comparent souvent l'esprit à un singe bruyant qui se balance indéfiniment d'une branche-pensée à une autre sans jamais s'arrêter. Bien souvent, vous serez tellement pris par ce bavardage que vous n'en aurez même plus conscience. Il apparaît sous diverses formes : évocation du passé, préparation du futur ou résolution d'un problème présent. Peu importe le sujet, votre esprit se parle sans discontinuer, en se racontant des histoires dont vous êtes le héros (ou la victime). Après plusieurs études, rares étaient ceux chez qui le dialogue intérieur était inexistant et remplacé seulement par des images ou des sentiments.
- **Émotions intenses ou récurrentes** : comme un film d'action ou une comédie romanesque qui vous emporte sur une montagne russe d'émotions, les *fictions* que se joue votre esprit provoquent leur lot de sentiments. Si vous essayez de trouver comment ramasser un beau pactole en Bourse ou inviter la femme (ou l'homme) hyper craquante que vous venez juste de rencontrer au boulot, vous êtes en proie à l'angoisse, l'excitation ou le désir. Si au contraire, une injustice ou une malveillance dont vous avez été récemment victime vous obsède, vous ressentirez de la tristesse, du chagrin, de l'indignation ou de la rancune. Toutes ces émotions se répercutent bien évidemment sur le corps (hausse de tension, contraction cardiaque, ondes d'énergie dans le ventre et derrière la tête).

  N'OUBLIEZ PAS

  Certains de ces sentiments sont agréables, d'autres déplaisants voire douloureux. Mais les émotions qu'ils drainent ne sont pas un problème. Sachez seulement que tant que vous réagirez aux fictions qui se jouent dans votre cerveau, vous resterez coupé des dimensions plus profondes et plus satisfaisantes de votre être – et vous risquez aussi de ne pas voir la réalité autour de vous. (Pour en savoir plus sur le travail avec les émotions pendant la méditation, voyez le chapitre 11.)

- **S'accrocher ou rejeter**. À un niveau d'expérience légèrement plus subtile que celui des sentiments et des émotions se trouve un jeu perpétuel d'amour et d'antipathie, d'attachement et d'aversion. La clef du bonheur et du bien-être dans la tradition bouddhiste est de vouloir ce que l'on a et ne pas vouloir ce que l'on n'a pas. Souvent, malheureusement, ce que l'on a ne nous apporte pas entière satisfaction et nous nous battons pour obtenir ce qui nous échappe et nous fait si envie ! Trop s'attacher à ce que l'on a peut aussi créer une souffrance lorsque le temps ou les circonstances ôtent les biens tant aimés. Le changement étant inévitable, cette tendance à s'accrocher ou rejeter est une source constante de douleur.
- **Les convictions et scénarios négatifs de la vie**. Voici une nouvelle métaphore sur la nature. Imaginez que les pensées et émotions et même les fictions que votre cerveau se repasse en boucle représentent les feuilles et les branches d'un buisson ou d'un arbre sous-terrain intérieur (sauvage et incontrôlable comme le mûrier ou le bambou). Qu'est-ce qui, d'après vous, constitue la racine d'où bourgeonnent les branches et les feuilles ?

  Peut-être serez-vous surpris d'apprendre que la racine est l'enchevêtrement de convictions et d'histoires, pour beaucoup négatives, qui se sont formées à cause de ce que les autres – et principalement ceux que vous aimez – vous ont fait ou dit pendant des années. Durant toute votre vie, ces convictions et ces histoires se sont emmêlées en une sorte de scénario qui détermine qui vous pensez être et comment vous appréhendez les gens autour de vous et les circonstances de la vie. (J'ai parlé de surprise car la majorité d'entre nous ne savent absolument rien sur ces scénarios, même s'ils ont bien remarqué quelques traits communs entre leur vie et, par exemple, celle des « Simpsons » !)

  Le point essentiel est que la tendance à s'identifier avec le scénario de la vie réduit les possibilités qui s'offrent à vous et génère une souffrance en jouant le rôle de *filtre* à travers lequel vous interprétez votre vie de façon négative. Pour reprendre la métaphore de l'arbre, même si vous en élaguez en permanence les branches, vous vivrez la même rengaine tant que vous n'en aurez pas extirpé la racine.
- **Le sens de la séparation**. Encore plus profond que vos histoires – ce qui pour certains serait le sol sur lequel poussent les histoires – on trouve un sentiment d'être coupé ou séparé de la vie ou de l'être lui-même. Même si les traditions méditatives nous enseignent que la séparation est comme une illusion et que nous sommes inextricablement liés les uns aux autres, le sentiment de séparation est profondément ancré. Il remonte bien souvent aux premières expériences de l'enfance, lorsque vous avez été contraint de vous séparer prématurément de votre mère ou de tout autre être nourricier. Il faut parfois remonter jusqu'au traumatisme de l'accouchement, lorsque vous avez dû abandonner le confort

paradisiaque du placenta pour un univers plus dur et plus froid. (Il se peut aussi, comme l'affirment certaines traditions, qu'il provienne de la période embryonnaire.)

Quelle que soit son origine, ce sentiment peut donner naissance à une peur primitive : si je suis séparé, après ma peau, il n'y a pas plus que les *autres*. Ces autres sont si souvent plus gros que moi et je n'ai qu'un contrôle très limité de leurs actions, ma survie est donc en jeu et il me faut coûte que coûte me protéger. Les scénarios de la vie élaborent des stratégies de survie dans un monde de séparation apparente, dans lequel les autres sont identifiés comme des êtres inamicaux, dissimulateurs, exigeants ou repoussants.

Prendre conscience de son dialogue intérieur

Commencez cette méditation en portant votre attention sur vos pensées. Après plusieurs minutes, notez ce que vous disent les voix dans votre tête. (Si vous n'entendez aucune voix, observez vos sentiments ou les images qui défilent.) Percevez-vous une voix dominatrice ou plusieurs qui rivalisent pour attirer votre attention ? Sont-elles critiques ou encourageantes ? Vous blâment-elles ou vous félicitent-elles ? Sont-elles centrées sur d'autres personnes de votre entourage ? Se disputent-elles ?

Quel est leur timbre ? Doux et aimant ou fâché et impatient ? L'une de ces voix vous ressemble-t-elle plus que les autres ? Certaines vous rappellent-elles des personnes de votre vie, passée ou présente ? Quels sentiments ces voix évoquent-elles en vous ?

Accordez au départ 10 minutes à cet exercice. Une fois que vous avez le tour de main, vous pouvez y revenir de temps à autre au cours de votre journée et prêter attention à votre dialogue intérieur. Ce que vous devez retenir est que vos pensées ne reflètent pas votre être et que vous n'êtes pas forcément tenu de croire en leurs messages.

Quand la turbulence obscurcit le cœur et l'esprit

Il est indiscutable qu'il est difficile de communiquer avec son *être* pendant la méditation lorsque l'on est en proie à une turbulence intérieure. Il arrive parfois que l'esprit s'apaise, vous permettant de voir jusqu'au fond du lac. (Pour utiliser encore une autre métaphore, pensez à ces journées où la couverture nuageuse disparaît soudain, laissant le soleil briller et chauffer de tout son éclat.) Ces moments seront marqués par un sentiment de paix intérieure et de sérénité, des bouffées d'amour et de joie ou la perception de votre unité avec la vie. Malheureusement, vous aurez la plupart du temps l'impression de nager en eau trouble.

La turbulence et la confusion rencontrées pendant la méditation ne se matérialisent pas à un moment précis. Elles sont tapies en permanence, obscurcissant votre esprit et votre cœur, jouant le mauvais rôle de filtre qui vous empêche de voir clair. Vous le ressentirez peut-être comme une claustrophobie ou une densité intérieures – l'impression d'être tellement rempli de vos propres émotions et opinions qu'il ne vous reste plus de place pour les idées et les sentiments des autres, ni même pour tout ce qui peut être nouveau ou inconnu en vous. Il se peut aussi que vous soyez tellement emprisonné dans votre fiction que vous n'avez pas conscience que votre expérience est filtrée.

Distinguer vos pensées et vos sentiments de vous-même

Trouvez un endroit calme dans lequel vous pouvez vous asseoir sans être dérangé pendant 10 minutes. Une fois confortablement installé, procédez comme suit :

1. **Respirez à plusieurs reprises lentement et profondément.**

2. **Portez votre attention sur vos pensées. Si vous êtes quelqu'un de plutôt émotif, faites l'exercice avec vos émotions.**

   Au lieu de vous laisser rattraper par vos pensées (ou émotions) comme c'est le cas d'ordinaire, prenez le temps de les regarder, comme un pêcheur ne quittant pas sa ligne des yeux ou un joueur de tennis suivant sa balle. Si votre attention se disperse, revenez à votre travail.

   Au début, vous aurez l'impression d'une suite sans fin de pensées (ou d'émotions) et il vous sera certainement difficile d'en distinguer le début et la fin. Avec de la pratique, vous verrez que certaines pensées reviennent un peu comme des refrains populaires – inquiétudes, images favorites, ou idées bizarres. Avec beaucoup d'attention, vous remarquerez que chacune est structurée avec un début, un milieu et une conclusion.

3. **Au bout de 10 minutes, arrêtez l'exercice et réfléchissez à ce que vous venez de vivre.**

   Avez-vous réussi à garder une certaine « distance » par rapport à vos pensées et vos émotions ou bien vous êtes-vous laissé engloutir ?

Le but de cet exercice n'est pas de voir si vous parvenez à bien suivre vos pensées ou émotions, mais de vous permettre de passer de l'autre côté de la barrière pour les observer. Croyez-le ou pas, vous êtes *celui* qui pense et *non* les pensées ! Grâce à la méditation, vous prendrez une certaine distance par rapport à vos pensées et vous vous apercevrez qu'elles perdent l'emprise totale qu'elles avaient jusqu'alors sur vous. Avoir des pensées, oui, mais ne les laissez pas vous avoir !

J'ai un ami programmeur, par exemple, qui a reçu énormément d'amour et de soutien lorsqu'il était enfant. Aujourd'hui, arrivé adulte, il se considère comme quelqu'un de naturellement compétent et méritant même s'il n'est pas le meilleur. Conséquence : il apprécie son boulot, prend des décisions de travail sans stress superflu, sent un soutien naturel chez ses collègues et dégage une assurance qui attire les autres et les pousse à lui faire confiance.

J'ai un autre ami, entrepreneur indépendant, bardé de diplômes, qui a fait d'innombrables formations d'apprentissage mais qui est intimement convaincu d'être par nature indigne. Il n'arrive pas à se départir de ce sentiment, même en travaillant comme un forcené. Il n'apprécie pas réellement son travail, poursuivi par la peur de l'échec ou l'impression que les autres conspirent pour le discréditer ou saper ce qu'il fait. Dans ces deux exemples, l'image que mes amis ont d'eux-mêmes et leur interprétation des événements de leur vie déterminent leur attitude face à la vie : joie pour l'un, stress pour l'autre.

Penser et sentir avec l'esprit du méditant

Pour ceux qui craignent que la méditation les empêche de penser ou d'avoir des sentiments, voici quelques distinctions utiles que j'ai empruntées à mon professeur Jean Klein, auteur de plusieurs ouvrages dont *Qui suis-je, À l'écoute de soi.*

Jean Klein distingue la pensée ordinaire de la pensée créative ; la pensée fonctionnelle et la mémoire psychologique ; l'émotivité et l'émotion. (Même s'il enseigne une approche directe de la vérité spirituelle par l'investigation sur soi plutôt que la méditation, j'ai pris la liberté d'appliquer ses visions intérieures, car je crois qu'elles sont tout aussi utiles à la pratique de la méditation.)

- **Pensée ordinaire contre pensée créative**. Lorsque l'esprit débite des suites interminables de pensées liées les unes aux autres comme des wagons de marchandises, sans aucun espace entre elles, vous vous retrouvez piégé dans un processus de pensée claustrophobe qui ne laisse pas de place aux pensées fraîches et originales ou aux solutions à vos problèmes. Inversement, un esprit ouvert et *non meublé*, comme aime à le décrire Jean Klein – un état d'esprit que vous pouvez cultiver en méditation – comporte de nombreux espaces intérieurs pour accueillir les pensées créatives qui bouillonnent depuis la source de votre être pur. À l'opposé des pensées ordinaires, ces pensées sont en tous points appropriées à la situation présente.
- **La mémoire psychologique contre la pensée fonctionnelle**. Plus vous méditez, plus vous libérez votre esprit de la *mémoire psychologique,* cette pensée turbulente, obsessionnelle et égocentrique produite par vos histoires, qui se concentre sur la personne fragmentée et séparée que vous pensez être. Vos pensées deviennent alors essentiellement fonctionnelles, surviennent en réponse à des circonstances et se taisent lorsqu'elles ne sont plus utiles.
- **L'émotivité contre l'émotion**. De même, les émotions violentes et dérangeantes qui semblent parfois diriger votre vie – que Jean Klein nomme *l'émotivité* – prennent en réalité racine dans vos histoires et non dans la réalité et ont par conséquent pas grand-chose à voir avec les vraies émotions. Plus imperceptible que l'émotivité et enracinée dans l'amour, *l'émotion vraie* jaillit naturellement de *l'être* lui-même, en réponse à des situations où le sentiment illusoire de séparation a diminué ou disparu grâce à la pratique de la méditation – ou de toute autre pratique spirituelle telle la recherche de soi.

Une grande partie de nos souffrances et de notre stress résulte non pas de nos expériences en elles-mêmes, mais de la turbulence et de la confusion intérieures à travers lesquelles ces expériences sont filtrées et déformées. Bonne nouvelle : la méditation calme les eaux agitées du cœur et de l'esprit, transforme une partie de la claustrophobie intérieure en espace et permet de passer les filtrages (ou de les éviter) pour aborder la vie plus directement – et réduire ainsi le stress. Avant d'expliquer les mécanismes de la méditation, nous allons voir comment sont nés le stress et la souffrance.

Les mauvaises nouvelles : comment notre propre esprit parvient-il à nous stresser ?

Il y a quelque temps, une de mes amies décida de demander une augmentation. Employée dans la même société comme graphiste depuis de nombreuses années, elle aurait depuis longtemps déjà dû être augmentée et pourtant elle doutait d'elle-même. Tous les jours sur le chemin du trajet, elle se tourmentait et était littéralement en proie à une multitude de voix et de sentiments contradictoires qui se livraient bataille en elle.

Elle répétait par exemple sans cesse la conversation qu'elle projetait d'avoir avec son patron et passait en revue tout ce qu'elle avait fait pour la société – projets achevés, pubs et catalogues créés – qui jouaient en faveur d'une augmentation. Elle sortait parfois triomphante de ces conversations imaginaires, parfois déconfite et vaincue. Tant qu'elle écoutait son bavardage intérieur, ses sentiments changeaient du tout au tout, passant de l'excitation et de la confiance à la peur et au doute.

Parfois, la voix intérieure presque inaudible (rappelant étrangement celle de son père) lui murmurait qu'elle ne méritait pas le moins du monde une augmentation et qu'elle avait déjà bien de la chance d'avoir un travail vu son incompétence. Elle se sentait alors honteuse et désespérée.

Puis, une voix fâchée et vindicative se faisait alors entendre et lui disait que son patron n'était qu'un despote ingrat, et qu'elle devait faire irruption dans son bureau pour le remettre à sa place. Une troisième voix, plus confiante et catégorique, lui rappelait tout ce qu'elle avait fait au sein de la société et qu'elle était somme toute une bonne employée. Enfin, une voix qui ressemblait beaucoup à celle de sa mère lui conseillait de rester calme, imperturbable et de remercier la vie pour toutes les miettes qu'elle lui donnait.

Après une semaine de stress et de lutte intérieure intense, pendant laquelle elle avait peu et mal dormi et eu beaucoup de difficulté à assurer son travail, mon amie prit enfin un rendez-vous avec son patron. C'est en proie à des émotions conflictuelles qu'elle pénétra dans son bureau – pour se voir immédiatement proposer une augmentation bien supérieure à celle qu'elle avait eu l'intention de demander ! En conclusion, toutes les images, émotions, idées que son esprit et son corps avaient tournées et retournées au cours des jours précédant l'entrevue avec le directeur n'avaient aucun lien avec ce qui s'est réellement passé.

Cette histoire vous rappelle-t-elle une situation semblable ? Comme mon amie – et à vrai dire comme presque tous ceux que je connais, moi compris ! – vous passez peut-être beaucoup de temps absorbé par les mises en scène certes fascinantes mais en fin de compte illusoires fabriquées dans « l'usine à rêves » (celle qui a précédé Disney) c'est-à-dire le *néocortex*.

Pendant un temps vous vous inquiétez pour le futur – comment vais-je gagner assez d'argent, organiser des vacances inoubliables, impressionner mon partenaire, amuser les enfants – et vous vous perdez dans une rêverie faite d'espoirs et de craintes. L'instant d'après, le passé vient vous tourmenter – pourquoi n'ai-je pas dit la vérité à ce moment là, pourquoi ai-je refusé ce travail, ou cette proposition (autre possibilité : Ah si j'avais dit la vérité à ce moment-là, accepté ce travail ou cette proposition !) – et ce sont les regrets et les reproches qui vous assaillent.

Comme mon ami, vous avez dû noter à votre grand dépit que vous aviez un contrôle très faible des inquiétudes, des rêves et des obsessions créés par votre esprit. Ce n'est pas vous qui avez des sentiments et des émotions, ce sont eux qui vous ont !

C'est parce qu'ils surgissent d'une histoire ou d'un scénario plus profond de votre vie, en majeure partie inconscient, que ces sentiments et émotions semblent incontrôlables. Si vous avez par exemple la notion subliminale que rien de ce que vous faites n'est assez bon, vous vous escrimerez à compenser vos points faibles. Inversement, si vous êtes convaincu de mériter plus que ce que vous avez, vous vivrez mal votre situation présente ; si vous pensez être naturellement peu attrayant, vous aurez beau tout faire pour compenser cette idée, vous ne serez pas à l'aise avec des personnes du sexe opposé ; si vous considérez les relations intimes comme naturellement effrayantes, vous ferez tout pour éviter de vous retrouver en situation de faiblesse.

Votre histoire ou fiction intérieure vous emporte dans un élan énergique, que vous en soyez conscient ou non. Elle prend parfois des allures de tragédie, avec des méchants et des victimes pour devenir ensuite davantage une comédie, une romance, un rêve ou un documentaire parfaitement assommant. C'est vous qui êtes au centre de cette fiction, mais vous êtes si souvent captivé par les décors que vous ne voyez pas vraiment ce qui se passe à l'extérieur, dans le monde réel qui vous entoure.

Vos actions et réactions sont par conséquent constamment excessives et inappropriées car elles ne se fondent pas sur les circonstances telles qu'elles se présentent, mais sur les images déformées de votre cerveau. (Si vous êtes comme moi, il doit vous arriver de temps en temps de vous réveiller soudain, comme d'un rêve, et de vous rendre compte que vous n'avez pas la moindre idée de ce que ressent ou veut vraiment dire la personne avec laquelle vous parlez.) Le risque majeure d'une telle attitude est de passer totalement à côté de la beauté et de l'immédiateté du moment présent.

N'OUBLIEZ PAS

Comme je l'ai déjà fait remarquer, c'est cette fiction intérieure qui est la cause de la plus grande partie de votre souffrance et de votre stress. Cela ne veut pas dire que la vie ne vous réserve pas votre part de difficultés et de situations douloureuses ni que les SDF ou que les millions d'enfants affamés de par le monde ne souffrent pas. L'esprit ne fait que rajouter une couche supplémentaire et inutile de souffrance aux épreuves de la vie en faussant l'interprétation de nos expériences. (Reportez-vous à l'encadré plus loin dans ce chapitre « Faire la différence entre la souffrance, la douleur et le stress ». Les sections suivantes présentent les moyens par lesquels l'esprit engendre le stress.

Les cœurs et les esprits

Lorsque je dis comment « l'esprit » est à l'origine de la souffrance et du stress, j'utilise ce terme dans son sens générique, qui inclut aussi bien les émotions que les sentiments – les deux étant inséparables. Certaines langues orientales, notamment le chinois et le sanscrit, se servent du même mot pour décrire l'esprit et le cœur et nombre de sages d'Orient enseignent que l'esprit se trouve au centre du cœur.

Penser à des situations sources de tension comme, une relation conflictuelle, le travail, des difficultés financières ou des caps importants, provoque presque toujours une réponse émotionnelle – même si elle est subliminale. En réalité, le domaine de la psychophysiologie corrobore l'opinion qu'on ne peut pas réellement séparer l'esprit du corps – les pensées provoquent des modifications chimiques du sang qui jouent un rôle sur le métabolisme et l'immunité et inversement, des changements dans la chimie sanguine dus aux médicaments ou toxines peut altérer la façon de penser et de ressentir les choses.

Les histoires qui dirigent votre vie se composent de couches complexes d'émotions, de convictions et de contractions physiques qu'il n'est pas aisé de démêler. La méditation offre néanmoins la capacité de décoller ces différentes couches, en prendre conscience et comprendre les schémas qui les lient.

Être préoccupé par le passé et le futur

Comme chez beaucoup, votre esprit fait la navette entre le passé et le futur, ne se posant qu'en de rares occasions au temps présent. Lorsque vous êtes préoccupé par ce qui risque de se produire le mois ou l'année prochaine, vous remuez des émotions stressantes fondées sur l'espoir, la peur et l'anticipation, sans aucun lien avec ce que vous êtes en train de vivre en temps réel. En ressassant le passé – qui n'a d'existence que par les pensées et les images de votre cerveau –, vous passez des regrets au ressentiment, à la tristesse ou au chagrin.

Par la méditation, vous ramenez au contraire inlassablement votre esprit au moment présent où, comme le disait le poète persan Rûmî : « La seule nouvelle, c'est qu'il n'y a absolument aucune nouvelle. » Le retour à la simplicité du présent est le meilleur moyen de se protéger des scénarios stressants élaborés par l'esprit. (Voir la section « Revenir au moment présent » plus loin dans ce chapitre.)

Résister à l'ordre des choses

La plupart d'entre nous consacrent leur vie à se battre pour obtenir ce qu'ils pensent être nécessaire à leur bonheur, laissant de côté ou méprisant ce qu'ils possèdent déjà. Attention, n'allez pas mal interpréter mes paroles : je n'ai dit à aucun moment que vous restiez passifs, sans la moindre volonté d'améliorer votre vie. Mais comme le disait à juste titre l'un de mes professeurs, la meilleure façon de vivre mieux est d'accepter les choses telles qu'elles sont – ce qui est précisément l'enseignement de la méditation. Résister à l'ordre des choses se conjugue généralement sous deux formes : résister aux changements et résister à la souffrance.

Résister aux changements

Ne vous en déplaise, vous connaîtrez obligatoirement un grand nombre de changements dans votre vie. Si vous imaginez pouvoir résister au courant en vous accrochant désespérément à des images préfabriquées de « comment les choses devraient être », préparez-vous à souffrir, car vous ne parviendrez jamais à maintenir le calme et la conformité de votre vie. Selon les propres termes du philosophe grec Héraclite « il est impossible d'entrer deux fois dans la même rivière ».

Parce qu'elle développe un esprit ouvert, large et tolérant, la méditation vous apprend à suivre le courant. Elle est même un excellent outil pour étudier les changements puisque lorsque vous êtes assis en silence, vous n'avez qu'à observer les sentiments, sensations et pensées aller et venir.

Certains se raidissent, offrant alors une résistance, ce que n'aboutit qu'à rendre le processus plus douloureux. Avez-vous remarqué que certaines personnes deviennent de plus en plus grincheuses et déprimées en vieillissant alors que d'autres donnent l'impression de prendre de l'âge avec grâce et l'œil pétillant ? D'où provient cette différence ? Simplement de la capacité de chacun de s'adapter aux changements inéluctables de la vie.

Résister à la douleur

Comme les changements, la souffrance est incontournable – autant que le plaisir, il va de soi. Pour résumer, l'un ne va pas sans l'autre, même si tout le monde rêve de ne connaître que le meilleur. Retenir son souffle et serrer les dents contre les attaques de la souffrance – qu'elle soit physique ou émotionnelle – ne font que l'intensifier. Entourer votre malheur d'une autre histoire (« ce n'est pas normal que ce soit à moi que cela arrive » ou encore « j'ai dû faire quelque chose pour mériter un tel châtiment ») revient à coller une couche de douleur supplémentaire sur votre peine. Le corps se contracte encore plus pour contrer la souffrance, ce qui l'accentue au lieu de la soulager. Apprenez à respirer profondément, assouplir votre ventre, casser les histoires élaborées par votre esprit et vous détendre par la méditation. (Pour découvrir comment décontracter votre ventre, voyez le chapitre 10.) Bien souvent, la douleur lâchera prise et s'évanouira – ou dans la plupart des cas s'atténuera pour devenir plus facile à supporter.

L'esprit : un mauvais juge

L'esprit a la fâcheuse tendance de vous comparer aux autres (quand ce n'est pas à un idéal chimérique) et de juger la moindre de vos actions comme imparfaite ou insuffisante. Conclusion, vous vous sentez angoissé, frustré et contrarié. Cette tendance naît dans vos histoires ou votre scénario, qui constituent un ensemble bien enraciné de convictions négatives. (Pour en savoir plus, reportez-vous à la sous-section « les convictions et scénarios négatifs de la vie » en début de chapitre.) Inversement, votre esprit cessera toute comparaison si vous vous estimez digne d'amour et par conséquent bien tel que vous êtes. Avec la méditation, vous devenez l'observateur des jugements et comparaisons de votre esprit sans vous identifier à eux ni les croire. (Cette aptitude est développée dans la section « Pénétrer à l'intérieur de votre expérience » plus loin dans ce chapitre.)

Lutter contre l'impuissance acquise et le pessimisme

La capacité de gérer les situations stressantes dépend, comme l'ont démontré nombre d'études psychologiques, de la conviction de chacun en ses propres ressources pour s'en sortir. En réalité, c'est même la *conviction* en elle-même qui est le pivot de la réussite. Si dans votre scénario vous ne cessez de vous répéter que vous n'y parviendrez pas, vous n'en serez que plus stressé.

Grâce à la méditation, vous parviendrez à apaiser et concentrer votre esprit, à retourner au moment présent, à cultiver des émotions et des états mentaux positifs qui chasseront les pensées négatives et perturbantes et vous donneront assez de force pour bien appréhender les situations ou les personnes difficiles. (Voyez la section « Les bonnes nouvelles : comment la méditation soulage la souffrance et le stress » plus loin.) Enfin, vous apprendrez à voir au-delà de votre propre histoire et à entrer directement en contact avec la véritable source de joie et d'optimisme, la source de l'être pur qui est en vous.

Sous le poids des émotions

Même si vous ne pouvez pas identifier votre histoire, vous avez peut-être parfaitement conscience que des émotions aussi violentes que la colère, la peur, le désir, la rancune, la jalousie et la convoitise obscurcissent votre esprit, tourmentent votre cœur et vous poussent à entreprendre des actions que vous regrettez par la suite. La méditation ne vous débarrassera pas au départ de ces émotions, mais vous enseignera comment concentrer et calmer votre esprit et empêcher ces émotions de vous distraire. N'hésitez pas non plus à vous en servir pour observer ces émotions, mais toujours sans tenter de les éviter ou de les supprimer. Avec de la pratique, vous parviendrez à pénétrer au cœur de ces émotions et découvrir les liens qui les rattachent aux histoires sous-jacentes dont elles sont issues – pour enfin parvenir à sonder et réduire définitivement à néant vos histoires. (Pour en savoir plus à propos de la méditation sur des émotions difficiles, voyez le chapitre 11.)

N'OUBLIEZ PAS

Souffrance, douleur et stress, comment les distinguer ?

Aïe, aïe, aïe, voilà un sujet il est vrai fort peu réjouissant. Et pourtant, mieux vous saurez distinguer le stress de la souffrance, mieux vous serez capable d'en minimiser les effets. Cela dit, les distinctions suivantes (officieuses, il faut le préciser) peuvent vous être utiles :

- *La douleur* est, dans son sens premier, une expérience directe et viscérale pratiquement dépourvue de revêtement conceptuel. Votre meilleur ami vous dit quelque chose de méchant qui déclenche chez vous une contraction douloureuse au niveau du cœur ; vous vous tapez sur le doigt avec un marteau, vous avez mal et ça lance ; vaincu par la grippe, vous avez l'impression qu'on vous comprime la tête avec un étau. La douleur fait tout simplement mal.
- *La souffrance* est, au contraire, ce qui se produit lorsque l'esprit vient se mêler à votre douleur. Par exemple, si une amie vous a blessé, vous en concluez qu'elle doit vous haïr secrètement, ce qui veut dire qu'il y a quelque chose en vous de monstrueux… et en plus de la douleur provoquée par ces paroles, vous vous sentez déprimée. Autre exemple : votre mal de tête dû à la grippe est perçu comme un signal d'alarme d'une maladie bien plus grave qui transforme un sentiment de peur et d'impuissance en une situation beaucoup plus difficile. En d'autres termes, vous souffrez car les histoires que vous raconte votre esprit vous procurent une vision déformée des situations.
- *Le stress* est un mécanisme physiologique permettant de s'adapter à une agression physique ou psychologique. Certains stress physiques (chaleur ou froid intenses, son très fort, attaque violente) sont stressants quelle que soit l'interprétation donnée par l'esprit. Cependant, l'effet de stress est bien souvent déterminé par l'œuvre de l'esprit sur la situation d'origine.

Les bouchons pour aller travailler le matin, huit heures passées assis à un bureau à jongler avec la paperasserie, les dossiers, le courrier et les appels téléphoniques puis le retour à la maison le soir dans des bouchons étrangement semblables à ceux du matin – croyez-le ou pas – tout cela peut n'être que moyennement stressant d'un point de vue purement physique.

Mais si vous craignez d'arriver en retard, si vous avez des relations conflictuelles avec votre patron, êtes en colère contre plusieurs de vos clients ou collègues de travail ou que vous passez la journée à ressasser la dispute que vous avez eu avec votre conjoint ou votre meilleur ami, il n'est pas étonnant que vous rentriez le soir sur les genoux. Tout comme l'esprit peut transformer la douleur en souffrance, il est capable d'accentuer le stress dans des proportions extraordinaires.

Fixer son attention

Le corps réagit en se contractant lorsque l'esprit se met à ressasser et se fixer sur certaines pensées ou émotions. N'avez-vous pas remarqué à quel point vous pouviez devenir tendu ou angoissé lorsque vous répétiez mentalement le même scénario, y compris lorsqu'il était visiblement positif ?

Lorsqu'il est ouvert, vigilant et libéral – grâce aux exercices de méditation en pleine conscience décrits au chapitre 6 –, votre esprit vous laisse passer d'une expérience à une autre sans se fixer ni se bloquer. Enfin, la pratique de la conscience réceptive (voir chapitre 1) est possible grâce à un esprit ouvert et spacieux capable d'accueillir tout ce qui se présente à lui.

Se cramponner à un moi séparé

Selon les grandes traditions méditatives, la cause fondamentale de la souffrance et du stress, qui donne naissance aux histoires formées par l'esprit, est la conviction d'être séparé par nature – des autres, du reste de la vie, et de notre propre être. Ce sentiment de séparation et de solitude crée un besoin de vous protéger et d'assurer votre survie à tout prix. Malheureusement, notre pouvoir est limité et nous sommes entourés de forces incontrôlables. Tant que vous vous battrez pour défendre votre territoire, vous souffrirez, peu importe l'énergie que vous mettez dans le combat. La méditation vous donne la possibilité de baisser la garde, de prendre conscience pour arriver à découvrir qui vous êtes réellement, au-delà des histoires et de l'illusion d'un moi séparé et isolé.

Les bonnes nouvelles : comment la méditation soulage la souffrance et le stress

Passons enfin aux bonnes nouvelles ! Si les mauvaises nouvelles dont nous venons de parler vous ont déprimé, laissez-moi maintenant vous rassurer. Même si celui ou celle que vous êtes vraiment est masqué par votre histoire ou le scénario de votre vie, votre être essentiel reste pur et intact, quelles que soient les complications en surface. D'ailleurs, aussi obstinés et inflexibles qu'ils puissent paraître, votre esprit et votre cœur sont en fait malléables. Par la pratique de la méditation, vous parviendrez à calmer et dissiper la turbulence et la confusion intérieures. Comme le disait un ancien maître zen « le moment où votre esprit n'est pas obscurci par des éléments inutiles est le meilleur moment de votre vie ».

Pour commencer, vous pouvez développer l'aptitude à *focaliser* et *concentrer* votre esprit, exercice visant à le calmer et prévenir toute agitation. Lorsque la concentration est plus profonde, les pensées et sentiments qui se sont naturellement accumulés en vous jaillissent pour s'évaporer – processus que j'appelle la *libération spontanée*. Puis, lorsque vous serez capable de vous concentrer encore plus profondément, vous pourrez élargir votre conscience pour y inclure les pensées, les sentiments, les histoires et les scénarios sous-jacents. Grâce à la faculté de *pénétrer la connaissance de soi*, vous serez à même d'explorer les diverses couches de votre expérience intérieure, comprendre leur fonctionnement afin d'être en mesure de réduire à néant les schémas qui vous stressent.

Développer la focalisation et la concentration

Vous ne savez pas comment arrêter le bavardage incessant de votre esprit qui vous saoule et vous stresse ? Commencez par une technique méditative axée sur la concentration comme celles qui consistent à suivre ou à compter votre respiration (voir chapitre 6) ou à réciter un mantra (voir chapitre 3). Une fois l'habitude acquise, vous pourrez aisément et n'importe où passer de votre dialogue intérieur au moment présent. Si vous en avez envie, vous pouvez aussi développer des qualités positives qui contrent certaines des tendances négatives du cœur et de l'esprit.

Stabiliser sa concentration

Si vous avez déjà essayé de calmer votre esprit en l'empêchant de penser, vous savez d'ores et déjà combien c'est vain. (Reportez-vous à l'encadré intitulé « Arrêter son esprit » en fin de chapitre.) En revanche, plus vous investissez votre énergie mentale dans une focalisation unique, plus votre esprit se fixe et plus les distractions s'estompent. Avec de la pratique, vous deviendrez capable de stabiliser votre concentration sur un point donné pendant plusieurs minutes d'affilée, en revenant à ce point lorsque votre esprit s'égare.

Grâce à cette technique, vous faites l'expérience de l'harmonie et du calme intérieurs, au fur et à mesure que les sédiments troublant d'ordinaire les eaux tourmentées de votre esprit se déposent, laissant l'eau limpide et propre. Cette expérience s'accompagne généralement d'une sensation de calme et de détente – plus, parfois, de sentiments agréables comme l'amour, la joie, le bonheur, et de béatitude (qui, soit dit en passant, prennent leur source au fond du lac, dans l'être pur.)

À des niveaux plus profonds de concentration, vous pourrez connaître l'union parfaite avec l'objet, un état que les hindous appellent *sâmadhi*. Lorsque cette concentration fixe est dirigée comme un rayon laser sur vos activités quotidiennes, vous pénétrez dans un état que le psychologue

Mihaly Csikszentmihalyi appelle le « flux » – un état de joie suprême dans lequel le temps s'arrête, la conscience diminue et où vous ne faites plus qu'un avec l'activité elle-même.

Revenir au moment présent

Lorsque vous avez acquis un certain pouvoir de concentration, vous pouvez l'utiliser pour vous éloigner à tout moment de vos scénarios intérieurs et revenir au moment présent. S'il vous est difficile d'éliminer la turbulence, vous pouvez néanmoins voir au-dessous. Cela revient un peu à enlever vos lunettes de soleil pour voir les choses directement – ou à ouvrir les yeux en grand au moment où vous vous endormez. Plus vous regardez au-delà de la fiction, plus vous voyez la fraîcheur de l'être se refléter. Revenir constamment au moment présent trace un chemin qui vous permet de couper court à votre fiction et renforcer votre contact direct avec la vie. (Pour en savoir plus sur le retour au moment présent, voyez les chapitres 6 et 15.)

Cultiver des émotions et des états mentaux positifs

La concentration peut aussi être utilisée pour cultiver des alternatives positives à l'agitation, la peur, l'angoisse, la dépression ou autre émotion forte surgissant lorsque vous êtes empêtré dans votre propre histoire. (La pratique de la culture elle-même peut développer le pouvoir de concentration.) Ces états mentaux positifs sont la bonté, la compassion, la sérénité et la joie. (Pour savoir comment cultiver les émotions positives, voyez le chapitre 10.)

La libération spontanée

En pratiquant régulièrement, vous noterez que les pensées et sentiments qui se sont accumulés naturellement en vous commencent à se dissiper comme la brume au-dessus d'un lac. Ce phénomène survient lorsque la concentration se fait plus profonde et l'esprit plus calme ; il est naturel, vous n'avez rien à faire. Vous pouvez vous asseoir pour méditer avec l'impression de succomber sous le poids des soucis et des ennuis puis vous relever une demi-heure plus tard, avec une sensation de légèreté, d'espace et être libéré de vos tracas. Comment un tel phénomène est-il possible ? Méditer est comme soulever le couvercle d'une casserole d'eau bouillante : grâce à ce simple geste, l'eau s'évapore, faisant diminuer le bouillonnement à l'intérieur.

Pour favoriser ce processus, vous pouvez pratiquer les techniques de conscience réceptive – conscience ouverte, et spacieuse accueillant tout ce qui se présente. (Attention, il vous faudra d'abord développer votre concentration.) Lorsque votre esprit n'est pas fixé sur un objet précis – pensée, souvenir ou émotion – mais ouvert et libre comme le ciel, vous n'investissez plus d'énergie dans votre fiction, mais invitez tout ce qui bouge en vous à se dévoiler et se libérer.

Pénétrer à l'intérieur de votre expérience

J'ai, jusqu'ici, mis l'accent sur les techniques de concentration et de conscience permettant de contourner votre fiction, mettre au point des alternatives ou apaiser votre esprit. Leur inconvénient est de garder vos histoires intérieures plus ou moins intactes, ce qui implique que dès que votre concentration faiblit ou que votre bonté décroît, les pensées perturbatrices et les émotions angoissantes reviennent au galop !

Accédez à votre vision intérieure est la condition sine qua non pour découvrir votre fiction, comprendre comment elle vous fait souffrir et voir au-delà – pour pouvoir, un jour, vous en libérer complètement.

SAGESSE POPULAIRE

Déposer son fardeau et poursuivre son chemin

Deux moines zen marchaient sur une route lorsqu'ils arrivèrent à un cours d'eau gonflé par les violentes pluies de printemps en un torrent déchaîné. Sur la rive, une jeune femme fort belle attendait, incapable de traverser.

L'un des moines s'approcha d'elle et lui offrit son aide, qu'elle accepta. Il l'a prit donc dans ses bras et la fit traverser. Puis, les deux moines poursuivirent leur route en silence.

Arrivé au monastère, le moine qui avait vu son compagnon porter la jeune femme ne put pas se taire plus longtemps. « Vous savez qu'il nous est interdit d'avoir de contact avec les femmes, surtout si elles sont belles. Comment avez-vous pu faire une chose pareille ? »

« Ah », lui répondit alors l'autre moine. « Moi, j'ai déposé la femme il y a plusieurs heures mais vous, vous la portez encore avec vous. »

Prendre conscience de son expérience intérieure

TRUC

Être assis 10 à 15 minutes en silence et observer ses pensées et sentiments bouleverse radicalement la relation avec l'expérience intérieure. (Pour en savoir plus sur l'observation des pensées et des sentiments, reportez-vous au chapitre 11.) Au lieu d'être emporté par le courant, vous prenez, pour un instant, le rôle du spectateur sur le rivage qui regarde couler la rivière de son expérience. Même si la différence vous semble sans conséquence et que vous n'avez pas l'impression de faire des progrès, vous avez déjà commencé à relâcher la mainmise de votre histoire sur votre vie. Peu à peu apparaissent des espaces vides au sein du bavardage de votre esprit et ce qui vous semblait jusqu'alors si sérieux et solide devient plus léger et empreint d'air pur. Il peut même vous arriver de vous moquer de vos inquiétudes ou de vos obsessions ou bien de prendre le temps d'analyser vos sentiments avant de réagir.

En accueillant votre expérience comme elle vient, et notamment vos jugements et autocritiques, votre attitude envers vous-même commence à se modifier de façon presque imperceptible. L'impatience et le mépris fait peu à peu place à une certaine acceptation de vous-même au fur et à mesure que vous vous habituez aux schémas répétitifs de votre esprit. Il se peut même que vous éprouviez de la compassion envers vous en découvrant à quel point vous pouvez être autocritique, affolé ou effrayé.

Prendre conscience de son histoire et de la confusion qu'elle occasionne

La pratique régulière de la méditation et l'observation des sentiments et émotions permet de remarquer les thèmes récurrents et les scénarios que votre esprit joue en boucle. Peut-être découvrirez-vous une obsession de ne pas avoir été compris ou de ne pas avoir reçu l'amour désiré ; ou une nette tendance à vous comparer aux autres et à vous trouver mieux – ou au contraire moins bien ; ou encore la préparation de projets futurs alors que le présent est totalement flou. Cette expérience révèle à certains le fantasme du partenaire idéal alors qu'ils sont heureux en ménage depuis des années !

Quel que soit ce que vous découvrirez, vous vous rendrez compte à quel point ces scénarios sont perturbateurs et vous éloignent de la réalité à portée de vous – vous empêchant même de réaliser des tâches simples comme suivre votre souffle ou réciter votre mantra. Vous réaliserez progressivement que votre histoire se borne à ces obsessions que votre esprit ne cesse de faire tourner et qui vous séparent des autres et vous font souffrir. Comme le disait John Lennon « La vie est ce qui se passe lorsque vous êtes occupé à d'autres projets. » Lorsque vous comprendrez ce qu'est réellement votre histoire, vous ne la laisserez plus vous déstabiliser comme avant.

Modifier votre histoire

Comme vous le remarquerez après quelque temps de pratique, être conscient de son histoire contribue déjà à la modifier imperceptiblement – voire très nettement. Avec le recul – possible lorsque vous avez compris qu'il ne s'agit après tout que de votre histoire et non de vous-même – vous devenez moins réactif, les gens réagissent donc différemment, ce qui a pour conséquence de transformer les événements. Et, bien vite, votre vie n'est plus du tout la même !

Sachez, si vous essayez déjà de changer votre vie en manipulant les événements ou en reprogrammant votre esprit avec des affirmations ou des pensées positives, qu'il est indispensable au préalable de pénétrer votre vision intérieure afin d'exercer une influence sur les scénarios et histoires existants. Sans ce travail, vous aurez l'impression de ne pas avancer, car vous ne parviendrez pas à implanter des perspectives et des scénarios plus sains.

Découvrir qui vous êtes au-delà de votre histoire

Après avoir pris conscience de votre histoire, de vous en être détaché et d'avoir commencé à la modifier dans ses points fondamentaux, vous risquez de continuer à vous identifier à elle tant que vous n'avez pas aperçu celui que vous êtes réellement.

La perception de soi survient sous des formes diverses. Vous pouvez connaître des moments inattendus de paix et de tranquillité, lorsque vos pensées se posent – ou s'arrêtent – et qu'un doux silence envahit votre esprit. Mais vous pouvez aussi être submergé par un torrent d'amour inconditionnel qui ouvre pour un instant votre cœur, vous offrant une vision fugitive de l'unité existant au-delà de la séparation apparente. Elle peut également survenir comme une intuition soudaine de votre lien naturel avec tous les êtres humains ou une impression de vous trouver en présence de quelque chose de beaucoup plus vaste que vous. Quelle que soit la vision intérieure que vous découvrez, elle modifie à jamais l'image que vous aviez de vous-même. À partir de cet instant, vous savez que vous ne vous limitez pas à la personnalité telle que votre esprit l'a définie.

Je me souviens encore comment tout me paraissait frais et clair après ma première retraite méditative – les couleurs étaient plus vives, les visages des gens plus radieux – et pourtant, pendant cinq jours, je n'avais fait que lutter pour compter mes respirations de 1 à 10 sans me perdre en chemin ! J'eus alors l'impression qu'on m'avait retiré un bandage des yeux et que je voyais avec netteté pour la première fois de ma vie. Tout ce qui croisait mon regard semblait rayonner de l'être, et je sus comme jamais avant que j'appartenais à cette Terre. L'intensité s'estompa bien entendu après quelques jours, mais je n'ai jamais oublié ce premier aperçu de vision claire, libre des filtres perceptifs qui avaient obscurci ma vue depuis toujours.

Se libérer de son histoire

Une fois que vous avez aperçu qui vous étiez, au-delà de votre esprit (et même de votre corps), vous pouvez retrouver ce niveau plus profond de l'être dans vos méditations – mais aussi dans votre vie quotidienne. Pour reprendre la métaphore du lac, vous pouvez vous y replonger indéfiniment parce que vous savez à quoi il ressemble et comment y accéder. (La plupart des approches vers la méditation offrent la possibilité de cette vision fugitive. Reportez-vous au chapitre 13 pour avoir des instructions plus précises.)

Même si votre cerveau continue de projeter votre histoire, vous avez maintenant la capacité de vous en détacher – et même de ne plus vous identifier à elle. Comme le dit un de mes amis, vous réalisez alors que la personnalité est une erreur sur la personne – et que celui que vous êtes est la grande étendue de l'être lui-même dans laquelle vos pensées et sentiments personnels naissent et meurent.

Parvenir à un tel degré de compréhension demande parfois plusieurs années de méditation, mais il est toujours à votre disposition, peu importe depuis combien de temps vous méditez – si tant est que vous méditiez ! Nombreux sont ceux qui disent avoir littéralement ri aux éclats lorsqu'ils ont enfin compris que leur vraie nature se trouvait si près depuis le début, aussi visible que le nez au milieu de la figure !

N'OUBLIEZ PAS

Contrairement à ce que l'on pense, ceux qui apprennent à intégrer cette prise de conscience et vivent cette découverte au quotidien ne se détachent pas de la vie. C'est au contraire parce que leur histoire et leur sensation de séparation se sont évaporées comme neige au soleil qu'ils ont une perception des situations et des personnes plus immédiate et plus attendrie qui les rend plus aptes à agir avec à-propos dans toutes les circonstances.

EXERCICE

Arrêter son esprit

Aussi ardue que vous semble une telle gageure, il vous faut au moins essayer l'exercice suivant pour observer ce qui se passe :

1. **Asseyez-vous en silence et respirez plusieurs fois profondément.**
2. **Pendant les cinq minutes suivantes, essayez d'arrêter de penser.**

   Vous avez bien entendu : essayez tout ce que vous pouvez pour empêcher votre esprit de générer des pensées. Fredonnez intérieurement, concentrez-vous sur votre gros orteil, rappelez-vous une agréable journée à la campagne, essayez simplement de rester le plus tranquille possible. Bref, cherchez le moyen qui risque de marcher pour vous.
3. **Au bout de 5 minutes, réfléchissez à votre expérience.**

   Comment a-t-elle fonctionnée ? Avez-vous réussi à ne pas penser pendant une longue période ? La difficulté de l'exercice a-t-elle au contraire entraîné plus de pensées ? Pour ceux qui ne l'ont pas encore compris, cet exercice a pour objectif de montrer à quel point l'esprit penseur est tenace et obstiné.

Deuxième partie

Cette fois, on y va

« Parfait, votre posture est excellente. Maintenant détendez-vous, concentrez-vous et lâchez lentement votre téléphone portable. »

Dans cette partie…

Je vous conduis (avec douceur) pas à pas vers l'apprentissage de la méditation. Vous allez dans un premier temps apprendre à tourner votre esprit vers l'intérieur et vous concentrer. Puis, vous explorerez la pratique de la pleine conscience, qui consiste tout simplement à être attentif à tout ce que vous ressentez. À la fin de cette partie, vous aurez appris tous les petits trucs qui rendent la méditation amusante et facile et notamment comment vous asseoir sans bouger, suivre votre souffle, où et quand méditer, les accessoires qu'il vous faut et comment les utiliser. Si vous suivez scrupuleusement toutes ces instructions, vous deviendrez un méditant calé en un rien de temps !

Chapitre 6

Relaxer son corps et apaiser son esprit

Dans ce chapitre :

- Cinq moyens rapides de se détendre physiquement
- Régler, ralentir et explorer son souffle
- Avancer dans le brouillard, devenir souffle et autres énigmes zen
- Zoomer avec la conscience

Si vous cherchez des instructions simples et concises pour méditer, vous voilà arrivé au bon chapitre ! On peut discourir à l'infini à propos des bienfaits de la méditation ou de la nature de l'esprit, mais ce n'est qu'en essayant par vous-même que vous comprendrez l'entêtement et l'agitation de l'esprit.

Comme nous l'avons vu au chapitre 5, les bouddhistes comparent volontiers l'esprit à un singe qui se balance de branche en branche – d'un projet à un souvenir, d'une pensée à une émotion ou d'une vision à un bruit – sans jamais parvenir à se poser quelque part. Certains professeurs actuels préfèrent à cette image celle du chiot incontrôlable et impulsif qui court dans tous les sens et qui fait pipi sur la moquette avec une totale insouciance. Vous avez peut-être déjà essayé de dresser un chiot : il est virtuellement impossible de le dominer, de le contenir ou de le faire asseoir tant qu'il n'est pas décidé à obéir. Il en est de même avec votre esprit. Inutile de le contraindre à se calmer, il ne fait que s'emballer davantage sans aller bien loin, comme un chiot essayant d'attraper sa queue !

Par la pratique de la méditation, vous amenez au contraire sans violence votre esprit à se recentrer sur un point donné. Vous allez voir dans ce chapitre comment méditer sur votre souffle – l'une des formes de méditation les plus couramment pratiquées dans les traditions spirituelles du monde entier. Vous découvrirez également des techniques de pleine conscience destinées à « dresser votre chiot », à trouver un équilibre entre la relaxation et la vigilance et à élargir votre méditation pour y inclure toutes les expériences sensorielles.

Curieusement, se concentrer sur son souffle, activité banale, répétitive et apparemment sans importance, peut procurer les bénéfices prodigieux que nous attendons tous de la méditation, et notamment, réduire le stress, améliorer les performances, permettre de mieux apprécier et jouir de la vie, établir un lien plus profond avec l'être essentiel – et même atteindre des états méditatifs plus poussés comme l'amour inconditionnel ou la perception intérieure de la nature de l'existence.

Tourner son attention vers l'intérieur

Comme le dit le proverbe chinois, « un voyage de mille li a commencé par un pas ». (le li est une mesure itinéraire chinoise qui vaut environ 600 m.) Pour la méditation, ce premier pas, simple mais essentiel, consiste à détacher son esprit des préoccupations extérieures – ou de l'interprétation faite de ces événements – pour le tourner vers l'expérience sensorielle intérieure.

La plupart d'entre nous sont trop accaparés par ce qui se passe autour d'eux – le regard des autres, les paroles des proches ou des collègues, les dernières nouvelles ou les messages s'affichant sur la multitude d'écrans qui ont envahi le monde – pour prêter la moindre attention à ce qui se passe à l'intérieur de leur esprit, de leur corps ou de leur cœur. La culture populaire nous enseigne que le bonheur et la satisfaction sont à chercher à l'extérieur de nous. Dans un monde aussi déroutant et fascinant, même la plus petite prise de conscience de soi prend des allures de défi titanesque.

Accordez-vous maintenant quelques minutes pour recentrer votre esprit et prêter attention à ce que vous éprouvez. Vous remarquerez à quel point il vous est difficile de détacher votre esprit des centres d'intérêt extérieurs pour l'amener vers une simple expérience sensorielle. Notez comment votre esprit est activement occupé à voleter d'une pensée et d'une image à l'autre, tissant une sorte de trame dont vous êtes le centre.

N'OUBLIEZ PAS

Les schémas habituels sont si solidement ancrés qu'il faut un courage et une patience extraordinaires pour effectuer un acte aussi inoffensif que ramener inlassablement son attention à un point de focalisation intérieur comme la respiration. L'aventure en terrain pratiquement inconnu fait peur à double titre : vous ne savez pas ce que vous allez découvrir à l'intérieur et vous ne savez pas non plus ce que vous allez rater à l'extérieur ! Le basculement de l'extérieur vers l'intérieur est le mouvement simple mais fondamental sans lequel la méditation est impossible.

Le mouvement dont je parle peut se décliner sous plusieurs dimensions :

- **Du contenu au procédé** : plutôt que d'être absorbé par le sens de ce que vous éprouvez, sentez ou pensez, faites porter votre intérêt et votre attention sur le *déroulement* de l'expérience. Regardez par exemple votre esprit voleter d'une pensée à une autre ou prenez simplement conscience que vous êtes en train de penser au lieu de vous perdre dans vos réflexions ou vos rêves. De même, au lieu d'être paralysé par la peur, observez l'évolution des ondes de tension dans votre ventre – ou contentez-vous de noter l'existence de ce sentiment.
- **De l'extérieur vers l'intérieur** : au départ, il vous faut faire basculer votre tendance à être orienté vers l'extérieur en prêtant attention à votre expérience intérieure. Avec de la pratique, vous parviendrez à une qualité de conscience similaire pour chaque expérience, extérieure comme intérieure.
- **De l'indirect au direct** : encore plus utile que la dimension précédente, celle-ci permet de faire la distinction entre l'expérience indirecte et l'expérience directe. La première a subi le filtrage et la distorsion de l'esprit, tandis que la seconde est diffusée par les sens ou toute autre forme de conscience directe. En plus de la porter vers l'intérieur, la méditation détourne votre attention des histoires élaborées par l'esprit pour la diriger vers l'expérience directe elle-même.
- **De faire à être** : comme la plupart d'entre nous, vous consacrez pratiquement tous vos moments d'éveil à courir d'une activité, d'un projet ou d'un travail à un autre. Vous souvenez-vous seulement de l'impression que procure le seul fait d'être ou d'exister, comme quand vous étiez bébé ou enfant et que vous passiez les chauds après-midi d'été à jouer ou vous prélasser sur la pelouse ? Grâce à la méditation, vous retrouvez ce temps béni d'être sans faire.

La relaxation du corps

Comme nous le rappelle le domaine naissant de la psychophysiologie – et que les yôgis et sages nous disent depuis des millénaires ! – le corps, l'esprit et le cœur forment un tout ininterrompu et indissociable. Lorsque vos pensées passent d'un souci à un autre, le corps répond par une contraction et une tension, notamment à certains points clés comme la gorge, le cœur, le plexus solaire et le ventre. Lorsqu'il atteint un certain degré d'intensité, le malaise s'exprime alors par une émotion : peur, colère ou tristesse.

En vous reliant à l'expérience directe – et par la suite au royaume de l'être pur au-delà de l'esprit –, la méditation a pour effet de relaxer tout naturellement le corps en focalisant votre esprit. Il faut, lorsqu'on débute, parfois plusieurs jours voire plusieurs semaines de pratique pour connaître cette relaxation naturelle. Avant de méditer, pratiquer l'une des techniques suivantes pourra par conséquent vous être utile, notamment si vous êtes sensiblement tendu. (Si vous faites partie des rares personnes détendues au point de s'endormir dès que le moment s'y prête, vous pouvez très bien vous passer de ces exercices.) Se décontracter procure des bienfaits en soi, mais ils s'estomperont rapidement si vous n'êtes pas capable de travailler avec votre esprit.

TRUC

Si vous n'avez jamais encore essayé de vous détendre intentionnellement, commencez par la méditation présentée page ci-contre « La relaxation profonde » qui vous apprend à décontracter chacune des parties de votre corps. Il est cependant difficile de la pratiquer à chaque méditation, car elle demande déjà quinze bonnes minutes. Après un temps d'entraînement, votre corps aura en mémoire l'effet d'une relaxation profonde et vous pourrez alors passer à l'un des exercices de relaxation plus courts (5 minutes) présentés ci-dessous. Pour votre information, la relaxation profonde est le meilleur remède contre l'insomnie – essayez dans votre lit et vous glisserez vers le sommeil !

- **La douche relaxante** : imaginez-vous sous une douche chaude. Au fur et à mesure qu'elle descend sur votre buste et le long de vos jambes, l'eau emporte avec elle toute la sensation d'inquiétude et de désarroi, vous laissant ragaillardi et revigoré.
- **La chaleur du miel** : imaginez un monticule de miel tiède perché sur votre crâne. En fondant, il coule sur votre tête, votre visage, votre cou, recouvrant les épaules, la poitrine et les bras pour envelopper entièrement votre corps jusqu'aux orteils. Sentez cette onde de liquide chaud et voluptueux emporter toute la tension et le stress pour vous laisser entièrement détendu et revivifié.
- **Un endroit paisible** : imaginez un lieu sûr, protégé et tranquille – prairie, forêt, plage de sable selon vos goûts. Explorez entièrement cet endroit de tous vos sens. Notez le calme et la sérénité envahir chacune des cellules de votre corps.
- **Sondez chaque parcelle du corps** : en partant du crâne, examinez votre corps du haut jusqu'en bas. Lorsque vous rencontrez un endroit de tension ou de gêne, laissez-le s'ouvrir lentement et s'adoucir puis poursuivez votre chemin.
- **La réponse relaxante** : choisissez un mot ou une courte phrase chargé pour vous d'un sens spirituel ou personnel profond. Fermez les yeux et répétez doucement et à plusieurs reprises le mot choisi. (Pour plus de détails sur cette pratique, reportez-vous au chapitre 18.)

MÉDITATION

La relaxation profonde

Voici une méditation que vous pouvez pratiquer dès que vous avez 15 à 20 minutes devant vous et que vous désirez évacuer une partie de la tension et du stress que vous avez accumulés. Elle constitue aussi une excellente préparation pour les autres relaxations présentées dans ce livre, vous laissant décontracté, revigoré et en contact avec vous-même.

1. **Trouvez un endroit confortable où vous pouvez vous allonger.**

   Ôtez vos chaussures, desserrez votre ceinture et tout vêtement qui vous sert. Étendez-vous sur le dos, mains le long du corps, jambes légèrement écartées.

2. **Explorez votre corps dans son ensemble, sans oublier les zones en contact avec la surface du lit ou du sol.**

3. **Fermez les yeux et portez votre attention sur vos pieds. Agitez les orteils, pliez les pieds puis évacuez toute la tension en laissant vos pieds fusionner avec le sol.**

4. **Reportez ensuite votre attention sur vos mollets puis vos cuisses et enfin vos hanches. Imaginez qu'ils deviennent de plus en plus lourds, se relâchant jusqu'à pénétrer dans le sol.**

   Si l'image de la fusion ne vous convient pas, songez que votre corps se dissolve, plonge au fond de l'eau ou disparaisse.

5. **Portez votre attention sur le bas du ventre. Toute la tension s'évapore, votre respiration devient plus profonde et votre ventre s'ouvre et se détend.**

6. **Portez votre attention sur votre poitrine, votre cou et votre gorge, sentant chacune de ces régions s'ouvrir et se détendre.**

7. **Prenez conscience de vos épaules, de vos bras et de vos mains. Ils deviennent à leur tour lourds et détendus jusqu'à fusionner ou disparaître dans le sol.**

8. **Prenez maintenant conscience de votre tête et de votre visage. Sentez la tension s'en échapper, traverser votre crâne et disparaître dans le sol.**

9. **Examinez votre corps des pieds à la tête pour y chercher une zone de tension ou de gêne restante.**

   S'il reste une partie du corps encore tendue, détendez-la comme vous avez fait pour les autres.

10. **Sentez votre corps devenir une aire de relaxation, indivisible et sans limites.**

11. **Restez 5 à 10 minutes sans bouger ; puis, lentement, bougez les orteils et les doigts, étirez les bras et les jambes, ouvrez les yeux et mettez-vous progressivement en position assise.**

Faites le point sur vos sensations. Cette méditation vous a-t-elle détendu ? Votre corps vous semble-t-il plus léger ou plus épanoui ? Votre vision du monde en a-t-elle été modifiée ? Vous pouvez maintenant vous relever en douceur et vaquer à vos occupations.

La pleine conscience : être attentif au moment présent

Ce chapitre met l'accent sur une approche de la méditation appelée la *pleine conscience* – c'est-à-dire la conscience à chaque instant de ce que vous vivez. La pleine conscience est à la fois une attitude de conscience focalisée (ou concentration) et de conscience réceptive qui accueille tout ce qui se produit. Mais du fait qu'elle repose principalement sur la maîtrise de la concentration, sa pratique exige d'abord de développer et améliorer cette aptitude. Les premières méditations présentées ici vont vous apprendre à vous focaliser sur un objet de concentration particulier : votre respiration.

L'objectif final de la pleine conscience est d'arriver à être pleinement présent à tout moment, quoi qu'il arrive. Une fois votre concentration stabilisée par la concentration sur le souffle, élargissez votre conscience à toutes les sensations corporelles – pour finalement accueillir tout ce qui se présente dans votre champ d'expérience. En dépit de sa simplicité extrême, cette technique perfectionnée peut demander des années de pratique avant d'être parfaitement maîtrisée, mais vous pourrez connaître des visions fugitives d'une conscience élargie après seulement quelques semaines de méditations régulières.

TRUC

Ne pas attendre de résultats

Lorsque vous investissez de l'argent, de l'énergie ou du temps dans quelque chose, vous espérez en tirer des bénéfices ou du moins obtenir un résultat à plus ou moins long terme, et vous surveillez les cours de la Bourse, l'avancée de vos projets ou de vos travaux. Un tel état d'esprit avec la méditation va à l'encontre du but recherché qui est au contraire de laisser de côté toutes vos pensées pour vous contenter d'exister au moment présent. C'est justement l'un des grands paradoxes de la méditation : vous ne pouvez en récolter les fruits tant que vous n'avez pas renoncé à toute aspiration et accepté les choses comme elles viennent. C'est à ce moment-là seulement que les bénéfices arrivent au centuple.

Au début, vous allez souvent vous demander si ce que vous faites est correct – mais soyez rassuré, il n'y a pas de mauvaise façon de méditer – si l'on fait toutefois exception de l'attitude qui consiste à s'asseoir et essayer de mesurer son taux de réussite ! Il vous arrivera de vous sentir aux anges – vous avez de l'énergie à revendre, votre esprit est clair et vous arrivez à suivre votre souffle sans grande difficulté. Votre réaction sera alors de vous dire que vous avez pigé le truc ! Et puis le lendemain, vos pensées et émotions seront si accaparantes que vous resterez assis pendant 20 minutes sans jamais parvenir à même remarquer votre respiration. Bienvenue à la pratique de la méditation ! L'important n'est pas de faire bien mais de faire – toujours et encore.

L'un de mes maîtres zen comparait la méditation à une marche dans le brouillard par un chaud après-midi d'été. Même sans être conscient de ce qu'il se passe, vous êtes rapidement trempé de rosée.

NOTIONS SPIRITUELLES

La signification du souffle

Les cultures traditionnelles identifient le souffle (ou la respiration) à la force vitale animant toute chose. Le mot latin *spiritus* par exemple (racine de « spirituel », « esprit »), le grec *anima*, à l'origine du mot « animé », l'hébreu *ruach* et le sanscrit *brahman*, même s'ils ont tous très différents, ont un point capital en commun : ils signifient tous à la fois souffle (ou respiration) et esprit ou âme. Lorsque vous suivez votre respiration avec conscience, non seulement vous harmonisez votre corps et votre esprit, ce qui vous procure une sensation d'harmonie interne et d'intégrité, mais vous explorez également la frontière vivante où se rencontrent le corps, l'esprit et l'âme – pour être à l'unisson avec la dimension spirituelle de l'être.

Se concentrer sur sa respiration

Évidemment, surfer sur Internet ou regarder un DVD peut sembler une façon bien plus agréable et moins rébarbative d'occuper son temps libre.
Le fait est que les médias nous ont conditionnés à devenir des drogués de la stimulation en inondant nos sens d'images informatisées et de sons synthétisés qui défilent à la vitesse du rayon laser. J'ai entendu récemment un directeur d'agence publicitaire vanter son dernier spot publicitaire, capable de bombarder le téléspectateur à la vitesse de six images par seconde – beaucoup plus vite que ce que l'esprit conscient est capable d'enregistrer.

À l'opposé, porter son attention sur sa respiration (inspirations et expirations) permet de calmer l'esprit qui trouve alors un rythme proche de celui du corps. Au lieu des six images seconde, vous effectuez entre douze et seize respirations par minute. Les sensations éprouvées sont bien plus subtiles que toutes celles que vous pouvez voir ou entendre à la télévision – elles se rapprochent davantage de l'ambiance de la nature, d'où, rappelons-le, nous sommes tous issus.

Autre avantage de la respiration comme objet de concentration : elle est toujours disponible, jamais vraiment semblable et pourtant toujours plus ou moins la même. Si vos respirations étaient radicalement différentes, vous n'auriez pas la constance indispensable à la culture de la concentration et si elles étaient toutes semblables, vous ne tarderiez pas à vous endormir sans jamais avoir l'occasion de développer la curiosité et la vivacité si essentielles à la pratique de la pleine conscience.

Avant d'apprendre à suivre leur souffle, certains d'entre vous désireront peut-être consacrer quelques semaines ou quelques mois à simplement compter leurs respirations. C'est un exercice excellent qui développe la concentration et donne la structure de base vers laquelle revenir lorsque l'esprit s'égare. Si vous étiez un étudiant néophyte zen, vous consacreriez des années à cet exercice avant de pouvoir prétendre à une pratique plus difficile et stimulante. Mais si vous avez envie de tenter l'aventure ou si vous avez confiance en votre capacité de concentration, je vous conseille certainement de commencer directement par suivre votre souffle. Laissez-vous guider par votre intuition qui saura vous dire qu'elle méthode vous convient le mieux.

Compter vos respirations

Asseyez-vous dans une position confortable que vous serez capable de garder pendant 10 à 15 minutes sans ressentir de gêne. (Pour une description détaillée des différentes postures de méditation avec schémas, reportez-vous au chapitre 7.) Respirez profondément plusieurs fois en expirant lentement. Inutile de chercher à contrôler votre souffle, laissez-le trouver son rythme naturel. Sauf impossibilité ou gêne, respirez toujours par le nez.

TRUC

Apprendre à connaître votre respiration

Vous serez peut-être surpris (et un peu énervé) de constater que votre corps se raidit et que votre respiration devient difficile, laborieuse et dénaturée lorsque vous y faites pour la première fois attention. Alors que vous respirez fort bien depuis la naissance sans vous poser de question, tout d'un coup vous semblez ne plus savoir comment vous y prendre !

Gardez votre calme – vous ne faites pas l'exercice de travers. Essayez simplement de ne pas vous focaliser trop brusquement sur votre souffle, de le suivre sans le contrôler. Comme lorsque vous avez appris à faire du vélo, vous allez tomber jusqu'au jour où, sans que l'on sache pourquoi, vous réussirez. Dès lors, cela deviendra une seconde nature.

Explorer votre respiration, sans nécessairement essayer de la suivre, peut vous être utile au début. Commencez par noter ce qui se passe pendant le processus – la cage thoracique qui se soulève puis s'affaisse, le mouvement de votre ventre, la sensation de l'air traversant les narines. Observez les différences entre vos respirations : certaines sont courtes et peu profondes, d'autres longues et profondes ; certaines descendent jusqu'au ventre, d'autres s'arrêtent en haut des côtes ; certaines sont puissantes ou difficiles, d'autres légères ou faibles.

Consacrez 5 à 10 minutes à cette exploration avec la curiosité d'esprit d'un jeune enfant qui voit une fleur ou un papillon pour la première fois. Qu'avez-vous vu de nouveau ? En quoi chaque respiration diffère-t-elle de la précédente ? Lorsque vous avez l'impression de bien connaître votre souffle, vous pouvez commencer les exercices de comptage ou de suivi des respirations.

Comptez chaque inspiration et expiration jusqu'à 10, puis revenez à 0. Pour être plus précis, « 1 » correspond à la première inspiration ; « 2 » à la première expiration, « 3 » à la seconde inspiration et ainsi de suite. Si vous perdez le fil, recommencez à « 1 ».

Pour faciliter la concentration, faire durer le chiffre dans votre esprit pendant toute la durée de l'inspiration oú de l'expiration s'avère parfois plus utile qu'un comptage plus court et sec évoqué seulement en pensée. Votre « u-u-u-n-n-n » durera alors toute l'inspiration et le « d-e-e-u-u-x » tout le temps de l'expiration. Au début, murmurer les chiffres tout bas pendant les respirations aide.

Variante : se focaliser sur son corps

Certaines personnes sont tout bonnement incapables de compter ou de suivre leur respiration. Une variante consiste alors à se focaliser sur son corps dans son ensemble pendant la méditation. Commencez par porter lentement votre attention sur votre corps en partant de la tête pour descendre jusqu'aux pieds puis, tout d'un coup, prenez conscience de son existence en bloc. Lorsque votre esprit s'égare, ramenez-le à votre corps. Autre option : l'approche zen qui consiste à se concentrer sur une partie spécifique du corps (bas du dos ou du ventre, par exemple). C'est à vous de voir l'option qui fonctionne le mieux. Une fois trouvée, n'en changez plus. L'objectif est de développer votre pleine conscience, non de chercher dans votre corps un lieu de méditation.

Si à la première lecture cet exercice vous paraît idiot, vous serez surpris de constater à quel point il est difficile d'arriver jusqu'à 10 sans se tromper ! Il n'est pas nécessaire d'arrêter le bavardage de l'esprit, mais si vos pensées vous distraient, revenez à votre respiration et recommencez au début.

Une fois acquis le comptage des inspirations et des expirations (disons après un à deux mois de pratique régulière), ne comptez plus que les expirations. Si vous voyez que votre esprit vagabonde pendant les inspirations, revenez à l'exercice précédent jusqu'à ce que vous soyez prêt à passer à la seconde étape.

Suivre votre souffle

Pour commencer, asseyez-vous et respirez exactement comme vous l'avez fait lorsque vous comptiez vos respirations. Une fois correctement installé, concentrez-vous soit sur la sensation produite par l'air entrant ou sortant de vos narines, soit sur le mouvement de votre abdomen pendant la respiration.

(Si rien ne s'oppose à ce que vous alterniez les deux options d'une séance à l'autre, il est préférable de vous tenir à votre choix de départ pendant toute la durée de votre méditation – et même de le conserver pour chaque méditation.)

Accordez la même attention à l'air entrant et sortant de votre nez qu'une mère veillant sur les mouvements de son jeune enfant – avec amour mais sans relâche, doucement mais avec précision, avec une attention détendue mais concentrée. Lorsque votre esprit s'est égaré et que vos pensées ont repris le dessus, ramenez en douceur mais fermement votre esprit à votre souffle.

À la fin de l'expiration (et avant l'inspiration suivante), il existe souvent un vide ou une pause pendant laquelle la respiration n'est plus perceptible. Vous pouvez à ce moment-là laisser reposer votre attention sur un point préétabli comme votre nombril ou vos mains avant de reprendre le cours de vos respirations.

Les pensées et les images continueront sans aucun doute de voltiger et traverser votre esprit pendant la méditation ; ce n'est pas grave. Contentez-vous de toujours revenir à votre respiration sans vous énerver. Progressivement, toutes les sensations éprouvées par votre respiration – mouvement de va-et-vient de la cage thoracique et du ventre, sensation de caresse de l'air au bout du nez, de chatouillement des narines, de refroidissement des fosses nasales au passage de l'air – deviendront sources de fascination. Vous noterez pour certains que votre esprit se calme et que vos pensées ont tendance à changer soit sur l'inspiration soit sur l'expiration. En accédant à un degré d'expérience plus subtil pendant la méditation, vous vous ouvrez à une compréhension plus pénétrante de chaque moment de la vie.

S'élargir vers d'autres sensations

Lorsque vous avez atteint une bonne maîtrise de la pratique de la respiration, vous pouvez élargir votre conscience pour y inclure toutes sortes de sensations, tant intérieures qu'extérieures – sentiments, odeurs, sons, visions. Imaginez que votre conscience représente le zoom d'une caméra. Jusqu'à présent, vous vous êtes contenté de vous concentrer sur votre souffle ; vous pouvez maintenant vous reculer légèrement pour englober dans votre champ de vision les sensations liées à votre respiration.

TRUC

La simplicité avant tout

La méditation n'a pas pour ambition de vous trouver des techniques sympas pour combler vos heures de loisir, mais celle de vous aider à franchir le cap capital entre agir et être. Ne faites pas l'erreur de faire de votre pratique méditative une de ces choses urgentes de plus à caser absolument dans votre emploi du temps surchargé ! Utilisez-la plutôt comme une oasis accueillante pour vous libérer de l'action, une occasion d'être enfin, sans stratégie ni agenda. En d'autres termes, elle doit avant tout rester simple. Essayez plusieurs techniques avant de déterminer celle qui vous convient le mieux puis n'en changez plus. Peu importe la méthode choisie, toutes vous conduiront à vous poser dans le moment présent.

MÉDITATION

Simplement assis

La pratique zen appelée *simplement assis* est une alternative à la pleine conscience que vous pouvez avoir envie d'essayer. Elle se compose normalement de deux phases ou étapes ; simplement respirer et simplement assis.

Une fois expert dans la pratique du souffle, essayez de *devenir votre souffle.* Vous avez bien lu, j'ai dit « devenir votre souffle » – c'est-à-dire fusionner totalement avec le cours des inspirations et des expirations jusqu'à la disparition de l'observateur distinct que vous êtes qui laisse place au souffle. Vous ne respirez plus, votre respiration vous respire. Comme l'accueil de tout ce qui survient, cette pratique appelée *simplement respirer* est d'une simplicité enfantine mais requiert une immense concentration.

L'étape suivante, *simplement assis*, consiste en un élargissement permettant d'englober l'ensemble des expériences sensorielles. Mais au lieu d'être conscient de votre expérience, vous « disparaissez », et seule demeure cette expérience – voir, respirer, entendre, sentir, penser. Comme le disait l'un de mes amis zen « lorsque l'on est assis, les murs de la salle de méditation s'écroulent et le monde entier peut alors pénétrer. » Cette méditation vous conduit à la même finalité que la pleine conscience ; elle est simplement l'alternative zen.

TRUC

S'il vous est difficile d'élargir votre conscience tout d'un coup, commencez par explorer les sensations qui attirent votre attention. Vous suivez par exemple votre respiration lorsque vous ressentez une douleur dans le bas du dos. Au lieu de rester concentré sur votre respiration comme vous avez appris à le faire, occupez-vous de la sensation de douleur et examinez-la sous toutes les coutures jusqu'à ce qu'elle ne soit plus prédominante dans votre champ d'investigation. Revenez ensuite à votre souffle jusqu'à ce que vous soyez de nouveau attiré ailleurs.

Il vous est aussi possible d'élargir votre conscience uniquement à certaines sensations – sensations corporelles ou sons par exemple. Vous pouvez ainsi méditer en n'attachant de l'importance qu'aux bruits qui vous entourent, sans vous concentrer sur un en particulier. Cette pratique permet d'établir un équilibre entre la conscience intense indispensable pour suivre son souffle et la conscience plus ouverte et réceptive nécessaire pour accueillir une vaste panoplie de sensations. L'harmonisation entre la focalisation et la réceptivité est au cœur de la pratique de la pleine conscience.

Lorsque vous avez maîtrisé cet exercice, vous êtes fin prêt pour élargir votre conscience à l'ensemble du champ sensoriel. Commencez par suivre votre souffle puis élargissez le plus possible votre champ pour laisser les sensations monter et passer dans votre conscience.

Accueillir tout ce qui survient

Une fois habitué à inclure les sensations, il ne vous reste plus qu'à ouvrir grandes les portes de votre conscience pour accueillir cette fois toute expérience quelle qu'elle soit, y compris les pensées, réflexions et émotions, sans les juger ni les chasser. Sensations, pensées, réflexions et sentiments doivent passer dans votre conscience sans vous décentrer, comme des nuages traversant le ciel.

Le ciel n'est après tout jamais ni bouleversé ni écrasé, quel que soit l'amoncellement de nuages : il reste vaste et spacieux. Comme le ciel, conservez vous aussi un esprit vaste et ouvert. Au début, votre attention semblera se déplacer d'un objet d'étude à un autre comme sous le rayon d'une lampe de poche. Contentez-vous de revenir à un esprit vaste et ouvert. (Mise en garde : cette pratique, quoique très simple, est relativement avancée et requiert une forte capacité de concentration. Pour en savoir plus, voyez le chapitre 12.)

Dresser le chiot en vous

Comme le chiot incontrôlable, votre esprit est plein de bonnes intentions – il a seulement une volonté propre et doit perdre quelques très mauvaises habitudes. Il serait cruel de battre un chiot qui vient de faire pipi sur le tapis et plus avisé de le ramener patiemment à la pile de journaux sur laquelle vous voulez qu'il fasse ses besoins. Il en est de même pour votre esprit. Contentez-vous de le ramener calmement, sans colère, violence ou jugement, à son point de focalisation dès qu'il s'égare. Votre objectif est après tout de vous lier d'amitié avec votre esprit-chiot et non de lui faire craindre votre présence.

Vous devez accorder à votre esprit encore plus de patience qu'à un jeune chiot car il a, pendant des années, développé un penchant pour les rêveries, l'inquiétude, l'obsession, et tout cela à cause d'une très mauvaise éducation. En apprenant à être calme et patient avec votre esprit, vous commencez naturellement à vous détendre au moment présent – ce qui est après tout l'objectif de la méditation. Si vous le contraignez à se concentrer, comme un sergent instructeur poussant ses troupes, vous ferez naître un sentiment de tension apeurée et de malaise – peu propices à vous motiver par la suite !

Comme je le dis dans plusieurs autres chapitres, l'apprentissage de la méditation est très proche de celui d'un instrument de musique. Il vous faut dans un premier temps acquérir quelques techniques de base, puis répétez inlassablement les mêmes gammes. Comme compter les respirations, faire des gammes peut être d'un ennui mortel, mais au fil des semaines vous vous améliorerez jusqu'au moment délicieux où vous parviendrez à jouer des morceaux simples. Il n'y a pas de secret, plus vous pratiquez, vous êtes alors à même de remarquer ces petites subtilités imperceptibles, et plus faire des gammes – ou compter ses respirations – devient intéressant.

N'OUBLIEZ PAS

Travailler sur l'esprit lorsque l'on débute

La notion de « travail sur l'esprit » peut vous sembler pour l'instant totalement incompréhensible. Si les nuages obscurcissent entièrement votre esprit, vous ne voyez pas le moindre coin de ciel bleu derrière cet épais brouillard.

Ce n'est pas grave, vous n'avez pas besoin, du moins au début, de faire attention à votre esprit ; continuez de suivre votre souffle et dès que vos pensées vous entraînent loin, ce qui vous arrivera constamment, revenez au point initial en douceur. L'intérêt n'est pas d'arrêter votre esprit – tâche de toute façon impossible à réaliser – mais de maintenir votre concentration quoi que fasse votre esprit.

Après plusieurs semaines ou mois de pratique régulière, vous remarquerez que votre esprit se calme plus rapidement pendant vos méditations et que les pensées perturbatrices diminuent. La qualité de votre esprit sera néanmoins variable d'un jour à l'autre, ou d'une méditation à l'autre.

L'idée maîtresse n'est pas de faire travailler votre esprit différemment mais de renforcer et stabiliser lentement mais sûrement votre concentration. Par la suite, vous réaliserez qu'il n'a plus sur vous la même emprise qu'il avait au départ et que vous pouvez maintenant jouir de moments de paix profonde et de tranquillité. Faites-moi confiance, ce moment viendra – même pour vous !

Bouddha aimait à comparer la méditation à l'accordement d'un luth. Trop serrées, les cordes cassent et il est impossible de jouer. Pas assez, vous n'obtenez pas les bonnes notes. Vous devez vous aussi écouter attentivement votre instrument – votre corps et votre esprit – pendant la méditation pour en régler l'accordement. Si vous vous sentez un peu tendu, commencez par une relaxation profonde ; si vous êtes endormi ou avez l'esprit confus, asseyez-vous droit, soyez attentif et mettez l'accent sur votre concentration.

En ramenant inlassablement votre esprit vagabond, vous apprenez à reconnaître les histoires et thèmes récurrents qui troublent votre attention. Il peut s'agir d'inquiétudes liées à votre travail, de conflits familiaux, de fantasmes sexuels, de chansons populaires. Après un certain temps de pratique, vous acquerrez une meilleure compréhension du fonctionnement de votre esprit – et de la façon dont il vous stresse et fait souffrir. Et comme les tubes dont on raffole au début et qui finissent – rapidement – par lasser, vos vieilles histoires perdront leur emprise sur vous, vous laissant plus serein et plus paisible. (Pour en savoir plus sur le travail avec les histoires et thèmes récurrents, voyez le chapitre 11.)

EXERCICE

Revenir à son souffle

Programmez votre montre ou votre réveil pour qu'il sonne chaque heure. Lorsque vous entendez le bip sonore, laissez ce que vous étiez en train de faire et suivez votre souffle pendant 60 secondes. Si vous ne pouvez décemment pas tout arrêter (car vous êtes en voiture ou en réunion avec votre patron), suivez votre respiration avec autant d'attention que possible tout en poursuivant votre activité.

Chapitre 7

Les préparatifs : postures, étirements et s'asseoir sans bouger

Dans ce chapitre :

- S'asseoir sans bouger : bienfaits et difficultés
- Quelques petits trucs ancestraux pour se tenir droit
- Méditer comme une montagne ou un arbre
- Être assis jambes croisées, assis sur une chaise ou à genoux
- Six étirements fondamentaux pour vous préparer à la position assise

Vous connaissez peut-être déjà quelques techniques de méditation sans jamais les avoir véritablement mises en pratique, car vous êtes incapable de rester assis sans bouger plus de quelques minutes, à plus forte raison 5, 10 ou 15 !

Très vite votre dos ou vos genoux vous font souffrir et vous avez très peur de commettre un mouvement dangereux voire irréparable. L'inconfort se manifeste aussi chez certains par des démangeaisons à des endroits les plus inattendus qu'ils ne peuvent s'empêcher de gratter ou encore une amplification insupportable des sons environnants – en Dolby stéréo rien que ça ! – qui leur font craindre la survenue de cambrioleurs ou entendre des robinets qui fuient derrière chaque porte !

Sans oublier ceux qui ont dû subir un professeur (pire : une mère ou un père !) qui les obligeait à s'asseoir sans bouger à leur bureau jusqu'à ce qu'ils aient fini leurs devoirs et que la seule idée aujourd'hui de ne pas pouvoir bouger les fait se trémousser sur leur chaise !

Et pourtant, le simple fait de s'asseoir sans bouger est la garantie assurée de déloger toute l'agitation qui se trouve à votre insu en vous. Et pas de chance, la méditation est indéniablement plus efficace lorsque le corps reste immobile et le dos droit. Que faire alors me direz-vous ?

Nous allons aborder dans ce chapitre la *topographie* de la méditation et voir ce que la posture assise sans bouger peut vous apporter. Nous verrons quelques-unes des plus grandes techniques d'étirements indolores de la colonne vertébrale pour le dos et vous pourrez pratiquer des postures de yoga destinées à allonger et décontracter les muscles impliqués dans la position assise – afin de pouvoir tenir plus longtemps, en tout confort !

« Mettre un serpent à l'intérieur d'une tige de bambou » ou l'art subtil de la position assise sans bouger

En parlant de rester assis sans bouger, l'un de mes maîtres de méditation, le maître zen Shunryu Suzuki, disait que le meilleur moyen de révéler à un serpent sa vraie nature était de le mettre dans une tige de bambou vide. Arrêtons-nous un instant pour essayer de comprendre cette étrange métaphore. Que voulait-il dire ?

Imaginons que vous soyez un serpent que l'on a placé à l'intérieur d'une tige de bambou. Quel effet cela vous fait-il ? À chaque fois que vous essayez de glisser (ce que font généralement les serpents), vous vous heurtez aux parois de votre étroite demeure. C'est là que vous vous rendez compte à quel point votre corps est glissant !

De la même façon, rester assis dans une position donnée, le corps immobile (ou presque), revient à se trouver dans une tige de bambou qui vous renvoie chaque impulsion et chaque mouvement d'inattention. Vous comprenez alors combien votre corps est agité – et votre esprit, à l'origine de votre agitation corporelle, hyperactif. « Il faudrait peut-être que je me gratte, que je réponde au téléphone ou que je fasse cette course. » À chaque projet ou intention correspond une impulsion qui traverse les muscles et la peau. À moins de rester immobile, cette activité passe totalement inaperçue.

Le plus drôle est que vous êtes très capable de rester assis dans la même position pendant des heures sans même vous en rendre compte si vous êtes absorbé par l'une de vos activités favorites (regarder un film, surfer sur Internet, ou tout autre passe-temps). Essayez de faire quelque chose que vous trouvez désagréable ou ennuyeux – par exemple une activité étrange et peu familière comme porter son attention sur soi-même, suivre son souffle ou observer ses sensations – et chaque minute vous paraît aussi longue qu'une heure entière, chaque douleur prend des proportions inquiétantes, chaque chose à faire devient une urgence absolue.

En agissant et réagissant constamment à des pensées ou des stimulations extérieures, vous ne parviendrez jamais à découvrir comment fonctionne votre esprit. En restant au contraire assis aussi immobile que le serpent à l'intérieur de la tige de bambou, un miroir vous montre à quel point votre esprit peut être glissant et insaisissable.

L'immobilité est aussi un atout indéniable lorsque vous travaillez votre concentration. Imaginez un chirurgien du cœur ou un pianiste incapables de maîtriser les mouvements de leur corps ! Sachez que moins vous serez perturbé par les stimulations extérieures, plus il vous sera facile de suivre votre respiration, répéter votre mantra ou effectuer toute autre méditation.

Assis sans bouger et sans rien faire

Lorsque j'étais un jeune méditant zen, je faisais partie du personnel médical d'une maison de repos accueillant des personnes aussi différentes que cette jeune femme se remettant d'un cancer des os ou que le père d'un membre du Congrès qui se mourait d'emphysème.

Quelqu'un, dans cette foule hétéroclite, me fascinait. Il s'agissait d'un vieux pêcheur italien qui avait perdu ses deux jambes dans un accident de pêche. Lorsque sa famille venait le voir, il tenait cour avec une grande dignité, recevant leurs hommages en tant que patriarche de la famille. Contrairement à beaucoup d'autres malades, heureux de rester toute la journée allongés dans leur lit en pyjama, il s'habillait, faisait sa toilette et s'asseyait avec fierté – droit comme un i – dans sa chaise roulante, observant en silence les événements qui se déroulaient autour de lui.

Un jour, alors que je courais dans tous les sens sans savoir vraiment ce que je devais faire, le vieux marin m'appela, une lueur de malice dans les yeux. « Eh ! vous n'avez rien à faire ? » « Ouais, répondis-je d'un air énervé, je ne sais pas ce que je suis censé faire. » « Si vous n'avez rien à faire, poursuivit-il, eh bien asseyez-vous ! »

N'OUBLIEZ PAS

Petite mise en garde : ces instructions pour s'asseoir n'ont pas pour objectif de vous transformer en pierre – pas plus que le bambou de transformer le serpent en tige ! Sachez que vous bougerez tant que vous serez en vie. Le but est de vous asseoir avec l'intention de rester immobile et d'observer ce qui se passe. Le Bouddha aimait à utiliser la métaphore du luth – trop serrées les cordes cassent, trop lâches elles sont injouables ! Si vous êtes trop tendu, vous terminerez la méditation dans état lamentable et si vous bougez sans cesse, vous n'arriverez jamais à concentrer et apaiser suffisamment votre esprit pour tirer un quelconque bénéfice de votre séance.

Comment se tenir droit – et survivre !

Si vous regardez attentivement les postures préconisées dans les principales traditions spirituelles du monde, vous verrez qu'elles présentent toutes un point commun : la stabilité inébranlable d'une montagne ou d'un arbre. Regardez par exemple les pharaons à genoux sur les pyramides égyptiennes ou les bouddhas aux jambes croisées des grottes indiennes ou des temples japonais. Ils sont assis sur un vaste socle qui donne l'impression d'être profondément enraciné dans la terre et leur présence immobile semble dire « il est impossible de me faire bouger. Je suis là pour toujours » (voir figure 7-1).

Figure 7-1 : Asseyez-vous comme une montagne (ici dans la posture du lotus) pour rester stable et immobile.

NOTIONS SPIRITUELLES

Lorsque vous êtes assis bien droit comme une montagne ou un arbre, votre corps fait alors office de lien entre les cieux et la terre – et, par analogie, entre votre existence physique et incarnée et la dimension sacrée ou spirituelle de votre être. Un grand nombre de traditions parlent de l'importance de combler l'abîme apparent qui nous sépare de Dieu ou de l'Absolu. Selon les mystiques juifs et soufis, l'âme est une étincelle du feu divin dont le seul désir est de retourner à sa source. D'après les chrétiens, l'âme est une colombe qui s'élève. Pour les yôgis tantriques de l'Inde (voir chapitre 3), il s'agit de l'union extatique de *Shakti*, l'énergie féminine de l'évolution spirituelle qui remonte depuis la colonne vertébrale, et de *Shiva*, l'Absolu transcendantal.

TRUC

Gérer la douleur

Si vous restez assis dans la même position, vous ressentirez inévitablement une douleur ou une gêne, au bout d'un certain temps, et ce, malgré tous les exercices d'étirements que vous pourrez faire. Un point dans le dos, une petite douleur dans le genou, des fourmillements dans les pieds, l'épaule qui lance – la liste des bobos est non exhaustive. Plus vous resterez assis longtemps et plus la douleur deviendra forte – tout comme l'envie de bouger ou de gigoter pour la soulager.

La solution ne consiste ni à changer immédiatement de position, ni à prendre sur vous pour ignorer la gêne mais au contraire à élargir votre conscience pour y inclure votre douleur tout en continuant à suivre votre respiration ou tout autre objet de méditation. Si la douleur est trop forte, explorez-la directement en y accordant la même attention concentrée et compatissante que pour votre souffle.

Observez aussi la réaction de votre esprit face au mal. Invente-t-il une histoire du genre « Je ne suis pas assis correctement ; il doit y avoir quelque chose qui ne va pas avec mon dos ; faudrait pas que je me ruine les genoux » ? Le jugement porté par votre esprit intensifie-t-il la douleur et augmente-t-il votre inquiétude ?

En accueillant dans votre conscience à la fois la douleur et la réaction de votre esprit, vous vous détendez par rapport à cette même souffrance – et vous noterez qu'elle diminue en intensité. La douleur physique et émotionnelle étant inévitable, la méditation assise est un formidable laboratoire pour expérimenter de nouvelles façons d'appréhender la souffrance et la gêne dans la vie quotidienne – afin de les dépasser.

Un dernier mot, vous pouvez aussi bouger (en conscience) lorsque la douleur ou la gêne devient trop intense. Jouez (à votre avantage) simplement entre l'ouverture et la résistance. N'oubliez pas que certaines douleurs méritent une attention immédiate, notamment les douleurs lancinantes, celles qui débutent dès que vous êtes assis et les douleurs aiguës (plutôt que sourdes) au niveau des genoux. Il est préférable pour ces quelques cas d'opter pour une autre position assise.

Si toutes ces « notions spirituelles » vous semblent trop ésotériques voire carrément farfelues, sachez qu'être assis le dos droit a aussi des avantages plus pratiques. En alignant la colonne vertébrale et ouvrant les canaux qui traversent le centre du corps, cette position favorise une circulation sans entrave de l'énergie qui facilite à son tour une vigilance à tous les niveaux – physique, mental et spirituel. Il est en outre beaucoup plus facile de rester pendant longtemps assis sans bouger lorsque les vertèbres sont entassées les unes sur les autres comme une pile de briques. Sinon, après un moment, la gravité a cette fâcheuse habitude d'attirer le corps vers le sol – provoquant les douleurs et souffrances que rencontre tout organisme défiant les forces de la nature. La meilleure façon de s'asseoir sur le long terme est donc la position droite grâce à laquelle vous êtes en harmonie avec la nature.

Il est toujours possible, me direz-vous, de s'appuyer contre un mur. C'est ce que vous croyez, mais le corps a toujours tendance à se voûter lorsqu'il se penche, même imperceptiblement, d'un côté ou d'un autre. L'objectif de la méditation est de vous appuyer sur votre expérience directe et non de dépendre d'un support extérieur pour vous « seconder ». Être assis comme une montagne ou un arbre revient à faire la déclaration suivante « je suis profondément enraciné dans la terre mais ouvert aux puissances supérieures du cosmos – indépendamment et pourtant inextricablement liées à tout ce qui vit. »

De la taille aux orteils : comment s'y prendre ?

Comme un arbre qui doit s'enraciner profondément pour ne pas tomber en grandissant, vous devez trouver un moyen de positionner la partie inférieure de votre corps (de la taille aux orteils) assez confortablement pendant 5, 10, 15 minutes voire davantage. Après plusieurs millénaires d'expériences, les grands méditants nous ont légué des postures traditionnelles qui donnent pleinement satisfaction. Bien que très différentes, vues de l'extérieur, ces postures ont toutes un point commun : le bassin est légèrement incliné vers l'avant, accentuant la courbure naturelle du bas du dos.

Les postures suivantes sont classées plus ou moins dans un ordre croissant de difficulté (de la plus facile à la plus difficile), même si l'aisance dépend beaucoup de la morphologie et de la souplesse de chacun. Certaines personnes apprécient par exemple la position classique du *lotus* (qui doit son nom à sa ressemblance avec la fleur). Même si elle est difficile, cette position offre de nombreux avantages (voir l'encadré « Pourquoi le Bouddha utilisait-il la posture du lotus » à la fin de ce chapitre). Vous pourrez y parvenir par des étirements des hanches en suivant les exercices de yoga décrits dans la section « Préparer son corps à la position assise » plus loin. Surtout, ne jetez pas votre dévolu sur la posture qui semble la plus simple, essayez-les jusqu'à trouver celle qui vous convient le mieux :

- **Assis sur une chaise** : notez bien que j'ai dit assis et non avachi (voir figure 7-2). Pour méditer sur une chaise, la combine consiste à surélever un peu les fesses par rapport aux genoux, ce qui permet de basculer légèrement le bassin vers l'avant et de maintenir le dos droit. Les bonnes vieilles chaises de cuisine en bois sont nettement préférables aux chaises rembourrées ; essayez avec un petit coussin ou un morceau de mousse que vous calez sous les fesses.
- **La position à genoux (avec ou sans banc)** : très populaire dans l'Égypte ancienne et dans le Japon traditionnel où elle est appelée « *seiza* » qui signifie « être assis en silence » (voir figure 7-3), cette position peut mettre vos genoux à rude épreuve si vous n'avez pas un soutien correct. Essayez de placer un coussin sous vos fesses et entre vos jambes – ou bien utilisez un banc spécial, de préférence recouvert d'un petit coussin : vos fesses et autres parties molles risquent sans cela de s'endormir.

- **La position facile** : elle est déconseillée si vous devez rester assis longtemps, car la colonne vertébrale n'est pas maintenue droite et la position n'est pas stable. Asseyez-vous simplement sur un coussin, les jambes croisées en tailleur. Il n'est pas indispensable que vos genoux touchent le sol, mais essayez de maintenir votre dos aussi droit que possible.

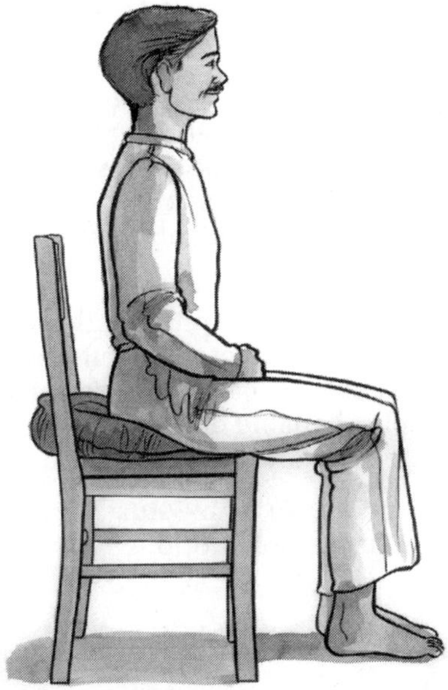

Figure 7-2 : Si vous méditez sur une chaise, il va vous falloir reprendre quelques vieilles habitudes !

Figure 7-3 : Utilisez un coussin ou un petit banc pour empêcher les parties molles de s'endormir lorsque vous êtes à genoux.

Pour être plus stable, placez des coussins sous vos genoux ; diminuez-en progressivement l'épaisseur au fur et à mesure que vos hanches gagnent en souplesse (ce qui n'est qu'une question de temps). Lorsque vous arrivez à poser les genoux au sol, vous pouvez essayer la position birmane ou la position du lotus (voir postures suivantes).

Cette posture est une solution provisoire pour tous ceux qui n'arrivent pas à effectuer les autres positions présentées ici, ne peuvent s'agenouiller en raison de problèmes de genoux, ou ne veulent pas s'asseoir sur une chaise pour diverses raisons.

- **La posture birmane** : répandue dans l'ensemble du Sud-Est asiatique (voir figure 7-4), cette posture demande de poser les deux mollets et les deux pieds au sol, l'un devant l'autre. Moins stable que les différentes postures du lotus, elle est cependant plus facile, notamment pour les débutants.

TRUC

Pour toutes les positions assises en tailleur, pliez d'abord les genoux dans l'alignement des cuisses avant de pivoter les cuisses sur les côtés. Vous risquez autrement de vous blesser, car contrairement à l'articulation mobile de la hanche, capable d'une multitude de rotations, celle du genou ne se fléchit que dans une seule direction.

- **Le quart de lotus** : posture identique au demi-lotus à la différence près que chacun des pieds est posé sur le mollet opposé, et non sur la cuisse (voir figure 7-5).

Figure 7-4 : La posture birmane est une solution en tailleur, facile et confortable, très populaire dans le Sud-Est asiatique.

- **Le demi-lotus** : cette posture est plus facile à réaliser que le célèbre lotus (voir posture suivante) et pratiquement aussi stable (voir figure 7-6). Les fesses sur un coussin, placez un pied sur la cuisse opposée et l'autre pied au sol, sous l'autre cuisse. Les deux genoux doivent toucher le sol et la colonne vertébrale ne pencher ni d'un côté ni de l'autre. Pour répartir la pression sur le dos et les jambes, n'oubliez pas, si vous le pouvez, d'alterner le croisement des jambes à chaque fois (jambe gauche sur la cuisse, jambe droite au sol puis, la fois suivante, jambe gauche au sol et jambe droite sur la cuisse).
- **Le lotus** est considéré comme l'Everest des postures assises (voir figure 7-1). Assis en tailleur sur un coussin, amenez votre pied gauche sur votre cuisse droite et votre pied droit sur votre cuisse gauche. Comme pour le demi-lotus, plus asymétrique, il est conseillé d'alterner le croisement des jambes pour répartir plus équitablement la pression.

  La position du lotus est pratiquée dans le monde entier depuis des milliers d'années. Posture la plus stable de toutes, elle ne doit cependant être tentée que par des personnes extrêmement souples. Et même à celles-là, je conseillerais de préparer leur corps avec quelques exercices d'étirement présentés à la fin de ce chapitre.

Figure 7-5 : comme son nom l'indique, le quart de lotus est moins difficile que son ambitieux grand frère.

Figure 7-6 : pour le demi-lotus, essayez d'alterner le plus possible le croisement des jambes à chaque séance.

Le dos droit, sans rigidité cadavérique !

Une fois confortablement assis, le bassin légèrement basculé vers l'avant, occupez-vous de vous tenir le dos droit. L'adjectif « droit » est impropre dans ce cas puisqu'une colonne vertébrale normale décrit plusieurs courbes, une dans la région lombaire (bas du dos), une autre dans la région thoracique (milieu du dos) et une troisième au niveau du cou (région cervicale).

Malheureusement, ces cambrures naturelles sont souvent exagérées pour répondre aux exigences des postes de travail informatiques et de tous les environnements sédentaires. Progressivement, vous prenez l'habitude de vous asseoir penché, les épaules arrondies, le haut du dos affaissé, le cou et la tête tendus vers l'avant à la manière du vautour d'Amérique – exactement comme je suis moi-même assis en ce moment !

N'OUBLIEZ PAS

Pourquoi le Bouddha s'asseyait-il dans la position du lotus ?

Quand nous étions petits, on ne nous a malheureusement pas appris à nous asseoir par terre en tailleur, comme chez les Indiens et de nombreux peuples traditionnels d'Asie. Cette position peut vous sembler au début difficile et rebutante et vous vous contenteriez bien du bien-être et du confort apparent d'une chaise. J'aimerais néanmoins vous encourager à l'essayer, à condition toutefois que votre corps et votre degré de confort vous le permettent. S'asseoir en tailleur n'est pas aussi ardu ou douloureux qu'il peut paraître et procure des avantages exceptionnels.

Croiser les jambes assure des fondations solides pour le reste du corps et fait naturellement basculer le dos vers l'avant, exactement à l'angle idéal pour soutenir la colonne vertébrale. Être assis comme l'étaient les grands méditants d'autrefois confère également force et autorité à votre méditation – comme si le simple fait de croiser les jambes vous immergeait dans une rivière de conscience vieille de milliers d'années.

Autre point : avoir les fesses au sol ou tout près de la terre vous relie directement à la gravité et aux autres énergies émanant de la Terre – donnant un sentiment palpable de puissance à votre méditation.

Pour terminer, sachez que tout ce que vous ferez de la moitié inférieure de votre corps est acceptable, à condition d'être confortablement assis, le dos droit et de ne pas souffrir. Mais vous pouvez travailler à étirer vos hanches afin de pouvoir, un jour, vous aussi, poser les deux genoux à terre et vous asseoir en tailleur.

Ce n'est peut-être pas en quelques séances de méditation que vous parviendrez à vous défaire de vos mauvaises habitudes, mais vous pouvez vous entraîner à *étendre* votre colonne vertébrale (terme plus approprié que redresser) pour lentement mais sûrement lui redonner ses cambrures naturelles. Soyez attentif à la façon dont vous vous tenez dans la vie quotidienne de façon à corriger progressivement votre posture au volant ou à votre bureau par exemple.

MÉDITATION

Méditer sur votre posture

Au lieu de suivre votre respiration, et surtout lorsque vous avez besoin d'apaiser votre esprit avant de vous consacrer à la pratique de la pleine conscience (voir chapitre 6), vous pouvez expérimenter la très ancienne technique zen servant à se concentrer sur une partie du corps. Essayez de placer votre esprit dans la paume des mains, si elles sont repliées dans l'une des positions zen appelées *mudrâ* (comme dans la figure 7-1) – ou sur votre ventre, à environ 5 cm en dessous du nombril (point appelé *hara* au Japon). Après un petit moment et lorsque votre attention s'est stabilisée, élargissez votre focalisation pour englober votre corps tout entier, en conservant le même degré de concentration zen.

TRUC

Pour découvrir ce que l'on ressent lorsque la colonne vertébrale est droite ou étendue, essayez l'une des trois (ou les trois) images suivantes. Pas la peine de vous regarder dans un miroir ou de vous comparer à un idéal que vous avez trouvé dans un livre (même dans celui-ci !). Ce qui importe est ce que vous ressentez de l'intérieur. Vous devez avoir la sensation d'être centré, stable, ancré au sol – dans l'alignement de la force de gravité :

- **Suspendre sa tête à un fil** : imaginez que votre corps entier soit suspendu dans l'air par un fil attaché au sommet de votre crâne. Au fur et à mesure que le fil tire votre tête dans les airs, notez comment votre colonne vertébrale s'allonge, votre bassin s'avance, votre menton rentre et l'arrière du cou s'écrase légèrement.
- **Empiler les vertèbres les unes sur les autres** : imaginez que vos vertèbres soient des briques que vous empilez les unes sur les autres, en commençant à la base de la colonne vertébrale. Sentez votre colonne monter vers le ciel brique après brique, comme un gratte-ciel.
- **S'asseoir comme une montagne ou un arbre** : imaginez que votre corps soit une montagne ou un arbre dont les vastes fondations s'enfoncent loin dans le sol, et dont le tronc ou le sommet atteint le ciel (voir figure 7-7). Notez combien vous vous sentez stable, solidement ancré et indépendant.

Figure 7-7 : Voici votre position de profil lorsque vous allongez votre colonne vertébrale.

TRUC

Que faire des yeux, de la bouche et des mains ?

Lorsque j'ai commencé à méditer dans les années 60, je ne savais absolument pas quoi faire de mes yeux. Ils n'arrêtaient pas de passer d'un point d'attention au vague sans que je puisse les contrôler et je devenais obsédé par quelque chose qui avait jusqu'alors été totalement naturel. Jamais auparavant je ne m'étais soucié de ce que je devais faire de mes yeux ! Finalement, je n'y ai plus prêté attention et ils ne m'ont plus jamais posé de problèmes.

Les yeux : avant de démarrer, vous devez décider si vous voulez vous asseoir les yeux fermés, grands ouverts ou à moitié ouverts. Ensuite, ne vous en préoccupez plus et laissez-les faire ce qu'ils veulent. Il existe des pour et des contre dans les trois options.

Fermer les yeux empêche d'être distrait par des stimulations extérieures et vous aide à vous concentrer sur votre expérience intérieure. Malheureusement, cela favorise les rêveries et la somnolence. Ouvrir grand les yeux est le plus difficile à faire car votre conscience peut alors accueillir toutes les expériences extérieures, comme intérieures. Son avantage est de vous permettre de vous relever plus facilement pour retourner à vos occupations. Son inconvénient, notamment, si vous n'avez pas encore atteint un degré élevé de concentration, est de vous laisser distraire par tout ce qui passe dans son champ de vision.

Je conseille la plupart du temps de garder les yeux mi-ouverts, comme dans la tradition zen, d'orienter le regard sur un point donné du sol ; à environ 1 m ou 1,5 m devant vous – ou si vous préférez, de regarder vers le bas à un angle de 45°. Si vous vous sentez agité ou distrait, vous avez la possibilité de fermer un peu plus (ou complètement) les yeux ; si, au contraire, vous vous sentez fatigué ou avez sommeil, vous pouvez les ouvrir davantage. Détendez vos yeux et relâchez votre focalisation lorsque votre regard devient fixe.

Les mains : peu importe l'endroit où vous les mettez du moment qu'elles ne vous gênent pas et surtout que vous ne les changiez pas de place pendant toute la méditation. Les méditants expérimentés les placent généralement soit sur les genoux, soit sur les cuisses.

Sur les genoux : essayez tout simplement de les serrer ou optez pour la position des mains *(mudra)* zen, plus traditionnelle, qui consiste à placer la paume de la main gauche dessus la main droite, environ 10 à 15 cm sous le nombril, les pouces légèrement relevés vers le nombril de façon à former une sorte d'ovale avec les autres doigts.

Sur les cuisses : Posez tout bonnement vos mains sur les cuisses, paumes vers le bas. Vous pouvez aussi tourner les paumes vers le ciel et, si vous le désirez, relier l'index et le pouce de chaque main de façon à former deux ovales selon un mudra traditionnel du yoga. Comme pour toutes les options présentées dans ce chapitre, seule l'expérience pourra vous dire ce qui fonctionne le mieux pour vous.

La bouche : gardez-la fermée (mais sans serrer les dents !) pendant que vous respirez par le nez, la langue légèrement appuyée contre le palais pour l'empêcher de bouger comme toute langue a coutume de faire !

Une fois que vous êtes assis droit, la colonne vertébrale allongée, vous pouvez balancer votre corps d'un côté à l'autre comme un balancier, d'abord largement, puis en diminuant progressivement le mouvement jusqu'à vous arrêter au centre. Avancez ensuite légèrement le bassin pour accentuer la courbure naturelle du bas du dos et recommencez le mouvement de balancier cette fois-ci d'avant en arrière (en gardant toujours le dos droit) jusqu'à l'arrêt au centre. Rentrez le menton et reculez doucement la tête vers l'arrière. Vous êtes prêt à commencer votre méditation.

Au départ, il vous faudra peut-être répéter ces techniques et ces images pour arriver à une position assise confortable. Par la suite, cela deviendra intuitif et rapide – vous n'aurez qu'à vous asseoir, vous balancer latéralement, allonger votre colonne vertébrale sans forcer et commencer votre méditation.

Zafus, bancs et autre attirail exotique

En fonction de la tradition méditative que vous étudiez, vous serez amené à découvrir un certain nombre d'instruments pour s'asseoir. Je connais certains yõgis qui jettent à terre un petit sac rectangulaire rempli de riz avant de s'y installer ingénieusement et de croiser les jambes dans la posture du lotus. De nombreux bouddhistes ou adeptes du zen préfèrent les coussins ronds et rembourrés appelés *zafus* (littéralement « objet pour s'asseoir » en japonais), souvent associés à une sorte de natte plate et carrée remplie de ouate dont ils se servent pour se surélever (voir figure 7-8).

Figure 7-8 : Voici quelques accessoires pour être bien assis : un zafu, un coussin de soutien, et un banc rembourré.

Les zafus ont fait leur apparition dans les salles de méditation de toutes les lignées et confessions spirituelles, depuis les soufis et les bouddhistes jusqu'aux moines chrétiens (pour en savoir plus sur les soufis, reportez-vous au chapitre 3). Ils sont généralement rembourrés de *kapok*, une fibre naturelle soyeuse qui empêche la déformation du coussin même après des usages répétés. Mais j'ai aussi vu des zafus plus lourds, garnis d'enveloppes de blé noir ou de ouate et même des formes rectangulaires rembourrées de mousses rigides de polyuréthane.

TRUC

Avant d'acheter un zafu, essayez-en de plusieurs tailles et de formes différentes, en faisant attention à leur confort, stabilité et hauteur. Vous devez pouvoir, si possible, poser les deux genoux au sol lorsque vous êtes assis, le bassin légèrement incliné vers l'avant.

SAGESSE POPULAIRE

Quatre postures qui ont fait leurs épreuves + quelques autres

Si aucune des postures assises ne vous convient, vous pouvez vous inspirer de la tradition bouddhiste qui offre quatre autres postures toutes aussi acceptables pour la méditation traditionnelle :

- Méditation assise
- Méditation debout
- Méditation en marchant
- Méditation allongée

Des statues géantes de l'Inde et du Sud-Est asiatique représentent le Bouddha en personne méditant allongé sur son côté droit, la tête posée dans sa main. Les yôgis et les ascètes ont pendant longtemps méditer débout, parfois sur un pied. La méditation en marchant est encore largement pratiquée dans le monde, depuis les monastères zen du Japon et des forêts de Thaïlande aux communautés soufies du Moyen-Orient et aux ermitages d'Europe et d'Amérique du Nord.

Les soufis reconnaissent bien évidemment une cinquième posture – la danse tournante des derviches – et les taoïstes enseignent l'art martial du T'ai chi comme une forme de méditation en mouvement. En Occident, certains adeptes du psychiatre suisse Carl Gustav Jung ont mis au point une danse méditative appelée « mouvement authentique » et l'on trouve aussi dans la tradition chrétienne la pratique d'une marche contemplative autour d'un labyrinthe en spirale. En fin de compte, toute activité peut devenir méditation à condition de la mener en pleine conscience comme je l'expliquerai plus en détail au chapitre 15.

Pendant les traditionnelles retraites silencieuses, j'ai vu des personnes méditer dans des chaises roulantes, des nouveaux se percher sur des coussins élevés, entourés de traversins, des anciens ne rien faire d'autre que marcher ou rester couché pendant dix jours. J'ai également vu une photo du célèbre méditant indien Swami Muktananda le montrant en méditation, niché comme un oiseau dans un arbre. La vérité est qu'il n'existe pas une façon « correcte » de méditer – vous devez trouver celle qui vous correspond le mieux.

Si vous avez opté pour la position à genoux, essayez un zafu ou tout autre coussin pratique que vous posez par terre, entre vos jambes. Il existe aussi des bancs spécialement conçus pour la méditation. Le mot d'ordre est d'essayer avant d'acheter. Pour ce qui est des chaises, préférez les plus simples à dossiers droits – là, pas d'option exotique ! Un détail : les fesses doivent être légèrement surélevées par rapport aux genoux.

Préparer son corps à la position assise

Si vous êtes d'ores et déjà capable de rester assis immobile 10 à 15 minutes chaque jour, félicitations, vous pouvez vous passer des conseils pour étirer et fortifier votre corps – à moins bien entendu d'en avoir particulièrement envie.

Tôt ou tard, votre corps réclamera votre attention, soit parce qu'au bout d'un moment vous sentez votre dos se raidir, soit parce que vous avez décidé de travailler sur une position en tailleur et que vous vous rendez compte que vos jambes manquent de souplesse.

Quelques postures de hatha-yoga peuvent produire des miracles et rendre la position assise très confortable ! Toutes les postures assises sont bien plus faciles à réaliser si votre dos est assez souple et robuste pour vous soutenir sans protester. Et si vous préférez croiser les jambes, étirer les hanches est indispensable pour être plus stable et ne pas faire souffrir les genoux.

Vous allez trouver dans les sections suivantes six postures de yoga (appelées *asanas*) pour vous préparer physiquement à la position assise. Les trois premières aident à étirer et fortifier le bas du dos ; les trois suivantes travaillent l'ouverture des hanches et la souplesse. Lorsque vous avez choisi les postures les plus appropriées à votre morphologie ou vos besoins, pratiquez-les avec douceur et précaution, en réservant à votre corps le traitement dévolu à un ami cher. Sachez apprécier l'étirement mais ne forcez pas si vous sentez la moindre douleur (si vous n'avez pas de moquette, travaillez sur un tapis ou une carpette de yoga).

La posture du chat et ses variantes

Observez un chat se détendre après son somme et vous comprendrez le pourquoi de ce nom. Cette posture étire et fortifie la colonne vertébrale, constituant également une excellente façon de démarrer la journée. Commencez dès le réveil par vous échauffer avec la posture du chat, poursuivez par quelques minutes de méditation et vous voilà frais et dispos pour le reste de la journée (voyez la figure 7-9).

Figure 7-9 : Arrondissez le plus possible votre dos comme un chat.

La posture du chat :

1. **À genoux, les mains et les genoux au sol, la colonne vertébrale en position horizontale, les bras et les cuisses perpendiculaires au sol (dans la position d'un animal à quatre pattes).**
2. **Expirez tout en arrondissant lentement le dos, en débutant par l'étirement du coccyx.**

   Essayez de sentir chaque vertèbre de la colonne se plier.
3. **Arrivé au point culminant, rentrez légèrement le menton.**
4. **Inspirez tout en descendant lentement le dos, en commençant par le coccyx puis relevez légèrement la tête à la fin de l'étirement.**
5. **Continuez d'alterner inspirations-expirations 10 à 15 fois.**

Il existe aussi deux variantes à cette posture :

- **La première** consiste, à partir de la position de départ à quatre pattes, à tourner doucement la tête sur l'expiration vers la hanche gauche que vous amenez simultanément vers la tête. Revenez au centre pendant l'inspiration puis recommencez de l'autre côté. Continuez cette alternance 10 à 15 fois.
- **La seconde** consiste, à partir de la position de départ à quatre pattes, à avancer légèrement les mains et à effectuer de grands cercles avec les hanches, en avançant sur l'inspiration et en reculant sur l'expiration. Recommencez 10 à 15 fois.

La posture du cobra

Cette *asana* qui doit son nom à sa ressemblance avec le gracieux serpent, étire la colonne vertébrale – et constitue un excellent antidote à la tendance très répandue d'affaisser les épaules vers l'avant. Au lieu de commencer par le bas du dos (et de risquer de trop arquer), prenez garde à démarrer l'étirement en haut du dos puis à descendre lentement le long de la colonne vertébrale (voir figure 7-10).

Figure 7-10 : Pour lutter contre l'affaissement du dos, relevez le haut de votre dos à la manière du serpent.

Pour tirer tous les bienfaits de cette posture :

1. **Allongez-vous sur le ventre, le front au sol.**
2. **Placez les mains sous les épaules, doigts vers l'avant, extrémités ne dépassant pas les épaules.**
3. **Ramenez les coudes de sorte que vos bras touchent votre torse.**
4. **Serrez les pieds et exercez une pression des cuisses et des jambes sur le sol.**
5. **Relevez légèrement la poitrine, en soulevant et étirant à partir du haut du dos, la tête et le cou dans l'alignement du dos.**

   Si vous avez l'impression au début de ne pas monter bien haut, ne forcez pas. Votre dos s'assouplira avec de l'entraînement.
6. **Les épaules détendues, étirez votre poitrine vers le haut et vers l'avant pour ouvrir votre abdomen tout en exerçant une pression du bassin sur le sol.**
7. **Respirez doucement et profondément en conservant votre position pendant 5 à 10 respirations.**
8. **Pendant l'expiration, déroulez lentement, vertèbre par vertèbre, jusqu'à revenir en position couchée, face contre terre, le front au sol.**
9. **Tournez la tête de côté et détendez-vous complètement.**

La posture de la sauterelle

Cette posture rappelle l'attitude de la sauterelle qui se tient l'abdomen en l'air derrière elle (voir figure 7-11). En étirant et renforçant les muscles du bas du dos, elle offre un meilleur soutien du dos, indispensable pour pratiquer les positions assises, que ce soit dans les méditations ou dans la vie sédentaire qui est le lot de la majorité d'entre nous. Commencez par la demi-sauterelle et passez à la posture de la sauterelle lorsque votre dos est suffisamment souple. (Si vous souffrez de problèmes de dos ou si une douleur apparaît lors de la pratique de la demi-sauterelle, cette posture est déconseillée.) Bougez avec lenteur et précaution, en évitant tout mouvement douloureux – à ne pas confondre avec la sensation de tiraillement d'un bon étirement.

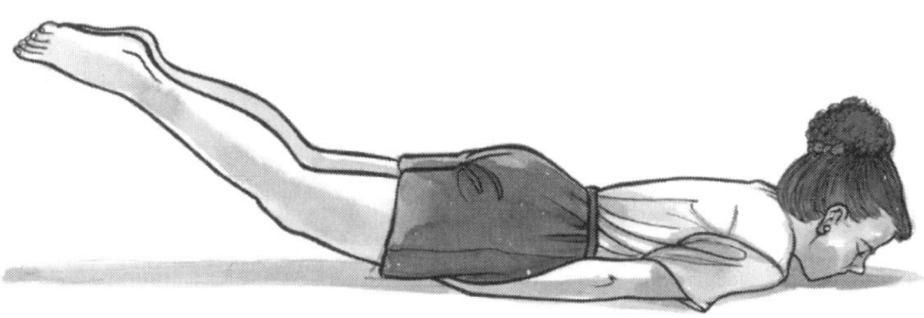

Figure 7-11 : Imaginez-vous, les jambes surélevées comme la sauterelle !

Voici la marche à suivre :

1. **Mettez-vous à plat ventre, le menton touchant le sol et les bras le long du corps, paumes vers le haut.**
2. **Serrez partiellement les poings puis glissez les bras sous le corps, les mains au niveau du bassin, sous l'os pubien, les pouces se touchant légèrement.**
3. **À ce stade, les deux postures sont possibles :**

   Si vous désirez uniquement faire la demi-sauterelle : contractez légèrement les muscles fessiers en inspirant. Expirez en levant une jambe en l'air, sans plier le genou. Gardez la position entre 5 et 10 respirations puis reposez. Faites la même chose avec l'autre jambe. Refaites l'exercices 3 ou 4 fois de chaque côté. Lorsque vous avez terminé, tournez la tête sur le côté et détendez-vous.

   Si vous désirez faire la posture de la sauterelle : contractez légèrement les muscles fessiers en inspirant. Pendant l'expiration, levez les deux jambes simultanément, en gardant les genoux droits. Maintenez la position pendant 5 à 10 respirations, en respirant profondément avec l'abdomen. Reposez les jambes, tournez la tête sur le côté et détendez-vous.

La posture de la fente

TRUC

Annoncé comme un étirement du dos, cette asana ouvre également les hanches et l'aine (voir figure 7-12). Si vous n'avez pas le temps de pratiquer un grand nombre de postures, établissez un mini programme en ajoutant à celle-ci, celles du chat et du papillon (expliquée ci-après).

Figure 7-12 : Cette posture étire le bas du dos et ouvre les hanches.

Procédez comme suit :

1. **Mettez-vous à genoux, les mains à terre, le dos à l'horizontal, bras et cuisses perpendiculaires au sol (comme un animal à quatre pattes).**
2. **Avancez le genou gauche puis posez le mollet gauche au sol, le talon près de l'aine droite.**
3. **Étirez votre jambe droite derrière vous, le genou face au sol et bien droit.**
4. **Descendez le bassin vers le sol tout en relevant et avançant doucement le buste, le poids du corps se trouvant sur les bras et la jambe droite.**

   Prenez garde à ce que tout mouvement de torsion dans la jambe pliée s'effectue au niveau de l'articulation de la hanche et non de celle du genou. Vous devez sentir un tiraillement à l'arrière du dos, dans l'articulation de la hanche de la jambe pliée et à l'aine, la hanche et la cuisse de la jambe droite.
5. **Maintenez la fente entre 5 à 10 respirations puis changez de jambes.**

La posture du papillon

Particulièrement stimulante pour les coureurs et autres athlètes, cette posture étire l'intérieur de la cuisse, l'aine et la hanche. Comme le suggère son nom, elle vous permet d'ouvrir progressivement vos « ailes » et vous prépare aux postures en tailleur en vous aidant progressivement à poser les genoux au sol (voir Figure 7-13).

Figure 7-13 : Montrez-vous à la hauteur du défi en apprenant à ouvrir vos ailes.

Voici comment faire pour prendre votre envol :

1. **Asseyez-vous parterre, les jambes étendues devant vous.**

   S'il vous est difficile de garder le dos droit, placez un coussin sous vos fesses de façon à incliner légèrement le bassin vers l'avant.

2. **Pliez les genoux et joignez les plantes de pied, les côtés extérieurs posés sur le sol comme sur le schéma ci-contre.**

3. **Mains jointes sur les pieds, amenez vos talons le plus près possible de l'aine. Exercez ensuite une pression sur les genoux, sans forcer, tout en étirant votre colonne vertébrale.**

   Vous devez sentir un tiraillement à l'aine, aux cuisses, aux hanches et dans le bas du dos. Ne vous inquiétez pas si vos genoux se redressent. Il est plus important de garder le dos droit que de leur faire toucher le sol.

4. **Gardez la position pendant 5 à 10 respirations lentes avec l'abdomen.**

5. **Pendant l'expiration, relâchez vos pieds, étirez vos jambes devant vous et détendez-vous.**

N'OUBLIEZ PAS

Dix mesures rapides pour préparer votre corps à la méditation

Cette liste pratique est un résumé facile à utiliser des mesures détaillées dans ce chapitre :

1. **Bien placer les jambes.**
2. **Étirer la colonne vertébrale.**
3. **Balancer le corps latéralement.**
4. **Balancer le corps d'avant en arrière.**
5. **Incliner le bassin légèrement vers l'avant et assouplir le ventre.**
6. **Rentrer doucement le menton.**
7. **Poser la langue sur le palais et respirer par le nez, si possible.**
8. **Poser les mains sur les cuisses ou les genoux.**
9. **Décontracter le corps de la tête aux pieds, en libérant le plus possible la tension ou l'inquiétude.**
10. **Commencer la méditation.**

L'étirement du berceau

Comme son nom l'indique, cet étirement consiste à bercer votre jambe dans vos bras comme s'il s'agissait d'un bébé, afin d'étirer et d'ouvrir vos hanches (voir Figure 7-14). Prenez garde à lever lentement et doucement la jambe – il s'agit d'un exercice d'étirement et non de torsion.

Suivez ces instructions avec tout l'amour et l'attention d'une mère :

1. **Asseyez-vous parterre, les jambes étirées devant vous.**
2. **Pliez un genou, faites pivoter la cuisse sur le côté et bercez la partie inférieure de la jambe dans vos bras. Les mains jointes, placez le genou dans le creux du coude et votre pied dans le creux de l'autre coude.**
3. **Le dos et la tête bien droits, dans l'alignement l'un de l'autre, bercez doucement votre jambe à l'horizontal, en pivotant au niveau de la hanche.**
4. **Poursuivez ce mouvement pendant 5 à 10 respirations profondes et régulières. Posez votre jambe en effectuant le mouvement inverse depuis le début puis recommencez l'exercice avec l'autre jambe.**

Figure 7-14 : Bercez vos jambes latéralement en douceur pour ouvrir vos hanches.

EXERCICE

Garder la tête froide et les épaules solides

Dans le zen, une bonne posture ne se résume pas à la position du dos et des jambes mais fait référence à l'attitude envers la vie en général. Attentif tout en étant détendu, vous affrontez chaque moment et chaque situation en face, avec une allure qui semble dire « Je suis ouvert à tout ce qui peut survenir. Je suis présent et prêt à répondre. » L'un de mes professeurs appelait cela « garder la tête froide et les épaules solides ».

Si vous avez une montre-réveil, programmez-la pour sonner chaque heure du reste de la journée. (Si vous n'en avez pas, faites cet exercice à intervalle régulier.) À chaque sonnerie, observez votre corps pendant quelques instants. Comment vous tenez-vous ou comment êtes-vous assis à ce moment précis ? Êtes-vous affalé ou complètement voûté ? Si c'est le cas, que perdriez-vous à vous redresser et à retrouver votre centre de gravité ?

Notez en poursuivant vos activités l'effet de ce changement si infime sur votre humeur et votre attitude face à la vie.

Chapitre 8

Où s'asseoir, que porter et autres questions pratiques

Dans ce chapitre :

- Ne pas se refroidir, être confortablement installé et le fin du fin de la méditation
- Trouver le temps de méditer dans votre emploi du temps surchargé
- Chronométrer vos méditations : versions longues/versions courtes
- Gérer la nourriture, les boissons et vos péchés mignons
- Créer un lieu propice à vos méditations

Lorsque j'ai commencé à méditer à l'université, je prenais le métro une fois par semaine pour me rendre de mon appartement au petit centre zen de l'autre côté de la ville. Dès que je pénétrais à l'intérieur, l'odeur de l'encens, les nattes en paille japonaises, la simplicité de l'autel et les robes sombres des membres me rappelaient que je venais d'entrer dans un lieu particulier, dédié à la pratique de la méditation. Je sentais alors ma respiration devenir plus profonde et mon esprit s'apaiser – et j'étais frustré de ne pas pouvoir retrouver la qualité méditative dont je faisais là l'expérience dans l'appartement exigu que je partageais avec trois amis.

Au fil des années, j'ai compris que l'environnement physique autour de la méditation – quand, où et comment vous êtes assis, ce que vous portez, l'énergie que vous y investissez – peuvent avoir un impact important sur la qualité de la méditation. Essayez de suivre son souffle dans un aéroport très animé ou un lieu de travail très bruyant a un côté sympathique il est vrai, mais vous atteindrez plus vite la profondeur dans un endroit calme, spécialement conçu pour méditer.

Votre rêve est peut-être de vous exiler dans un ashram (lieu de retraite en Inde) ou de rejoindre toute autre communauté spirituelle. Là tout est pris en charge, vous n'avez plus qu'à méditer, dormir et manger. Bon voyage et bonne chance ! Si cette solution n'est tout simplement pas envisageable et qu'il vous faille trouver le temps et l'espace pour méditer sans renoncer à vos occupations dévoreuses de temps, ce chapitre est pour vous.

Vous trouverez dans ces pages comment choisir l'endroit le mieux adapté à vos méditations, des informations sur la durée et le bon moment pour méditer ainsi que quelques indications pour créer un autel qui encourage vos efforts. Après le monastère, le lieu de méditation que vous avez vous-même conçu est le meilleur endroit au monde pour méditer.

La tenue : confortable avant d'être à la mode

Si cela vous semble aller de soi, vous ne pouvez pas imaginer le nombre de personnes qui se présentent pour méditer en jean serré et tee-shirt moulant – dans lesquels ils sont bien évidemment incapables de respirer correctement, et encore moins de s'asseoir en tailleur ! L'idéal est de porter des vêtements amples et d'éviter tout ce qui pourrait entraver la respiration et la circulation sanguine. Les vêtements de sport font très bien l'affaire mais si vous préférez plus chic, optez pour des pantalons à cordon de serrage, élégants mais confortables, que vous trouverez déclinés dans toutes les couleurs et les matières dans les catalogues de vente, par correspondance.

Méditer avec la musique

Lorsque vous allez tout simplement trop vite pour vous arrêter et prêter attention, certaines musiques peuvent vous aider à vous régler sur un rythme plus lent, plus posé et plus harmonieux avant de commencer votre méditation. Le choix dépend avant tout de vos goûts : ce qui plait à l'un ne plaît pas forcément à l'autre. Il a été montré, et ce n'est pas une blague, que de nombreux adolescents se détendaient en écoutant du hard rock !

Pour apaiser la bête furieuse en vous à la fin d'une longue journée harassante, choisissez votre CD préféré – de préférence un qui capte votre attention et vous apaise. Lorsque vous sentez votre respiration devenir plus facile, vous pouvez rejoindre votre lieu de méditation.

Écoutez de la musique peut aussi devenir une méditation. Commencez par être attentif à la musique exactement comme s'il s'agissait de votre respiration. Au lieu de partir dans vos pensées ou rêveries, prenez conscience de chaque son émis. Lorsque votre esprit s'égare, ramenez-le avec douceur. Par moments, vous serez si pris par la musique que vous, auditeur, disparaîtrez pour ne plus laisser place qu'à la musique. Ces moments de méditation profonde vous offrent une vision fugitive de votre être essentiel, que l'esprit ne comprend pas mais qui a malgré tout un grand effet salutaire.

TRUC

La température corporelle et la pression artérielle ayant tendance à baisser pendant la méditation, il se peut que vous ayez légèrement plus froid que d'ordinaire. Prévoyez un pull ou une couverture en lainage.

Tous les moments sont bons pour méditer

TRUC

Si vous avez un emploi du temps de ministre, bloquez dans votre agenda des périodes précises de méditation. Si vous pouvez vous offrir le luxe de choisir ou si vous désirez méditer aussi souvent que vous en avez envie, voici les meilleurs moments pour s'asseoir et méditer – sans oublier que tout moment et toute activité peut vous donner au bout du compte l'occasion de développer votre attention.

- **Tôt le matin** : selon la tradition, le meilleur moment pour méditer se situe une à deux heures après votre réveil – qui a eu lieu de préférence au moment du lever du jour. C'est la période durant laquelle votre esprit et votre corps sont revigorés et stimulés par le profond sommeil et ne sont pas encore obsédés par les inquiétudes et soucis quotidiens. Vous parviendrez plus facilement à vous concentrer et rester présent. En commençant par une méditation, vous donnez aussi le ton à la journée qui s'annonce et pouvez alors étendre la tranquillité d'esprit à toutes vos activités.
- **Avant de vous coucher** : certaines personnes mettent une, voire deux heures pour émerger du brouillard irréel du sommeil, tandis que d'autres n'ont que le temps de sauter du lit, d'avaler une tasse de café avant d'être englouti par les transports en commun. Si vous avez les jambes en coton lorsque vous vous levez ou si vous devez passer à la vitesse supérieure dès que vous posez le pied à terre, essayez de méditer avant de vous coucher. C'est une excellente préparation au sommeil qui permet à l'esprit de s'apaiser et de passer de l'éveil au sommeil. Ceux qui pratiquent à l'heure du coucher disent souvent que leur sommeil est ensuite plus paisible et qu'ils dorment moins.

  L'inconvénient est de se sentir trop fatigué ou trop tendu après une rude journée et de préférer plonger dans un bain chaud ou s'écrouler devant la télévision. Pourtant une fois l'habitude prise, ces méditations du soir sont très profitables et présentent des avantages propres.
- **En rentrant du travail** : même si elle n'est pas aussi fiable que la période du matin ou du soir car elle est souvent utilisée pour faire les courses, préparer le repas, ou caser les urgences familiales, la période de transition entre le travail et le domicile est un moment approprié pour vous accorder un peu de temps pour respirer profondément et laisser votre corps et votre esprit se calmer – au lieu de prendre votre journal ou d'allumer la télé.

- **Les heures de repas ou de pause café** : si vous êtes seul dans un bureau et disposez de temps pour manger le midi ou faire une pause café – je dis bien « si » car de plus en plus de personnes mangent aujourd'hui sur le pouce, souvent en marchant – prévoyez d'apporter votre repas ou de prendre votre café à l'avance et de réserver une partie de votre heure de pause à la méditation. Vous pouvez aussi préparer un endroit spécifique dans votre bureau pour la méditation si cela ne pose pas de problème.
- **En attendant le retour des enfants ou tout autre temps mort** : comme beaucoup de parents, vous passez certainement chaque semaine un nombre incalculable d'heures à accompagner vos enfants d'une activité ou d'un rendez-vous à un autre, assis dans la voiture ou à vous promener en les attendant. Au lieu de feuilleter un magazine ou d'écouter la radio, consacrez ce temps de répit à la méditation. (Faites de même lorsque vous êtes dans la salle d'attente du médecin ou du dentiste !) L'environnement ne sera peut-être pas le meilleur, la posture peut-être pas la plus confortable mais vous avez devant vous un précieux moment d'oisiveté ; faites-en le meilleur usage.

La méditation en marchant

Entre les périodes de méditation assise formelle, les méditants de tous les temps ont pratiqué la conscience attentive en marchant. Elle permet de rompre avec la monotonie de la posture assise, tout en restant une forme de méditation à part entière – et un moyen extraordinaire d'élargir la pleine conscience développée sur le coussin ou la chaise au monde en mouvement dans lequel nous vivons.

Dans certains monastères zen, la méditation en marchant ressemble à une sorte de course à pied calme et consciente ; inversement dans des contrées de l'Est Asiatique, le mouvement peut être presque imperceptiblement lent. Vous pouvez adopter une approche intermédiaire entre les périodes de méditation assise mais aussi, dès que vous désirez, ralentir un peu et être attentif à votre marche. Si le temps le permet, marchez dehors ; sinon, faites des va-et-vient chez vous.

1. **Commencez par marcher à allure normale, en suivant vos inspirations et vos expirations.**
2. **Réglez votre respiration sur vos pas.**

   Vous pouvez par exemple faire trois pas à chaque inspiration, puis trois autres pendant l'expiration ce qui, comme vous le constaterez en essayant, est nettement plus lent que l'allure normale. Si vous voulez augmenter ou diminuer votre vitesse, changez simplement le nombre de pas à chaque respiration. Gardez la même allure à chacune de vos marches. (Si vos inspirations et vos expirations sont de longueurs différentes, adaptez vos pas en conséquence.)
3. **En plus de votre respiration, soyez attentif aux mouvements de vos pieds et de vos jambes.**

   Notez le contact de vos pieds avec le sol. Regardez devant vous, à un angle d'environ 45°. Détendez-vous, marchez avec aisance et facilité.
4. **Poursuivez votre marche attentive et régulière aussi longtemps que vous le désirez.**

   Si votre attention dérive, ramenez-la à votre marche.

Combien de temps une méditation doit-elle durer ? Ça dépend !

La méditation ressemble à l'acte sexuel en bien des points dont voici l'un d'entre eux : vous pouvez l'apprécier court et rapide ou lent et long. Quelle que soit votre préférence, vous serez d'accord avec moi pour admettre que tout contact sexuel avec l'être aimé est préférable à l'absence de rapport.

Il ne vous reste plus qu'à appliquer cette maxime à la méditation et vous comprendrez. Si vous n'arrivez pas à programmer une demi-heure, méditez 10 minutes seulement. Il vaut mieux s'asseoir pendant 5 à 10 minutes tous les jours qu'une heure une fois par semaine – les deux étant toujours possibles. Comme toutes les instructions données dans ce livre, essayez-les avant de choisir celle qui vous convient le mieux.

TRUC

Les montres-réveils numériques permettent de chronométrer avec précision vos méditations sans avoir à regarder l'heure. Vous pouvez aussi utiliser une petite cloche, comme c'est la pratique dans de nombreuses cultures traditionnelles, pour en sonner le début et la fin.

- **5 minutes** : si vous débutez, cinq minutes vous sembleront peut-être une éternité ! Commencez doucement puis augmentez la longueur de vos séances au fur et à mesure que votre intérêt et votre plaisir s'accroissent. Le temps que vous calmiez votre corps et parveniez à vous concentrer sur votre respiration, les cinq minutes seront peut-être déjà passées ! Si la séance vous semble trop courte allongez-la un peu la fois suivante. Avec de la pratique, vous découvrirez que cinq minutes seulement peuvent avoir des effets immensément revigorants.
- **De 10 à 15 minutes** : comme tout le monde, il vous faudra certainement plusieurs minutes en début de méditation pour vous stabiliser, plusieurs autres pour entrer dans le processus et quelques autres encore à la fin pour vous réadapter, ce qui vous laisse une poignée de minutes au milieu pour approfondir votre concentration et élargir votre conscience. Une fois arrivé à ce stade, essayez de vous tenir à 15 minutes par jour pendant plusieurs semaines pour voir comment votre pouvoir de concentration se développe.
- **De 20 minutes à 1 heure** : plus la séance est longue, plus vous avez de temps entre les préliminaires et la fin, et plus votre temps de concentration et de décontraction est important. Si vous êtes motivé et en avez le temps, je vous conseille vivement de consacrer entre 40 minutes et 1 heure chaque jour à méditer. Vous sentirez la différence – et comprendrez pourquoi la plupart des professeurs de méditation recommandent cette durée d'une traite. Peut-être est-ce à cause de la capacité d'attention de l'homme – les séances de psychothérapie ne

durent-elles pas 50 minutes, de même que la durée maximale des séries télévisées ainsi que beaucoup de cours scolaires ? Important : la régularité vaut toutefois mieux qu'une longue séance un jour puis plus rien le restant de la semaine.

TRUC

À quoi bon chronométrer les méditations ?

Vous pouvez très bien vous asseoir pour méditer lorsque bon vous semble et vous relever quand vous avez fini. Mais il existe aussi de bonnes raisons de décider par avance du moment et de la durée de votre méditation et de vous en tenir à votre programme :

- **L'esprit est aguicheur** : si vous ne vous engagez pas à rester immobile pendant une durée déterminée, il trouvera toutes les meilleures raisons du monde pour vous contraindre à vous lever et faire autre chose. Il est donc préférable de l'observer présenter ses arguments sans vous laisser séduire.
- **Il n'est pas toujours facile de se rendre compte de l'heure** : une fois que vous avez décidé du temps que vous allez consacrer à votre méditation, vous n'avez plus à vous soucier de l'heure – il ne vous reste plus qu'à vous détendre et vous concentrer.
- **Vous apprenez à être régulier** : comme pour travailler un muscle, vous pouvez commencer par 5 minutes d'exercices puis augmenter progressivement pour atteindre 15 à 20 minutes. Refaire les mêmes gestes à la même heure tous les jours donne un rythme circadien naturel à votre méditation et vous l'intégrez plus facilement dans votre vie.

Faut-il manger et boire avant la méditation ? Que faut-il éviter ?

TRUC

Les repas copieux ont tendance à assoupir, notamment s'ils sont riches en glucides. Il est donc préférable de manger léger – voire pas du tout – ou d'attendre au moins une heure après un gros repas. Vous pouvez aussi suivre les instructions de la tradition zen qui recommandent de ne manger qu'aux deux tiers de son appétit et de s'arrêter avant d'être rassasié. Un bon conseil à suivre pour garder la ligne.

Pour ce qui est de la boisson (et du tabac), voici quelques conseils. Je connais personnellement des méditants expérimentés qui aiment boire une tasse de cappuccino avant de méditer et au moins un maître zen qui a pris pour habitude de méditer dès son lever, après avoir trop bu de saké la veille. En règle générale, il vaut mieux cependant s'abstenir de toutes substances agissant sur le cerveau (café, alcool, tabac, marijuana et autres drogues) avant de méditer.

Lorsque vous réaliserez à quel point être présent et concentré et non dispersé ou drogué est bénéfique pour vous, vous diminuerez naturellement votre consommation. Par la méditation, vous devenez plus sensible à votre état d'esprit, et accédez à un état d'euphorie qui rend ces substances inutiles ou dépassées. Si votre motivation première pour méditer est de réduire votre stress ou d'améliorer votre santé, il est peut-être préférable de songer à l'abstinence totale. Croyez-moi, céder ne fait qu'accroître le stress existant.

TRUC

La méditation et la télé : du canapé au coussin

Je dois avouer que je fais partie de ceux qui poussent un hourra à chaque fois qu'ils voient l'autocollant « Tuez votre TV ». Je vais vous expliquer pourquoi. La télévision ne se contente pas de vous inonder d'images déstabilisantes que vous n'auriez pas autrement à supporter – images de conflits, de cruauté, de séduction, d'exploitation et de violence pure et simple qui laissent une impression durable et profonde – elle émousse aussi votre esprit en l'habituant à une stimulation ininterrompue. Submergé en permanence par les images et les sons, l'esprit éprouve de plus en plus de difficultés à apprécier les moments ordinaires de la vie et les degrés d'expérience plus imperceptibles (subtiles) – ceux recherchés dans la méditation.

Des études ont également montré que les heures passées devant la télé entravaient l'intégration et le développement naturels et normaux des lobes cérébraux. Les enfants élevés devant la télé sont généralement moins créatifs, plus agités, plus agressifs et s'ennuient davantage que ceux qui la regardent modérément ou pas. Vous êtes-vous déjà demandé pourquoi les ados traînaient dans les centres commerciaux, avec cet air abruti et apathique ? La réponse est peut-être là.

Il va de soi que troquer une heure de canapé pour une heure de coussin est le meilleur service que vous puissiez vous rendre ! Vous y trouverez certainement plus facilement ce que vous cherchez – détente, joie, bonheur, tranquillité d'esprit – et vous en sortirez régénéré et plus ouvert à toutes nouvelles expériences, extérieures comme intérieures.

Comme la plupart des drogues, le petit écran est difficile à combattre. Allez-y lentement, en le remplaçant quelques heures par semaine par des activités réellement plus enrichissantes et épanouissantes – faire une promenade, discuter avec un ami, passer du temps avec votre famille. Vous n'êtes peut-être pas prêt aujourd'hui à renoncer à votre feuilleton ou à votre série préférés, aux matchs de foot ou à votre sacro-sainte soirée devant la télé, mais demain est un autre jour.

Où méditer ? Créer un espace sacré

Vous avez peut-être déjà vu ces peintures chinoises représentant un sage barbu dans sa robe flottante, assis en profonde contemplation devant un sommet majestueux, une chute d'eau dégringolant dans un fracas assourdissant derrière lui. Vous avez peut-être rêvé un jour d'être perdu dans la montagne et de consacrer le reste de votre vie à méditer dans le silence. La vie ne nous permet, hélas, que très rarement de réaliser de tels rêves !

Pas la peine de vous raser la tête et de partir en retraite, quelques conseils simples vous permettront de vous réserver un endroit unique pour vos méditations. Cet espace à part enrichira votre vie dans des proportions dont vous n'avez encore pas idée.

Méditer dans la nature

Comme vous l'avez sûrement remarqué, la nature possède le pouvoir sans pareil d'apaiser le corps et l'esprit. Que vous soyez assis face à la mer à écouter le clapotis des vagues ou parmi les roches et les arbres en randonnée, il est inutile de pratiquer une technique de méditation traditionnelle – ouvrir les sens et laisser la nature produire son enchantement suffit. Sans fournir le moindre effort, vous commencez à sentir que votre esprit se stabilise, que vos inquiétudes se dissipent, que votre respiration devient plus lente et plus profonde et que votre cœur se remplit de gratitude et d'amour.

En tant qu'espèce, nous avons évolué dans le monde naturel ; les animaux et les plantes nous ont enseigné depuis la nuit des temps comment méditer. Dans la nature, vous êtes revenu à la source ; la facilité et la familiarité que vous ressentez vous invitent à retourner en vous-même, à l'intérieur de votre « nature » la plus intime. N'est-il pas étonnant et juste que les mots soient les mêmes ? Pénétrer à l'intérieur d'un cadre naturel peut arrêter net votre esprit, et vous sentez alors la présence de quelque chose de plus profond et de plus significatif.

Efforcez-vous de méditer dans la nature aussi souvent que possible et notez l'état d'esprit et de cœur que cela suscite en vous. Même si vous vivez en ville, vous trouverez un parc, un jardin, un petit bois ou un point d'eau. Lorsque vous méditez chez vous par la suite, évoquez l'écho de ces moments passés dans la nature pour approfondir votre pratique.

Pourquoi est-il préférable de méditer toujours au même endroit ?

De la même façon qu'un moment régulier, se retrouver chaque jour au même endroit présente des avantages incomparables :

- **Moins de distractions** : lorsque vous débutez, vous devez déjà affronter un arsenal de distractions, autant intérieures qu'extérieures. À quoi bon y ajouter les nuances d'un environnement extérieur toujours changeant ? Lorsque vous avez pris l'habitude de voir les mêmes petites taches sur la moquette ou les mêmes lézardes dans le mur, votre attention s'en détache automatiquement pour ne plus se concentrer que sur l'objet important : la méditation.
- **De bonnes vibrations** : plus vous venez méditer dans votre espace, plus vous y insufflez l'énergie de vos efforts – en d'autres termes de bonnes vibrations. À chaque fois que vous y retournez, votre méditation est stimulée et soutenue par l'énergie que vous y avez investie, de la même manière que vous vous détendez beaucoup mieux dans votre fauteuil favori.
- **Des souvenirs apaisants** : une fois retenu, l'espace est automatiquement associé à la méditation, d'autant plus si vous y laissez votre autel et vos accessoires. Le simple fait de passer devant au cours de votre journée vous incite à y revenir dès que l'occasion se présente. Si votre méditation comporte des aspirations spirituelles, votre espace devient un endroit sacré dans lequel se produisent vos réflexions et vos visions intérieures les plus profondes.

Comment trouver le bon endroit ?

TRUC

Si vous partagez un petit appartement avec un partenaire ou un ami ou si votre famille a investi chaque centimètre carré de disponible, réservez-vous coûte que coûte le dernier petit coin de libre. Si vous disposez d'une marge de manœuvre plus grande, ces quelques conseils vous aideront à établir au mieux votre choix. Sachez qu'un simple bout de parquet répondant à ces critères est préférable à une suite somptueuse qui n'y répond pas.

- **Hors des sentiers battus** : éloignez-vous le plus possible des axes les plus fréquentés de votre domicile. Si vous ne voulez pas que quiconque vienne vous déranger juste au moment où vous commencez à vous installer, prévenez vos colocataires que vous allez méditer – ils comprendront. Et s'ils ne le comprennent pas, c'est un autre type de problème qu'il vous faudra alors résoudre.
- **Loin de ce qui peut rappeler le travail** : si vous travaillez chez vous ou si vous avez un bureau réservé au travail, il doit rester hors de vue – et d'esprit – pendant que vous méditez. Essayez aussi de débrancher (ou d'éteindre) le téléphone. Il n'y a rien de plus gênant que de chercher à deviner qui peut bien essayer de vous joindre !

- **À l'écart du bruit** : si vous vivez en ville, il vous sera difficile d'éliminer les bruits de fond – bourdonnement de la circulation, cris et rires des enfants dans la rue, mise en marche du réfrigérateur, du congélateur. L'important est d'éviter d'être à portée d'oreilles des conversations, notamment entre personnes que vous connaissez, de la télévision, de la radio, de la musique et autres distractions familières. Ce sont ces bruits reconnaissables qui détournent votre esprit de sa tâche, surtout en tout début de méditation.
- **Régler la lumière** : trop vive ou éclatante, la lumière a un effet stimulant et gênant ; inversement, trop faible, vous risquez de vous endormir. Réglez l'intensité lumineuse en fonction de votre degré d'attention : si vous avez sommeil, ouvrez les persiennes ou éclairez davantage ; si vous êtes très énervé, préférez une lumière plus douce.
- **À l'air frais** : puisque c'est là qu'il est question de respiration, l'idéal est d'avoir un peu d'air frais. Évitez les sous-sol qui sentent le renfermé ou les pièces sans fenêtre ; en plus d'être néfastes pour votre santé, ils diminuent votre énergie (et votre taux d'oxygène) et endorment.
- **Près de la nature** : si la fenêtre devant laquelle vous méditez ne donne ni sur un arbre ni sur un jardin, placez-y une plante ou un vase rempli de fleurs ou quelques pierres. Non pas dans l'objectif de les fixer pendant votre méditation, mais simplement parce que les objets naturels émettent une énergie particulière qui étaye votre pratique. Vous pouvez aussi emprunter quelques tuyaux en regardant les roches et les arbres méditer – ils ont nettement plus d'années de pratique que nous. (Reportez-vous à l'encadré « Méditer dans la nature » page 140).

Comment dresser un autel – et à quoi cela peut-il bien servir ?

Pour bien des personnes, le mot « autel » est lourd de connotations. Il rappelle à certains un passé d'enfants de chœur, est lié pour d'autres à des occasions spéciales (mariage, enterrement, messe commémorative).

Dans ce livre, j'ai choisi le mot « autel » pour désigner un ensemble d'objets ayant une résonance et un sens particuliers pour vous, placés dans un lieu spécifique et qui facilitent votre inspiration pendant les méditations. Un chrétien peut par exemple utiliser un crucifix ou une colombe ; un Juif, un livre sacré ou une étoile de David ; un bouddhiste, une statue du Bouddha ou une photo de son maître. Si vous n'êtes d'aucune confession religieuse, quelques pierres, une bougie et une plante en pot feront tout à fait l'affaire.

TRUC

Sur quoi poser ses yeux ?

Si vous méditez les yeux fermés, cela n'a pas réellement d'importance ; si au contraire, vous voulez garder les yeux ouverts, il est préférable d'éviter les vues grouillantes d'activités ou gênantes. Dans certaines traditions, les moines zen s'assoient face à un mur. Vous pouvez soit regarder un panorama naturel, qui aura un effet apaisant, soit, faute de mieux, vous placer devant votre autel. L'important pendant la méditation est de ne voir que des choses simples qui contribuent à la tranquillité d'esprit.

N'OUBLIEZ PAS

Si un autel n'est pas essentiel, il peut être une expression créatrice, en constante évolution, de votre vie intérieure, une réflexion de vos aspirations, valeurs et convictions les plus profondes. Contempler votre autel avant de vous asseoir peut évoquer votre lien avec la dimension spirituelle de votre être – ou tout bonnement vous rappeler les raisons de votre présence : développer votre concentration, vous détendre, ouvrir votre cœur, guérir votre corps. Voici les principaux éléments que l'on trouve sur la plupart des autels (voir également figure 8-1) ; n'hésitez pas à en ôter ou en rajouter selon vos besoins et préférences :

Figure 8-1 : L'autel vous apporte de l'inspiration pendant vos méditations.

- Bougies
- Fleurs
- Encens
- Clochettes
- Objets naturels
- Statues (de personnages inspirateurs)
- Photos (de la nature ou de personnages inspirateurs)
- Textes sacrés

Certaines traditions conseillent de composer un autel qui fasse appel à tous les sens – ce qui explique la présence d'encens, de clochettes, de fleurs et de bougies sur de nombreux autels personnels. Très vite, le parfum d'un encens que vous aimez beaucoup devient indissociable de la méditation : il vous suffit alors de le sentir pour que vous commenciez à vous relaxer.

Comme pour la méditation, il est préférable de limiter au départ votre autel au strict minimum. Utilisez un petit meuble ou une petite table basse (si vous méditez au sol) que vous recouvrez d'un tissu de votre choix. Avec le temps, vous pourrez enrichir et agrandir votre autel ou, si vous le désirez, prévoir une provision d'objets et effectuer des sortes de rotations selon votre humeur. Pourquoi ne pas suivre le rythme des saisons et le garnir par exemple de fleurs au printemps, de coquillages en été, de feuilles mortes en automne et de pommes de pin en hiver ?

En guise d'avertissement à propos des photos : il est recommandé de consacrer l'autel à un mentor, un professeur ou autre personnage dont la présence vous remplit d'une inspiration pure et de réserver les photos de ceux que vous aimez pour lesquels vos sentiments peuvent être plus ambivalents (enfants, parents, conjoints ou amis) à votre bureau ou en d'autres endroits de la maison.

EXERCICE

À la découverte de la beauté

Même dans les situations les plus chaotiques et les moins attrayantes, vous pouvez être sensible à une qualité ou une dimension de la beauté, si vous voulez bien vous en donner la peine. Imaginez que votre esprit soit comme une platine laser que vous essayez de régler sur un morceau particulier. Ou prenez un casse-tête en trois dimensions. Au départ, vous n'arrivez même pas à distinguer la forme à l'arrière-plan puis, lorsque vous l'avez perçu, vous n'avez presque plus besoin de faire attention pour la redécouvrir.

La prochaine fois que vous vous trouvez dans une situation ou un lieu peu engageants – pas trop chargé émotionnellement de préférence pour ne pas rendre l'exercice trop difficile –, faites comme suit :

1. **Consacrez un moment à trouver quelque chose de beau.**

   Il peut s'agir d'une pelouse au loin d'un beau vert, d'un bouquet de fleurs sur une table, du rire d'un enfant, d'un joli meuble voire, d'une sensation de chaleur dans votre ventre ou votre cœur.

2. **Respirez profondément, écartez toute sensation de gêne ou de stress et prenez plaisir à regarder la beauté.**

   Laissez cette beauté résonner pendant quelques instants comme si c'était un morceau de musique ou une marche dans la forêt.

3. **Recentrer votre attention sur votre situation présente et notez dans quelle mesure votre attitude a changé.**

   Vous savez à présent qu'il vous est possible de déplacer votre conscience à chaque fois que vous en avez envie.

Chapitre 9

Effort, discipline et lâcher-prise

Dans ce chapitre :

- Comment mettre au point de très bonnes habitudes de méditation sans être trop tendu
- Acquérir de l'énergie dans la méditation et dans la vie de tous les jours
- Les cinq étapes du lâcher-prise

Comme je l'ai déjà dit dans les chapitres précédents, il existe beaucoup de points communs entre la méditation et le sport. Premièrement, il faut apprendre les techniques fondamentales – comment s'asseoir le dos droit, placer les jambes, décontracter le corps et suivre son souffle. Puis, ces bases acquises, il faut s'initier aux règles du jeu – la durée, le lieu, la tenue. Cette deuxième étape franchie, il reste encore à découvrir comment vous exercer afin de tirer le meilleur parti de ce que vous avez appris.

Disons que vous vous préparez à courir le marathon et que vous bénéficiez d'un entraînement spécialisé sur les notions fondamentales de la course à pied. Vous commencez alors à courir 4 à 6 kilomètres par jour. Il vous faut apprendre comment travailler avec votre tête et vos jambes pour parcourir cette distance en vous fatiguant le moins possible. Il vous faut aussi maîtriser certaines qualités intérieures comme la discipline, l'effort et une certaine aisance dans l'exécution – qualités qui ne s'enseignent pas à proprement parler, mais que l'on évoque et que l'on décrit.

Il en est de même pour la méditation. La *discipline* vous empoigne par le col et vous fait asseoir jour après jour, même lorsque tout va mal. L'*effort* oblige votre esprit à se concentrer et le ramène inlassablement à votre respiration ou votre mantra (ou n'importe quel autre objet de méditation) à chaque fois qu'il s'égare. Enfin, le *lâcher-prise* vous permet de vous détendre et de vous ouvrir à toute nouvelle expérience, quel que soit son degré de difficulté. Dans ce chapitre, nous allons voir comment appliquer ces trois ingrédients à la pratique méditative.

Discipline veut simplement dire persévérer « encore et encore »

Comme pour beaucoup, le terme de « discipline » vous rebute peut-être, car il vous rappelle un prof autoritaire qui vous gardait après la classe ou les punitions de votre enfance censées vous « remettre dans le droit chemin ».

Il peut aussi évoquer des soldats marchant en file indienne ou des prisonniers aux mains de leurs gardiens. Rassurez-vous, la discipline dont je parle est bien différente.

Par *discipline*, je fais référence à l'autodiscipline indispensable aux athlètes de haut niveau qui les fait se lever tous les matins pour commencer la journée par un footing avant de répéter inlassablement leurs coups droits, leurs passes ou leurs prises, qu'ils maîtrisent pourtant depuis longtemps déjà. C'est la même autodiscipline qui donne aux grands écrivains la force de s'asseoir devant leur ordinateur (ou leur page blanche !) chaque jour, peu importe leur état, pour pondre leur texte.

N'OUBLIEZ PAS

Chacun de nous a une autodiscipline, même s'il n'en a pas conscience. C'est elle qui vous fait arriver à l'heure au travail le matin, ou jongler tambour battant avec les obligations et responsabilités professionnelles, personnelles ou familiales. Il faut de l'autodiscipline pour payer ses factures, entretenir un jardin ou s'occuper de ses enfants. Il ne vous reste plus qu'à appliquer cette même autodiscipline à la pratique de la méditation.

L'autodiscipline n'est ni plus ni moins que la capacité de répéter la même chose encore et toujours. Pour plus de simplicité, je l'ai découpé en trois étapes : l'*engagement*, la *régularité* et la *retenue*.

S'engager vis-à-vis de soi et respecter cet engagement

Lorsque vous vous engagez dans un mariage monogame, vous passez un accord avec votre partenaire pour rester ensemble contre vents et marées. Sans cet engagement, la tentation de fuir à la moindre difficulté est plus grande (désamour, colère, différend). Il est bien entendu possible de rompre votre accord, mais tant que l'engagement persiste, vous ferez tout ce qui est en votre pouvoir pour l'honorer.

Il en va de même avec la méditation. L'*engagement* est le fondement de la pratique méditative. Sans lui, il vous sera impossible de méditer lorsque vous avez mal à la tête, vous êtes fatigué, ça ne vous dit rien, vous avez envie de faire autre chose ou vous vous heurtez à l'un ou plusieurs des obstacles cités au chapitre 12.

Quelles sont les raisons qui vous ont poussé à vous engager dans la méditation ? La motivation est indispensable (voir chapitre 4), ce qui signifie que vous devez connaître les bénéfices inhérents à la méditation (voir chapitre 2) et avoir de fortes raisons personnelles (désir de soulager votre souffrance ou votre stress, aspiration à un état de conscience supérieur, souci du bien-être d'autrui) pour méditer.

N'OUBLIEZ PAS

Le processus d'engagement se divise généralement en cinq étapes – même s'il n'est pas indispensable qu'il soit toujours aussi formel :

- **Se motiver** : dur dur ! La vie vous blesse et vous devez trouver un moyen de gérer la douleur.
- **Définir vos intentions** : c'est décidé ! Vous consacrerez une demi-heure par jour à la méditation.
- **S'engager vis-à-vis de soi** : à partir d'aujourd'hui et jusqu'à la fin du mois, vous décidez de vous lever à 7 heures et de compter vos respirations avant d'aller travailler.
- **Aller jusqu'au bout** : pff ! Vous ne pensiez pas qu'il serait si difficile de rester assis dans une telle position pendant si longtemps – mais vous ne voulez pas rompre la promesse que vous vous êtes faite !
- **Prendre de la vitesse** : hou là ! Plus vous méditez, plus cela devient facile. Vous commencez vraiment à aimer cela.

La régularité, jour après jour

Reprenons notre référence au sport. Si après un seul entraînement vous vous relâchez pendant une semaine entière, il est peu probable que vous progressiez ! Vous risquez en revanche de vous froisser un muscle ou de vous faire mal au dos parce que vous n'avez pas fait travailler votre corps régulièrement comme le conseillent tous les gourous de la forme.

En pratiquant la méditation, vous développez certains muscles émotionnels et mentaux comme la concentration, la pleine conscience (attention continue sur ce qu'il se passe, à tout instant) et la conscience réceptive. (Pour en savoir plus sur ces muscles mentaux et émotionnels, reportez-vous au chapitre 1.) Là aussi, le secret réside dans la régularité que vous devez entretenir, en dépit de votre fatigue ou vos soucis certains jours. En fait, ce sont vos sentiments qui constituent la matière de base de vos méditations, lorsque vous élargissez votre conscience à partir de votre souffle pour y inclure votre expérience dans son ensemble. Il n'y a pas « d'état » idéal particulier pour méditer : vous n'avez qu'à vous présenter et être vous-même !

Si vous n'aimez pas le sport, essayez le jardinage

Même si les ressemblances avec le sport sont très nombreuses, certains assimilent davantage la pratique de la méditation au jardinage. Après avoir planté les semences, vous n'essayez pas de hâter la pousse des plantes, non ? Vous vous contentez d'arroser et de mettre de l'engrais, d'éclaircir puis d'arroser encore jusqu'à l'apparition des jeunes pousses, attirées vers la lumière par un mélange complexe et mystérieux de chimie, de génétique, de phototropisme et d'on ne sait quoi d'autre.

Il faut retenir que savoir est inutile – vous avez juste à jouer votre rôle sans intervenir. Si vous vous emballez et que vous arrosez trop ou remuez la terre trop tôt, vous ne faites que perturber le processus.

Vous devez fournir la même régularité dans l'effort pendant vos méditations, sans trop arroser ni gratter le sol à la recherche de signes de progrès – et sans non plus vous absentez une semaine en laissant votre parcelle de terre sans aucun soin. Faites ce que vous avez à faire sans vous focaliser sur les résultats et votre jardin resplendira de lui-même tout naturellement.

Comme le disait un ancien maître zen chinois « le Bouddha au visage de soleil, le Bouddha au visage de lune », ce qui voulait dire, heureux ou triste, débordant d'énergie ou fatigué, asseyez-vous tel que vous êtes.

Soyez surtout très vigilant face à ces deux attitudes extrêmes : la paresse ou le *laisser-aller* – « je ferais mieux d'aller me coucher, de me reposer, de regarder la télé » et le *perfectionnisme* – « je ne suis pas prêt à méditer, je ne suis pas assez doué, bon ou concentré ». Ce livre parle de la méditation pour les débutants, ne l'oubliez pas, et de toutes façons, le meilleur moyen de devenir assez « bon » pour méditer est de s'y atteler !

La retenue sur et en dehors du coussin

En gros, la *retenue* est la qualité d'esprit qui vous empêche d'agir par impulsion ou désir et qui vous aide à faire la différence entre un comportement utile et positif et un comportement qui va vous desservir quand il n'est pas carrément dangereux. Un athlète a par exemple besoin de se dominer pour ne pas se jeter sur l'alimentation industrielle, se coucher tard avant une compétition importante, etc. Pour un méditant, la maîtrise de soi intervient à plusieurs niveaux :

- **Avant la méditation** : vous pouvez opter pour un repas équilibré et modéré ou éviter les substances comme le tabac ou la caféine qui agissent sur le cerveau parce que vous voulez garder l'esprit clair et neuf pour la méditation.
- **Pendant la méditation** : la retenue permet à l'esprit de se détacher de ses préoccupations et de ses rêves habituels pour se focaliser sur l'objet de la méditation (mantra, respiration ou autre). Attention cependant de ne pas confondre retenue et répression, évitement ou jugement. Inutile de vous « critiquer » parce que vous vous égarez, ni de « chasser » certains sentiments ou pensées considérés comme « indésirables ». Contentez-vous d'accueillir tout ce qui survient, en retournant sans forcer à l'objet de votre méditation lorsque nécessaire.
- **Après la méditation** : au fur et à mesure que votre pratique devient plus profonde et solide, vous développez une puissance ou une énergie de l'esprit – appelée en Orient *Samâdhi*. (Pour en savoir plus sur cet état de conscience supérieur, voyez la section « Le bon effort : ni trop dur, ni trop lâche » page suivante). Vous perdez cette énergie si vous rêvassez, ou si vous vous laissez emporter par vos projets ou vos obsessions habituelles, mais la retenue vous aide à la recanaliser vers votre exercice de pleine conscience.

Comme l'autodiscipline, la retenue est déconsidérée dans nos sociétés. Ne sommes-nous pas censés avoir le droit de dire ce que nous pensons et de faire ce que bon nous semble ? Pourtant, ce qui nous paraît bien à court terme n'est pas forcément identique à ce qui nous paraît bien à longue échéance – la retenue permet de faire la distinction entre les deux. Achetez des billets d'avion pour une destination de rêve peut vous sembler la bonne chose à faire sur le moment pour prendre un tout autre aspect lorsque vous recevez votre relevé de carte bleue à la fin du mois ! De même, se laisser bercer par les caprices de l'imagination pendant la méditation peut être très agréable – jusqu'à ce que vous vous demandiez, au bout d'un mois ou deux, pourquoi vous n'êtes toujours pas capable de compter vos respirations jusqu'à 10 ! Attention, n'oubliez pas qu'il est inutile de vous fustiger.

Le bon effort : ni trop dur, ni trop lâche

Si la discipline est la capacité de poursuivre inlassablement un effort, l'effort est la qualité de l'énergie et du travail que vous mettez dans cette activité. Si se rendre quotidiennement à la salle de gym exige une certaine discipline, travaillez sur les différents appareils de musculation demande un effort. Je suis sûr que vous savez de quoi je parle ! Comme pour l'autodiscipline, il est préférable de diviser l'effort en trois volets : l'énergie, la constance et l'effort sans peine.

100 % d'énergie

Il existe une loi secrète de l'énergie qui s'applique aussi bien à la méditation qu'au sport et à la vie en général : plus vous vous dépensez, plus vous recevez en retour. Certains lésinent sur l'énergie qu'ils dépensent, en la divisant entre leurs activités comme s'ils ne pouvaient donner globalement qu'une quantité prédéterminée. Mais si vous vous investissez à fond dans quelque chose que vous aimez, votre énergie s'auto-alimente et croît sans votre intervention.

Le même phénomène se produit avec la méditation. Plus vous pratiquez sans réserve, plus vous puisez dans une source d'énergie qui semble inépuisable. C'est comme si la flamme à l'intérieur de votre cœur commençait à canaliser l'énergie de fusion qui dirige le soleil. Attention à la confusion possible : mettre tout son cœur à l'ouvrage ne signifie pas se battre ; détendez-vous en méditant et n'oubliez pas de vous ouvrir pendant que vous concentrez votre esprit. La pratique de la méditation se caractérise par cet équilibre unique entre agir et recevoir, entre le yang et le yin. (Pour plus d'informations sur cet équilibre, voyez la section « Faire un effort sans peine. »).

Faire ce qui vous plaît

Choisissez une activité que vous aimez tout particulièrement (danser, faire la cuisine, peindre, faire l'amour, ou tout simplement vous occuper de vos enfants).

La prochaine fois que vous vous y investissez, impliquez-vous de tout votre cœur, sans vous retenir ni ménager votre énergie. Vous allez alors vous fondre totalement dans cette activité, comme le font si bien les enfants. Ne jetez pas de regards anxieux sur votre montre et évitez d'observer votre conduite ; poursuivez sans réserve jusqu'à atteindre l'union entre vous et l'activité.

Comment savez-vous quand vous arrêter ? Avez-vous l'impression de vous dégager soudainement ou au contraire d'atteindre un point naturel qui vous indique intuitivement que c'est fini ? Comment vous sentez-vous une fois l'expérience terminée ? Vidé et fatigué ? Plein d'énergie et excité ? Pensez à cet exercice lors de votre prochaine séance de méditation.

S'appliquer « avec constance »

Là où la retenue vous empêche de faire ce qui pourrait s'avérer dangereux ou mauvais pour votre santé et où l'implication fournit l'étincelle qui va initier votre méditation, la constance vous aide à ramener inlassablement votre esprit à votre objet de concentration. Peu importent les pensées et les sentiments qui surgissent pour vous détourner de votre tâche, vous poursuivez laborieusement votre chemin. Tout comme il faut de la régularité pour revenir à votre séance jour après jour, retourner à votre objet de concentration autant de fois que nécessaire, sans lutter ni abandonner, demande de la constance. Cette qualité n'a rien d'érotique ni de passionnant – mais elle est tout bonnement fondamentale ! (Peut-être est-ce ce qu'Oscar Wilde voulait dire par *De l'importance d'être constant.*)

Faire un effort sans peine

Lorsque j'étais un méditant débutant, l'un de mes professeurs, le maître zen Shunryu Suzuki, disait avec une pointe de mystère : « Suivez la vague, conduisez la vague. » Je n'ai su ce qu'il voulait réellement dire que lorsque j'ai commencé le surf. Maintenant je le comprends !

SAGESSE POPULAIRE

Creuser un chemin vers la liberté

On trouve dans les grandes traditions méditatives cette histoire d'un prisonnier condamné à perpétuité pour un crime qu'il n'a pas commis. Dans un premier temps, il se lamente sur son sort et cède à des rêves de revanche et de regrets, puis il se rebelle et décide de retrouver la liberté, quelles qu'en soient les conséquences. Il commence alors à creuser un trou dans le mur de sa prison à l'aide d'une petite cuillère – un peu comme Tim Robbins, dans *À l'ombre de Shawshank,* (le drame américain réalisé par Frank Darabont, d'après un roman de Stephen King).

Et il a creusé jour après jour, semaine après semaine, année après année, progressant lentement mais sûrement. Un beau jour, épuisé par son travail, il s'affale contre la porte de sa prison – qui cède sous son poids ! D'un coup, il réalise que pendant toutes ces années où il a trimé comme un forçat pour essayer de s'évader, la porte de la liberté était grande ouverte – et qu'il ne s'en serait peut-être jamais aperçu s'il n'avait pas travaillé aussi dur pour sortir !

L'idée maîtresse de cette histoire est simple : si vous pratiquez votre méditation avec régularité et constance, à un moment donné, tous les efforts disparaîtront, la porte s'ouvrira en grand, vous laissant présent, conscient, détendu et en paix.

Si ces moments semblent très ordinaires lorsqu'ils surviennent, ils ont un grand pouvoir de guérison sur le corps et l'esprit, car ils offrent une brève vision de votre intégrité et de votre plénitude essentielles, libérées des couches superficielles de conditionnement et de lutte.

Le paradoxe est que la porte est toujours ouverte et qu'il est toujours possible d'apercevoir votre vraie nature – dans un regard amoureux, le rire d'un enfant ou le silence des arbres – mais qu'il faut parfois des années d'efforts et de pratique pour tomber par hasard dessus. Au risque de me répéter, certains ne la rencontreront jamais !

Lorsque je suis sur ma planche, seul avec le vent et le ciel, je suis atrocement conscient de ma petitesse et de mon insignifiance face à la puissance redoutable de la mer. Il serait présomptueux de ma part de dire que je surfe la vague – car en réalité ce sont les vagues qui me surfent !

Je sais que je ne peux absolument pas essayer de contrôler l'eau. Et pourtant, il me faut effectuer un effort pour me concentrer sur la houle, pagayer au bon moment et me placer au bon endroit pour prendre la vague à son sommet si je veux qu'elle me ramène au rivage. Je dois rester concentré au moindre mouvement de bascule de mon corps pour conduire la vague aussi intégralement que possible.

La méditation est comme le surf : si vous poussez trop et essayez de contrôler votre esprit, vous finirez par vous sentir enfermé et à l'étroit et vous terminerez lessivé par votre effort. Inversement, en restant derrière sans fournir le moindre effort, vous n'aurez pas la concentration nécessaire pour garder l'équilibre lorsque les vagues de pensées et d'émotions vous balayeront.

TRUC

Comme le surf, le ski ou tout autre sport, la méditation requiert un équilibre en constant changement entre le yang et le yin, l'effort et l'aisance, entre diriger ou suivre. Comme je l'ai déjà dit au chapitre 1, la concentration est le yang de la méditation – focalisée, puissante et pénétrante – tandis que la conscience réceptive représente le yin – ouverte, élargie, accueillante. Même si vous devez fournir un effort considérable au début pour simplement développer votre concentration, vous ne devez être ni tendu ni obsédé par le résultat. Votre effort doit être aussi aisé que celui d'un surfer chevronné.

Au bout d'un moment, vous serez capable de vous concentrer très naturellement et de maintenir cet état sans trop d'effort, ce qui vous permettra de vous détendre et d'ouvrir votre conscience à tout ce qui vient. Les notions mêmes de yin et de yang (conscience et concentration) disparaîtront progressivement pour seulement vous laisser être – avec un effort sans peine –, objectif ultime de la méditation.

N'OUBLIEZ PAS

Outre l'effort sans peine, la méditation soulève un certain nombre de paradoxes que l'esprit ne saisit pas facilement mais que le corps et le cœur comprennent sans difficulté. Pour pratiquer la méditation, il est utile d'être :

- **Sérieux mais gai** : après tout, la méditation vise à atteindre l'illumination – pourtant si vous êtes trop sérieux, vous ne ferez aucun progrès.
- **Vigilant tout en étant détendu** : apprenez à trouver un équilibre entre ces deux qualités dans vos méditations. Trop détendu, vous risquez de vous endormir ; trop vigilant (c'est-à-dire énervé), vous êtes trop tendu.
- **Spontané tout en étant réservé** : vous pouvez être totalement immergé « dans l'instant » et ouvert à tout ce qui surgit dans votre conscience sans devenir impulsif ou céder à un caprice ou un rêve.

- Impliqué tout en restant impartial : pendant que vous êtes concentré et attentif, évitez de vous laisser embarquer par les histoires fascinantes et chargées d'émotions créées par votre esprit.

TRUC

Jouer au chat et à la souris

Pour percer les secrets de l'effort sans peine et trouver l'équilibre idéal entre la vigilance et la décontraction, amusez-vous à observer attentivement les chats.

Même s'ils donnent l'impression d'être immobiles et peu communicatifs, les chats sont toujours parfaitement conscients de tout ce qui se passe dans leur environnement proche. Au moindre pépiement d'un oiseau ou bruit d'une souris, ils sont capables de bondir en un clin d'œil sur leur proie.

Si celle-ci leur échappe, ils ne montrent aucun attachement pour ce qu'ils auraient pu obtenir et qu'ils ont raté mais retournent à leur immobilité et se replongent dans leur méditation. Jamais le chat n'est associé à la notion d'effort – il est lui-même sans réserve, absorbé par l'instant présent, ouvert à tout ce qui se passe. Appliquez cette énergie et cette constance à votre méditation et vous attraperez le tour de main en un rien de temps.

Comment lâcher prise et que faut-il lâcher ?

Dans certaines contrées d'Asie, les chasseurs ont mis au point une méthode ingénieuse pour capturer les singes. Ils font un trou à l'intérieur d'une noix de coco, assez grand pour que le singe l'atteigne avec la main mais trop petit pour qu'il puisse retirer son poing fermé. Ils y glissent ensuite une banane mûre, attachent la noix de coco à une ficelle et attendent. Le singe, lorsqu'il a saisi la noix de coco puis la banane à l'intérieur, veut avec une telle hargne garder le fruit qu'il refuse de lâcher prise. Le chasseur n'a alors plus qu'à ramener l'animal comme un poisson accroché à un hameçon !

Comme nous l'avons déjà vu au chapitre 6, l'esprit se comporte à plus d'un titre comme un singe. Non content de sauter de branche en branche, il a aussi la fâcheuse tendance à s'accrocher à certaines idées, opinions, pensées, souvenirs et émotions, comme si sa vie (et la vôtre par la même occasion) en dépendait – et à rejeter avec une vigueur identique ce qui est nouveau.

Le changement perpétuel entre attachement et aversion est à l'origine de votre stress, car vous luttez en permanence pour contrôler l'incontrôlable. Les pensées et les sentiments surgissent et repartent que vous les aimiez ou non, la Bourse plonge et certaines de vos relations se terminent contre vos désirs. (Pour en savoir plus sur la façon dont l'esprit génère souffrance et stress, voyez le chapitre 5).

Chez les Alcooliques Anonymes et autres programmes de ce type, les volontaires récitent la prière suivante, « Accordez-moi la sérénité d'accepter ce que je ne peux pas changer, le courage de changer ce que je suis capable de changer et la sagesse de distinguer les deux. » Dans la méditation, vous développez la capacité de contrôler ou changer ce que vous pouvez – non pas les événements ou circonstances de votre vie, mais votre façon de les appréhender – et la tranquillité d'esprit d'accepter ce que vous ne pouvez pas modifier.

N'OUBLIEZ PAS

La méditation vous enseigne comment desserrer l'étau autour de votre expérience et créer une sorte de grandeur et de relaxation intérieures en lâchant prise et acceptant les choses telles qu'elles sont. Ce processus comprend plusieurs dimensions ou étapes qui souvent (mais pas forcément) se produisent dans l'ordre suivant :

- **L'arrêt du jugement** : si vous êtes comme la plupart des gens, vous ne pouvez vous empêcher de coller à vos expériences des jugements de valeur « bon », « mauvais » ou « sans intérêt » et vous réagissez en fonction de vos jugements : « j'aime bien ça, je vais essayer d'en avoir plus » ou encore « j'ai horreur de ça, il faut que je l'évite à tout prix » ou « ça ne me fait rien, je n'y accorde aucune attention ». En méditant, vous commencez à vous rendre compte du courant régulier de jugements et la façon dont ceux-ci dominent votre esprit, déformant votre expérience. Au lieu de céder à ce schéma habituel, exercez-vous à observer votre expérience en toute impartialité, sans la juger. Lorsque les jugements refont surface – et ils ne manqueront pas de le faire ! – contentez-vous d'être conscient de leur présence, en évitant la tentation de les juger eux aussi. L'habitude de juger relâchera progressivement son emprise sur votre esprit.
- **L'acceptation** : arrêter de juger implique en contrepartie d'accepter les choses telles qu'elles sont. Il ne vous est pas demandé d'aimer ce que vous voyez – n'hésitez pas à le changer –, mais vous devez avant tout le découvrir entièrement et clairement, dénué des couches de jugements et de négation. Vous bouillonnez peut-être de colère et pensez que cette émotion est mauvaise, voire mal, et vous refusez de la reconnaître.

  La méditation vous offre la possibilité d'observer votre colère telle qu'elle est – pensées répétitives de fureur, ondes de colère au niveau du ventre – sans essayer de la modifier ni de vous en débarrasser. (Pour plus d'informations sur la méditation sur les émotions provocatrices et les états mentaux, voyez le chapitre 11.) Plus vous accueillerez toutes vos expériences de cette façon, plus l'espace créé en vous pour les contenir s'agrandira – et plus vous désamorcerez les conflits entre différentes parties de vous-même.

- **Le lâcher-prise** : certains parlent parfois de « lâcher prise et laisser Dieu faire ». La première étape implique le renoncement à l'idée que vous avez un contrôle illimité sur votre vie. Dans la pleine conscience, vous pratiquez le lâcher-prise en renonçant à toute lutte pour contrôler votre esprit – et à toutes vos idées sur ce à quoi doit ressembler votre méditation – et en vous détendant dans l'instant présent, aussi bien intérieurement qu'extérieurement. Croyez-le ou pas, vous savez déjà lâcher prise – vous le faites même tous les soirs lorsque vous glissez vers le sommeil.
- **Vers l'identité véritable** : le lâcher-prise a également une dimension plus profonde : plus vous desserrez la mainmise sur vos goûts et vos dégoûts, vos préférences et préjugés, vos souvenirs et vos histoires, plus vous vous ouvrez à l'expérience d'être, au-delà de toutes les interprétations ou identités limitées. Celles-ci sont comme les couches superficielles d'un oignon ou des nuages voilant l'éclat du soleil. Lorsque votre méditation devient plus profonde, vous apprenez à accepter puis laisser ces nuages sans les confondre avec la lumière qu'ils cachent. En vous détachant petit à petit de celui que vous n'êtes pas – les masques qui occultent votre vraie nature – vous découvrez votre véritable identité : l'être pur que vous êtes. (Pour en savoir plus sur l'être pur, reportez-vous au chapitre 1.)

- **L'abandon** : lorsque votre méditation vous ouvre sur l'expérience de l'être pur, vous êtes à même de reconnaître la valeur de la seconde étape « laisser Dieu faire ». En vérité, la puissance ou la force qui gouverne votre vie (et qui vous êtes) est bien plus grande que votre petit moi et totalement digne de confiance – certains la qualifient même de sacrée ou de divine. Lorsque vous commencez à desserrer l'étau sur le gouvernail de votre vie, vous ne plongez pas la tête la première dans un abîme chaotique comme beaucoup le craignent, mais vous abandonnez le contrôle apparent que vous aviez à celui qui était déjà maître à bord – appelez-le comme vous voulez, Dieu, le Moi ou l'être pur. Dans votre méditation, vous pouvez véritablement ressentir cet abandon, matérialisé par une décontraction de plus en plus profonde dans le silence sacré ou l'immobilité qui vous entoure, vous envahit et vous donne des forces.

Acceptation et lâcher-prise

S'accrocher fermement et repousser violemment, convoiter et haïr, défendre et attaquer – ce que l'on nomme traditionnellement *attachement* et *aversion* – représentent les principales causes de souffrance et de stress. Avec l'indifférence, ces qualités forment les trois poisons légendaires des traditions méditatives.

Il est fort heureusement possible de cultiver des antidotes en pratiquant les deux principaux gestes ou fonctions de la méditation : l'acceptation et le lâcher-prise. Ils sont d'ailleurs intimement liés : tant que vous n'acceptez pas, vous ne pouvez pas lâcher prise ; tant que vous ne lâchez pas prise, vous n'avez pas d'espace pour accepter. Comme le dit un maître zen : « lâchez prise et votre main se remplira ». Voici un petit exercice qui vous donnera la possibilité de pratiquer ces deux gestes :

1. **Asseyez-vous confortablement et respirez profondément à plusieurs reprises. Concentrez-vous sur vos inspirations et vos expirations.**

2. **Au bout de quelques minutes, prenez conscience de vos pensées et de vos sentiments.**

   Vous devez être prêt à accueillir tout ce qui surgit dans votre expérience sans jugement ni rejet.

3. **Au fur et à mesure que vos pensées défilent et s'en vont, remarquez le mouvement pour éviter, rejeter ou ne pas voir ce qui vous semble déplaisant ou désagréable.**

   Acceptez ce mouvement tout en continuant d'accueillir votre expérience, quelle qu'elle soit.

4. **Après 5 à 10 minutes, lorsque vous maîtrisez bien l'acception, portez votre attention sur le processus du lâcher-prise.**

   Votre attitude doit être celle de lâcher prise sur tout ce qui va se produire, malgré l'urgence ou le plaisir à venir.

   Remarquez le mouvement d'emprise ou l'envie de vous laisser tenter ou de vous impliquer dans les sentiments et pensées agréables ou fascinants. Contenez-vous sans violence et continuez de desserrer votre étau et de lâcher prise.

Une fois que vous maîtrisez bien l'acceptation et le lâcher-prise, vous pouvez travailler les deux au cours de la même méditation. Accueillez tout ce qui survient, puis lâchez prise. C'est le rythme en deux temps de la méditation en pleine conscience.

Respirer avec le ventre

Une bonne respiration est celle qui ouvre et élargit à la fois le ventre et la cage thoracique. Dans notre culture, nous avons tendance à mettre en valeur un torse développé et un petit ventre. Nous apprenons donc très tôt à « rentrer le ventre » et ne pas le laisser (ni lui ni les sentiments) se voir. (Aussi étonnant qu'il puisse paraître, dans certaines cultures, un ventre large et développé est considéré comme très séduisant !)

L'ennuyeux est que nous ne nous permettons pas de respirer avec l'abdomen. Cette (mauvaise) habitude limite l'apport d'oxygène inspiré et accentue la tendance stressante à comprimer les muscles abdominaux et le diaphragme (cloison musculaire séparant la cage thoracique de l'abdomen) et à retenir notre souffle.

Pour contrer cette tendance et vous aider à vous détendre, essayez l'exercice suivant, emprunté au hatha-yoga :

1. **Observez votre façon usuelle de respirer.**

   Quelles parties de votre corps se gonflent-elles pendant la respiration et quelles parties ne bougent pas ? Quelle est la profondeur et la rapidité (ou la lenteur) de votre respiration ? À quel endroit se trouve-t-elle comprimée ou entravée ? Comment réagissent votre diaphragme et vos muscles abdominaux ?

2. **Faites un effort conscient pour gonfler votre ventre pendant la respiration.**

   J'ai utilisé le terme « effort » à dessein, car il est possible que votre diaphragme et vos muscles abdominaux soient assez tendus au début.

3. **Respirez profondément et lentement par le ventre.**

   Remarquez la résistance de votre abdomen face à cette nouvelle façon de respirer.

4. **Continuez de respirer ainsi pendant 5 minutes puis reprenez votre respiration normale.**

   Avez-vous noté une quelconque différence ? Vos muscles abdominaux vous semblent-ils plus détendus ? Sentez-vous une modification dans la profondeur de votre respiration ? Avez-vous l'impression d'être plus énergique ou plus calme ?

Pratiquez régulièrement cet exercice – au moins une fois par jour. Il s'avère tout particulièrement utile pendant les périodes de stress ou d'anxiété lorsque le ventre se resserre et la respiration est gênée. Respirez alors par le ventre et regardez ce qui se produit.

Chapitre 10

Ouvrir son cœur : amour, compassion et pardon

Dans ce chapitre :

- Ouvrir son cœur : les avantages et les inconvénients
- Explorer le « point tendre » et les émotions sensibles
- Diriger votre amour vers vous (le plus dur à faire !) et les autres
- Quelques grandes techniques pour cultiver la compassion
- Nettoyer à fond ses artères par le pardon et la gratitude

Vous vous demandez peut-être pourquoi je consacre un chapitre au cœur. Après tout, la méditation consiste à s'asseoir dans le calme et à focaliser son esprit ; les affaires de cœur étant réservées aux rencontres sentimentales ou à l'intimité des discussions familiales.

Selon les grandes traditions méditatives, l'énergie du cœur se cultive de la même façon que l'attention (pour en savoir plus sur ce sujet, reportez-vous au chapitre 1). Qu'elle prenne la forme de l'amour, de la joie, de la paix, de la compassion ou de la dévotion, il est possible de générer et d'élargir délibérément et consciemment cette énergie pour créer un champ profitable à vous-même et à tous ceux qui vous entourent.

Comme la lumière du soleil, l'éclat d'un cœur ouvert réchauffe et nourrit tous ceux qu'il touche. Mais comme le soleil, le cœur est souvent enfermé et obscurci par les nuages, représentés par des émotions douloureuses ou des états mentaux comme la peur, la colère, le jugement ou le doute. Par la pratique de la méditation, ces nuages se dissipent peu à peu au fur et à mesure que l'esprit agité se calme et s'apaise (voir chapitre 6). Il est également possible de travailler directement sur l'énergie du cœur en défaisant les histoires négatives que votre esprit vous raconte et en gérant les émotions difficiles comme il est expliqué au chapitre 11. Enfin, vous pouvez adopter l'approche préconisée dans ce chapitre : chasser les nuages en développant la chaleur naturelle de votre cœur par des pratiques conçues pour cultiver l'amour et la compassion.

Avant de vous montrer comment y parvenir, j'aimerais vous faire découvrir le territoire en question. Oui, je sais, vous savez parfaitement où se trouve votre cœur ! Mais l'avez-vous exploré avec toute l'attention nécessaire ? Savez-vous pourquoi il se ferme – et refuse de s'ouvrir ? Avez-vous déjà pensé à tous les bénéfices que vous pourriez tirer de son ouverture ? Voici quelques réponses à toutes ces questions.

Comment le cœur se ferme-t-il – et comment l'ouvrir de nouveau ?

Vous n'êtes pas né, comme vous devez vous en douter, le cœur fermé. Tous ceux qui ont déjà passé du temps avec un nouveau-né le diront : les bébés ont un cœur qui rayonne d'amour. Pourtant, en grandissant, les bosses, les bleus et les épreuves de la vie obligent progressivement à protéger la tendresse et les autres émotions sensibles sous une épaisse couche défensive – ce sont les nuages dont j'ai parlé plus haut. Cette couche entoure et enserre le cœur, et préserve votre vulnérabilité – mais elle emprisonne par la même occasion votre propre amour et empêche celui des autres de pénétrer.

Vous faites peut-être partie des rares personnes dont le cœur est presque toujours ouvert. Si tel est le cas, félicitations ! Ou peut-être êtes-vous de ceux qui s'emmitouflent d'une couverture de nuages, voire d'une armure, à chaque fois qu'ils sortent, mais qui s'en débarrassent lorsqu'ils sont avec des amis ou leur famille. Ou encore de ceux dont le cœur s'ouvre et se ferme comme le flux et le reflux en fonction du temps. Peut-être enfin, faites-vous partie des millions d'individus qui éprouvent des difficultés à laisser l'amour pénétrer dans leur cœur ou aller vers les autres.

Pour vous mettre du baume au cœur, sachez qu'il est réellement possible d'apprendre à réouvrir son cœur, comme nous le verrons plus loin dans ce chapitre. Je voudrais dans un premier temps décrire les facteurs qui referment votre cœur dès qu'il s'ouvre – ou le maintiennent totalement fermé – et tout ce que vous pourriez gagner à l'ouvrir.

Les facteurs qui empêchent le cœur de s'ouvrir

Comme la plupart des êtres humains, vous refermez votre cœur automatiquement ou délibérément lorsque vous êtes en proie à la colère, à la peine ou face à une menace. Vous pouvez craindre que les autres ne profitent de votre gentillesse ou n'écrasent votre fragilité de leur insensibilité ou ne fassent ressurgir des souvenirs pénibles. Vous n'avez peut-être pas oublié toutes les fois où vous avez été malmené et vous ne voulez pas que cela se reproduise. Chacun a ses raisons propres pour fermer son cœur. Quelles que soient les vôtres, elles vous privent peut-être de l'amour que vous aimeriez bien recevoir.

N'OUBLIEZ PAS

Voici quelques-uns des principaux facteurs de fermeture du cœur :

- **La peur** : si, pour toutes sortes de raisons, vous avez peur d'être attaqué, critiqué, manipulé ou accablé, vous adoptez une attitude de défense et fermez votre cœur. L'amour implique de lâcher la peur et d'apprendre à avoir confiance en soi et dans les autres.
- **La rancœur** : lorsque vous vous accrochez à vos vieilles blessures et que vous laissez l'amertume et le ressentiment se développer dans votre cœur, vous le fermez, non seulement à tous ceux qui vous ont fait du mal, mais aussi à la vie.
- **Le chagrin non résolu** : cette émotion humaine très naturelle peut ne pas s'estomper si vous persistez à ressasser ce que vous avez perdu et refusez de tirer un trait sur le passé. Lorsque le cœur est rempli de chagrin, vous hésitez à l'ouvrir car vous ne voulez pas ressentir la peine qui s'y trouve.
- **La jalousie** : sorte de ressentiment, la jalousie ferme votre cœur à la personne que vous jalousez – et à vous-même car, quelque part, vous vous considérez comme « inférieur ».
- **La douleur** : également appelé blessure, ce sentiment peut vous conduire à barricader totalement votre cœur et y accrocher une belle pancarte « Défense d'entrer » si vous le laissez prendre une ampleur trop importante.
- **L'emprise et l'attachement** : tant que vous serez lié émotionnellement à un déroulement programmé de votre vie, vous fermerez votre cœur à la moindre interférence extérieure. Les émotions comme le chagrin, la douleur et même la rancœur sont en fin de compte ancrées dans un attachement – et la peur de perdre ce à quoi vous êtes lié.
- **L'attachement à soi** : si vous vous estimez isolé, coupé des autres et de votre être essentiel, vous allez vous raccrocher à votre petit univers – vos biens, votre réussite, votre petit bonheur – et fermer votre cœur, si nécessaire, pour le défendre. Également appelé ego dans de nombreuses traditions méditatives, l'attachement à soi accentue la séparation et est à l'origine des autres facteurs de cette liste.

En fait, seules les personnes les plus illuminées et désintéressées sont capables de garder leur cœur ouvert en permanence. Là, nous parlons de gens comme Jésus ou Mère Térésa ! Les autres (c'est-à-dire nous) continueront de fermer leur cœur encore à de nombreuses reprises ! C'est seulement lorsque nous serons parvenus à faire disparaître les barrières qui nous séparent des autres – objectif de l'illumination – que nous pourrons maintenir notre cœur ouvert même dans les circonstances les plus difficiles.

Illuminé ou pas, vous pouvez néanmoins développer la capacité d'ouvrir votre cœur lorsque vous le désirez. La pratique régulière de la méditation affaiblit peu à peu la séparation responsable de la fermeture du cœur initiale. (Pour en savoir plus sur la séparation, reportez-vous au chapitre 5). Qui sait ? Un jour peut-être ouvrirez-vous votre cœur pour ne plus jamais le refermer !

N'OUBLIEZ PAS

La bonté est la solution

Si la culture d'un cœur ouvert mérite qu'on lui consacre un chapitre à part entière, elle est traditionnellement considérée comme la fondation de la pratique méditative plutôt qu'une technique ou une approche séparée.

Dans le Sud-Est asiatique par exemple, on apprend aux méditants à développer la générosité, la patience et la bonté avant même de leur apprendre à méditer. Les adeptes tibétains vouent les bénéfices de chacune de leurs méditations à la paix et à l'harmonie de tous les hommes et pas uniquement à eux-mêmes. Comme le dit le Dalaï-Lama, prix Nobel de la Paix, « ma religion est la bonté ».

Si vous n'y mettez pas tout votre cœur, vous ne récolterez jamais les innombrables bénéfices de la méditation, même en suivant toutes les techniques à la lettre.

Pour être ouvert à l'instant présent, comme l'enseigne la méditation en pleine conscience (pour en savoir plus sur la pleine conscience, voyez le chapitre 6), toutes les dimensions de votre être doivent s'ouvrir – corps, esprit, âme et cœur. Assurez-vous d'amener dans votre méditation une dose d'amour et de chaleur – surtout envers vous-même !

Quelques bonnes raisons de garder le cœur ouvert

Imaginez qu'un extraterrestre arrive sur Terre et essaye de comprendre les êtres humains à partir de leurs chansons populaires. Il en conclura probablement que nous considérons l'amour (quelle qu'en soit la forme) comme un bien autrement plus précieux que tout autre. Mais une fois que notre ET trouvera comment mesurer l'amour, il sera à n'en pas douter étonné de constater à quel point cette substance inestimable est si peu présente entre les hommes ! L'amour, déduira alors notre ET, est non seulement précieux mais incroyablement difficile à rencontrer.

Pour des créatures désireuses d'être aimées, appréciées voire adorées, nous avons adopté une bien curieuse façon de satisfaire ce désir ! Au lieu de le fabriquer nous-même dans la petite machine située dans la poitrine, nous nous plaignons de ne pas en avoir suffisamment, recherchons désespérément quelqu'un qui pourrait nous en donner et essayons de nous rendre plus sympathique en modifiant notre aspect et en gagnant plus d'argent. Et pourtant, le meilleur moyen d'avoir de l'amour est de le fabriquer soi-même !

En développant des sentiments chaleureux et affectueux, vous êtes sûr de disposer de la nourriture que vous recherchez. En offrant ces sentiments à d'autres, vous touchez la sensibilité de leur cœur et faites naturellement naître en eux des sentiments identiques, créant un flot d'amour qui circule entre vous et se nourrit par lui-même.

Si vous n'avez jamais ressenti un tel flot, peut-être connaissez-vous des personnes qui ont fait ou font cette expérience. Elles sont faciles à reconnaître, leurs yeux brillent d'une étincelle positive, leurs mots sont tendres vis-à-vis de tous et elles font jaillir l'amour partout où elles vont. Grâce aux pratiques décrites ici, vous aussi allez produire un flot de sentiments affectueux. La balle est dans votre camp.

N'OUBLIEZ PAS

Voici quelques-uns des nombreux bienfaits de l'apprentissage de l'amour :

- **Énergie et expansivité** : si vous avez déjà été amoureux (ou si vous l'êtes en ce moment !), vous connaissez cette sensation de déborder de vitalité lorsque le cœur est grand ouvert. Au lieu du sentiment trop fréquent de restriction, vous avez soudain l'impression de ne plus avoir de frontières comme si vous ne saviez plus où s'arrêtaient vos propres limites et où commençait le monde extérieur (ou votre bien-aimé).
- **Paix et bien-être** : un cœur rempli d'amour rend heureux et apaise, sans motif extérieur. L'amour, la joie, le bonheur, la paix et le bien-être ne sont que des noms et des versions donnés à la même énergie fondamentale : celle affectueuse et vitale du cœur.
- **Bonne santé** : sans amour, point de vie. L'amour encourage les êtres qui s'aiment à faire des enfants et joue un rôle essentiel dans le maintien d'une bonne santé en fournissant l'étincelle absolument vitale qui nourrit les organes internes et donne au corps (et à la personne) une raison de vivre. Le Dr Ornish, docteur en médecine à l'université de San Francisco, auteur de *Dr. Dean Ornish's Program for Reversing Heart Disease* (un programme de réversibilité des maladies cardiovasculaires), a montré que l'amour était le facteur n° 1 dans le processus de guérison, plus important que le régime ou l'exercice. Pour soigner les maladies cardiovasculaires, il est indispensable d'ouvrir son cœur, plaide-t-il. (Plus d'informations sur le Dr Ornish sont données au chapitre 2.)
- **Appartenance et rapprochement** : comme le dit la chanson, « l'amour fait tourner le monde » – en tout cas, il rassemble les gens et maintient le lien entre eux. En ouvrant votre cœur, vous vous sentez naturellement lié aux autres de façon significative. Dans son sens le plus profond, l'amour est la source de toute appartenance et de tout sens.

- **L'éveil spirituel** : en gommant progressivement l'impression de séparation avec les autres, les sentiments affectueux révèlent la nature essentielle de la vie, qui, paradoxalement, est également l'amour. Au bout du compte, comme l'enseignent les soufis, nous ne sommes que l'amour à la recherche de lui-même.

N'OUBLIEZ PAS

Le guerrier du cœur

Pour tous les durs (et dures) à cuire qui pensent que le cœur est le domaine exclusif des filles ou des idiots, voici quelques sages conseils du maître bouddhiste tibétain Chögyam Trungpa. (Comme le Dalaï-Lama et des milliers d'autres Tibétains, Trungpa a quitté sa terre natale lors de l'invasion chinoise et traversé les hautes montagnes de l'Himalaya pour trouver refuge en Inde.)

Dans son livre intitulé *Shambhala : la voie sacrée du guerrier*, il explique qu'il faut un immense courage pour affronter ses peurs et sa négativité et accepter de garder le cœur ouvert – même dans les circonstances les plus difficiles.

Si un guerrier a souvent l'image d'un être impénétrable, insensible et fortement armé, Trungpa estime que le guerrier sacré pratiquant la méditation ne craint pas de paraître fragile – ni même de témoigner de la tendresse envers les autres.

Il est possible de prendre soin de soi – et même de se défendre contre le mal lorsque nécessaire – sans fermer son cœur. Un cœur ouvert ne vous rend pas impuissant ou inefficace ! Au contraire, il vous permet de réagir à bon escient et habilement à une situation car, outre votre propre souffrance, vous ressentez celle des autres.

Découvrir votre « point tendre »

L'un de mes professeurs, le maître bouddhiste tibétain Sogyal Rinpoché, appelait l'endroit intérieur où sont logés les sentiments tendres et affectueux « le point tendre ». Celui-ci se trouve dans le cœur, sous la dureté et les protections défensives. Pour l'atteindre, vous devez prendre le risque de rencontrer des sentiments que vous préféreriez éviter comme la peur, la colère, le chagrin et tous ceux mentionnés plus haut. Vous le reconnaîtrez facilement car il a une douceur tendre, souvent teintée d'une certaine tristesse ou mélancolie pour la condition humaine. (Ouvrir votre cœur vous paraîtra peut-être légèrement douloureux au début en raison de cette tristesse qui est en fait l'un des germes de la compassion.)

MÉDITATION

Pour vous familiariser avec votre « point tendre » et pouvoir pratiquer les autres méditations de ce chapitre, commencez par l'exercice suivant :

1. **Fermez les yeux et respirez plusieurs fois profondément en décontractant légèrement votre corps à chaque expiration.**

   N'oubliez pas d'être indulgent avec vous-même.

2. **Imaginez le visage d'un être cher qui vous a énormément aimé lorsque vous étiez enfant et dont l'amour vous a beaucoup ému.**

   En Orient, il est conseillé de choisir le visage de la mère, mais beaucoup d'Occidentaux ont des relations plus problématiques avec leurs parents et il est préférable dans ce cas d'avoir recours au visage d'un grand-père, d'une grand-mère ou d'une autre personne. (Si vous n'avez jamais ressenti ce type d'amour petit, choisissez quelqu'un de célèbre, doté selon vous d'une tendresse sans condition comme le Christ, le Bouddha ou la divine Providence.)

3. **Rappelez-vous un moment particulier où cette personne vous a montré l'étendue de son amour qui vous a littéralement nourri.**

4. **Observez les sentiments de tendresse et d'affection que ce souvenir évoque dans votre cœur.**

   Regardez si d'autres sentiments accompagnent la tendresse et la gratitude que vous éprouvez.

5. **S'il vous est difficile de revivre cet instant d'amour, portez votre attention sur ce qui fait barrage. Quels sentiments protègent votre point tendre ?**

6. **Commencez à examiner la région entourant votre point tendre.**

   Dans quel état est votre cœur à ce moment précis ? Quels autres sentiments se manifestent à l'intérieur en plus (ou à la place) de l'amour ? Remarquez-vous une tension ou une armature autour de votre cœur qui l'empêche de s'ouvrir à l'amour ?

7. **Prenez conscience de ce que vous découvrez sans porter ni jugement ni critique.**

L'amour commence avec vous-même

Peut-être vous est-il difficile d'éprouver de l'amour et de le communiquer aux autres parce que vous en avez manqué lorsque vous étiez enfant. Même si vous n'avez jamais vraiment appris comment donner de l'amour et en recevoir librement, on vous demande sans cesse ce qui, à votre avis, vous manque. Sans amour, vous êtes comme quelqu'un dans le désert à côté d'un puits à sec ; vous ne pouvez partager l'eau car vous n'en avez pas vous-même. Il se peut que votre puits ait de l'eau, mais il s'assèche toujours au moment où vous en avez le plus besoin.

Les méditations proposées dans ce chapitre permettent de creuser un puits profond à l'intérieur de votre point tendre, là où l'eau ne se tarit jamais. (L'amour dont je parle n'appartient à personne ; il bouillonne d'une source mystérieuse et inépuisable.) Vous aurez au début besoin d'amorcer la pompe, raison pour laquelle les enseignements traditionnels recommandent de commencer chaque méditation sur l'amour et la compassion par une concentration sur soi. Une fois votre propre puits rempli à ras bord, vous pourrez faire bénéficier les autres du trop-plein.

N'OUBLIEZ PAS

Tout comme il est impossible de guérir réellement les autres si l'on n'est pas soi-même guéri en partie, on ne peut aimer tant que l'on ne se sent pas profondément aimé. Sachez que vous méritez au moins autant qu'un autre d'être aimé. En Occident, l'abnégation est souvent prisée tandis que l'amour de soi est perçue comme une marque d'égoïsme. Pourtant, c'est l'inverse qui est le plus souvent vrai : ceux qui s'aiment donnent plus d'amour librement et généreusement que ceux qui ne s'aiment pas.

MÉDITATION

Savoir apprécier sa propre bonté

S'il vous est difficile d'avoir des sentiments affectueux à votre égard, consacrez 5 à 10 minutes à penser à vos qualités et au bien que vous avez fait dans votre vie. Allez-y sans crainte, cela ne vous fera pas de mal !

Faire ses propres louanges est complètement tabou en Occident ; nous nous concentrons essentiellement sur nos points faibles, ce qui ne fait que renforcer le sentiment de peur et de crispation. « Péché d'orgueil ne va pas sans danger », réprimande le proverbe, rappelant qu'il vaut mieux faire attention car toute autosatisfaction pourrait bien conduire à notre perte. « Pour qui te prends-tu ? », nous ont répété pendant notre enfance nos parents exaspérés, nous apprenant involontairement à avoir honte et douter de nous-mêmes.

En dépit de ce que vos parents (ou toute autre personne d'autorité) vous a appris ou laissé entendre, il n'y a pas de mal à avoir une bonne opinion de soi. En vous concentrant sur votre bonté, vous créez des sentiments positifs et extensibles qui vous nourrissent et nourrissent ceux qui vous entourent. « La joie, disait le Bouddha, est la voie ouverte au nirvana. »

Les traditions méditatives proposent la pratique de l'amour de soi comme remède à la terrible maladie occidentale d'autocritique et d'abnégation. En travaillant à l'ouverture du cœur, pensez, même lorsqu'il est fermé, à le garder ouvert pour vous.

Les quatre dimensions de l'amour

Comme l'eau, l'amour surgit sous diverses formes et apparences. Un lac de montagne à l'eau limpide, l'étang calme d'une forêt, le mince filet d'eau d'un ruisseau, une rivière rugissante ne sont que différentes manifestations de l'eau, de même que des émotions tendres comme la bonté, la compassion, la joie, la gratitude, le pardon, la dévotion, la générosité, la paix ou la sérénité naissent dans le cœur et sont au bout du compte de l'amour. Attention, il ne s'agit pas d'idées abstraites mais de qualités humaines naturelles que l'on apprend à cultiver et à communiquer aux autres.

N'OUBLIEZ PAS

Les bouddhistes considèrent quatre de ces émotions comme les pierres angulaires d'une vie heureuse et épanouissante :

- **La bonté** : elle naît spontanément en réponse à la gentillesse des autres et se compose de sentiments chaleureux et affectueux que l'on peut, à dessein, accroître et prolonger.
- **La compassion** est une étape supérieure vers l'amour. En plus d'aimer les autres, vous percevez leur souffrance et êtes naturellement disposé à les aider à la soulager. (Le terme « compassion » signifie « souffrir avec ».)
- **La joie compatissante** est l'envers de la compassion. C'est un sentiment de plaisir né du bonheur et de la bonne fortune des autres.
- **La sérénité**, ou « calme du cœur », se cultive par les pratiques méditatives de base présentées dans ce livre. Quoi qu'il advienne, vous vous élargissez pour l'englober sans la laisser vous contrarier ou vous perturber.

J'ai mis l'accent, dans les sections suivantes, sur l'amour et la compassion, en attirant plus spécialement l'attention sur la gratitude et le pardon comme antidotes au ressentiment et à la peur qui trop souvent empêchent le cœur de s'ouvrir.

Comment générer l'amour pour vous et les autres

Comme nous l'avons déjà vu, chacun de nous possède sa propre usine d'amour dans la poitrine. Reste à savoir comment ça marche ! Petit, vous avez à n'en pas douter reçu d'innombrables conseils pour utiliser au mieux votre tête. Les enseignants vous ont appris à résoudre des problèmes de math, à mémoriser des faits ; vos parents vous ont aidé à faire vos devoirs ; vous avez peut-être fait des stages de lecture rapide et lu des livres destinés à « optimiser vos habitudes de travail ». Mais quelqu'un vous a-t-il un jour fait asseoir pour vous expliquer comment aimer ? D'accord, vous aviez des modèles, mais vous ont-ils montré comment ils faisaient ? Vous allez maintenant apprendre quelques techniques qu'on ne vous a jamais apprises nulle part.

Ouvrir les portes

Les étapes suivantes sont une méditation visant à vous relier à votre point tendre et à initier le flot d'*amour inconditionnel*. (Pour distinguer cet amour de l'amour conditionnel, imaginez l'amour d'une bonne mère pour son bébé. Elle donne son amour librement et sans condition, sans attendre en retour autre chose que le bonheur et le bien-être de son enfant.) Comme pour toutes les méditations de ce chapitre, il est possible de débuter par 5 à 10 minutes de pratique de la pleine conscience (compter ou suivre sa respiration, voir chapitre 6) afin d'approfondir et de stabiliser votre concentration. Une fois que vous avez le tour de main, cultiver la bonté peut devenir un excellent exercice en lui-même pour développer la concentration.

1. **Fermez les yeux, respirez profondément à plusieurs reprises en décontractant un peu votre corps à chaque expiration.**
2. **Songez au visage d'un être cher qui vous a énormément aimé lorsque vous étiez enfant et dont l'amour vous a beaucoup ému.**
3. **Rappelez-vous d'une fois où cette personne vous a témoigné son amour qui vous a imprégné tout entier.**
4. **Observez la gratitude et l'amour que ce souvenir évoque dans votre cœur. Laissez ces sentiments monter et remplir votre cœur.**
5. **Élargissez avec douceur ces sentiments à la personne aimée.**

   En donnant et recevant librement cet amour, vous ferez peut-être l'expérience d'une transmission d'amour entre vous deux.
6. **Laissez ces sentiments affectueux déborder et progressivement inonder tout votre être.**

   Laissez-vous vous remplir d'amour.

Maîtriser le flot

Une fois le flot d'amour initié, il est possible de le canaliser, dans un premier temps, vers vous puis vers vos proches. La méditation précédente achevée (comptez au moins 5 minutes), poursuivez avec celle-ci :

1. **Pendant que vous laissez la bonté emplir votre être, vous avez peut-être envie d'exprimer les souhaits et intentions qui servent de fondements à cet amour.**

   Comme les bouddhistes le font, pourquoi ne pas vous dire « Pourvu que je sois heureux, serein et que je ne souffre pas. » Vous pouvez préférer un souhait émanant de la tradition religieuse occidentale comme « Pourvu que je reçoive la grâce et l'amour de Dieu. » N'hésitez pas à utiliser vos mots à vous. Tenez-vous-en aux termes simples, généraux, qui ont une portée émotionnelle. En tant que bénéficiaire, donnez de l'amour sans oublier d'en recevoir aussi.

2. **Lorsque vous avez fait le plein d'amour pour vous-même, pensez à quelqu'un pour qui vous éprouvez de la gratitude et du respect. Prenez le temps (au moins quelques minutes) de diriger le flot d'amour vers cette personne, en utilisant des mots identiques pour exprimer vos intentions.**

   Ne vous pressez pas ; laissez-vous autant que possible le temps de sentir cet amour au lieu de l'imaginer.

3. **Prenez le temps de diriger cette bonté de la même façon vers un être aimé ou un ami cher.**

4. **Dirigez ensuite ce flot d'amour vers quelqu'un dénué de toute charge affective (quelqu'un que vous voyez de temps en temps et pour qui vous avez des sentiments neutres par exemple).**

5. **La partie la plus dure de l'exercice consiste maintenant à diriger votre bonté vers quelqu'un pour qui vous avez des sentiments légèrement négatifs (une personne agaçante ou blessante).**

   Prolonger votre amour vers cette personne, même si ce n'est qu'un tout petit peu au début, vous aide à garder le cœur ouvert, même dans les situations conflictuelles. Par la suite, vous parviendrez à prolonger votre amour jusqu'aux personnes envers lesquelles vous avez des sentiments négatifs très forts (colère, peur ou douleur).

N'OUBLIEZ PAS

Laisser la vie vous ouvrir le cœur

Il y a certainement des moments au cours de la journée où vous êtes brusquement envahi par une bouffée d'amour et de compassion. Une vieille femme à la rue poussant un pathétique caddy, les hurlements de désespoir d'un chien ou le cortège d'enfants faméliques et de femmes en pleurs quelque part dans le monde défilant sous vos yeux pendant le journal télévisé, émeuvent votre cœur qui déborde alors de compassion. Inversement, un geste étonnamment gentil envers vous, les paroles d'un ami qui vous redit tout son amour pour vous, ou simplement le regard d'un être très cher font monter dans votre cœur l'amour et la gratitude.

Au lieu de passer rapidement à l'instant suivant ou de repousser ce sentiment avec une sorte de gêne, prenez le temps de fermer les yeux, de méditer sur ce que vous ressentez et de l'approfondir. La vie a la possibilité, par elle-même, de vous ouvrir le cœur si vous ne vous y opposez pas. Votre seule tâche est alors de prolonger ces moments jusqu'à ce qu'ils finissent par remplir votre vie.

Comme les autres méditations de ce livre, celle de la bonté est nettement plus bénéfique si elle est longue. Essayez de consacrer 5 voire 10 minutes à chacune des phases. Plus le temps et l'attention que vous lui accorderez seront longs, plus vous percevrez des changements subtils (voire beaucoup plus visibles !) dans vos sentiments à chaque instant.

Peut-être verrez-vous votre cœur continuer à diffuser un souhait de bien-être pour les autres (et vous-même) longtemps après avoir terminé votre méditation proprement dite. Ou bien, vous découvrirez que les situations qui déclenchaient chez vous auparavant des mots durs ou un repli terrifié font maintenant naître des sentiments de solidarité et de compassion. Même si vous ne ressentez rien de prime abord, le seul fait de répéter vos souhaits et intentions peut avoir un effet visible.

Dans son livre *Lovingkindness*, Sharon Salzberg, professeur bouddhiste américain, raconte l'une de ses retraites. Du matin au soir pendant sept jours, elle n'a fait qu'étendre sa bonté sur elle-même. Incapable de ressentir quoi que ce soit, elle a trouvé l'ensemble de cet effort d'un ennui mortel. Le jour de son départ, elle a fait tomber un pot qui a littéralement explosé au sol. Mais au lieu de s'accabler d'un flot de reproches, sa première réaction fut de se dire : « Tu n'es qu'une empotée, mais je t'aime quand même. » « Formidable, pensa-t-elle, alors il s'est vraiment passé quelque chose. »

Comment transformer une souffrance avec de la compassion

Lorsque vous maîtrisez bien l'ouverture du cœur et l'extension de votre amour sur vous et les autres, vous pouvez, si vous le désirez, refaire cette expérience avec la *compassion*, qui n'est en fait qu'une autre forme d'amour. (Il est aussi possible de commencer directement par cette phase et de laisser la bonté pour plus tard.) Si la souffrance des autres vous émeut et que vous avez en vous un désir spontané de les aider à soulager leur peine, vous faites preuve de compassion. Contrairement à la pitié, ce sentiment ne vous coupe pas des autres et ne vous donne pas une impression de supériorité. Au contraire : les barrières qui vous tiennent en temps ordinaire à l'écart s'effondrent et vous ressentez la peine des autres comme s'il s'agissait de la vôtre.

Peut-être craignez-vous, en cultivant la compassion, d'être vite submergé par la trop grande souffrance autour de vous. Après tout, me direz-vous, le monde n'est-il pas que violence, pauvreté, maladie, et vous ne pouvez faire que si peu ! Sachez toutefois que plus vous cultiverez la compassion, moins vous vous sentirez accablé.

Si vous n'avez pas d'autre ambition que d'améliorer votre propre vie par la méditation, vous pouvez passer cette section (même si je reste convaincu qu'ouvrir votre cœur à la compassion peut vous apporter beaucoup). Si vous êtes désireux de faire partager aux autres les bienfaits de vos méditations – et devenir par là même plus compatissant –, les exercices qui vont suivre vont s'avérer on ne peut plus utiles. Commencez par cultiver la compassion, puis, si vous le voulez, servez-vous-en pour transformer la souffrance des autres dans votre propre cœur. Bien qu'elles semblent simples, ces pratiques dissipent avec une grande efficacité les nuages qui cachent le cœur.

Exercices préliminaires pour susciter la compassion

Voici quelques courtes méditations destinées à cultiver la compassion. Elles sont adaptées du *Livre tibétain de la Vie et de la Mort* de Sogyal Rinpoché, maître bouddhiste tibétain selon qui « Le pouvoir de la compassion n'a pas de limites. »

Prendre conscience que les autres sont comme soi

Lorsqu'une relation avec un être cher ou un ami est difficile, regardez au-delà de votre conflit le rôle que cette personne joue dans votre vie. Prenez le temps de réfléchir au fait que cette personne est aussi un être humain, animé du même désir de bonheur et de bien-être, des mêmes craintes de souffrir, du même besoin d'amour que vous. Observez les changements induits par cette méditation dans vos sentiments pour elle et comment vous percevez différemment les difficultés.

Se mettre à la place de l'autre

Lorsque vous rencontrez une personne qui souffre et que vous ne savez pas comment faire pour l'aider, mettez-vous à sa place. Comment réagiriez-vous devant des problèmes similaires ? De quoi auriez-vous besoin ? Qu'aimeriez-vous que les autres fassent pour vous ? Voyez ensuite si cette méditation vous aide à voir plus clairement comment aider la personne en détresse.

Imaginez un être cher à la place d'un autre

Au lieu de vous mettre à la place de celui qui souffre, faire naître la compassion peut vous sembler plus facile si vous songez que quelqu'un que vous aimez profondément est en proie aux mêmes difficultés. Quels seraient alors vos sentiments ? Que feriez-vous pour l'aider ? Transférez maintenant ces sentiments à la personne qui souffre réellement et regardez si vous appréhendez différemment la situation. (Comme l'assure Sogyal Rinpoché, cette méditation ne porte aucunement préjudice à l'être cher mais peut lui être bénéfique en dirigeant la compassion vers elle.)

Que faire si vous ne parvenez pas à ouvrir votre cœur – ou si des émotions douloureuses surgissent ?

N'ayez pas d'inquiétude si vous ne ressentez pas grand-chose dans votre cœur en faisant les exercices de ce chapitre. Il est souvent nécessaire de pomper quelque temps avant d'arriver à faire remonter l'eau du puits souterrain ! Pareillement, vous allez voir qu'il va peut-être vous falloir répéter vos souhaits et vos intentions concernant le bien-être des autres à maintes reprises avant de voir apparaître un premier résultat visible et réaliser aussi que vos sentiments ne sont jamais identiques d'un jour à l'autre ! Seul mot d'ordre : persévérez avec la certitude qu'au bout du chemin l'amour remontera dans votre cœur. Peu importe ce que vous ressentez, vos souhaits seront bénéfiques pour tout le monde, y compris vous-même.

Chez certaines personnes, ces exercices font remonter en surface des émotions négatives et éprouvantes comme le chagrin, la peur, le ressentiment ou la rage. Si tel est votre cas, je le répète encore une fois : ne vous inquiétez pas, vous ne faites rien de mal !

Au contraire, vous amenez à la conscience les émotions non résolues et non assimilées qui ont jusque-là maintenu votre cœur fermé. Étendez votre bonté à vous-même et à ces émotions, en les accueillant autant que faire se peut dans votre cœur. Comme l'amour de la Belle est parvenu à transformer la Bête en prince, vous êtes capable de transformer les parties de vous les plus laides par la seule puissance de la bonté. (Pour savoir comment travailler avec les émotions perturbatrices, voyez le chapitre 11.)

Dédier les bonnes actions

Lorsque vous êtes capable de ressentir la compassion, entraînez-vous à dédier la valeur de toutes vos bonnes actions au bien-être des autres. Vous pouvez par exemple adopter une pratique traditionnelle qui consiste à dédier tous les avantages et les mérites pouvant résulter de vos méditations à tous les êtres du monde. Pour ce faire, il vous suffit d'en exprimer l'intention avec vos propres mots, accompagnés du vœux sincère que tous les êtres vivants soient heureux et libérés de toute souffrance.

Transformer la souffrance grâce au pouvoir du cœur

Comme vous le découvrirez peut-être lors de la pratique suivante, le cœur est un organe d'une puissance extraordinaire. Je ne fais bien évidemment pas référence au cœur physique mais au *centre énergétique* situé au milieu de la poitrine, tout près du cœur anatomique. Les deux sont cependant intimement liés comme le confirment les travaux du Dr Ornish : pour guérir le cœur, il faut d'abord l'ouvrir. (Pour en savoir plus sur le programme d'ouverture du cœur du Dr Ornish, reportez-vous au chapitre 2. Pour plus d'informations sur les centres d'énergie, voyez le chapitre 12.)

En pratiquant régulièrement cette méditation, vous développez véritablement la capacité de transformer votre propre souffrance ainsi que celle des autres en paix, joie et amour. Le plus étonnant est que vous n'en sortez ni affaibli ni accablé, comme on pourrait le craindre. Au contraire, cette pratique permet de développer votre confiance en la puissance et la résistance du cœur et en votre faculté de toucher les vies d'autrui.

Si vous êtes sceptique, essayez la méditation suivante. Lorsque vous y êtes habitué, pratiquez-la régulièrement pendant plusieurs semaines et observez les changements. Je ne peux pas vous dire si les personnes de votre entourage souffriront moins (mais c'est possible), mais je vous garantis que vous serez vous-même plus serein et plus aimant.

1. **Commencez par vous asseoir dans une position confortable, respirer plusieurs fois profondément et méditer normalement pendant quelques minutes.**

   Voyez le chapitre 6 pour les instructions complètes sur la méditation.

2. **Fermez les yeux et imaginez que tous les êtres les plus aimants et compatissants que vous ayez connus ou dont vous avez entendu parlé soient réunis au-dessus de votre tête.**

   Ajoutez, si cela vous convient, des personnages religieux comme Jésus, Mahomet, la Vierge Marie, le Dalaï-Lama, votre saint ou sage préféré.

3. **Imaginez que toutes ces personnes se fondent en un être unique qui brille et irradie la chaleur et la lumière de l'amour et de la compassion.**

4. **Imaginez que cet être descende dans votre cœur où il prend la forme d'une sphère de lumière infiniment chaude et compatissante qui fusionne avec votre point tendre.**

Au cours des phases suivantes vous allez apprendre à recueillir la négativité, à la transformer à l'intérieur de votre sphère de chaleur et à émettre de l'énergie positive vers vous-même et les autres :

Phase 1 : transformer l'atmosphère

1. **Pendant quelques instants, observez votre état d'esprit à ce moment-là de la méditation.**
2. **Pendant l'inspiration, inhalez toute négativité, agitation, obscurité, ou dépression que vous trouvez et déposez-les dans la sphère lumineuse de votre cœur où vous imaginez qu'elles se transforment en clarté, calme, paix et joie.**
3. **Pendant l'expiration, soufflez ces qualités positives dans votre esprit et sentez-les l'envahir et le purifier.**
4. **Continuez d'inspirer l'obscurité et d'expirer la lumière pendant plusieurs minutes.**

   Pour vous aider, personnifiez le négatif comme une fumée noire et chaude et le positif comme une lumière blanche et fraîche.

La phase 2 : se transformer soi-même

1. **Imaginez que vous vous trouviez en face de vous-même et preniez conscience de votre stress, de votre souffrance et de votre insatisfaction.**

   Vous découvrirez par exemple que vous êtes en colère contre votre patron, que vous redoutez une épreuve à venir ou qu'un mauvais traitement infligé lorsque vous étiez petit vous blesse ou vous rend encore amer.
2. **Arrêtez-vous un instant sur la compassion que vous éprouvez pour vous et votre propre souffrance.**
3. **Pendant l'inspiration, faites entrer dans votre sphère de lumière la souffrance que vous avez découvert, puis expirez une énergie affectueuse, apaisante et compatissante qui va envelopper et remplir le « vous » qui est en face.**

   Si utiliser une image particulière pour symboliser cette énergie (bouquet de fleurs, brise fraîche) peut vous aider, n'hésitez pas. Rien ne vous empêche non plus de réutiliser l'image de la lumière blanche proposée dans la phase précédente.
4. **Poursuivez les respirations sur ce modèle pendant au moins 5 minutes.**

Phase 3 : transformer les situations

1. **Rappelez-vous une situation récente où vous avez agi de façon déplacée et incorrecte.**

   Où en êtes-vous aujourd'hui ? Vous sentez-vous coupable ? Avez-vous des remords ? Vous accablez-vous de reproches. Ou, au contraire, avez-vous choisi de ne pas vous laisser anéantir par ces sentiments ? Souvenez-vous aussi précisément que possible de la situation.

2. **Observez dans quelle mesure vos actions touchent les personnes impliquées.**
3. **Acceptez-en l'entière responsabilité.**

   Notez que j'ai parlé de responsabilité et non de reproches. Vous avez tout fichu en l'air et vous le reconnaissez pleinement, sans vous fustiger mais sans le nier ou le justifier non plus.
4. **Inspirez la responsabilité avec en même temps tout sentiment de reproche, de douleur ou autre émotion négative impliquée puis expirez le pardon, la compréhension, la réconciliation et l'harmonie.**
5. **Poursuivez sur le même modèle pendant plusieurs minutes.**

   Si une autre situation vous vient à l'esprit, mettez-la de côté et travaillez dessus à un autre moment.

Phase 4 : transformer les autres

1. **Pensez à un être cher ou à un ami qui souffre en ce moment précis.**
2. **Inspirez la douleur et la souffrance de cette personne avec compassion et expirez l'amour, la paix, la joie et la guérison.**
3. **Après plusieurs minutes, commencez à élargir le cercle de votre compassion, pour y inclure dans un premier temps d'autres personnes que vous aimez, puis ceux qui vous laissent indifférent et enfin ceux que vous n'aimez pas ou avec qui les relations sont difficiles.**

   (Pour plus de détails sur l'ordre de cette progression, reportez-vous à la section « Comment générer l'amour pour vous et les autres » plus haut dans ce chapitre.) Inspirez leur souffrance et leur peine et expirez paix, amour et joie en vous aidant de toute image utile.
4. **Étendez votre compassion, tout d'abord à tous les hommes du monde puis à tous les êtres de la terre.**

   Même si vous n'allez pas pouvoir les visualiser, sentez leur présence pendant vos respirations.
5. **Terminez votre méditation en dédiant tous les avantages accumulés au cours de cette pratique au bénéfice de tous les êtres.**

Ces phases peuvent être pratiquées comme bon vous semble, dans n'importe quel ordre ou séparément, mais il est préférable de commencer à chaque fois par vous-même.

Comment briser votre résistance grâce à la gratitude et au pardon

Ouvrir son cœur et le laisser ouvert constitue un défi même pour les plus aimants d'entre nous. Ne soyez donc pas surpris si vous rencontrez une forte résistance en faisant ces exercices. En essayant d'ouvrir votre cœur, vous risquez d'exhumer des couches de ressentiment envers des personnes qui vous ont maltraité ou blessé d'une manière ou d'une autre par le passé. Il se peut aussi que votre ressentiment se porte sur l'ensemble de votre vie pour toutes les épreuves qu'elle vous a réservées, les espoirs déçus et les rêves brisés. Si c'est votre cas, bienvenue au club !

Pour adoucir ce ressentiment qui peut former une sorte de croûte au-dessus du cœur, vous pouvez développer le pardon et la gratitude. La première de ces qualités vous permet de dissoudre et de lâcher les tords anciens (y compris ceux que vous pensez avoir commis vous-même) ; la seconde vous permet de remercier pour toutes les bonnes choses que vous avez reçues au cours votre vie (et que vous continuez de recevoir) sans les avoir toujours complètement reconnues.

Le pardon : le solvant universel

Si le ressentiment – qui est simplement une autre façon de nommer une colère ancienne accumulée pendant des mois et des années – est le magma répugnant qui empêche le flot d'amour de circuler librement dans le cœur, le pardon représente alors le solvant universel qui le libère. Vous pouvez nourrir un ressentiment contre une personne en particulier ou un ensemble de personnes remontant à votre tendre enfance. Quelle que soit votre situation, vous pouvez dissoudre ce ressentiment – encore faut-il le vouloir ! Pour vous faciliter la tâche, commencez peut-être par inclure dans votre méditation sur la bonté les personnes à qui vous en voulez. (Voyez la section intitulée « Comment générer de l'amour pour vous et les autres » plus haut dans ce chapitre.) Et vous savez quoi ? Une fois de plus, vous découvrirez peut-être que c'est vous que vous devez le plus aimer et à qui vous devez pardonner.

Voici une méditation qui va vous aider à dissoudre le ressentiment, la blessure et la culpabilité et réouvrir votre cœur aux autres et à vous-même :

1. **Comme toujours, commencez par vous asseoir confortablement, respirer profondément à plusieurs reprises, vous détendre et fermer les yeux.**
2. **Laissez flotter dans votre esprit des images et des souvenirs de mots, d'actions et même de pensées que vous ne vous êtes jamais pardonnés.**

Vous avez pu par exemple blesser quelqu'un que vous aimiez, provoquant son départ ; ou bien pris quelque chose qui ne vous appartenait pas ou encore refusé une occasion que vous avez par la suite regrettée.

3. **Réfléchissez à la souffrance que vous avez causée et combien vous-même avez souffert. Ne chassez pas les sentiments de peine ou de remord.**
4. **Étendez sans heurt et pleinement le pardon à vous-même, en vous répétant par exemple :**

   « Je me pardonne pour toutes les erreurs que j'ai commises et la souffrance que j'ai causée. Je me pardonne pour toute la peine, intentionnelle ou non, que j'ai faite aux autres. Je sais que j'en ai tiré les leçons et que j'ai mûri ; il est temps maintenant de passer à autre chose. Je me pardonne et me souhaite joie et bonheur. Je me repends dans mon cœur. » (Rien ne vous empêche, dans cet exemple et dans tous les autres, de choisir vos propres mots si cela vous convient mieux.)

5. **Ouvrez votre cœur à vous et laissez-vous remplir d'amour.**

   Sentez les nuages se disperser autour de votre cœur.

6. **Songez à une personne que vous aimez et envers qui vous avez du ressentiment.**

   Pensez à la façon dont elle vous a blessé. Songez ensuite au nombre de fois où vous avez infligé la même douleur aux autres.

7. **Laissez lentement les nuages autour de votre cœur se disperser pendant que vous étendez entièrement votre pardon à cette personne, en utilisant par exemple ces mots :**

   « Je te pardonne pour le mal que tu m'as fait, intentionnellement ou non. Je sais que j'ai moi aussi blessé d'autres personnes et les ai laissées tomber. Je te pardonne de tout mon cœur et te souhaite joie et bonheur. Je te reprends dans mon cœur. » Sentez alors votre cœur s'ouvrir une nouvelle fois à cette personne.

8. **Songez à quelqu'un dont vous voulez vous faire pardonner.**

   Quelqu'un que vous avez par exemple maltraité ou blessé.

9. **Demandez-lui gentiment de vous pardonner en utilisant par exemple les mots suivants :**

   « Pardonne-moi s'il te plaît pour ce que j'ai dit ou fait, délibérément ou non, qui t'a blessé. J'implore sincèrement ton pardon. S'il te plaît, reprends-moi dans ton cœur. »

10. **Imaginez le cœur de cette personne s'ouvrir à vous et l'amour circuler librement entre elle et vous.**
11. **Songez maintenant à une personne envers laquelle vous avez un fort ressentiment – quelqu'un que vous avez peut-être chassé de votre cœur en raison du mal qu'elle vous a fait un jour.**

12. **Laissez lentement se disperser les nuages autour de votre cœur et étendez votre pardon sans retenue à cette personne, selon le modèle décrit précédemment.**
13. **Réfléchissez à tous ceux auxquels vous avez fermé votre cœur à cause de la peine qu'ils vous ont apparemment causée.**

    Sentez les couches de ressentiment et de douleur qui se sont accumulées autour de votre cœur au fil des années.
14. **Songez à présent à toutes les fois où vous avez agi comme ils l'ont fait envers vous.**
15. **Imaginez que toutes ces personnes se trouvent en face de vous. Pardonnez-leur du fond de votre cœur et demandez-leur de vous pardonner par les mots suivants :**

    « Je vous pardonne, quelle que soit la peine que vous m'avez faite, délibérément ou non. Vous êtes pardonnés et pardonnez-moi à votre tour. Que nos cœurs s'ouvrent les uns envers les autres pour vivre en paix et en harmonie. » Sentez là aussi votre cœur s'ouvrir en grand et laissez l'amour circuler entre vous tous.
16. **Accordez-vous quelques instants pour respirer profondément et porter votre attention sur votre cœur avant de vous lever et de reprendre vos activités.**

Vous pouvez simplement étendre votre pardon à une personne en particulier, selon la situation au lieu de pratiquer l'ensemble de la méditation sur le pardon. N'oubliez pas toutefois de vous inclure à chaque fois que vous pratiquez le pardon.

La gratitude : la source de la joie

Que constatez-vous lorsque vous regardez les autres ? Vous vous rendez compte de tous les subterfuges qu'ils utilisent pour vous éviter, vous ignorer ou vous nuire intentionnellement ? Vous voyez simplement que la vie ne répond pas à vos attentes et que vous n'arrivez pas à développer votre propre potentiel ? Remarquez-vous au contraire tous les moyens, souvent invisibles, que la vie utilise pour vous aider et vous donner des forces ? Ou comment, imperceptiblement, les gens vous aiment et vous épaulent ?

Selon que vous êtes d'un caractère optimiste ou pessimiste, votre coupe vous semblera à moitié vide ou à moitié pleine. Mais, sachez-le, c'est à vous de choisir sous quelle perspective vous voulez voir les choses. Les méditations suivantes vont vous aider à voir comment votre coupe est réellement remplie !

Se souvenir du positif

Cet exercice a pour objectif de susciter la reconnaissance, même chez la personne la plus obstinément négative :

1. **Commencez par vous asseoir confortablement et respirer plusieurs fois profondément.**
2. **Consacrez quelques minutes à vous remémorer toutes les choses positives qui vous sont arrivées au cours des dernières 24 heures.**

   Il peut s'agir d'un geste de bonté ou d'amour venant d'un ami, d'un parent ou simplement d'une personne dans un magasin ou dans la rue ; ou tout bêtement d'un plaisir simple comme un bon repas, un très beau soleil couchant, le sourire d'un enfant.
3. **Réfléchissez de la même façon sur les choses positives que vous avez vous-même accomplies au cours des dernières 24 heures.**
4. **Autorisez-vous à apprécier et à être reconnaissant de ces moments de bonheur.**
5. **Refaites le même travail de remémoration sur la semaine précédente.**

   Continuez l'exercice de respiration pendant que ces souvenirs positifs vous reviennent en mémoire. Si des images négatives surgissent, mettez-les de côté pour le moment.
6. **Si vous en avez le temps, étendez progressivement votre méditation au mois précédent – à l'année, aux deux ans puis aux cinq ans écoulés.**

   Refaites surgir autant de moments agréables, joyeux et heureux que possible, tout ce que vous avez fait de positif et toutes les marques d'attention et de soutien que vous avez reçues.
7. **Laissez tous ces sentiments de gratitude et de reconnaissance monter dans votre cœur.**

Si vous en avez le temps, vous pouvez élargir cette méditation pour y englober votre vie toute entière. Il vous sera bien entendu impossible de vous souvenir de toutes les bonnes choses que vous avez vécues, mais efforcez-vous de retrouver les événements majeurs qui ont ponctué votre existence, sans oublier comment vos parents vous ont élevé et soutenu afin de vous permettre de devenir l'adulte que vous êtes aujourd'hui. Si vous éprouvez du ressentiment envers l'un de vos parents (ou les deux), faites la méditation du pardon expliquée dans la section précédente.

Les soixante-douze travaux

Lorsque j'étais un moine zen, nous récitions un hommage au repas exprimant notre gratitude pour les « soixante-douze (c'est-à-dire les innombrables) travaux » qui nous apportaient notre nourriture.

En réfléchissant à tous les efforts qui vous permettent de vivre comme vous le faites, vous pouvez briser votre tendance à l'amertume, au ressentiment et à l'ingratitude.

Voici un court exercice pour vous aider à vous rendre compte à quel point vous dépendez de l'énergie et du dur labeur des autres :

1. **Commencez par vous asseoir confortablement et respirer à plusieurs reprises profondément.**
2. **Pensez à un objet de confort moderne que vous estimez indispensable.**

   Ce peut être votre voiture, votre ordinateur ou votre téléphone.
3. **Réfléchissez un instant sur l'importance de cet objet pour vous et imaginez votre vie sans.**

   Il est vrai que vous pourriez toujours en avoir un autre, mais au moment présent, vous en dépendez car c'est le seul que vous possédez.
4. **Pensez au labeur et à tous ceux qui ont rendu possible la fabrication de cet instrument, depuis les matières premières au produit fini.**

   Si vous avez choisi votre voiture comme exemple, pensez d'abord aux mineurs des différentes parties du monde, travaillant souvent dans des conditions difficiles, qui ont extrait le fer et le chrome et autre minerai pour la fabrication du métal. Puis imaginez les sidérurgistes mélangeant les alliages et forgeant les différentes parties de la voiture. Pensez aussi à tous ceux qui forent le pétrole, à ceux qui synthétisent puis moulent le plastique pour fabriquer le volant, le tableau de bord et tous les composants plastique. Sans oublier enfin les ingénieurs, à qui vous devez la conception de la voiture, les ouvriers des chaînes automobiles qui l'ont assemblée, et ainsi de suite.
5. **Consacrez quelques instants à montrer votre gratitude envers toutes ces personnes.**

   Ils ont, me direz-vous, été payés pour le travail accompli, mais ils ont néanmoins donné un peu de leur précieuse énergie vitale. Sans leur amour, leur sueur et leur dévouement, vous n'auriez pas de voiture. Peut-être vous sentez-vous incité à les remercier pour leur action.

Comme vous pouvez vous en rendre compte, vous pourriez passer de longues minutes à réfléchir sur les « innombrables travaux » qui vous ont permis d'avoir une voiture (ou un ordinateur, un portable) entre les mains. L'important est de penser avec gratitude et reconnaissance à votre interdépendance – à tous les compartiments de votre vie quotidienne pour lesquels vous dépensez de l'énergie, du dévouement et des bonnes intentions des autres. Lorsque vous aurez consacré quelque temps à cette réflexion, vous verrez peut-être les choses les plus simples de la vie d'une toute autre manière.

EXERCICE

Assouplir votre ventre

Selon Stephen Levine, professeur de méditation américain, auteur de nombreux ouvrages sur la guérison et la mort, l'état du ventre refléterait l'état du cœur. En assouplissant consciemment votre ventre, vous arrivez à lâcher prise et à vous ouvrir aux sentiments tendres de votre cœur. (La méditation suivante est adaptée de son livre *Guided Meditations, Explorations and Healings*.)

1. **Commencez par vous asseoir confortablement et respirer plusieurs fois profondément.**
2. **Laissez votre conscience s'installer progressivement dans votre corps.**

   Observez les sensations dans votre tête et laissez peu à peu votre conscience descendre par le cou et les épaules jusqu'au torse et aux bras.
3. **Une fois que vous êtes arrivé au ventre, assouplissez-le en douceur.**

   Lâchez consciemment toute tension ou attachement.
4. **Laissez votre respiration entrer et sortir du ventre.**

   Pendant l'inspiration, votre ventre se soulève ; pendant l'expiration, il retombe.
5. **Continuez d'assouplir votre ventre à chaque respiration.**

   Laissez partir tout sentiment de colère, de peur, de douleur ou de chagrin non résolu que vous pouviez retenir. Si cela peut vous aider, répétez en silence un mot ou une expression comme « assouplissement » ou « lâcher-prise ».
6. **Observez les réactions de votre cœur pendant que vous poursuivez l'exercice.**
7. **Après 5 minutes de méditation au moins, ouvrez les yeux et reprenez vos activités normales.**

   De temps en temps, vérifiez votre ventre. Si vous notez un regain de tension, respirez doucement et assouplissez-le.

Troisième partie

Diagnostic des anomalies et réglages

« Je mélange en général mes méditations. Aujourd'hui, je fais guérison, vision intérieure et jour de sale tête. »

Dans cette partie...

Apprendre à méditer est un peu comme apprendre à conduire. Faire le tour du parking est une chose, se retrouver dans la circulation en pleine heure de pointe en est une autre !

Dans cette partie, vous allez apprendre à négocier les zigzags de la méditation lorsque la circulation intérieure est dense – notamment lorsque des émotions intenses ou des pensées obsédantes menacent de vous bloquer. Ou bien lorsque les détours et les diversions vous écartent de votre chemin et que vous ne cessez de vous endormir au volant. Vous y trouverez aussi les moyens d'exploiter votre méditation pour explorer la voie spirituelle. Enfin, toutes vos capacités nouvellement acquises vont être regroupées dans un entraînement de routine que vous pourrez pratiquer quotidiennement.

Chapitre 11

Méditer sur les émotions perturbatrices et les schémas habituels

Dans ce chapitre :

- Traiter votre expérience avec bonté, attention et curiosité
- Quelques trucs pour gérer la peur, la colère et la tristesse
- Dénouer vos blocages, vos schémas habituels et histoires subconscientes
- Laisser les schémas se défaire, en récupérer l'énergie et les reconstituer – en pleine conscience
- Trouver un thérapeute pour vous aider si vous êtes véritablement enlisé

La méditation, qui est en général apaisante et décontractante, élargit l'espace intérieur du méditant. Suivre sa respiration, répéter un mantra ou pratiquer quotidiennement toute autre technique de base permet à l'esprit de se poser naturellement et aux pensées et aux émotions de jaillir spontanément puis de s'échapper comme le pétillement d'une bouteille de soda. Ce processus est tellement relaxant que les adeptes de la méditation transcendantale le qualifie de « destressant ».

Lorsque vous méditerez régulièrement depuis déjà un certain temps, vous verrez peut-être que certaines émotions ou états d'esprit ne cessent de revenir, de vous distraire ou de vous perturber. Au lieu de se disperser, les mêmes fantasmes sexuels, les mêmes pensées tristes ou effrayantes, les mêmes souvenirs douloureux passent en boucle dans votre conscience comme un vieux vinyle bloqué sur le même sillon. Il peut aussi arriver que vous méditiez sur la bonté (voir chapitre 10) et que vous vous heurtiez sans arrêt à un ressentiment ou une colère non résolus. Ou encore, qu'au lieu de regarder le brouillard se lever sur le lac, vous entamiez une descente vers les eaux boueuses et parfois turbulentes de votre expérience intérieure. (Voyez le chapitre 5 si vous désirez explorer ces eaux plus en profondeur.)

Au départ, vous pouvez être surpris, consterné voire effrayé par ce que vous rencontrez et en conclure que vous faites quelque chose qu'il ne faut pas. N'ayez crainte ! En fait, votre méditation devient plus profonde et vous êtes prêt à élargir votre gamme de techniques méditatives pour mieux naviguer sur cette aire nouvelle.

Il peut s'avérer utile à ce stade d'étendre votre pratique de la pleine conscience (voir chapitre 6), jusqu'ici cantonnée à votre respiration et vos sensations corporelles, à vos pensées et vos émotions. En focalisant doucement la lumière de votre conscience sur cette dimension de votre expérience, vous commencerez à comprendre ce qui se passe vraiment en vous. Vous apprendrez ainsi à mieux vous connaître – et même à sympathiser avec vous-même ! Avec de la persévérance, vous parviendrez à pénétrer et à dénouer d'anciens schémas de pensées, d'actions et de sensations – des schémas qui vous font souffrir, vous stressent et vous empêchent d'avancer depuis très longtemps. (Pour en savoir plus sur la souffrance et le stress générés par l'esprit, voyez le chapitre 5.)

Comment entrer en amitié avec votre expérience

Si vous êtes comme tous ceux que je connais (moi compris !), vous êtes certainement très dur avec vous-même. Et, bien souvent, vous n'oseriez jamais traiter l'un de vos amis ou de vos proches de la façon dont vous vous traitez vous-même ! À la moindre erreur, vous vous injuriez et portez sur vous des critiques et des jugements très durs, vous remémorant la liste interminable de toutes les bêtises que vous avez commises au cours des années antérieures. La moindre émotion de tendresse ou de vulnérabilité est immédiatement considérée comme une marque de faiblesse et rejetée au lieu d'être pleinement ressentie.

L'autre jour par exemple, incapable de trouver mes clefs, j'entendis avec effroi une petite voix énervée et impatiente dans ma tête qui me réprimandait de ma stupidité et de ma distraction ! Ça vous rappelle quelque chose ? La plupart d'entre nous ont une image prédéfinie de ce qu'ils doivent faire, penser, ressentir et luttent en permanence pour faire coïncider leur expérience et leur comportement à ce diktat – s'en voulant lorsqu'ils n'y arrivent pas.

La méditation vous donne la possibilité de renverser cette tendance et d'explorer votre expérience sans essayer de la juger ni de la changer. (Pour savoir comment réserver son jugement et accepter les choses telles qu'elles sont, voyez le chapitre 9.) Pour remplacer le stress, le conflit et la turbulence en votre for intérieur par la paix et l'harmonie, vous devez entrer en amitié avec vous-même – c'est-à-dire vous traiter avec la même gentillesse, attention et curiosité que vous accordez généralement à ceux que vous aimez. Commencez par exemple par prendre conscience de vos pensées et de vos sentiments en douceur et en toute neutralité.

Adopter vos pensées et vos sentiments

Lorsque vous vous êtes familiarisé avec votre souffle et l'élargissement de votre conscience à vos sensations (voir chapitre 6), étendez encore plus loin votre conscience pour y inclure également vos pensées, images, souvenirs et sentiments. Comme pour les sensations, commencez par suivre votre respiration puis autorisez-vous à explorer une pensée ou un sentiment lorsqu'il devient si fort qu'il attire votre attention. Dès qu'il n'est plus prépondérant, retournez doucement à votre souffle.

Si vous méditez depuis un certain temps déjà, vous avez bien évidemment remarqué que vous étiez en permanence emporté par le torrent de pensées et de sentiments qui inondent votre esprit. Vous comptez ou suivez votre respiration, récitez votre mantra puis, tout d'un coup, vous ressassez la conversation que vous avez eu la veille ou vous essayez d'organiser le dîner du soir. C'est comme si vous aviez embarqué sur un bateau sans vous en rendre compte et que vous le réalisiez plusieurs kilomètres en aval. Il vous suffit lorsque cela se produit de noter que vous vous êtes égaré et de revenir immédiatement là où vous avez décroché.

Mais à présent, au lieu de considérer cette dimension de votre expérience comme une distraction, vous allez l'inclure dans votre méditation en en prenant pleinement conscience. Lorsque votre attention s'échappe vers une pensée ou un sentiment, prenez conscience de ce que vous ressentez jusqu'à ce que l'intensité de la pensée ou du sentiment s'estompe ; puis retournez à votre objet de focalisation initial.

Nommer votre expérience

Lorsque vous élargissez votre méditation à vos pensées et vos sentiments, il peut être plus facile de *nommer* ou noter votre expérience. Commencez par une attention consciente de votre respiration puis donnez en silence un nom à vos inspirations et expirations. Quand vous avez atteint une concentration et un calme profonds, vous pouvez y ajouter des subtilités comme « respiration longue », « respiration courte », « respiration profonde », « respiration peu profonde », etc.

Les noms donnés doivent rester simples et murmurés, comme une voix neutre et douce au fond de vous. Comme le dit le professeur de méditation bouddhiste Jack Kornfield dans son livre *Périls et promesses de la vie spirituelle*, consacrez « quatre-vingt-quinze pour cent de votre énergie à ressentir toutes vos expériences et cinq pour cent au nom murmuré en arrière-plan ».

Lorsque vous maîtrisez cet exercice avec votre respiration, faites la même chose avec toutes les émotions, pensées ou sentiments forts qui vous détournent de votre souffle. Donnez un nom que vous répétez doucement à l'émotion qui surgit jusqu'à ce qu'elle disparaisse : « tristesse, tristesse, tristesse » ou « colère, colère, colère », puis revenez sans heurt à votre respiration. Appliquez la même méthode aux pensées, images, états mentaux : « prévoir, prévoir », « inquiétude, inquiétude » ou « voir, voir ».

Utilisez les mots les plus simples possibles et concentrez-vous sur une seule chose à la fois. Cette pratique vous permet d'acquérir une certaine distance et perspective par rapport à votre expérience intérieure en perpétuel changement, au lieu de vous laisser emporter par le courant.

En nommant des pensées et des émotions particulières, vous en reconnaissez aussi implicitement l'existence. Comme je l'ai déjà dit, nous essayons souvent de réprimer ou de renier les expériences que nous jugeons indésirables ou inacceptables telles que la colère, la peur, le jugement ou la blessure. Mais plus vous essayez de fuir votre expérience, mieux elle parvient à diriger votre comportement, comme l'a si justement fait remarquer Freud il y a plus d'un siècle.

Cette pratique permet à la lumière pénétrante de la conscience d'éclairer les recoins de votre cœur et de votre esprit et d'inviter vos pensées et vos sentiments à sortir de leurs cachettes pour se retrouver à la lumière du jour. Au début, il est très possible que vous n'aimiez pas ce que vous allez y voir – mais n'hésitez pas à nommer vos jugements sur vous et votre autocritique. Puis, par la suite, vous remarquerez peut-être que vous n'êtes plus surpris par ce que vous découvrez de vous – et plus vous sympathiserez avec vos apparents points faibles et fragilités, plus vous serez capable d'ouvrir aussi votre cœur aux imperfections des autres.

Accueillir favorablement tout ce qui survient

Une fois que vous avez pris l'habitude d'inclure des sensations, des pensées et des sentiments dans vos méditations, vous pouvez ouvrir grandes les portes de votre conscience et accueillir favorablement tout ce qui se présente, sans porter de jugement ni résister. Imaginez que votre esprit soit comme le ciel dans lequel passeraient vos expériences extérieures et intérieures.

Au début, votre attention sera peut-être attirée ça et là par un objet puis un autre. Inutile de tenter de la contrôler ; laissez-la errer au gré de ses envies, passer des pensées aux sentiments et vice versa.

Par la suite, vous connaîtrez peut-être des périodes où votre esprit se sentira large et spacieux et ne sera perturbé ni par les pensées, ni par les sentiments, ni par des distractions extérieures. Quelle que soit votre expérience, continuez d'ouvrir votre conscience et d'y accueillir ce qui passe. (Pour en savoir plus sur les différents niveaux d'expérience que vous pouvez rencontrer, voyez le chapitre 5.) Mise en garde : cette pratique, bien que très simple, est en réalité très avancée et requiert une capacité de concentration très développée pour être menée à bien. Elle est également difficile à enseigner – un peu comme faire du vélo. Dans un premier temps, vous devez *découvrir* l'impression que cela fait de tenir en équilibre. Dans une seconde étape, vous devez retrouver votre point d'équilibre dès que vous commencez à tomber.

Comment méditer sur les émotions perturbatrices

De mon expérience de psychothérapeute, méditant et professeur de méditation, j'ai appris deux ou trois trucs au fil des années sur les relations des hommes avec le monde mystérieux et parfois formidable des émotions humaines. D'une part, beaucoup pensent qu'ils ont, cachée au fond d'eux, une boîte de Pandore remplie d'émotions laides et répugnantes comme la colère, la jalousie, la haine et la terreur et craignent de l'ouvrir de peur que ces énergies diaboliques ne les submergent avec ceux qu'ils aiment. D'autre part, ils pensent que ces sentiments « négatifs » n'ont ni solution ni limite et qu'il est par conséquent préférable de les éviter, même si les garder est très douloureux.

N'OUBLIEZ PAS

Malheureusement, si vous résistez et niez ces sentiments toute votre vie, le prix à payer est très lourd. Non reconnus, les sentiments négatifs peuvent empêcher des sentiments plus positifs comme l'amour et la joie de circuler. Vous risquez alors de vous retrouvez seul, car vous n'avez pas de contact émotionnel intime avec les autres et de ne pas savoir donner ou recevoir de l'amour lorsque l'occasion se présente. L'accumulation de sentiments négatifs augmente le stress, affaiblit le système immunitaire et contribue aux affections liées au stress (ulcères, cancers et maladies cardiovasculaires). Ils captent également une part importante de l'énergie vitale que vous pourriez autrement canaliser vers une utilisation plus constructive. Enfin, constamment réprimées et niées, les émotions négatives ont la fâcheuse habitude de surgir inopportunément, à un moment où vous vous y attendez le moins, vous poussant à faire des choses que vous pourriez regretter après coup.

Certaines personnes vont à l'extrême inverse et sont en proie à des réactions émotionnelles d'une telle force qu'elles sont incapables de prendre les décisions les plus simples ni de soutenir une conversation rationnelle. Ces personnes ne ressentent pas vraiment leurs émotions, elles leur cèdent et les laissent diriger leur propre vie.

Grâce à la méditation, vous pouvez établir un rapport différent avec vos émotions. Au lieu de les réprimer, de leur céder ou de les faire exploser, vous pouvez les ressentir directement telles qu'elles sont – comme une interaction de pensées, d'images et de sensations. Lorsque vous maîtriserez l'art de suivre votre respiration et élargir votre conscience à vos pensées et vos sentiments – ce qui peut vous prendre plusieurs mois ou plusieurs années –, vous pourrez porter votre attention sur des émotions perturbatrices ou problématiques et développer une *vision intérieure pénétrante* de la nature de votre expérience.

N'OUBLIEZ PAS

Vous verrez peut-être que même les émotions les plus puissantes arrivent par vagues et se font sentir à fond pendant un temps donné (elles ne sont donc pas comme beaucoup le pensent, infinies ou illimitées). Comme le disait l'un de mes professeurs : « ce qui persiste est ce que l'on refuse d'admettre » – et ce que vous accueillez sans remord finit par lâcher prise et se détacher. (Voir l'encadré « Affronter vos démons » page suivante.)

Voici plusieurs conseils pour explorer quelques-unes des émotions les plus répandues. Bien que très variables tant dans leur forme que dans leur intensité, j'ai découvert que les sentiments étaient tous plus ou moins des associations ou des variantes de plusieurs émotions de base : colère, peur, tristesse, joie, excitation, désir. (Je pense que l'amour se situe à un niveau plus profond que l'émotion ; c'est une expression essentielle de la vraie nature. Comme la gamme de couleurs d'un peintre peut, à l'arrivée, se décomposer en bleu, jaune et rouge, les émotions plus complexes ou perturbatrices telles la jalousie, la culpabilité, l'ennui et la dépression sont en réalité des mélanges (ou des réactions) de quatre sentiments essentiels : la colère, la peur, la tristesse et le désir. (Si un sentiment vous pose problème, travaillez dessus comme vous le feriez pour l'un de ces quatre-là. Pour en savoir plus sur le désir, reportez-vous au chapitre 12.)

Méditer sur la colère

Après plusieurs années de pratiques méditatives régulières, lorsque j'avais une vingtaine d'années, je me targuais d'être toujours calme, d'une humeur égale et de ne jamais m'énerver. Puis un jour, ma copine de l'époque m'avoua avoir eu une liaison avec un autre homme ! Sans hésiter, j'ai attrapé une tasse posée sur la table et je l'ai balancée contre le mur. Je me souviens d'avoir été surpris par l'intensité soudaine de mes émotions. En un instant, j'étais passé d'un calme olympien à une colère épouvantable. Même si mon sentiment était approprié aux circonstances, je l'avais exprimé plutôt maladroitement ! Plein d'humilité, je retrouvais le chemin de mon coussin de méditation pour approfondir mon étude – après avoir bien évidemment rompu avec ma copine.

SAGESSE POPULAIRE

Affronter ses démons

Voici une très belle histoire tibétaine sur Milarepa (1052-1135), l'un des quatre grands théoriciens du bouddhisme tibétain. À la recherche d'anciennes grottes de montagne dans l'Himalaya pour y méditer, Milarepa se trouva un jour dans une grotte habitée par des démons qui le distrayaient de ses pratiques méditatives.

Il essaya tout d'abord de les mater, mais ils ne se laissèrent pas faire. Alors il décida de les honorer et d'étendre à eux son amitié et sa compassion. La moitié d'entre eux partirent. Il accueillit du fond de son cœur ceux qui restaient et les invita à revenir quand ils le voulaient. Face à cette invitation, tous les démons à l'exception d'un seul, particulièrement féroce, disparurent comme par enchantement. Sans tenir compte de son propre corps et avec un amour et une compassion extrêmes, Milarepa alla jusqu'au démon et plaça sa tête à l'intérieur de sa bouche en signe d'offrande. Le démon disparut sans laisser de trace et ne revint jamais.

Songez à l'histoire de Milarepa la prochaine fois que vous êtes en proie à vos démons intérieurs – émotions et états mentaux que vous trouvez difficiles ou déplaisants. Imaginez ce qu'il adviendrait si vous les accueilliez au lieu d'essayer de vous en débarrasser !

Beaucoup, et plus particulièrement les femmes, s'interdisent de se mettre en colère, car ils n'ont jamais eu le droit, même petits, d'exprimer ce sentiment. Ils dépensent alors une énergie colossale pour essayer de contourner ce sentiment. Certains entretiennent de vieux ressentiments ou une colère quasi permanents, sans même parfois en être conscients.

MÉDITATION

En méditant sur votre colère, vous remarquerez peut-être à quel endroit du corps et sous quelle forme elle se fait sentir. Quelle partie du corps se contracte et se tend ? Notez-vous un changement dans votre respiration ? À quel endroit l'énergie s'accumule-t-elle ? Tout en continuant de porter votre attention sur cette colère, remarquez-vous un quelconque changement ? Dure-t-elle longtemps ? A-t-elle un début et une fin ?

Portez ensuite votre attention sur votre esprit. Quels sont les pensées et les images qui accompagnent ce sentiment de colère ? Est-ce à vous que vous en voulez ou rejetez-vous la responsabilité sur les autres ? Que trouvez-vous si vous creusez un peu et allez voir sous la première couche de votre colère ? À ma connaissance, la colère naît souvent d'une réponse à l'une des deux émotions plus profondes que sont la blessure et la peur. Lorsque vous vous sentez blessé, comme je l'étais par la trahison de ma petite amie, vous pouvez exploser de colère contre celui qui vous a fait mal. Face à la peur, vous vous protégez avec l'épée et l'armure de la colère plutôt que de reconnaître cette peur, même vis-à-vis de vous. Sous la blessure et la peur, la colère masque une couche encore plus profonde de désir que les choses se fassent d'une certaine façon et pas d'une autre. Lorsque les circonstances changent et ne suivent plus vos plans, la crainte et l'offense que vous ressentez alors se traduisent par la colère.

Comme avec toutes les émotions, mettez de côté tout jugement ou résistance pour affronter directement votre colère. Même si elle s'intensifie avant de se relâcher, restez avec elle. Sous la colère peuvent se trouver de profondes sources de puissance, que vous pourrez peut-être parvenir à susciter sans vous mettre en colère.

Méditer sur la peur et l'anxiété

Nombreux sont ceux qui hésitent à admettre leur peur, y compris à eux-mêmes. Quelque part, la reconnaître reviendrait à lui laisser les rênes de leur vie. En clair, au fond d'eux-mêmes, ils ont peur de leur peur ! Les hommes, notamment, sont prêts à se donner énormément de mal pour occulter leur peur ou leur anxiété derrière une façade d'assurance, de colère ou de rationalité. À l'autre extrême, certaines personnes donnent l'impression d'avoir véritablement peur de tout.

Si vous êtes humain – c'est-à-dire ni bionique ni extraterrestre – la peur ou l'anxiété feront partie, du moins de temps à autre, de votre vie. En plus de la montée d'adrénaline qui se produit lorsque votre survie physique semble être en jeu, le sentiment de peur survient inévitablement face à l'inconnu ou l'incertitude – qui font de plus en plus partie de notre vie. La crainte peut aussi provenir de la conviction d'être une entité séparée, isolée et entourée de forces incontrôlables. Plus les murs qui vous séparent des autres s'effondrent grâce à la pratique de la méditation, plus la peur et l'anxiété régressent. (Pour en savoir plus sur la séparation et l'isolement, voyez le chapitre 5.)

Comme vous l'avez fait pour la colère, vous pouvez explorer et entrer en amitié avec votre peur par la méditation. Il ne s'agit en fait que d'une émotion comme une autre, faite de sensations physiques, de pensées et de convictions. Soyez particulièrement bon et doux avec vous-même lorsque vous travaillez sur votre peur.

Commencez par vous poser les mêmes questions que pour la colère : où et comment la ressentez-vous physiquement ? Où se situent vos points de tension et de contraction ? Votre respiration s'en trouve-t-elle modifiée ? Comment réagit votre cœur ? Notez ensuite les pensées et les images qui l'accompagnent. Ce sentiment naît souvent d'une anticipation du futur et du postulat que vous ne serez jamais à la hauteur. Lorsque vous regardez ce que sont réellement ces prévisions catastrophiques et que vous retournez au moment présent – c'est-à-dire aux sensations corporelles et à votre respiration – peut-être que la peur se sera déplacée avant de se dissiper. Lorsqu'elle revient, contentez-vous de l'appeler par son nom – « peur, peur, peur » – comme une vieille amie.

Rien ne vous interdit, si vous en avez envie, d'amplifier légèrement les sensations et de vous mettre à trembler ou à frémir un peu. Imaginez par exemple la peur vous submerger et vous faire subir les pires maux (tout en sachant, bien évidemment, que vous vous en sortirez vainqueur). Cette approche est particulièrement efficace si, comme beaucoup de personnes, vous craignez votre peur. L'affronter directement sans essayer de vous en débarrasser ou d'y échapper exige un courage extraordinaire ; ces pratiques permettent aussi de vous amener au moment présent et d'ouvrir votre cœur à votre propre vulnérabilité.

Méditer sur la tristesse, le chagrin et la dépression

Pour beaucoup, il est plus facile d'exprimer de la tristesse que de la colère ou de la peur. Malheureusement, peu y consacrent assez de temps et d'attention parce qu'on leur a répété petits, d'arrêter de pleurer avant même qu'ils n'aient commencé ! La vie étant inexorablement ponctuée de pertes et de déceptions, la tristesse et le chagrin non exprimés s'accumulent en vous et finissent par mener à la dépression. (Beaucoup de ceux que je vois en thérapie souffrent de dépression légère pouvant également provenir d'une colère réprimée ou « d'une impuissance acquise » (Pour en savoir plus sur l'impuissance acquise, voyez le chapitre 5.)

Pour sympathiser avec votre tristesse, vous devez la porter avec douceur et amour et lui laisser un vaste espace pour s'exprimer. Comme pour la colère ou la peur, commencez par observer vos sensations. La tristesse peut se traduire par une pesanteur au niveau du cœur, un resserrement du diaphragme ou une sensation d'obstruction dans les yeux et au front, comme si vous alliez pleurer mais que vous ne le pouviez pas. Amplifiez si vous le désirez ces sensations et observez ce qui se produit.

Portez ensuite votre attention sur les pensées, les images et les souvenirs qui alimentent cette tristesse. Peut-être revivez-vous en boucle le décès d'un proche ou le moment où un ami très cher vous a blessé. Si vous êtes déprimé, vous ressassez peut-être d'éternels convictions et jugements négatifs et autodestructeurs tels que « je ne suis pas assez bon », « il me manque le truc pour réussir ».

En incluant dans votre conscience toutes les expériences associées à cette tristesse, vous verserez peut-être des larmes sincères – observez alors comment vous vous détendez et votre tristesse s'allège un peu. (Pour apprendre à travailler sur les convictions solidement ancrées, voyez les deux sections suivantes.) Enfin, sachez que tant que vous serez ouvert à votre propre souffrance et à celle des autres, votre cœur sera rempli d'une certaine dose de tristesse affectueuse.

Comment démêler les schémas habituels – avec la conscience

Au fur et à mesure que vous explorez vos émotions (selon les méthodes expliquées ci-dessus), vous découvrez qu'elles ne sont ni aussi écrasantes ni aussi infinies que vous ne le craigniez. En pratiquant la conscience attentive et en les nommant, la plupart des émotions circulent à l'intérieur du corps puis lâchent peu à peu prise. Votre peur ou votre colère s'intensifient par exemple au moment où vous l'explorez doucement puis se brise et s'évanouit comme une vague atteignant le rivage.

Il existe malgré tout des émotions et des contractions physiques qui persistent, accompagnées de pensées et d'images qui les alimentent et qui reviennent sans cesse même lorsque vous les remarquez et les nommez. Il s'agit des *histoires* et des schémas habituels qui se trouvent profondément ancrés dans le corps mental comme des racines d'où jaillissent les pensées et les sentiments récurrents. (Pour en savoir plus sur ces histoires, voyez le chapitre 5.) Vous rejouez peut-être dans vos méditations une histoire passée (avec toutes les émotions et états mentaux qui l'accompagnent) dans laquelle vous souffrez d'une injustice ou d'un mauvais traitement. Peut-être vous considérez-vous comme un raté et fantasmez sur un futur imaginaire où vous seriez plus heureux et couronné de succès. Une autre démarche consiste à s'inquiéter perpétuellement à propos de son travail ou d'une relation parce que vous partez du principe qu'on ne peut pas se fier aux gens et que le monde est incertain.

Dans son livre *Périls et promesses de la vie spirituelle*, Jack Kornfield appelle ces schémas comportementaux habituels « les visiteurs tenaces » et suggère qu'ils ne font que revenir dans vos méditations (et dans votre vie !) parce qu'ils sont bloqués ou, à certains égards, inachevés. Lorsque vous leur accorderez l'attention affectueuse et l'exploration approfondie qu'ils nécessitent (en appliquant l'expérience de la vision intérieure dont j'ai longuement parlé au chapitre 5), vous découvrirez peut-être au début qu'ils sont plus complexes et plus profondément enracinés que vous ne l'imaginiez. Mais grâce à la persévérance, ils se dénoueront progressivement, révélant leur sagesse et leur énergie cachée. En résumé, plus vous défaites vos schémas, plus vous relâchez les contractions physiques et énergétiques présentes au fond de votre cœur et plus vous acquérez de liberté et d'espace et aussi, mais oui ! une meilleure santé !

Voici un résumé des techniques de base permettant de démêler les schémas comportementaux habituels. Essayez-les seul et, s'ils vous aident, incorporez-les dans vos méditations. Si vous vous trouvez bloqué ou ressentez un besoin d'approfondissement mais ne savez pas comment faire, il serait peut-être bon d'envisager de poursuivre avec un professeur de méditation ou un psychothérapeute spécialisé dans cette approche. (Pour en savoir plus sur la recherche d'un thérapeute, reportez-vous à la section « Comment [et quand] chercher de l'aide pour vous libérer de vos schémas ? » plus loin dans ce chapitre. Pour trouver un professeur, voyez le chapitre 13.) Et pour découvrir beaucoup de ces techniques plus en détail, je vous recommande le livre de Jack Kornfield *Périls et promesses de la vie spirituelle*.

Faire votre hit-parade

Pour commencer sur une note humoristique, prévient Kornfield, vous pouvez nommer et numéroter les plus grands succès de votre hit-parade (vous pouvez vous arrêter à cinq, si vous préférez). Lorsqu'un air particulier revient, contentez-vous de le remarquer et de le nommer sans vous laisser entraîner une fois de plus dans le même scénario douloureux. Cette approche qui n'est qu'une autre façon de nommer votre expérience (décrite plus haut) peut être utile mais ne vous conduira pas au-delà de ce stade.

Élargir votre conscience

La partie du schéma qui apparaît dans votre méditation peut n'être que la fameuse partie émergée de l'iceberg. Peut-être ressentez-vous une tension dans le bas du ventre sans savoir pourquoi. En élargissant votre conscience, il se peut que vous trouviez sous la surface une peur du futur et, sous cette peur, une blessure. Lorsque vous y inclurez également les pensées et les idées, vous verrez peut-être apparaître, tout au fond de vous-même, le sentiment de ne pas être à la hauteur. Vous craignez donc de ne pas y arriver et les critiques des autres vous blessent car elles corroborent l'image négative que vous avez de vous. En accueillant l'ensemble des pensées, des images et des sentiments, vous créez une grandeur intérieure dans laquelle les schémas comportementaux peuvent peu à peu se dénouer et se relâcher. (Faites-moi confiance, cette approche fonctionne réellement, même si les résultats ne sont pas immédiats.)

Ressentir ses sentiments

Les schémas persistent souvent jusqu'à ce que les sentiments sous-jacents ne soient complètement éprouvés. J'ai bien dit « éprouvés » et pas seulement reconnus ou nommés ! Nombreux sont ceux qui tiennent leurs sentiments à distance ou les confondent avec les pensées ou les idées. J'étais par exemple capable de parler du chagrin ou de la peur dans l'abstrait, mais il m'a fallu des années de méditation – et quelques bonnes thérapies ! (Voir la section « Comment [et quand] chercher de l'aide pour vous libérer de vos schémas ? ») avant de les ressentir dans mon propre corps. D'autres (comme nous l'avons déjà vu dans la section « Comment méditer sur les émotions perturbatrices ») sont totalement enchevêtrés dans leurs sentiments. Au fur et à mesure que vous élargissez votre conscience, recherchez les sentiments que vous n'avez pas encore éprouvés. Sachez que les ressentir ne les aggrave pas et ne les grossit pas – tout du moins à long terme. Cela leur permet en fait de circuler et de se relâcher !

Prendre conscience de votre résistance et de votre attachement

Comme nous l'avons dit plus haut, ne persiste que ce à quoi vous résistez, principe auquel je pourrais ajouter : persiste aussi ce à quoi vous êtes attaché. Si votre esprit revient indéfiniment sur une histoire donnée ou une émotion perturbatrice, il serait peut-être utile d'explorer la relation que vous entretenez avec elle. Demandez-vous par exemple ce que vous ressentez à propos de cette histoire ou de cette émotion et si vous avez un intérêt personnel à vous y accrocher. Si tel est le cas, qu'en tirez-vous et que craignez-vous qu'il arrive si vous lâchez prise ? La jugez-vous indésirable et tentez-vous de vous en débarrasser ? Si oui, interrogez-vous sur ce qui ne vous plaît pas en elle. Lorsque vous arriverez à vous détendre et vous ouvrir en douceur de façon à accepter consciemment ce schéma, vous verrez qu'il se détendra également, lui qui semblait si tendu et bien établi.

Remplacer les schémas négatifs par une énergie positive

De nombreuses traditions méditatives préconisent d'invoquer une aide extérieure au cours du long processus de purification et d'élimination des schémas habituels. Attention, je ne parle ici ni d'une psychothérapie ni du Prozac® ! – je fais référence à des êtres ou des énergies spirituelles dont l'unique rôle est d'inspirer et d'encourager votre évolution spirituelle. Les religions occidentales ont leurs saints et leurs anges, l'hindouisme et le bouddhisme ont leurs divinités et leurs protecteurs, le chamanisme a ses aides spirituelles et ses puissances animales.

Vous n'êtes pas obligé de croire à tous ces trucs spirituels, mais je vous conseille néanmoins d'essayer cette méditation. À la place d'alliés spirituels, imaginez des personnes qui vous ont soutenu de façon inconditionnelle par le passé – ou gardez l'image d'une sphère lumineuse. Cet exercice en lui-même peut s'avérer un outil fort précieux pour gérer les émotions et les expériences douloureuses ou difficiles. Comme toutes les méditations, elle prendra toute son efficacité avec la pratique.

1. **Commencez par vous asseoir et méditer comme d'habitude pendant plusieurs minutes.**

   Si vous n'avez pas encore instauré d'habitude, voyez le chapitre 8 – ou contentez-vous de vous asseoir en silence et d'attendre les instructions suivantes.

2. **Imaginez une sphère lumineuse de lumière blanche suspendue 30 cm au-dessus de votre tête, légèrement décalée vers l'avant.**

   À l'image du soleil, cette sphère incarne et émet toutes les qualités positives, curatives et harmonieuses que vous voulez le plus manifester dans votre vie. (Peut-être voulez-vous être précis au début – force, clarté, paix, amour ; pour ensuite ne plus faire qu'apparaître la lumière.)

3. **Imaginez que vous absorbiez toutes les qualités de cette lumière curative comme si vous preniez un bain de soleil.**

4. **Imaginez que la lumière rayonne dans toutes les directions, jusqu'aux recoins les plus éloignés de l'univers, et rapporte dans la sphère l'énergie de toutes les forces bénévoles qui vous font vivre.**

5. **Visualisez cette énergie positive et curative qui brille dans la sphère, comme la lumière d'un millier de soleils qui coulerait dans votre corps et votre esprit pour éliminer la tension et la négativité, l'obscurité et la dépression, l'inquiétude et l'anxiété, et y mettre à la place le rayonnement, la vitalité, la paix et toutes les qualités que vous recherchez.**

6. **Continuez d'imaginer cette puissante lumière curative qui inonde chaque cellule et chaque molécule de votre être, faisant disparaître toute zone de tension ou blocage pour vous laisser pur, limpide et calme.**

7. **Visualisez la descente de cette sphère lumineuse vers votre cœur, où elle continue de rayonner.**

8. **Imaginez maintenant que vous soyez devenu un être lumineux doté d'une sphère lumineuse qui émet en continu clarté, harmonie et pureté – d'abord à toutes les cellules et particules de votre propre être, puis à tous les êtres autour de vous.**

Gardez les sentiments et images qu'a suscités cet exercice tout au long de votre journée.

Trouver la sagesse

Il arrive que les histoires ou les schémas récurrents soient porteurs d'un message et ne cessent de nous tourmenter tant qu'il n'a pas été entendu. Si j'éprouve le même sentiment de gêne ou de difficulté au cours de mes méditations et qu'il ne bouge pas ou ne se modifie pas même lorsque j'y prête attention, je lui « donne la parole » et lui demande alors de me parler comme si j'étais un ami. « Qu'essayes-tu de me dire ? Que faut-il que j'entende ? »
Je découvre parfois qu'une partie plus tendre et vulnérable de moi-même a besoin d'attention nutritive et affectueuse. Mais il s'agit parfois de la voix de la responsabilité qui me rappelle de veiller à un engagement important.
(Pour savoir comment écouter ces voix, voyez l'encadré intitulé « Le focusing : méditation occidentale pour se débloquer », plus loin dans ce chapitre.)

Aller au cœur du problème

Comme Milarepa, le grand théoricien du bouddhisme tibétain (voir l'encadré « Affronter ses démons » plus haut dans ce chapitre), il est parfois utile de mettre sa tête dans la gueule du démon avant de le voir disparaître à jamais. En d'autres termes, vous aurez peut-être à explorer la *contraction énergétique* présente au cœur de votre schéma (énergétique est utilisé ici dans le sens du modèle oriental de l'organisme humain qui est défini comme un système de chemins et de centres énergétiques qui peuvent se bloquer ou se contracter. Ces blocages donnent naissance à des émotions et des états mentaux douloureux pouvant entraîner diverses maladies. Pour en savoir plus sur les chemins et les centres énergétiques, reportez-vous au chapitre 12).

Pour y parvenir, amenez en douceur votre conscience au centre même de la contraction et procédez à une description détaillée de ce que vous y trouvez. En déterrant les souvenirs, les sentiments ou convictions qui maintiennent votre schéma, vous remarquerez que votre contraction se détend, votre conscience s'élargit et votre méditation reprend un rythme plus régulier. (***Note*** : lorsque vous êtes face à des contractions profondément ancrées et particulièrement douloureuses, n'hésitez pas à consulter un spécialiste. (Voyez la section intitulée « Comment [et quand] chercher de l'aide pour vous libérer de vos schémas ? » dans ce chapitre.)

Insuffler l'être dans la zone de tension

Après avoir médité un moment et entraperçu votre propre globalité (ce que je nomme l'*être* dans le chapitre 1), vous avez peut-être envie d'essayer le raccourci suivant. Laissez de côté les pensées et les idées qui accompagnent votre schéma et contentez-vous de prendre simplement conscience de la contraction physique et énergétique. Tournez à présent votre attention vers votre intégralité qui peut se manifester comme une énergie calme et détendue à l'intérieur de votre corps, un sentiment d'affection profonde dans votre cœur, une impression d'immensité ou d'espace ou bien tout autre sentiment propre à vous. Imaginez votre intégralité s'agrandir petit à petit, pénétrer et infuser l'être pur au cœur de la contraction. Poursuivez cet exercice pendant le relâchement de la contraction et sa disparition dans l'être. (Voyez l'encadré ci-après si vous être intéressé par une version encore plus détaillée de cette technique.)

Travailler sur les schémas avant d'être coincé

Lorsque vous avez appris à observer vos schémas réactionnels, vos histoires et soucis récurrents et êtes capable de les dénouer dans vos méditations, vous êtes prêt à y travailler au fur et à mesure qu'ils surgissent dans votre vie quotidienne. Prenons un exemple : vous remarquez dans votre méditation que vous répétez souvent un drame au cours duquel d'autres personnes vous privent de ce qui doit vous revenir de plein droit, ce qui vous blesse et vous remplit de rancœur. Lorsque vous remarquez que cette histoire et les convictions qui s'y attachent

Travailler avec les schémas habituels : un exemple type

Voici un exemple de travail sur les schémas tiré de ma propre expérience. Il n'y a pas si longtemps, je remarquai une sorte de contraction dans le bas du dos qui apparaissait pendant les méditations mais également entre les séances. Après plusieurs jours, je décidai d'explorer cette contraction, en portant doucement ma conscience et ma respiration sur la région en question.

Après avoir élargi ma conscience, je remarquai également un serrement au niveau de la gorge et de la mâchoire. Lorsque j'explorais le sentiment, je réalisais peu à peu que j'avais peur de quelque chose sans savoir vraiment au début de quoi il s'agissait et que je résistais à ce sentiment en contractant ma mâchoire. D'une certaine façon, ce sentiment me déplaisait et je désirais m'en défaire.

Sans tenter de le changer d'aucune manière, je méditais et respirais sur lui pendant un moment. Bientôt, il commença à se détendre quelque peu, sans toutefois se dénouer complètement. Après avoir demandé plus d'informations, je découvrais que je redoutais une présentation à venir. Plusieurs souvenirs de ne pas être à la hauteur lorsque j'étais petit surgirent alors, entraînant une vague de tristesse et quelques larmes, bientôt suivies par un sentiment de compassion pour moi-même.

Je dirigeai alors ma conscience au centre de la contraction qui se relâcha, laissant place à des sentiments de bien-être et de soulagement. Plus détendu et élargi, je repris alors le cours normal de ma méditation. Quelques jours plus tard, je notai pendant cette fameuse présentation que je me sentais plus détenu et plus confiant que d'ordinaire.

(par exemple, « je n'arrive jamais à avoir ce que je veux » ou « personne ne se soucie de moi ») surgissent au sein de votre couple ou au travail, vous pouvez utiliser les aptitudes maintenant acquises pour prendre un peu de recul et résister à la tentation de vous enliser une fois de plus.

Ce n'est qu'en démêlant systématiquement vos schémas au cours de vos méditations que vous parviendrez à les capter rapidement lorsqu'ils surviennent. Progressivement, vous deviendrez plus libre et moins réactif.

Comment mettre de côté vos schémas – pour le moment !

Si vous estimez que vous schémas habituels sont trop profondément enracinés pour être dénoués (tout du moins pour le moment !), vous pouvez néanmoins trouver temporairement un peu de répit en appliquant une ou plusieurs des méthodes suivantes. N'oubliez pas que vous n'êtes pas obligé de terrasser le schéma par KO ; il suffit parfois de le modifier ou de le bouger légèrement pour pouvoir poursuivre la méditation.

Lâcher prise ou laisser faire

Croyez-le ou pas, il est tout à fait possible de laisser tomber le schéma et de continuer. Attention, cependant, il risque de revenir vous hanter si vous tentez de le repousser. Cette approche ne requiert ni lutte ni aversion, mais simplement le désir d'accepter les choses telles qu'elles sont. (Pour plus d'informations sur les différentes étapes du lâcher-prise, reportez-vous au chapitre 9.) Il suffit parfois simplement de s'arrêter, prendre conscience de la contraction et de détendre progressivement le corps jusqu'au relâchement de la contraction. (Vous trouverez des instructions détaillées sur les méthodes de relaxation au chapitre 6). Vous pouvez aussi faire glisser votre conscience vers l'être lui-même (ou le ressentir par hasard) et laisser faire le schéma sans essayer de le modifier.

Faire glisser son attention

Comme il est écrit dans la Bible, « Il y a sous le ciel un temps pour tout » – y compris un temps pour travailler sur vos schémas habituels. Si vous avez des préoccupations plus urgentes, vous devez être capable de poser ces schémas de côté et de braquer votre attention là où il est nécessaire. Rien ne vous empêche de revenir à vos difficultés plus tard, lorsque vous en avez le temps et l'énergie.

Déplacer l'énergie

TRUC

Il peut s'avérer utile parfois de diriger l'énergie liée à un schéma particulier vers une autre activité. Partez faire une promenade, sortez danser, allez faire la vaisselle. Vous ne démêlerez certes pas votre schéma, mais vous lui coupez pour ainsi dire l'herbe sous le pied. Vous avez sûrement déjà vu ces westerns dans lesquels le héros sort couper du bois au lieu d'attraper son fusil pour tuer ses voisins ! En fait, il « déplace l'énergie », consciemment ou non. Il est aussi possible de déplacer l'énergie à l'intérieur – par exemple en transformant votre peur d'un événement prochain en excitation et curiosité.

L'exprimer dans son imagination

Lorsqu'une émotion ou une impulsion semble trop intense à supporter, vous pouvez l'exprimer de plusieurs façons. Essayez d'abord de la mettre en scène dans votre méditation en l'exagérant puis en la regardant avec attention se déployer complètement. Cette approche diffère du simple fantasme plus obsédant et inconscient. Dans notre exemple, vous laissez libre cours à cette émotion ou ce schéma tout en lui accordant toute votre attention, ce qui vous permet de comprendre qu'il n'est pas aussi accablant que vous ne le pensiez. Parallèlement, vous avez la possibilité d'en observer les limites et la peine ou les blessures qu'il peut infliger. Vous pouvez par exemple vous imaginer exprimant votre colère ou votre désir et en observer le résultat. Vous sentez-vous submergé ? Comment les personnes impliquées en sont-elles affectées ? En dégagez-vous l'accomplissement que vous cherchiez ?

L'exprimer dans la vie réelle – en pleine conscience

Une autre possibilité, notamment lorsque vous ne pouvez pas résister à ce schéma, consiste à l'exprimer comme d'habitude dans la vie réelle mais en en prenant pleinement conscience. Observez vos sensations corporelles pendant tout le temps que dure l'expression de votre rage ou de votre désir. Prenons un exemple. Imaginons que vous essayiez courageusement de résister à la tentation de manger un délicieux gâteau au chocolat, mais que votre volonté vous abandonne rapidement. Au lieu de résister, mangez-le tout en étant attentif à chaque bouchée et à chaque sensation ressentie, à la fois pendant que vous le mangez et après. Vous pourriez même essayer d'en manger autant que vous voulez. Je vous garantis que vos rapports avec les gâteaux au chocolat en seront totalement bouleversés. (Pour en savoir plus sur la pleine conscience au quotidien, voyez le chapitre 17.)

Le focusing : méditation occidentale pour se débloquer

Voici une technique méditative appelée le *focusing*, mise au point par Eugene Gendlin, professeur de psychologie à l'université de Chicago, et destinée à aider tout un chacun à trouver son point de blocage et à effectuer les changements nécessaires, aussi bien intérieurement qu'extérieurement, pour y remédier.

En portant votre attention sur le « sens corporel » d'un problème – c'est-à-dire l'endroit du corps où il est ressenti –, il est possible de découvrir des informations essentielles sur vos désirs et besoins véritables. (Pour en savoir plus sur ces instructions, je vous conseille le livre de Gendlin, *Focusing*.)

1. **Commencez par vous installer tranquillement et vous détendre.**
2. **Recherchez l'endroit intérieur où vous ressentez les choses et posez-vous les questions suivantes : « Comment est-ce que je m'en sors ? Qu'est-ce qui ne va pas très bien ? À quoi dois-je maintenant faire attention ? »**

   Vous ne recherchez pas une émotion intense mais quelque chose de plus subtil et de plus fugace : un sens corporel, littéralement « un sens ressenti ». (Un sens corporel est par exemple l'endroit en vous que vous interrogez lorsque quelqu'un vous demande « quel est votre sentiment sur telle personne ou telle situation ? » Il ne s'agit pas exactement d'un sentiment, et certainement pas d'une pensée mais davantage d'une compréhension implicite du corps.)
3. **Prenez ce qui arrive, mettez-le de côté et reposez-vous les mêmes questions jusqu'à avoir une liste de trois ou quatre choses sur lesquelles vous pouvez vous concentrer dès à présent.**
4. **Choisissez-en une sans pénétrer à l'intérieur. Faites au contraire de la place tout autour.**

   Laissez de côté toute pensée ou analyse et contentez-vous de rester avec votre sens corporel de cette chose, dans son ensemble.
5. **Posez-vous la question suivante : « Quel est le point essentiel de ce problème ? »**

   Évitez les conclusions trop hâtives et n'essayez pas de le comprendre. Laissez simplement l'essentiel émerger dans le silence. Vous verrez peut-être surgir quelque chose de différent de ce à quoi votre esprit s'attendait. Vous le saurez dans votre corps.
6. **Restez avec le point essentiel de ce sens corporel pendant au moins une minute et laissez un mot, une image ou un sentiment en sortir.**

   N'essayez pas de le comprendre, prenez-en simplement conscience avec une curiosité discrète, en attendant que se révèle une connaissance plus profonde.
7. **Comparez ce mot, cette image ou ce sentiment au sens corporel en vous demandant : « Est-ce correct ? Cela correspond-il vraiment ? »**

   Si c'est le cas, vous ressentirez alors un changement : un profond soupir ou une profonde respiration de soulagement, une légère décontraction intérieure. Si ce n'est pas le cas, laissez parler le sens corporel, en lui demandant alors ce qui est vraiment correct et attendez la réponse. N'oubliez pas que c'est à votre corps que vous demandez des informations et non à votre esprit.

Le focusing : méditation occidentale pour se débloquer *(suite)*

8. **Lorsque vous avez obtenu une réponse qui semble correcte, asseyez-vous avec en silence pendant quelques instants pour laisser votre corps répondre.**

   La réponse prend des formes diverses : le changement ressenti peut continuer de se dévoiler, mais vous pouvez aussi éprouver une libération d'énergie ou toute autre répercussion visible au niveau corporel.

Voici un exemple de focusing. Supposons que vous n'arriviez pas à vous détacher d'une conversation que vous avez eu avec une amie la veille et que vous vous la repassiez en boucle dans la tête. Vous décidez alors de mettre vos pensées de côté et de faire attention à votre sens corporel de la conversation. Lorsque vous vous tournez vers l'intérieur, vous découvrez qu'il se situe dans votre cœur et que son point essentiel a un rapport avec le ton employé par votre amie.

Lorsque vous vous asseyez avec « le sens ressenti », vous réalisez que l'important n'est pas exactement le ton de la voix mais quelque chose qui a été déclenché en vous. De quoi s'agit-il ? Eh bien, d'un sentiment de jalousie... non ce n'est pas tout à fait ça ; c'est le sentiment de ne pas être à la hauteur, de ne pas être aussi bon qu'elle – ou encore plus précisément, de ne pas faire exactement ce que vous voudriez faire, comme elle le fait. En clair, vous prenez conscience que vous ne faites pas ce qui vous plairait vraiment et les mots de votre amie ont déclenché ce sens au fond de vous.

Lorsque vous le réalisez, un changement ressenti ou un relâchement se produit en vous, qui s'accompagne ou non de larmes de reconnaissance et de tristesse.

Comment (et quand) chercher de l'aide pour vous libérer de vos schémas ?

Il se peut que vous soyez si plein de pensées et de sentiments négatifs qu'il vous est virtuellement impossible de vous concentrer, même pendant la méditation. Les voix (ou les images) présentes dans votre tête ne font que faire jaillir des inquiétudes, des regrets, des jugements et des critiques en nombre tel et à une telle vitesse que vous avez même des difficultés à vous entendre penser ! Vous réussissez peut-être pas trop mal à vous concentrer sur votre respiration ou réciter votre mantra puis, au moindre déclenchement d'une histoire ou d'un schéma fascinant, vous êtes emporté par son intensité.

Mon premier conseil est de continuer à méditer régulièrement et d'observer ce qui se produit. Comment vous sentez-vous après quelques semaines ou quelques mois de pratique continue ? Faites-vous des progrès ? Vous sentez-vous plus calme et détendu ? Votre concentration devient-elle plus profonde ?

Si certains schémas subsistent – et notamment s'ils portent préjudice à votre capacité à travailler ou à entretenir une relation amoureuse satisfaisante –, peut-être pourriez-vous envisager une psychothérapie. Je sais que certaines personnes sont gênées, voire honteuses, d'avoir à admettre qu'elles ont besoin d'aide pour résoudre leurs problèmes. Et pourtant ! Depuis que les êtres humains sont confrontés à des difficultés – et peut-être même bien avant, ils consultent des médecins, des chamans, des rabbins, des prêtres, les anciens et les sages.

La vérité est que la psychothérapie (notre version moderne des anciens conseils de sages) prend des formes très diverses – aussi nombreuses à vrai dire que les professionnels qui la pratiquent. Sans dévaloriser une quelconque branche de cette thérapie (je parle après tout de ma propre profession), j'aimerais présenter quelques indications pour choisir un thérapeute qui puisse vous libérer des limites de vos schémas habituels. Il faut en convenir, ces recommandations sont fondées sur mes intérêts personnels et mes préférences – ainsi que sur une expérience de plus de quinze années en tant que thérapeute, vingt-cinq années en tant que méditant et professeur de méditation.

Parler est important – mais c'est insuffisant

Même la thérapie classique freudienne, entièrement fondée sur la parole, vise le moment où l'expérience intérieure touche un endroit plus profond et déclenche un changement intérieur ressenti ou un relâchement émotionnel. (Rappelez-vous le moment crucial du film de *Will Hunting* quand Robin Williams dit à Matt Damon « Ce n'était pas de ta faute » ?) Les thérapies uniquement fondées sur la parole arrivent moins vite à ce point là – et parfois pas du tout. À moins d'avoir près de vous un Robin Williams, cherchez un thérapeute qui associe la parole avec une ou plusieurs techniques qui vous conduisent en profondeur plus rapidement – comme l'hypnothérapie, les images guidées, l'imagination active, la thérapie fondée sur le corps, le travail sur le souffle, le focusing ou l'EMDR (Eye movement desensitization and reprocessing).

Regardez autour de vous

Si vous voulez obtenir des noms de thérapeutes, parlez-en autour de vous à vos amis, vos proches ou toute personne partageant les mêmes intérêts et les mêmes valeurs que les vôtres. Vous serez surpris de voir le nombre de gens de votre connaissance qui ont consulté un psy au cours des dernières années. Appelez ces spécialistes et prenez un ou deux rendez-vous « à titre d'essai » avant de prendre une décision. Sachez que si la personne ne vous convient pas, vous n'êtes nullement tenu de poursuivre. Il est préférable d'essayer plusieurs thérapeutes, quitte à dépenser un peu plus, que de s'apercevoir au bout de six mois ou un an que vous n'avez pas choisi la bonne personne.

C'est une histoire de personne et non de qualification

Même si votre thérapeute vous a été hautement recommandé et que le mur de son bureau est littéralement tapissé de diplômes et de certificats, examinez la personne en face de vous. Vous écoute-t-elle attentivement et comprend-elle ce que vous lui dites ? Vous semble-t-elle émotionnellement sensible et perspicace ? Vous sentez-vous à l'aise face à elle ? Lui faites-vous confiance pour ce qui est de vos endroits les plus tendres et vos problèmes ardus ? En résumé, faites confiance et suivez vos sentiments et votre intuition.

Voyez si vous êtes intéressé par la spiritualité

Si vous faites preuve d'une disposition spirituelle – ou êtes en train d'en développer une – cherchez un thérapeute qui corresponde à vos aspirations. Si vous n'en trouvez pas, optez au moins pour un psy qui la respecte. Non seulement il acceptera de parler avec vous d'expériences méditatives et transpersonnelles (c'est-à-dire au-delà de la personne), mais il pourra peut-être aussi vous aider à associer la méditation à votre thérapie pour travailler plus efficacement sur vos problèmes. (Pour en savoir plus sur les expériences transpersonnelles, voyez le chapitre 12.)

EXERCICE

Chercher l'enfant en vous

Lorsque vous vous sentez agité ou contrarié, vous pouvez avoir envie de rechercher le petit enfant qui se trouve en vous, la partie de vous qui ressent les choses en profondeur. Voici une méditation qui vous aide à rassurer et nourrir votre enfant intérieur.

1. **Commencez par observer ce que vous ressentez et à quel endroit il se fait sentir.**
2. **Prenez le temps de respirer et de vous détendre à l'intérieur de ces sentiments.**
3. **Imaginez qu'il y ait à l'intérieur de vous un petit garçon ou une petite fille qui éprouve ces sentiments.**

   Cet enfant représente la partie jeune et inexploitée de vous-même. Vous pouvez en avoir une image, un sens viscéral ou une connaissance intérieure.
4. **Posez-vous les questions suivantes : « Quel âge a cet enfant ? Comment s'appelle-t-il ? Quel type d'attention attend-il de moi en ce moment précis ? »**

   Il désire peut-être être rassuré ou aidé ou peut tout simplement avoir envie de jouer.
5. **Imaginez, si possible, que vous lui apportiez ce qu'il désire.**
6. **Continuez à converser intimement avec lui autant que vous le voulez, soit par des mots soit par un contact physique.**
7. **Lorsque vous avez terminé, notez comment vous vous sentez.**

   Vous serez peut-être plus détendu ou plus confiant – ou tout du moins énervé ou apeuré.
8. **N'oubliez pas de serrer votre enfant intérieur dans vos bras (s'il le désire), de lui dire que vous l'aimez et de le rassurer en lui promettant de revenir le voir de temps en temps – et faites-le s'il vous plaît !**

Chapitre 12

Diagnostiquer les obstacles et les effets secondaires

Dans ce chapitre :

- Utiliser les obstacles à votre méditation comme pâtures
- Gérer les états de conscience modifiée et les expériences inhabituelles sans vous affoler
- Explorer les sept centres d'énergie et ce qu'ils ont à vous apprendre

Comme tout voyage, la méditation a son lot de panoramas à couper le souffle et d'attractions en bord de route qui vous inspirent ou piquent votre curiosité – mais aussi son quota d'obstacles, de détours et de pannes qui vous empêchent d'aller plus loin. Comme je l'ai déjà dit au chapitre 1, je considère ce livre comme un guide touristique détaillé et ce chapitre constitue le manuel de dépannage à utiliser en cas de problème mécanique, de crevaison ou de retard inexpliqué.

Il n'est pas impossible que le voyage se passe sans souci et que vous arriviez à destination sans le moindre problème technique. Si vous ne rencontrez aucun problème au cours de vos méditations, vous pouvez aisément sauter ce chapitre pour l'instant. En revanche, si vous êtes intéressé par une présentation des obstacles que vous risquez de rencontrer – ou que vous avez déjà rencontrés ! – lisez attentivement ce qui suit. Vous pouvez toujours y trouver quelques conseils fort utiles pour gérer les obstacles les plus courants au moment où ils se dressent devant vous et vous trouverez même des descriptions d'étapes pittoresques qui pourraient se transformer en détours si vous vous embrouillez et n'arrivez pas à les franchir en douceur.

Comment retrouver son chemin parmi les obstacles

Si vous pouvez rendre la méditation aussi complexe que vous le voulez, la pratique de base (voir chapitre 1) est en fait très simple : il vous suffit de vous asseoir, d'être calme, de tourner votre attention vers l'intérieur et de concentrer votre esprit. Mais personne n'a jamais dit que ce serait facile – en tout cas tout le temps !

Outre les émotions difficiles et les schémas habituels décrits au chapitre 11, tout méditant persévérant rencontre inévitablement au moins quelques-uns des nombreux et classiques obstacles ou barrages. (Ne soyez pas découragé par le terme « d'obstacle ». Ces défis peuvent effectivement vous ralentir sans forcément vous arrêter.) S'endormir, bouger sans cesse, s'ennuyer, toujours repousser la méditation, se demander si cela en vaut vraiment la peine ne sont pas des attitudes négatives. Vous ne faites rien de mal : vous êtes simplement davantage que d'autres confronté aux schémas habituels qui vous posent problème dans tous les domaines de votre vie. La méditation constitue un laboratoire dans lequel vous allez pouvoir étudier ces schémas avec une attention consciente afin d'être ensuite capable d'appliquer les résultats obtenus dans votre travail, dans vos relations d'amitié et dans votre vie de famille. (En d'autres termes, les « obstacles » servent de pâture à la conscience de soi et au changement comportemental.)

N'OUBLIEZ PAS

Comme je vous y encourage tout au long de ce livre, accordez à vous-même et aux obstacles qui se dressent sur votre parcours la même gentillesse, attention et curiosité que vous accorderiez à un ami proche. N'oubliez pas que l'objectif n'est pas de se frayer un chemin à travers les difficultés pour atteindre un lieu plus élevé de clarté et de paix. Il faut de préférence considérer les obstacles comme une matière première extraordinaire pour votre travail de laboratoire une fois que vous savez comment vous ouvrir à tout ce qui survient dans votre expérience et en prendre conscience avec douceur, sans porter de jugement. Considérez-les, si cela peut vous aider, comme des messagers chargés des dons de sagesse, d'acceptation de soi et de plus grande énergie. Comme décrit au chapitre 11, nommer votre expérience avant de poursuivre plus loin peut s'avérer utile.

La somnolence

La plupart d'entre nous marchent en dormant une bonne partie de leur vie, ne faisant pratiquement pas attention à ce qui se passe autour d'eux. Vous est-il déjà arrivé de rentrer chez vous en vous étonnant d'y être déjà ou de ne pas vous être rendu compte du trajet ? L'objectif essentiel de la méditation étant de s'éveiller et de prêter attention, il n'est pas étonnant que tous les méditants aient à affronter, au moins de temps en temps, un manque d'intérêt et un état de rêverie !

Certainement l'obstacle le plus fréquent, la somnolence prend des formes diverses et variées. Commencez par explorer votre expérience : dans quelle partie du corps apparaît-elle ? Que se passe-t-il dans votre esprit ? La fatigue est-elle aussi physique ou bien vous sentez-vous seulement mentalement éteint ? Si vous baillez parce que vous avez mal dormi les nuits précédentes, arrêtez votre méditation et faites un petit somme.

Le plus souvent, votre esprit deviendra confus dès lors que vous vous interdirez d'éprouver une émotion indésirable ou désagréable comme la peur ou la tristesse. Voici les questions que vous pouvez vous poser : « Qu'est-ce que j'essaye d'éviter ? Qu'y a-t-il juste sous cette envie de dormir ? » (Vous pouvez élargir cette investigation aux autres moments de votre vie où vous êtes léthargique ou totalement absent.)

TRUC

Après quelque temps de pratique, l'envie de dormir vous prendra peut-être lorsque votre esprit sera au repos, libéré des stimulations qui l'occupent le reste de la journée. Il vous sera utile à ce stade de réveiller votre énergie en ouvrant grand les yeux et en vous tenant droit. Si votre somnolence persiste, levez-vous et marchez ou aspergez-vous le visage d'eau froide pour vous aider à rester éveillé.

L'agitation

Si vous éprouvez des difficultés à vous concentrer pendant la méditation parce que votre esprit est agité, inquiet ou anxieux et que vous êtes pressé de reprendre les activités momentanément abandonnées, commencez par nommer l'agitation et observer la façon dont vous la ressentez dans votre corps. Peut-être se manifeste-t-elle par une tension abdominale ou cérébrale ou bien une sensation d'inconfort dans les bras ou les jambes. Peut-être vous rendrez-vous compte que vous êtes inconfortablement assis au bord du coussin, comme si vous vouliez être prêt à bondir à tout instant pour picorer quelque chose à manger ou passer un coup de fil !

N'OUBLIEZ PAS

Repérez les agissements de votre esprit. Saute-t-il d'un sujet à un autre sans que vous puissiez le contrôler ou s'inquiète-t-il démesurément à propos d'un événement à venir ou d'une responsabilité ? Observez autant que possible votre agitation sans vous laisser gagner – ou séduire – par l'impulsion de vous lever et de partir. Essayez de compter vos respirations ou d'utiliser une autre technique de concentration pour vous aider à calmer votre esprit jusqu'à ce que vous puissiez reprendre votre exercice (s'il est différent). Comme l'envie de dormir, l'agitation est parfois aussi une réponse à des sentiments déplaisants ou douloureux que vous refusez d'éprouver.

L'ennui

Comme beaucoup, vous pensez que vous vous ennuyez, car l'objet de votre attention est dénué de valeur ou d'intérêt. Pourquoi ne pas examiner de plus près cet ennui ? Il naît en réalité de votre manque d'attention ou bien de l'existence d'une opinion ou d'une préférence qui vous empêche de vous manifester totalement pour le moment. La plupart d'entre nous sont aujourd'hui habitués à une stimulation permanente et ont d'énormes difficultés à rester immobiles lorsqu'ils doivent se concentrer sur quelque chose de simple… comme suivre son souffle.

L'ennui, comme l'agitation, peut vous empêcher de ressentir les beautés plus subtiles de la vie – mais la méditation vous fournit une formidable occasion d'explorer cet ennui. Commencez par le nommer « ennui, ennui ». Comment se manifeste-t-il physiquement ? Quelles histories votre esprit vous raconte-t-il ? Au lieu de réagir à votre ennui, contentez-vous d'en prendre conscience. Il n'est pas impossible qu'il finisse par être si fascinant qu'il en devienne de moins en moins ennuyeux !

La peur

Il vous arrivera de vous asseoir pour méditer et de vous rendre compte que votre esprit est rempli de sentiments et de pensées de crainte que vous n'aviez pas remarqués auparavant. D'où viennent-ils ? Peut-être avez-vous craint ou redouté quelque chose dont vous n'avez eu conscience qu'en commençant à méditer. Peut-être aussi que votre attention consciente a fait surgir d'anciennes peurs pour vous permettre de les explorer et de les laisser partir. Cette crainte peut aussi provenir de votre méditation elle-même – et notamment de la peur de ne pas y arriver correctement, de ne pas gérer votre stress ou encore de voir surgir pendant la méditation des souvenirs ou des sentiments pénibles.

Si c'est votre cas, soyez rassuré, vous n'êtes pas le seul ! La peur est l'une des émotions humaines les plus envahissantes et fondamentales – pas surprenant donc qu'elle relève la tête dans la méditation ! Votre séance devient alors une excellente occasion de travailler sur votre peur en suivant les instructions données au chapitre 11.

SAGESSE POPULAIRE

Lorsque la peur n'est plus un obstacle

Dans son livre intitulé *Quand tout s'effondre*, Pema Chödrön, professeur bouddhiste d'origine américaine, raconte l'histoire de ce jeune Occidental parti pour l'Inde dans les années 1960. Il voulait à tout prix surmonter ses émotions négatives et notamment sa peur, qu'il voyait comme un obstacle à sa progression.

Le professeur qu'il rencontra là-bas ne cessa de lui répéter d'arrêter de lutter, mais le jeune homme interpréta cette instruction simplement comme une autre technique pour s'en débarrasser.

Pour finir, son professeur l'envoya méditer dans une cabane dans les montagnes. Un soir tard, alors qu'il était assis, il entendit un bruit, se retourna et aperçut un énorme serpent, le capuchon dressé, qui se balançait dans le coin. Le jeune homme était terrifié. Il s'assit face au serpent, incapable de bouger ou de dormir. Aucune technique méditative ne pouvait lui venir en aide pour éviter ses sentiments – la seule chose qu'il pouvait faire était de s'asseoir avec sa respiration, sa peur et le serpent dans le coin.

Au petit matin, alors que la dernière bougie finissait de se consumer, il ressentit une vague de tendresse et de compassion envers tous les animaux et tous les gens du monde. Il ressentait leur souffrance et leurs désirs et comprit qu'il avait jusque-là utilisé la méditation pour se séparer non seulement des autres, mais aussi de lui-même.

Dans le noir, il se mit à pleurer. Il était à la fois en colère, fier et effrayé –, mais il était aussi exceptionnel, sage et incommensurablement précieux. Plein de gratitude, il se leva, s'avança vers le serpent et le salua. Puis il s'endormit sur le sol. Lorsqu'il s'éveilla, le serpent avait disparu – ainsi que son besoin désespéré de lutter contre sa peur.

Le doute

Cet obstacle peut s'avérer particulièrement difficile à négocier, car il remet l'ensemble du voyage en question. « Est-ce que j'ai tout ce qu'il faut pour méditer ? Je n'arrive jamais à apaiser mon esprit – je ferais peut-être mieux d'essayer le yoga ou le t'ai chi. À quoi cela va me servir de suivre ma respiration ? Comment ce genre de pratique peut-elle mener à la relaxation et à la tranquillité d'esprit ? » Il est bien évidemment important de poser des questions et d'obtenir des réponses satisfaisantes, mais lorsque vous avez décidé d'essayer la méditation, vos doutes doivent vous servir de pâture et ne pas être constamment pris au sérieux.

TRUC

Attention ! Le doute s'installe également lorsque vous voulez en faire trop ou lorsque vos exigences sont trop élevées. Comme je l'ai expliqué au chapitre 6, avec la méditation, vous devez mettre vos attentes de côté et pratiquer tout simplement, confiant que les bénéfices vont s'accumuler avec le temps. Si vous avez besoin d'être convaincu, je vous conseille la lecture d'autres livres louant les mérites de la méditation.

Le doute fait travailler l'esprit et rend la concentration difficile. Commencez par nommer votre doute et observer les sensations qu'il évoque et les histoires qu'il débite. Grâce à la pratique de la pleine conscience, le doute s'apaise progressivement et s'éloigne vers le fond. Enfin, tous vos petits doutes pourront fusionner en un grand doute qui vous décidera à vous interroger profondément sur la nature de l'existence et trouver quelques réponses pour vous-même.

La tergiversation

Comme douter, tergiverser peut vous conduire à un arrêt brusque. Après tout, si vous ne faites que repousser, vous n'en récolterez jamais les bénéfices. Si vous avez tendance à tergiverser dans d'autres domaines de votre vie, vous avez maintenant l'occasion d'aller chercher au-delà de vos excuses habituelles les sentiments et inquiétudes profonds qui entretiennent ce schéma de comportement. Prenez le temps de vous demander en toute honnêteté – mais en douceur et sans vous juger – quel obstacle vous empêche d'aller jusqu'au bout de vos intentions.

Comme il a été dit dans les sections précédentes, vous pouvez avoir peur, vous ennuyer ou douter des bienfaits de la méditation. Il y a peut-être une partie ennemie en vous qui ne veut pas que vous opériez les changements positifs offerts par la méditation et sape tous vos efforts. Peut-être êtes-vous tout simplement trop agité et distrait pour trouver le temps de pratiquer l'activité qui justement pourrait vous aider à gérer votre agitation et votre distraction. Dès que vous réussissez à réinstaurer vos séances de méditation, explorez ces schémas plus en profondeur. (Si vous désirez revigorer votre motivation ou développer l'autodiscipline, voyez les chapitres 4 ou 9.)

L'hypervigilance

La prochaine fois que vous voyez une toute jeune maman, regardez-la s'occuper de son nouveau-né. Surveille-t-elle en permanence son visage pour y repérer un signe de maladie ou de gêne ? Non. Si elle entretient une relation saine avec son enfant, elle le regarde dans les yeux avec une attention chaleureuse et aimante mais sans anxiété ni inquiétude.

TRUC

Porter la même attention soucieuse et douce à votre méditation peut vous aider. Si votre concentration a tendance à devenir obsessionnelle, perfectionniste ou focalisée comme un laser, vous risquez, à l'arrivée, d'être plus stressé qu'avant de commencer. Relâchez votre attention comme une mère aimante, en observant votre expérience sans inquiétude ni tension. N'hésitez pas, si vous en avez envie, à vous interroger sur la peur plus profonde qui a peut-être motivé votre trop grande vigilance.

L'hypervigilance peut aussi se manifester par une surveillance constante de vos progrès, ponctuée par le terrible « Comment est-ce que je m'en sors maintenant ? » Le problème est que le vrai progrès dans la méditation implique d'être simplement présent, détaché de toute inquiétude extérieure. Là encore, relâchez votre conscience et laissez faire.

Le jugement de soi

Comme la peur, le jugement de soi est presque une expérience humaine universelle, tout du moins dans les pays occidentaux. Il se focalise soit sur votre méditation – vous vous débrouillez mal ou vous ne savez pas vous concentrer – soit sur vous-même – vous n'êtes pas à la hauteur, vous ne méritez pas d'être aimé, vous n'êtes pas assez bon. L'esprit-juge se déguise même parfois en observateur objectif ou en coach spirituel qui ne cesse de comparer vos progrès à un idéal intériorisé. « Si vous étiez comme le Bouddha, vous seriez totalement calme et paisible, » vous souffle-t-il par exemple, ou encore « si vous étiez un bon chrétien (un bon musulman ou un bon juif), vous n'éprouveriez ni peur ni colère ». Malheureusement, comme le disait l'un de mes professeurs, « la comparaison tue » – ce qui veut dire qu'elle décourage la vitalité et l'expression propres à vous, qui ne peuvent se comparer à quoi que ce soit d'autre.

En nommant ou en notant vos jugements de vous, vous pourrez arriver à une certaine distance par rapport à eux et non plus les prendre pour parole d'évangile comme beaucoup de nous le font. À quoi ressemble la voix du jugement ? Quelles histoires impose-t-elle comme vraies ? Vous rappelle-t-elle quelqu'un – par exemple, un parent ou un patron ? Essayez-vous de repousser des pans de votre expérience, les jugeant quelque part indésirables ? Observez l'expression de votre jugement au niveau corporel. Lorsqu'il vous entraîne, vous réagissez peut-être par une contraction ou une tension physique.

TRUC

Une fois que vous avez appris à connaître vos jugements, commencez par les accueillir comme de vieux amis, en méditation, mais aussi dans votre vie quotidienne – sans avaler leur histoire.

L'attachement et le désir

Si la peur et le jugement font tout pour éviter certaines expériences ou pour y résister, l'attachement s'agrippe fermement à ce que vous avez déjà – le désir, quant à lui, n'ayant de cesse de trouver mieux. Lorsque vous êtes attaché – à votre carrière, votre relation de couple ou vos biens matériels – vous refusez de lâcher prise lorsque la situation change. Qui ne le ferait pas d'ailleurs ? Pourtant, l'attachement peut conduire à la souffrance, car la vie a la curieuse tendance de faire ce qui lui plaît en dépit de nos souhaits. Avec le désir, la frustration de ne pas obtenir ce que l'on veut et d'avoir ce que l'on ne veut pas coule comme un courant douloureux juste sous la surface de la conscience.

Je ne prône pas un détachement complet ni une absence totale de désirs – après tout, seul le Bouddha était capable d'un tel détachement ! Mais je n'assimile pas non plus le désir au plaisir – l'expérience du désir peut même être en fait extrêmement déplaisante, un peu comme une démangeaison insupportable qui ne se calme jamais, aussi fort que vous grattiez. Le vrai plaisir, en revanche, comble un besoin humain profond et naturel. Mais je prétends qu'il est possible de découvrir comment créer un espace autour de vos désirs et de vos attachements pour ne pas être submergé par les hauts et les bas de la vie. (Pour en savoir plus sur l'attachement, voyez le chapitre 5.)

L'attachement et le désir peuvent apparaître sous diverses formes au cours de la méditation. Peut-être convoitez-vous les moments de calme relatif et devenez-vous nerveux lorsque votre esprit est agité ou inquiet. Vous pouvez également éprouver une tendresse particulière pour certaines pensées – fantasmes de réussite économique par exemple, ou images de vos vacances du mois dernier – et découvrir que vous n'avez pas très envie de les lâcher et de retourner à votre respiration ou à votre souffle. Ou peut-être vivez-vous dans l'attente et le désir fébrile d'un accomplissement rêvé tout simplement hors de portée.

Comme pour les autres obstacles, vous avez la possibilité d'explorer votre attachement et votre désir, tout d'abord en les nommant au moment où ils surviennent, puis en observant les pensées et sensations qui les composent.

L'orgueil

Voici un scénario classique de la méditation. Vous méditez régulièrement depuis quelques semaines et, un jour, votre esprit devient aussi calme que la surface tranquille d'un étang. Vous vous rendez alors compte que les pensées suivantes vous viennent à l'esprit : « Super, je n'ai pratiquement plus de pensées et je compte mes respirations de 1 à 10 depuis au moins 5 minutes. Génial ! Il n'y a pas à dire, je me débrouille très bien et j'ai vraiment trouvé le truc. Dans pas longtemps, je ferai partie des spécialistes, et peut-être même que j'atteindrai l'illumination… » Là, vous avez littéralement succombé à l'orgueil qui a exploité votre réussite et s'en sert pour renforcer une image de vous défaillante… mais vous vous êtes aussi égaré dans votre méditation. L'orgueil peut aussi vous pousser à vous vanter auprès de votre famille et de vos amis de vos pratiques méditatives ou à vous considérer comme un être à part, légèrement supérieur aux autres.

Comme je l'ai expliqué dans la section précédente, il vous est possible d'étudier les pensées et les sentiments qui composent votre orgueil. En profondeur, vous risquez de découvrir un sentiment de peur ou d'insécurité ou encore un désir d'être aimé et apprécié. Rappelez-vous surtout que la méditation est à cent lieues de la notion de succès ou de réussite et qu'elle consiste uniquement à être là, à l'instant présent, pour accueillir tout ce qui survient. Dès que vous commencez à vous enorgueillir de vos qualités méditatives, vous n'êtes plus là – contentez-vous de revenir en douceur à votre respiration.

Se cacher

Certains se tournent vers la méditation dans l'espoir d'éviter d'affronter certains problèmes ou défis de leur vie et finissent par passer sur le coussin des heures qui pourraient certainement être mieux employées à payer les factures, se préparer à une nouvelle orientation de carrière ou discuter avec son conjoint.

N'OUBLIEZ PAS

La méditation peut vous aider à apaiser votre esprit, ouvrir votre cœur et faire face aux peurs ou autres sentiments qui vous bloquent – mais à un moment donné il est indispensable d'enlever l'écran et d'appliquer ce que vous avez appris dans votre univers quotidien. (En d'autres termes, comme le sexe, le travail ou la télé, la méditation peut devenir une drogue si vous en abusez.) Rassurez-vous, vous ne risquez rien si vous consacrez une demi-heure ou une heure par jour à méditer – ni si vous partez faire une retraite de temps à autre. Mais prenez garde si vous vous préservez des épreuves ou tracas de la vie – les thèmes qui reviennent sans cesse dans votre méditation peuvent ne pas être du tout des diversions mais au contraire des préoccupations urgentes qui requièrent une réponse de votre part.

L'évitement

De la même façon qu'ils essayent de s'isoler des difficultés de la vie, certains utilisent la méditation comme un moyen pratique pour éviter d'affronter des problèmes psychologiquement et émotionnellement plus profonds. Grâce à une grande concentration, par exemple, il leur est possible de se focaliser sur leur respiration ou tout autre objet de méditation en supprimant activement tout sentiment désagréable ou « non spirituel ». Je connais des personnes qui, après plusieurs années de méditation dans des monastères ou des ashrams, réalisent soudain qu'elles sont littéralement assises sur une vie entière de chagrin en suspens, de ressentiment ou de douleur. Si vous observez correctement les instructions données au chapitre 11 pour travailler sur vos émotions, vous ne devriez pas être confronté à cet obstacle.

Savoir apprécier les effets secondaires – sans se fourvoyer

Outre les obstacles, vous serez peut-être amené à croiser en chemin un certain nombre d'expériences inhabituelles et fascinantes – ce que j'appelle les effets secondaires ou *les attractions de bord de route*. Au début de ce chapitre et au chapitre précédent, j'ai présenté une description des émotions, comportements routiniers et états mentaux susceptibles de vous poser problème au fur et à mesure que votre méditation s'approfondit. Je parle ici de ce que les spécialistes de la conscience nomment *les états de conscience modifiée* – c'est-à-dire des expériences extraordinaires du corps, de l'esprit et du cœur qui, même si elles sont en gros inoffensives, peuvent intriguer, troubler ou effrayer le méditant débutant.

Certaines personnes peuvent méditer pendant des années sans jamais faire aucune expérience qui sorte de l'ordinaire. Lorsque j'étais moine zen, j'espérais une percée spectaculaire, mais seule une expérience intérieure vint de temps en temps ponctuer des milliers d'heures de méditation. D'autres s'assoient et après seulement quelques séances commencent à entrevoir ce que les spécialistes appellent la *dimension transpersonnelle* de l'expérience. Une amie d'esprit a toujours vu des anges et autres êtres transcendants, tant sur qu'en dehors de son coussin de méditation.

Ces expériences extraordinaires sont également perçues différemment selon les traditions méditatives. Dans certaines, l'essentiel est d'être présent ici et maintenant – et tout le reste n'est que potentielle distraction. Si un moment de véritable éveil se produit, il prend, selon ces traditions, seulement l'aspect d'un changement de perspective, sans feu d'artifice ni signe distinctif. Inversement, les expériences extraordinaires sont considérées dans d'autres traditions comme significatives, voire comme des étapes importantes et nécessaires sur la voie de la liberté et de l'éveil. (Pour en savoir plus sur les expériences spirituelles, reportez-vous au chapitre 13.)

Dans la méditation en pleine conscience, méthode que j'ai décrite dans cet ouvrage (voir chapitre 6), vous abordez l'extraordinaire de la même façon que vous accueillez l'ordinaire – avec une attention douce et attentive. L'objectif étant d'accepter tout ce qui survient – et en même temps de vous éveiller à la personne que vous êtes réellement – toutes les expériences que vous rencontrez en chemin ne sont juste que des attractions de bord de route. Sachez les apprécier et poursuivez votre chemin. Si elles deviennent gênantes ou douloureuses, demandez de l'aide à un professeur diplômé.

Pour vous aider à gérer ces expériences sans vous égarer ou vous laisser submerger, Jack Kornfield, dans son livre *Périls et promesses de la vie spirituelle*, conseille de garder à l'esprit les trois instructions suivantes :

- **Les effets secondaires ne sont que ce qu'ils sont**. Ne vous y attachez pas et ne les considérez pas comme une indication d'un succès ou au contraire d'un échec spirituel. Contentez-vous d'aller de l'avant.
- **Freinez si nécessaire**. S'ils deviennent trop intenses, arrêtez de méditer pendant un certain temps et livrez-vous à des activités plus « terre-à-terre » qui vous connectent avec votre corps et la terre ferme (jardinage, promenade dans la nature, massage corporel). (Pour vous aider à vous reposer, essayez la méditation présentée dans « Que faire lorsque vous vous sentez décoller », plus loin dans ce chapitre.)
- **Appréciez les états de conscience modifiée comme parties intégrantes d'une plus vaste danse méditative**. N'essayez pas, ni d'y résister ni de les combattre. Contentez-vous simplement de les accueillir comme vous le faites avec toutes les autres expériences.

Les sous-sections suivantes illustrent quelques expériences extraordinaires que vous pourrez rencontrer dans la méditation. Pour plus de clarté et de practicité, je les ai divisées en quatre catégories différentes. (Si vous êtes intéressé par une description plus détaillée de ces expériences, je vous conseille vivement le livre de Jack Kornfield *Périls et promesses de la vie spirituelle*.)

Exaltation et béatitude

Une fois que vous avez atteint un degré plus profond de concentration (et parfois avant), vous pouvez connaître des expériences physiques extraordinaires appelées *exaltations*. (Beaucoup de personnes ne connaissent cependant jamais ces états). La forme la plus courante de l'exaltation est celle du mouvement agréable produit par une énergie imperceptible (ou non) à travers le corps. En circulant, cette énergie rencontre des zones de contraction et de rétention qui s'ouvrent et se relâchent. Les décharges énergétiques se manifestent sous forme de vibrations, de tremblements ou de mouvements spontanés répétés, appelés *kriyas* dans la tradition yôgique. Elles se traduisent par des spasmes remontant la colonne vertébrale ou des mouvements involontaires des bras ou de la tête.

Si l'énergie de l'exaltation est généralement ressentie comme un plaisir, voir son corps tressaillir de façon incontrôlable peut être surprenant (et c'est tout à fait compréhensible) et légèrement inquiétant. Jack Kornfield raconte que lors d'une retraite en Thaïlande, ses bras s'étaient mis, après quelques jours, à être agités de mouvements involontaires qui les faisaient battre comme des ailes d'oiseaux. Après plusieurs jours, son instructeur lui conseilla d'observer le mouvement de ses bras, sans essayer ni de l'interrompre ni de le contrôler. Peu après, les mouvements diminuèrent d'eux-mêmes.

Sachez simplement que vous ne devenez pas fou et que vous ne faites rien de mal si vous faites cette expérience. L'exaltation témoigne souvent d'un approfondissement de la méditation. Continuez de méditer autant que possible en étant pleinement conscient de votre expérience et en laissant l'énergie accomplir son travail de guérison, car c'est elle qui libère les zones de blocage. Comme le conseille Kornfield, si cette énergie devient trop intense, interrompez votre méditation et passez à une activité physique plus banale.

L'exaltation ne s'extériorise pas uniquement par de l'énergie ; elle se manifeste sous d'autres formes et saveurs. Vous pouvez par exemple frissonner ou ressentir des bouffées de chaleur sans raison apparente. Ou encore avoir l'impression que votre corps est extraordinairement lourd et dense, ou transparent et rempli de lumière. Vous pouvez aussi ressentir comme des fourmillements et des picotements vous parcourir la peau suivis par des vagues de plaisir et de joie. L'exaltation se manifeste différemment chez tous ceux qui en font l'expérience.

La *béatitude* est l'exaltation puissante qui accompagne une expérience spirituelle intérieure ou une expérience extraordinaire. Les mystiques de la tradition judéo-chrétienne, par exemple, déclarent souvent atteindre la béatitude en arrivant au sommet de leur voyage, c'est-à-dire à l'unité avec Dieu.

Les visions et autres expériences sensorielles

Ne soyez pas déçu si vous ne faites pas l'expérience de l'exaltation – vous connaissiez peut-être des états de conscience modifiée dans le domaine visuel. L'amie qui voit des anges a également dans ses méditations des visions de voyages vers d'autres royaumes où elle rencontre des êtres illuminés qui lui donnent des leçons et lui confèrent des pouvoirs. Elle n'est nullement perturbée par ces expériences ; au contraire, elle les apprécie et les invite.

Sans avoir des visions aussi élaborées, vous pouvez voir des lumières ou des images colorées de ce qui semblent être des vies passées, des souvenirs très nets ou des visions fugitives d'autres réalités. N'ayez aucune inquiétude – acceptez-les comme une preuve d'un état de concentration plus profond et ne vous laissez pas distraire du point de focalisation de votre méditation. (Si vous leur trouvez un sens, sachez certainement apprécier ce qu'elles ont à vous offrir. Mais rappelons que l'objectif de la méditation est de s'éveiller au moment présent et non de consacrer son temps de méditation à explorer les mondes infinis des états de conscience modifiée.)

Outre les phénomènes visuels, certains font des expériences auditives ou olfactives et entendent des voix ou des musiques intérieures, des sons puissants ou perçoivent des odeurs inhabituelles. La méditation peut aussi accroître votre sensibilité perceptive et vous voyez, entendez, sentez, ressentez les choses plus intensément. (En fonction de vos goûts ou de ce que vous ressentez, cette sensibilité exacerbée pourra être agréable ou désagréable.)

Les montagnes russes des émotions

Au fur et à mesure que votre esprit s'apaise et que vous accueillez votre expérience, vous créez un espace intérieur dans lequel les émotions non éprouvées (et peut-être inconscientes) peuvent jaillir et se libérer. (Pour plus d'informations sur le processus de relâchement spontané, voyez le chapitre 11.) L'une de mes amies zen a passé ses premières années de méditation à pleurer en silence sur son coussin. Elle racontait souvent que ses sentiments n'avaient pas énormément de contenu ou d'intrigue, mais qu'ils survenaient dans son corps sous forme d'ondes d'énergie. Je connais d'autres personnes qui ont médité pendant des années sans beaucoup d'émotions puis qui, comme un avion pris dans de soudaines turbulences, ont connu des jours et des semaines entières de colère ou de chagrin.

TRUC

Si vous avez des difficultés à gérer vos émotions, voyez les instructions données au chapitre 11 – ou bien faites-vous aider par un professeur qualifié. (Pour bien choisir, reportez-vous au chapitre 13.) Si ce n'est pas le cas, continuez de vous asseoir en portant une attention consciente aux émotions qui circulent à travers votre corps, votre esprit et votre cœur. Il arrive que ces sentiments – qui soit dit en passant peuvent inclure aussi bien l'extase et la joie que la tristesse et la douleur – proviennent de profondes couches inconscientes remontant à votre petite ou votre prime enfance. À d'autres périodes, ces sentiments peuvent sembler ne pas vous concerner du tout. Quelle que soit votre expérience, vous pouvez l'accueillir en y portant pleinement conscience, sans essayer de la modifier ou de la repousser.

L'ouverture des centres d'énergie du corps

Lorsque vous méditez régulièrement pendant plusieurs semaines ou mois, vous produisez une énergie qui s'accumule peu à peu dans votre corps. Cette énergie peut au bout d'un moment se manifester sous une forme d'exaltation subtile (décrite dans la section précédente) ou sous forme de kundalinî, qui signifie « serpent » ou « force du serpent », puissante force vitale qui, selon la tradition tantrique indienne, anime toute chose et dort enroulée comme un serpent à la base de la colonne vertébrale. (Pour en savoir plus sur le tantrisme indien, reportez-vous au chapitre 3.)

La méditation peut réveiller la kundalinî qui remonte alors les centres d'énergie subtile (alignés le long de la colonne vertébrale mais distincts) – de même que plusieurs activités et événements comme l'accouchement, le sexe, la prière, les émotions fortes ou un traumatisme physique. En remontant – processus lent et progressif ou au contraire soudain et inattendu – la kundalinî rencontre les sept principaux centres d'énergie subtile (appelés chakras) qui se situent le long du canal central depuis la base de la colonne vertébrale jusqu'à la couronne de la tête. (Voir la carte détaillée des chakras, figure 12-1. Note : les chakras y sont présentés par ordre, du bas vers le haut, le premier chakra se trouvant à la base de la colonne vertébrale, le dernier au sommet de la tête.)

Décrits par ceux qui sont capables de les voir comme des petites roues qui tournent ou des tourbillons d'énergie, les chakras transforment l'énergie d'une fréquence à une autre (par exemple du spirituel à l'émotionnel) et jouent le rôle d'intermédiaires entre la vie intérieure d'un individu et le monde extérieur. Il semblerait qu'ils soient plus efficaces lorsqu'ils sont ouverts et relativement équilibrés. Leur obstruction ou déséquilibre (ce qui est fréquent) engendre des problèmes ou des maladies en rapport avec le ou les chakra concernés.

N'OUBLIEZ PAS

Les personnes pratiquant fréquemment la méditation ont une tendance à ouvrir assez facilement leurs chakras supérieurs (ceux situés au-dessus du cœur) en laissant leurs chakras inférieurs nettement plus fermés. Beaucoup trouvent par exemple plus facile de connaître des expériences spirituelles ou de ressentir un amour inconditionnel pour tous les êtres que de gérer des problèmes personnels de base comme la confiance, la sécurité, l'intimité et l'affirmation de soi. En conséquence, ces centres inférieurs peuvent nécessiter une attention spéciale et une exploration en douceur avant de s'ouvrir.

Figure 12-1 : Voici la carte des chakras (centres d'énergie) accompagnés de leurs symboles respectifs.

MÉDITATION

Que faire lorsque vous vous sentez « détaché » ?

Les méditants trouvent parfois que leurs *chakras supérieurs* (c'est-à-dire les centres d'énergie allant du cœur à la couronne) s'ouvrent plus rapidement que leurs chakras inférieurs, apportant un flot d'énergie et d'expérience intérieure à la tête et aux épaules alors que le bas du corps reste relativement engourdi. Ceux qui se retrouvent fourvoyés par certains des effets secondaires de la méditation peuvent en particulier se sentir « décoller » et perdre contact avec leurs besoins fondamentaux de nourriture, de sommeil et d'exercice physique.

Voici un exercice simple qui peut vous aider à redescendre sur terre lorsque vous commencez à sentir que vous sortez de votre enveloppe charnelle pour rejoindre un royaume plus éthéré :

1. **Commencez par vous asseoir en silence, fermer les yeux et respirer plusieurs fois lentement et profondément.**

   Asseyez-vous si possible sur le sol, le dos droit (voir les positions assises au chapitre 7).

2. **Focalisez votre conscience sur le bas de votre ventre, sur un point situé à environ 5 cm sous le nombril et 4 cm à l'intérieur du corps.**

   Les artistes guerriers appellent cette région le *Tan t'ien* et considèrent qu'elle est le point de convergence de l'énergie vitale ou *ch'i*. Explorez cette zone avec une attention consciente, en notant ce que vous ressentez.

3. **Dirigez votre respiration dans cette région, en l'élargissant pendant l'inspiration et en la contractant pendant l'expiration.**

   Respirez délibérément et consciemment dans votre Tan t'ien pendant au moins 5 minutes, en laissant votre conscience et votre énergie se concentrer à cet endroit-là. Remarquez votre centre de gravité se déplacer depuis le haut du corps à votre Tan t'ien.

4. **Tout en continuant de respirer dans votre Tan t'ien, imaginez que vous soyez un arbre dont les racines s'enfoncent en profondeur sous terre.**

   Ressentez et visualisez ces racines naître dans le t'an tien puis s'allonger depuis la base de la colonne vertébrale jusqu'au sol où elles s'enfoncent aussi loin que vous parvenez à l'imaginer.

5. **Sentez et visualisez ces racines aspirer l'énergie de la terre pendant l'inspiration, puis cette énergie se diffuser par les racines pendant l'expiration.**

   Continuez de sentir et visualiser cette circulation d'énergie – vers le haut au moment de l'inspiration et vers le bas au moment de l'expiration – pendant 5 à 10 minutes.

6. **Une fois votre Tan t'ien rechargé et fortifié, vous pouvez vous lever et reprendre vos activités normales.**

   De temps en temps, arrêtez-vous et imaginez ces racines.

Certaines techniques méditatives se donnent pour objectif de réveiller la kundalinî et la guider à travers les chakras jusqu'à ce qu'elle atteigne la couronne de la tête où elle finit par déployer toute sa force et sa splendeur dans l'illumination. D'autres travaillent sur l'ouverture et la stimulation de certains chakras. (Le chapitre 10 présente par exemple des méditations pour ouvrir le cœur.) La principale technique que je propose dans ce livre, appelée la méditation en pleine conscience, ne se focalise pas du tout sur les chakras. Il n'en reste pas moins vrai que les personnes pratiquant la pleine conscience peuvent, au cours de leur voyage méditatif, faire l'expérience d'effets secondaires et voir s'ouvrir certains de leurs centres d'énergie.

Pour vous aider à reconnaître ces ouvertures quand elles surviennent (ce qui n'est pas toujours le cas), je vais maintenant détailler chacun des chakras. (À propos, la tradition tantrique indienne – qui regroupe l'hindouisme et le bouddhisme – n'est pas la seule à parler de chakras. Les kabbalistes juifs, les derviches soufis et les sages taoïstes ont tous leurs propres systèmes et centres d'énergie.) En plus des expériences décrites ci-dessous, vous pourrez ressentir une contraction et un resserrement à l'endroit où le chakra est relativement fermé et noter un regain d'énergie au moment de son ouverture.

- **Le premier chakra** : situé à la base de la colonne vertébrale, il est associé au concept de survie et de sûreté. S'il est peu ouvert, vous vous sentez anxieux, « détaché », peut-être même effrayé et méfiant sur votre aptitude à survivre. En s'ouvrant, il provoque une forte libération d'énergie que vous sentez couler dans votre corps jusqu'à terre. Cette énergie s'accompagne d'images et de sentiments liés à la sécurité et la survie et d'une impression générale de stabilité et de confiance. *Expression positive* : « Je suis en sécurité chez moi dans le monde et dans mon corps. »
- **Le second chakra** est situé dans le bas de l'abdomen, 5 cm environ au-dessous du nombril. Il est associé aux questions de sexualité, de créativité et d'attachement émotionnel. Honte de son corps, sexualité refoulée ou absence de contact émotionnel avec les autres peuvent se faire sentir s'il est peu ouvert. Lorsqu'il s'ouvre, vous pouvez être inondé d'images et de sentiments érotiques, parmi lesquelles peuvent se trouver des images d'abus sexuels ou de dysfonctionnements passés ainsi qu'un sentiment de virilité, de gaieté et de flot avec les autres. *Expression positive* : « Je suis un être créatif, sexuel et émotionnel. »
- **Le troisième chakra** se situe au niveau du plexus solaire, juste sous le diaphragme. Il est associé aux pouvoirs de communication et à l'authenticité. S'il est peu ouvert, ce chakra engendre une difficulté à faire confiance (à soi-même et aux autres) et à définir des frontières de communication, ou bien à exprimer ou reconnaître sa propre colère et vulnérabilité. Son ouverture peut provoquer une libération de rage ou de honte ; un approfondissement et un élargissement de la respiration qui s'accompagnent de sentiments de vitalité et de puissance personnelle. *Expression positive* : « Je fais confiance à moi-même et aux autres. »

- **Le quatrième chakra** (souvent appelé chakra du cœur) se situe au centre de la poitrine, près du cœur. Il est associé aux questions d'amour et d'estime de soi. Haine de soi, ressentiment, isolement des autres, difficulté de donner et de recevoir de l'amour librement peuvent se manifester lorsque ce chakra est fermé. Son ouverture peut provoquer un déferlement de douleurs et chagrin anciens, accompagné d'un sentiment d'amour, de joie et d'immensité sans borne. (Pour plus d'informations sur l'ouverture du chakra du cœur, voyez le chapitre 10.) *Expression positive* : « J'aime et je suis digne d'être aimé. »
- **Le cinquième chakra** (également appelé le chakra de la gorge) se situe au milieu de la gorge. Il est associé aux questions d'expression de soi, honnête, directe et responsable. S'il est peu ouvert, vous aurez du mal à partager vos sentiments, pensées et inquiétudes sans les atténuer ou les déformer pour les rendre plus acceptables par les autres. À leur ouverture, ces chakras peuvent provoquer une soudaine montée de choses que vous avez toujours voulu dire, accompagnées d'une confiance accrue dans votre propre parole et votre créativité. *Expression positive* : « J'ai le droit d'exprimer ma vérité. »
- **Le sixième chakra** se situe entre et légèrement au-dessus des sourcils. Il est associé à la clarté intellectuelle, l'intuition et la vision personnelle. Difficultés de penser clairement ou de planifier le futur, fortes opinions personnelles, préjugés et croyances négatives sur vous vous guettent si ce chakra est peu ouvert. Son ouverture se manifeste par de soudaines intuitions ou expériences intérieures qui élargissent vos horizons intellectuels ou spirituels. Elle peut être accompagnée de visions intérieures, voire de facultés extrasensorielles. *Expression positive* : « Je vois les choses avec clarté. »
- **Le septième chakra** (également appelé chakra de la couronne) se situe au sommet du crâne. Il est associé aux questions de liberté et de transcendance spirituelle. Relativement fermé (comme chez la plupart d'entre nous), ce chakra nous coupe de la dimension sacrée et spirituelle de la vie. Lorsqu'il s'ouvre, on ressent au début une pression ou une tension, suivie d'une libération d'énergie au sommet du crane et d'un flot de grâce, de paix, de bénédiction ou d'illumination selon les différentes descriptions de ceux qui ont vécu l'expérience. Vous pourrez en même temps sentir votre identité se dissoudre et fusionner avec l'immensité de la vraie nature. Inutile de dire que l'ouverture de ce chakra est un événement majeur dont certaines traditions spirituelles ont fait leur objectif. *Expression positive* : « Je suis. »

MÉDITATION

Examiner ses chakras

En raison de l'importance des centres d'énergie ou chakras dans certaines traditions méditatives et de leur possible ouverture suite à la pratique régulière de la méditation, vous avez peut-être envie de faire le tour de vos propres chakras pour voir de quoi il retourne. Commencez par vous asseoir en silence, décontracter votre corps et respirer profondément plusieurs fois.

- **Le premier chakra** : amenez votre attention à votre périnée (région située entre l'anus et les organes génitaux). Si vous ne voyez pas ce dont je parle, focalisez-vous dans la zone du bassin, à la base de votre abdomen. Lorsque votre attention s'est posée sur cette zone, imaginez que vous la caressiez avec votre souffle. Quelle impression cette région vous donne-t-elle ? Remarquez-vous une contraction, une vibration ou une agitation ? Avez-vous le sentiment que ce centre d'énergie est ouvert et stimulé ou fermé et comprimé ? Prenez votre temps, et n'essayez pas de le comprendre – contentez-vous d'être conscient des sensations produites.
- **Second chakra** : amenez votre attention sur un point se trouvant 5 cm sous votre nombril et 2 à 5 cm en profondeur. Respirez dans cette région comme décrit précédemment et observez vos sensations.
- **Troisième chakra** : amenez votre attention sur votre plexus solaire, région se trouvant en haut de l'abdomen, juste au-dessous du sternum. Respirez comme indiqué précédemment et observez vos sensations.
- Quatrième chakra : amenez votre attention sur le centre de votre poitrine, à l'intérieur, près du cœur. Respirez et observez comme précédemment.
- **Cinquième chakra** : amenez votre attention sur le milieu de votre gorge, près de la pomme d'Adam. Respirez et observez comme précédemment.
- **Sixième chakra** : portez votre attention sur votre " troisième œil ", l'espace entre et légèrement au-dessus des sourcils. Respirez et observez comme précédemment.
- **Septième chakra** : amenez votre attention sur la couronne de la tête. Respirez et observez comme précédemment.

Pendant que vous localisez chacun de vos chakras et y posez votre attention, vous pouvez effectuer l'exercice suivant (une autre possibilité consiste à ne s'intéresser qu'à un ou deux chakras qui semblent réclamer votre attention, soit parce qu'il est contracté ou gênant, soit parce qu'il est particulièrement stimulé) :

1. **Commencez par vous asseoir en silence, fermer les yeux et respirer plusieurs fois, lentement, profondément, en vous décontractant légèrement à chaque expiration.**
2. **Lorsque vous posez doucement votre attention sur un chakra, mettez toutes vos pensées de côté et laissez une ou plusieurs images monter.**

   Cette ou ces images peuvent prendre la forme d'un souvenir, d'un objet, d'une forme géométrique ou d'une couleur. Accueillez tout ce qui survient et consacrez-lui quelques instants.
3. **Posez-vous la question suivante : « Si ce chakra avait une voix, que me dirait-il ? »**

   Laissez-le vous dire entièrement ce qu'il pense et prenez le temps de l'écouter.

Examiner ses chakras *(suite)*

4. **Enfin, vous pouvez vous poser la question suivante : « Si ce chakra était un animal, lequel serait-il ? »**

   Laissez l'image ou le sens corporel d'un animal apparaître et se dévoiler dans votre conscience. Ne vous inquiétez pas si vous ne recevez pas de réponse à chacune de ces questions. Beaucoup de personnes sont plus fortes dans un canal (l'auditif par exemple) que dans un autre (le visuel par exemple). Grâce à une pratique régulière, vous parviendrez peu à peu à être à l'écoute de vos chakras et de ce qu'ils ont à partager avec vous. Chaque fois que vous ferez cet exercice, vous obtiendrez des informations différentes selon l'état du moment de vos centres d'énergie.

EXERCICE

Préparation au sommeil

La plupart d'entre nous vont se coucher la tête pleine des soucis, des inquiétudes et de l'agitation emmagasinés tout au long de la journée. À la place, essayez de vous préparer au sommeil grâce à l'un des trois exercices suivants :

- Tout en vous déshabillant, imaginez que vous ôtez également un à un tous vos tracas et vos responsabilités. Imaginez que vous devenez de plus en plus léger, détendu, élargi jusqu'à ce que votre esprit se vide complètement pour se remplir d'une sensation agréable et prometteuse. Imaginez que cette sensation descende jusqu'au cœur. Posez votre attention au centre de votre cœur au moment où vous vous assoupissez.
- Avant d'aller vous coucher, repassez les détails de votre journée dans votre tête. Prenez le temps d'apprécier ce que vous avez accompli et vécu avec succès. Lorsque vous rencontrez un fait que vous regrettez, réfléchissez à la leçon que vous avez reçue. Remerciez du fond du cœur tous ceux qui ont contribué à votre journée à tous niveaux au moment où vous vous assouplissez.
- Allongez-vous et prenez conscience du contact de votre corps avec le lit. Commencez par le pied puis, en remontant lentement par les jambes, les hanches, le torse, les bras, le cou et la tête, afin de vous décontracter progressivement des pieds à la tête. Lorsque vous avez fini, sentez que votre corps est devenu une sphère lumineuse de détente au moment où vous vous assoupissez.

Chapitre 13

Cultiver la spiritualité

Dans ce chapitre :

- Découvrir les caractéristiques d'une véritable expérience spirituelle
- À la recherche de la « rivière » spirituelle qui coule au sein de toutes les religions
- Élargir votre identité du corps à l'être
- Surmonter la séparation et se rapprocher de Dieu (ou du Soi, de l'esprit ou de la source)
- Accéder à une vision intérieure dans la réalité plus profonde sous laquelle reposent toutes les apparences
- Trouver et évaluer un professeur spirituel

Je fais, tout au long de ce livre, fréquemment référence à la spiritualité même si elle est souvent déguisée sous une métaphore ou une abstraction. Comment d'ailleurs pourrais-je exprimer l'inexprimable ? Au chapitre 1, j'ai parlé de l'ascension de la montagne de la méditation, décrivant sommairement ce que l'on peut rencontrer au sommet. Partout ailleurs, j'ai utilisé des expressions comme « l'être pur » ou la « vraie nature ». Si ces allusions étranges à une *dimension spirituelle de l'être* ont piqué votre intérêt, vous allez découvrir ici comment utiliser la méditation pour explorer autant que vous le désirez la spiritualité.

Non, je ne vais pas vous donner d'instructions détaillées pour atteindre l'Illumination ou rencontrer directement Dieu. Je laisse cela à d'autres livres et instructeurs. Je vais néanmoins vous proposer un bref aperçu de ce que le chemin spirituel peut vous apporter de façon à ce que vous sachiez quelle direction prendre pour entamer votre voyage.

Si vous vous êtes déjà promené dans le rayon spiritualité ou religion de votre librairie, vous avez certainement remarqué le nombre important de livres qui se proposent de vous montrer la bonne voie. Pourtant vous ne savez toujours pas ce que vous allez découvrir derrière ce vaste sujet, ou bien il vous faut un peu d'aide pour parvenir à différencier une approche d'une autre. Vous allez trouver quelques réponses à vos questions – fondées, il faut en convenir, sur ma compréhension limitée.

Note : le chapitre que vous allez lire est truffé de terminologie spirituelle qui peut s'avérer rebutante pour le lecteur profane. Si vous vous tortillez sur votre chaise d'embarras dès que vous rencontrez des mots comme « grâce », « réalité supérieure », il vaut peut-être mieux que vous sautiez carrément ce chapitre. Sachez toutefois qu'il pourrait vous ouvrir à une dimension d'expérience entièrement nouvelle. Et voilà, encore une expression spirituelle qui m'échappe !

Qu'est-ce que la spiritualité ?

Si vous méditez régulièrement, vous allez connaître des expériences spirituelles – je vous le garantis. En suivant votre souffle, récitant votre mantra ou simplement en restant assis en silence à écouter avec toute votre attention le bruit du vent dans les arbres, vous vous coupez de vos préoccupations habituelles pour vous adapter au moment présent. C'est généralement là – au présent – que surviennent les visions fugitives de la dimension spirituelle de l'être. En fait, comme l'indique le titre du best-seller de 1970, *Be here Now*, être présent et pleinement conscient est une activité par nature spirituelle. (Voyez l'encadré « Là où le plan vertical rencontre l'horizontal », plus loin dans ce chapitre.) Pour paraphraser un vieux proverbe, les expériences spirituelles sont des accidents – mais la méditation rend sujet aux accidents.

Voici quelques expériences que vous risquez de rencontrer :

- Une expérience intérieure de votre interconnexion avec d'autres êtres et d'autres choses
- Une montée d'amour inconditionnel et infini qui se répand dans tout votre corps
- Un flot agréable de grâce, de bénédiction, ou d'illumination venant d'en haut
- Une perception directe de la nature vide, insuffisante et impermanente de toute chose
- Un courant d'énergie qui remonte la colonne vertébrale par les centres d'énergie et qui vous vous procure une impression d'élargissement et de contact avec l'esprit (pour en savoir plus sur les centres d'énergie ou chakras, voyez le chapitre 12)
- L'expérience de sons, de couleurs ou de formes intérieures subtiles, dotés d'une signification spirituelle
- L'expérience de la dissolution de votre corps en lumière ou de l'élargissement de ses limites avant sa dissolution dans l'espace

- Une modification d'identité : du corps mental vous devenez l'espace ou la conscience dans lequel ce corps mental existe
- Une connaissance profonde et certaine (au-delà de l'esprit) de la présence sacrée existant à l'intérieur et au-delà du monde de l'espace et du temps
- Des visions d'anges ou d'autres êtres spirituels
- Une conscience directe de la présence du Divin
- L'expérience intérieure d'être aimé par Dieu (et même de ne plus faire qu'un avec lui)

Comment reconnaître une expérience spirituelle ? Et pour mieux comprendre, qu'est-ce qui rend une expérience spirituelle ? Bon, vous pourriez vous lever d'une méditation et dire « Hou là, ça c'était une expérience spirituelle. » Mais cette expérience peut s'inscrire d'une manière ou d'une autre dans vos convictions spirituelles et vous apporter une preuve supplémentaire ou une confirmation de ce que vous saviez déjà. Ou peut-être vous laisse-t-elle tout simplement inspiré, élargi, plus aimant ou ouvert à vous et aux autres. (Comme je l'ai mentionné dans le chapitre 6, le mot « spirituel » vient du latin spiritus qui signifie esprit. Dans la même famille, on trouve des mots comme « inspiré », « respiration ».)

Les définitions de *spiritualité* et d'*expérience spirituelle* varient considérablement en fonction des personnes. Certaines vous diront que la spiritualité est l'étincelle vitale qui anime et colore leur engagement religieux. D'autres ont un rapport plus direct avec la spiritualité, sans dogme ni rituel religieux. Une chose est sûre, quelles que soient leurs tendances, toutes les définitions mentionnent une vision fugitive de quelque chose de plus profond (ou de plus haut, de plus réel ou de plus significatif) que notre vie quotidienne ordinaire.

Dans son célèbre livre *Les Formes multiples de l'expérience religieuse*, écrit au tournant du XXe siècle, le spécialiste américain William James constate que les expériences spirituelles ont généralement quatre caractéristiques :

- **L'ineffabilité** : elles ne peuvent pas être exprimées convenablement par des mots mais doivent être vécues directement.
- **La vision intérieure** : elles entraînent généralement la découverte de vérités importantes et profondes incompréhensibles par l'esprit rationnel.
- **L'impermanence** : elles ne durent qu'une période déterminée mais peuvent revenir. Leur signification peut continuer de se révéler même lorsque l'expérience en elle-même n'est plus qu'un souvenir.
- **La passivité** : s'il est possible de préparer l'occurrence d'expériences spirituelles, dès qu'elles surviennent, elles sont reçues avec passivité et se dévoilent dans la conscience par leur propre pouvoir.

N'OUBLIEZ PAS

Où se trouve la « dimension spirituelle » ? Certaines personnes la ressentent à l'intérieur d'eux-mêmes, soit au cœur, au centre ou dans la partie la plus profonde de leur être, sous le corps ou la personnalité. Chez d'autres, elle survient hors, au-dessus, ou autour d'eux, à travers des êtres spirituels ou d'autres plans de la réalité (anges, esprits ou bodhisattvas) ou simplement sous la forme du courant ou de l'esprit qui insuffle la vie. L'expérience spirituelle peut se manifester lorsque vous admirez un coucher de soleil, marchez le long de la plage ou bien en jouant avec vos enfants ou en conversant avec vous-même. Au bout du compte, il semblerait que la dimension spirituelle existe à la fois à l'intérieur et à l'extérieur de nous, au plus profond du cœur mais aussi dans chaque être et chose, au-delà des limites ordinaires de l'espace et du temps.

La « philosophie éternelle » : là où toutes les religions convergent

N'OUBLIEZ PAS

Aucune tradition particulière n'a le monopole de tout ce qui est spirituel. J'aimerais même faire remarquer que certains philosophes se sont penchés sur les grandes religions du monde, du christianisme au zoroastrisme et ont découvert une rivière spirituelle commune coulant entre toutes. Elle s'appelle la *philosophie éternelle* et se compose de trois courants de principes liés entre eux. (Je sais que mon discours devient un peu plus sérieux, mais soyez indulgent, je vais essayer de le rendre aussi clair que possible.)

- **Il existe une réalité plus grande qui sous-tend le monde ordinaire des choses, des vies et des esprits**. Toutes les grandes traditions s'accordent pour dire qu'il existe une réalité divine ou spirituelle : pour certaines, elle transcende, pour d'autres elle inspire, pour d'autres encore elle est essentiellement identique au monde de tous les jours. Certaines l'appellent *Dieu* ou le *Saint-Esprit*, celui (ou ceux) qui a créé l'univers et qui continue d'orchestrer notre vie depuis là-haut. D'autres l'appellent le *fondement de l'être*, l'essence impersonnelle qui nous maintient et nous soutient. D'autres encore la nomment encore *le néant*, *la nature essentielle*, *le Soi* ou *le Tao*. Quel que soit son nom, cette dimension spirituelle est un mystère sacré qui donne un sens, un objectif et une vérité à la vie humaine.
- **Il existe dans chaque personne quelque chose de semblable voire d'identique à cette réalité supérieure**. Là encore, les traditions diffèrent quelque peu quant à la forme que prend ce « quelque chose ». Pour les chrétiens, il s'agit de l'*âme*, pour les juifs de l'*étincelle divine intérieure*, pour les hindous de l'*atman* et pour les bouddhistes de la *nature-de-Bouddha* ou du *grand esprit*. Toutes cependant sont d'accord pour affirmer que quelque chose nous relie à la réalité plus grande (ou plus profonde ou réalité supérieure) qui sous-tend la vie de tous les jours.

- **L'objectif suprême de la vie humaine est de prendre conscience de cette supra réalité**. Le mystique soufi recherche l'union avec cette réalité, le moine bouddhiste s'efforce de s'y éveiller, le contemplatif chrétien aspire à en découvrir des visions fugitives – et le reste d'entre nous s'estime assez heureux de se sentir lié à cette réalité (ou se contente simplement de lui rendre hommage de temps à autre dans les églises, les temples ou les synagogues). Quelle que soit votre approche, chaque être humain, selon les grandes traditions spirituelles, nourrit un désir profond (même enfoui ou déguisé) de prendre conscience de cette réalité.

Comme je l'ai mentionné au chapitre 1, plusieurs sentiers peuvent conduire au sommet de la montagne de l'être. Tous ces sentiers reconnaissent d'une part que cette montagne existe et que l'on est tous, d'une manière ou d'une autre, appelé à la gravir (peut-être simplement parce qu'elle est là comme le disait Sir Edmund Hillary à propos de l'Everest) et d'autre part que ce que l'on découvre au sommet existe (au moins sous une forme) depuis toujours à l'intérieur de soi.

NOTIONS SPIRITUELLES

Là où le plan vertical rencontre l'horizontal

Voici un cadre très utile pour comprendre la relation entre l'ordinaire et le spirituel – et comment la méditation parvient à les réunir.

La vie quotidienne se déroule sur un plan horizontal de temps et d'espace, de cause et d'effet. (Certaines traditions nomment ce plan le niveau *relatif* de la réalité.) Vous vous déplacez en permanence d'ici à là, du passé au futur, planifiant la journée du lendemain, jugeant celle de la veille, terminant quelque chose, courant de tous côtés – et vous arrêtant peut-être à l'occasion pour vous détendre ou regarder la télé. Vous évoluez de l'extérieur sur un plan horizontal : vous grandissez, apprenez les leçons de la vie, fondez un foyer puis une famille, menez votre carrière et atteignez un certain degré de maturité et de sagesse – accomplissements tous extrêmement importants.

Il existe parallèlement un plan vertical qui n'a rien à voir avec le temps et l'espace (c'est le niveau *absolu*). Il s'agit du royaume éternel décrit par toutes les grandes traditions religieuses – le sommet de la montagne dont j'ai parlé au chapitre 1. Il est dit vertical car il croise et imprègne à chaque instant le plan horizontal. Si vous savez comment vous y adapter, vous pouvez l'autoriser à vous guider, vous inspirer et inonder votre être de grâce, de courage, de sagesse et de compassion – les mots diffèrent selon la nature de votre expérience et la tradition à laquelle vous obéissez (s'il en est une).

La méditation vous fait sortir de votre organisation et de votre pensée tributaires du temps pour vous amener dans l'instant présent, au point de rencontre entre la dimension spirituelle et la vie de tous les jours.

Lorsque vous vous asseyez et coordonnez votre corps, votre respiration et votre esprit grâce à des pratiques comme le suivi du souffle ou la récitation d'un mantra, vous créez une harmonie ou un alignement intérieur qui provoque l'arrivée du plan vertical. (Les plans vertical et horizontal se croisent en fait sans cesse – sans que vous en ayez conscience.) Si, dans votre vie quotidienne, vous revenez souvent au moment présent entre les méditations, vous serez plus à même de voir la vie spirituelle dans chaque être ou chose que vous rencontrez.

De la foi à la réalisation : les différents niveaux d'engagement spirituel

Il existe plusieurs façons de se positionner par rapport à toutes ces notions spirituelles. Vous pouvez les ignorer complètement, mais je doute que vous soyez arrivé si loin dans le chapitre si le sujet ne vous intéressait aucunement. Vous pouvez y croire sous une forme ou une autre (croire par exemple à l'existence des anges, observer une doctrine religieuse déterminée, avoir lu des livres sur les chamans, les saints ou les sages et croire en ce qu'ils décrivent). Ou enfin, vous pouvez aspirer à faire l'expérience de la dimension spirituelle.

Par souci de commodité, j'ai divisé l'engagement spirituel en six niveaux différents. Ils ne s'excluent pas mutuellement – vous pouvez vous engager dans un, deux, voire tous si vous le désirez. Ils ne sont pas non plus hiérarchisés, c'est-à-dire qu'aucun n'est nécessairement meilleur, supérieur ou plus avancé. Et ils ne sont ni faciles ni rapides. J'ai uniquement voulu donner un sens à quelque chose qui est en fin de compte impénétrable. Voici les six niveaux :

- **Croire aux esprits** : le mot « esprit » ici fait référence à la réalité supérieure dont j'ai parlé antérieurement et qui sous-tend le monde ordinaire des choses et des personnes. Croire aux esprits est une première étape importante, car elle vous ouvre à la possibilité de vous en approcher d'une manière ou d'une autre.
- **Prendre conscience des esprits** : lorsque vous avez une vision fugitive de la dimension spirituelle (lors de l'une des expériences spirituelles décrites plus haut dans ce chapitre), vous ne vous contentez plus de croire – vous savez. De telles expériences peuvent néanmoins s'effacer et n'être à peine plus que des souvenirs si vous ne les entretenez pas ou ne les ravivez pas par la pratique spirituelle.
- **Être en contact avec l'esprit** : il arrive que l'éveil vous transforme considérablement. Le regard que vous portez aux choses et aux personnes n'est plus le même. Chaque chose et chaque personne est pénétrée d'une signification et d'une profondeur nouvelles, et vous êtes en contact avec la dimension spirituelle où que vous soyez et quoi que vous fassiez.
- **Être pénétré par l'esprit** : non seulement vous ressentez la présence de l'esprit dans chaque être et chaque chose, mais vous savez maintenant avec certitude que l'esprit pénètre également chaque fibre de votre propre être – en d'autres termes que vous et l'esprit êtes en fait le même. Vous ressentez nettement l'esprit comme la réalité supérieure ou la substance de votre vie qui vous relie à toute chose.

- **Ne faire qu'un avec l'esprit** : lorsque la séparation diminue et que vous fusionnez avec la réalité supérieure, vous atteignez l'*état d'unité* que les mystiques et les maîtres zen ont décrit. Mais tant que vous n'intégrez pas totalement cette prise de conscience dans tous les aspects de votre vie, vous entrez et sortez de cette unité sans être totalement établi ou enraciné à l'intérieur.
- **Plus aucune séparation entre l'esprit et la vie ordinaire** : vous savez maintenant sans le moindre doute que la réalité ordinaire et quotidienne, la dimension spirituelle sacrée et votre nature essentielle ne font qu'un. Où que vous alliez, quoi que vous fassiez, le divin se trouve dans toutes les choses et les personnes, sans la plus infime trace de séparation.

Dissoudre ou élargir le moi : l'objectif de la pratique spirituelle

Les grandes traditions spirituelles se rejoignent également sur la principale raison de notre souffrance – et le principal problème que nous devons résoudre : tout vient de notre séparation et de notre isolation de Dieu (de la source ou de notre nature essentielle). La méditation permet de combler l'abîme apparent qui vous sépare et de vous relier à votre respiration, votre corps et ses sensations, votre cœur, au moment présent et, enfin, à la réalité supérieure. (C'est ce lien qui favorise la guérison, comme l'ont découvert le Dr Ornish et d'autres chercheurs. Pour en savoir plus sur le travail du Dr Ornish sur la réversibilité des maladies cardiovasculaires, voyez le chapitre 2.)

Comme je l'ai dit dans la section précédente, vous pouvez croire à l'esprit, vous éveiller à lui, demeurer en contact avec lui et être pénétré par lui – toutes sont des étapes importantes et inestimables du voyage spirituel. (En fait, presque tous ceux que je connais, moi compris, se trouvent quelque part le long de ce continuum.) Mais l'objectif final de la pratique spirituelle est de vous aider à surmonter toute séparation apparente et vous unifier totalement avec l'esprit.

MÉDITATION

Contempler un texte spirituel

Voici une méditation vieille comme l'écriture – et peut-être même plus ancienne puisque les textes spirituels étaient transmis oralement bien avant l'apparition de l'écriture.

1. **Commencez par vous asseoir en silence, fermer les yeux et respirer à plusieurs reprises lentement et profondément, en vous décontractant un peu à chaque expiration.**

2. **Choisissez un passage tiré de la littérature spirituelle que vous aimez particulièrement et lisez-en quelques lignes ou paragraphes – juste assez pour énoncer une vérité spirituelle mais pas assez pour éveiller votre esprit analytique.**

   Si vous ne savez pas quoi choisir, commencez par une anthologie générale comme *The Enlightened Heart* de Stephen Michell ou le récent best-seller de Frederic et Mary Ann Brussat *Spiritual Literacy*.

3. **Observez à quel point le passage vous touche.**

   Vous sentez-vous plus vaste ou détendu ? Vous inspire-t-il ? Fait-il naître des larmes de gratitude ou de remerciement ? Vous rappelle-t-il une expérience spirituelle ou une vision intérieure que vous avez déjà connue ?

4. **Laissez le passage continuer d'agir sur vous.**

   Vous pouvez le relire et rester dessus si vous le voulez ou laisser seulement quelques mots ou expressions résonner dans votre cœur et votre esprit. Surtout, ne pensez pas à lui et n'essayez pas de l'analyser comme vous en avez l'habitude – gardez uniquement la résonance de la vérité qu'il exprime.

5. **Songez que les mots ne sont qu'une boîte renfermant un précieux trésor.**

   En contemplant les mots, vous découvrez le trésor – attention, ne faites pas de fixation sur les mots.

6. **Lorsque vous vous sentez entier, vous pouvez reprendre votre méditation normale.**

   Vous pouvez aussi vous lever et vaquer à vos occupations.

7. **Lorsqu'un mot ou une expression tiré du passage vous vient à l'esprit au cours de la journée, faites une courte pause et laissez-le agir sur vous.**

Plus vous lirez d'enseignements spirituels selon cette méthode, plus vous parviendrez à les assimiler et progressivement à les faire vôtres.

Dissoudre le Moi

N'OUBLIEZ PAS

Qu'est-ce qui vous retient séparé ? Ce que certaines traditions nomment l'*ego*, le *Moi*, d'autres la *personnalité*, l'*orgueil*, l'*image de soi-même* ou l'*attachement à soi-même*. Il s'agit en fait des croyances et des histoires décrites au chapitre 5, de la turbulence intérieure, des schémas et des préoccupations égocentriques qui vous empêchent de voir les choses avec netteté. Il est certain que ces préoccupations et ces schémas sont profondément enfouis et il faut parfois une vie entière (ou plusieurs !) de pratique pour parvenir à en venir à bout, mais vous pouvez commencer à les dénouer grâce aux pratiques méditatives décrites au chapitre 11.

(À un niveau plus profond de compréhension, vous n'êtes en fait jamais séparé de l'esprit, même un seul instant, vous pensez seulement l'être. Mais c'est en cela que réside l'énigme que nous devons tous résoudre. Comme le disait le grand sage indien Ramana Maharshi « la seule chose qui vous sépare du Moi est la conviction que vous en êtes séparé ».)

Au fur et à mesure que vous dénouez ces schémas de comportement, vous dissolvez progressivement le Moi limité que vous pensiez être et vous vous rendez compte de votre identité avec la réalité supérieure. Là encore, ce voyage peut être très très long (et durer même plusieurs vies si vous croyez à la réincarnation), semé d'embûches, de craintes et d'incertitudes, comme vous pourrez le découvrir en lisant la biographie de n'importe quel saint ou sage. Il vous faut en outre développer une bonne dose d'amour et d'acceptation de soi rien que pour vous frayer un chemin. (Vous aurez également besoin de l'aide d'un professeur expérimenté. Pour en savoir plus à ce sujet, reportez-vous à la section « Comment trouver un professeur – et pourquoi cela en vaut la peine » à la fin de ce chapitre. Pour plus d'information sur l'amour de soi, voyez le chapitre 10.)

Élargir le Moi

N'OUBLIEZ PAS

En plus de dissoudre le moi, vous pouvez aussi considérer le voyage spirituel comme un élargissement de l'identité jusqu'à l'identification avec l'immensité éternelle et lumineuse elle-même (alias esprit ou Dieu). Les anciens sages indiens utilisaient le modèle des cinq corps correspondant à des niveaux de plus en plus subtiles d'identification en commençant par le corps physique pour finir par l'identification avec le fondement de l'être ou la réalité supérieure.

Voici un modèle similaire (fondé sur les cinq corps et librement adapté des écrits du philosophe Ken Wilber) qui peut vous aider à comprendre vos propres expériences et dénouements spirituels. (Toutes mes excuses, Ken, pour avoir détourné quelques-unes de vos pensées.) Sachez que chaque fois que vous élargissez votre identité à un niveau nouveau, vous ne laissez pas le niveau antérieur derrière vous mais vous l'incorporez.

- **Le corps physique** : certaines personnes donnent l'impression de ne penser à rien d'autre que manger, boire, travailler, dormir et faire l'amour – ils s'identifient largement à leurs besoins et instincts physiques. Les enfants s'identifient également à ce niveau, même s'ils ont aussi un pied dans le royaume spirituel, plus particulièrement durant leurs trois à quatre premières années.
- **La persona** : en grandissant et en communiquant davantage avec les autres, vous développez une personnalité – c'est-à-dire un ensemble d'habitudes, de tendances et de préférences – accompagnée d'une image de vous fondée principalement sur le regard que les autres portent sur vous. Peu à peu, vous commencez à élargir votre identité pour y inclure

ce personnage social et vous devenez plus soucieux de votre aspect, de l'impression que vous donnez et de tout le barda allant de pair avec l'image de soi, entre autres, les possessions matérielles.

- **L'ego mature** : si vous consacrez suffisamment de temps à explorer votre vie intérieure, et à passer en revue vos sentiments, valeurs et visions plus profondes, vous parviendrez peut-être à développer un ego mature – un sentiment complet et sain de celui que vous êtes, de ce que vous voulez et de ce que vous pouvez apporter aux autres. Ceux qui s'identifient avec leur ego mature donnent l'impression d'être bien arrimés, d'avoir confiance en eux et de se réaliser – c'est-à-dire d'exprimer tout leur potentiel en tant qu'être humain dans leurs relations et leur carrière. Selon la psychologie traditionnelle occidentale, l'ego mature représente le point culminant du développement humain.
- **Le corps énergique** : les traditions spirituelles reprennent à l'endroit où la psychologie occidentale s'arrête. Au-delà du corps mental se trouve le corps énergétique (l'aura qui entoure le corps physique) qui s'élargit et se contracte en fonction de votre humeur, de votre taux d'énergie et d'une multitude d'autres facteurs. (Que vous vous en rendiez compte ou non, vous réagissez en permanence aux corps énergétiques de tous ceux que vous rencontrez.)

  L'exercice classique pour faire l'expérience de votre corps énergétique est le suivant : frottez-vous les mains et les doigts avec vigueur pendant quelques minutes puis placez-les 2 à 5 cm l'une de l'autre. Remarquez le champ énergétique entre les deux. Rapprochez-les puis écartez-les de façon à sentir l'énergie s'intensifier, s'amenuiser et circuler pendant que vos mains bougent. Pour explorer plus loin cette dimension, voyez l'encadré « Jouer avec votre corps énergétique » plus loin dans ce chapitre.

  Ceux qui élargissent leur identité afin d'y inclure leur corps énergétique se rendent compte qu'ils sont bien plus qu'un corps mental, ce qui les ouvre à la dimension spirituelle de l'être.
- **La dimension transpersonnelle** : cette vaste catégorie englobe l'ensemble des expériences qui sortent de l'ordinaire, notamment la clairvoyance et autres formes de perceptions extrasensorielles, l'exaltation, la béatitude, la vision d'anges, de dieux, de déesses et d'autres êtres d'un autre monde, la communion directe avec le moi supérieur – voire un signe personnel de Dieu. (Pour plus de détails sur l'exaltation et la béatitude, voyez le chapitre 12.) En élargissant votre identité pour y inclure ces niveaux plus subtils de l'être, vous savez sans l'ombre d'un doute que celui que vous êtes est beaucoup plus vaste que vous ne le pensiez auparavant et vous commencez à avoir accès à une source supérieure de sagesse et de compassion. (Les expériences de mort imminente sont généralement classées dans cette catégorie, de même que les expériences décrites dans des best-sellers comme *Conversations avec Dieu et The Celestine Prophecy*.)

- **Les visions fugitives de l'être** : lorsque vous faites l'expérience de l'être directement, dans toute sa perfection naturelle et sa plénitude, vous comprenez que vous n'avez jamais été séparé de celui ou celle que vous êtes réellement, même pour un instant. Les maîtres zen appellent cette expérience directe de l'être *kensho* – qui signifie littéralement « voir sa Vraie Nature » –, mais il vous faudra peut-être plusieurs kenshos avant de savoir qui vous êtes véritablement et arrêter de revenir à une identification plus étriquée.
- **Le fondement de l'être** : seuls les grands mystiques et sages atteignent ce niveau. Ils ne font alors plus qu'un avec l'esprit ou le fondement de l'être sans aucune séparation – selon les textes sacrés indiens, « Vous êtes Ça ». Bien sûr, ils continuent de manger, boire, dormir et se moucher mais ils n'oublient jamais, même pour un instant, qui ils sont – et leur être rayonne de sagesse et de compassion pour les autres.

Maintenant que vous avez parcouru le domaine, fermez vos cahiers et sortez une feuille : interro. Non sérieusement, ces expériences se produisent réellement et j'ai pensé que vous voudriez savoir où vous mettiez les pieds et si vous décidez de commencer la méditation dans un but spirituel. (Je vous conseille vivement de trouver un professeur si vous choisissez cette voie.) Les approches de la dissolution et de l'élargissement du moi conduisent au bout du compte au même endroit : à la connaissance intérieure profonde que vous et Dieu ou le fondement de l'être sont un et un seul, « pas deux » comme l'expriment certains instructeurs. Même si la plupart des traditions spirituelles ont tendance à privilégier une approche par rapport à l'autre, elles proposent en général les deux occurrences, selon vos goûts.

N'OUBLIEZ PAS

Les traditions spirituelles de par le monde ne privilégient pas non plus les mêmes chemins. La tradition judéo-chrétienne met davantage l'accent sur le *chemin de la dévotion*, tandis que les bouddhistes, pour la plupart, favorisent le *chemin de vision intérieure*. Ce qui n'empêche que ceux qui pratiquent la dévotion peuvent faire l'expérience de profondes visions intérieures de la nature de l'existence et inversement, ceux qui recherchent cette vision intérieure peuvent avoir recours à des pratiques pieuses pour les aider dans leur quête. Certaines traditions d'ailleurs, comme l'hindouisme et le soufisme, mettent l'accent sur les deux. (Le troisième chemin important, le *service désintéressé*, qui implique de consacrer chaque instant à la spiritualité plutôt qu'à des fins personnelles, peut permettre d'approfondir l'expérience de la dévotion ou de la vision intérieure. Mère Térésa, par exemple, a travaillé au service des plus pauvres pour exprimer sa dévotion à Jésus ; de la même façon, les bodhisattvas de la tradition bouddhiste travaillent au service des autres pour se libérer des frontières de l'ignorance.)

MÉDITATION

Jouer avec son corps énergétique

Avez-vous déjà ressenti cette impression étrange d'être plus grand que votre corps physique ? Ou que l'espace que vous occupiez s'élargissait et se contractait en fonction des circonstances ? (Non, je ne parle pas ici de régime ni de cure d'amaigrissement !) Avez-vous déjà éprouvé le sentiment de ne pas avoir de frontière et de partir pour toujours ? Si c'est le cas, il s'agit d'expérience d'élargissement et de contraction du corps énergétique, l'aura qui entoure le corps humain.

Voici un petit exercice qui va vous permettre de jouer avec votre corps énergétique :

1. **Commencez par vous asseoir en silence, fermer les yeux et respirer plusieurs fois lentement et profondément, en vous relaxant un peu à chaque expiration.**

2. **Consacrez plusieurs minutes à vous imaginer partir en promenade dans la nature ou passer du temps avec quelqu'un que vous aimez.**

   Notez à quel point vous vous sentez grand.

   Remarquez ensuite comment votre taille (attention, il ne s'agit pas ici de votre ligne) se modifie lorsque vous vous imaginez coincé dans un embouteillage, payant une facture ou en pleine dispute.

3. **Examinez ensuite votre corps énergétique sans imaginer rien d'autre.**

   Jusqu'où, au-delà de votre corps physique, pensez-vous qu'il s'élargit ? 10 cm ? Plusieurs dizaines de centimètres ? S'étend-il davantage devant que derrière ? Va-t-il plus loin au-dessus de votre tête que sous vos pieds ? Est-il plus dense ou plus fin que l'air ? Plus dense à certains endroits que d'autres ?

4. **Choisissez une pièce où vous vous sentez à l'aise, placez-vous près du centre (assis ou debout) et examinez les limites de la pièce dans chaque direction.**

5. **Remplissez la pièce de votre énergie – remplissez-la de vous !**

   Imaginez cette énergie, ressentez-la, visualisez-la, chantez-la ; utilisez tous les moyens qui peuvent vous aider à remplir au maximum l'espace.

6. **Ramenez votre énergie vers vous jusqu'à ce qu'elle forme une sphère autour de vous, à une distance d'environ 30 cm à 1 m.**

   Regardez comment cette énergie devient plus dense.

7. **Jouez avec l'expansion et la contraction de votre énergie plusieurs fois, puis détendez-vous et notez comment vous vous sentez.**

   En renouvelant régulièrement cet exercice, vous acquérez une compréhension directe de cette vérité spirituelle : vous dépassez votre corps physique. (Cet exercice est adapté d'une série d'exercices tirés du livre de Julie Henderson, *The lover Within.*)

Le chemin de la dévotion : à la recherche de l'union

Si vous croyez à l'existence d'un Dieu personnel ou si vous avez fait des expériences d'une présence plus grande que vous-même qui inspirait des sentiments de respect et de vénération, vous serez peut-être attiré par le chemin de la dévotion. C'est le plus important chemin spirituel de la tradition judéo-chrétienne et de l'Islam et il constitue également l'un des principaux courants de l'hindouisme.

Même si les dévots peuvent se sentir profondément liés à Dieu et croire qu'une étincelle de divinité luit dans leur cœur, ils font souvent l'expérience d'être douloureusement détachés de Dieu. Comme le dit un mystique chrétien anonyme, auteur de *The cloud of Unknowing* « celui qui fait une expérience profonde de son existence loin de Dieu ressent la peine la plus vive. Tout autre chagrin paraît insignifiant en comparaison ». Par la contemplation, la récitation d'un mantra (voir la section « Mantra : invoquer le divin à tous moments », plus loin dans ce chapitre), la psalmodie, le service désintéressé et toute autre pratique pieuse, les dévots cherchent à se rapprocher de Dieu en focalisant tout leur amour et leur attention vers lui – pour aboutir, s'ils ont des penchants mystiques, à la fusion totale avec lui dans l'état d'union extatique.

Comme un pont entre le moi et le Divin (surtout lorsque le Divin est dépourvu de visage propre comme dans certaines écoles hindouistes et bouddhistes), la dévotion peut aussi être orientée vers le guide spirituel. En Occident, par exemple, le grand poète persan Rûmî parlait avec des mots d'extase de son amour et de son respect pour Shams of Tabriz, son « ami » et professeur ; certains mystiques chrétiens écrivaient des lettres d'amour dans lesquelles ils témoignaient de la même dévotion les uns envers les autres qu'envers dieu. En Orient, certains instructeurs hindous exigent la dévotion de leurs élèves comme un pas essentiel vers la maturité spirituelle ; les bouddhistes tibétains pratiquent le guru yoga, dans lequel ils révèrent leur professeur comme l'incarnation de leur propre nature essentielle. (Reportez-vous à la section « Le Guru Yoga : la pratique tibétaine de la dévotion » plus loin dans ce chapitre.)

Même si le chemin de la dévotion suit les instructions générales de la spiritualité dont nous avons parlé plus haut dans ce chapitre, il comporte également des aspects et des phases de développement propres. (Là encore, les notions peuvent vous sembler très élevées, mais si vous êtes un mystique en herbe, il vous faut bien avoir une idée du chemin qui vous attend.) Voici ces phases :

- **Développer la vertu** : dans toutes les grandes traditions pieuses, il est demandé aux dévots de se préparer à l'union avec dieu en menant une vie de pureté et de modération.
- **Cultiver une octave supérieure d'amour** : le dévot peut commencer par ressentir un amour personnel pour Dieu ou son professeur, mais cet amour évolue en fin de compte en un amour inconditionnel et transpersonnel qui ne connaît pas de limites et ne dépend pas de l'objet aimé pour s'exprimer. (Pour en savoir plus sur l'amour inconditionnel, voyez le chapitre 10.)
- **Surmonter la dualité** : le dévot commence par un douloureux sentiment de séparation puis se rapproche de plus en plus pour fusionner enfin avec Dieu, jusqu'à ce qu'il n'y ait plus aucune trace de séparation. Comme le dit le sage hindou Swami Viekananda « l'amour, celui qui aime et celui qui est aimé sont un ».
- **Transcender le Dieu personnel** : finalement, le dévot doit transcender même Dieu, si celui-ci est vécu comme ayant un nom ou une forme particulière. À ce stade, celui qui aime et celui qui est aimé se dissolvent en Dieu, vécu comme le fondement absolu de l'être, réalité supérieure sans nom et sans forme dont l'essence est amour.
- **Tout est Dieu** : les distinctions deviennent à ces niveaux supérieurs très subtils, mais voici ce qu'il en est : lorsque le dévot n'a plus besoin de contempler ou de méditer pour parvenir à l'unité avec Dieu mais voit Dieu partout et à tout instant, en marchant comme en dormant ; il a atteint le sommet du chemin de la dévotion. Maintenant que le moi séparé et le combat égocentrique ont succombé, chaque activité reflète un alignement complet avec l'objectif divin : « Que ta volonté soit faite et non la mienne. »

Pour vous donner une saveur du chemin de la dévotion, voici trois pratiques que vous pouvez avoir envie d'essayer. Les deux premières ont des équivalences dans les grandes traditions spirituelles du monde et la troisième offre un exemple de pratique dévote dans la tradition bouddhiste.

Mantra : invoquer le divin dans chaque moment

Tout au long de l'histoire, les méditants et les mystiques des grandes traditions de dévotion ont prôné la récitation permanente d'un *mantra* (mot ou expression sacré en général directement donné par l'instructeur ou le maître) pour rapprocher le dévot du Divin. (Pour en savoir plus sur le mantra, voyez le chapitre 3.) Au début, vous pouvez le répéter à haute voix ; puis lorsque vous êtes plus expérimenté, répétez-le en silence, pour vous. Au stade supérieur, la récitation de mantra devient purement mentale (ce qui est considéré comme le plus efficace).

TRUC

Certains adeptes du mantra manipulent également un rosaire (appelé *mâlâ* en sanscrit) qui leur permet de ne pas s'égarer : chaque récitation correspond à une baie qu'ils égrènent. Si vous préférez, coordonnez le son avec vos inspirations et vos expirations.

Même si vous pouvez commencer par limiter au début vos récitations de mantra à quelques minutes ou quelques heures de méditation quotidienne, l'objectif traditionnel est la pratique permanente. C'est-à-dire que vous devez arriver à un stade ou vous répétez le mantra sans jamais vous arrêter afin de garder toujours votre attention focalisée sur le Divin, loin de vos schémas habituels de pensées. Au bout d'un certain temps, votre esprit sera braqué dans une seule direction et vous penserez toujours et seulement à Dieu – ce qui constitue la première étape sur le chemin de l'union. (Si vous avez vu le film *Gandhi*, vous vous rappelez certainement qu'il est mort avec le mantra « Ram » [l'un des noms hindous pour Dieu] sur les lèvres.)

Inutile de préciser que vous aurez de la chance si vous arrivez à vous souvenir de votre mantra plus de quelques minutes au départ ! Mais si vous recevez votre mantra d'un enseignant (ou si vous connaissez un mantra que vous trouvez particulièrement significatif ou résonnant) et si votre dévotion est très forte, qui peut savoir jusqu'où vous irez dans votre pratique ? (Pour vous inspirer sur votre chemin, vous pouvez lire un classique de la littérature spirituelle, *The Way of a Pilgrim*, l'histoire anonyme d'un fervent paysan russe orthodoxe qui psalmodie le Notre Père nuit et jour.)

La pratique de la présence de Dieu

Il s'agit d'une pratique séculaire qui a des équivalences dans toutes les grandes traditions spirituelles du monde. Une fois que vous avez aperçu le sacré, vous pouvez vous entraîner à le voir partout où se portent vos yeux, dans tous les êtres et toutes les choses. Un ancien maître zen avait coutume de dire « Bouddha, Bouddha » à chaque être qu'il rencontrait. Lorsque le professeur tibétain contemporain Kalu Rinpoché visita un aquarium à San Francisco, il en fit le tour en tapant sur chacune des vitres pour réclamer l'attention des poissons afin de pouvoir les bénir et leur souhaiter bonheur et bien-être.

N'OUBLIEZ PAS

La *pratique* est aussi simple que cela : souvenez-vous de voir le sacré ou le divin dans chaque être et dans chaque chose. Le frère Lawrence de la Résurrection, un frère catholique du XVIIe siècle nommait cette pratique « la pratique de la présence de Dieu. » Vous pouvez croire que tout est Dieu, pénétré de Dieu, créé par Dieu ou comporte une étincelle divine à l'intérieur. Quelle que soit votre croyance, la pratique est là pour vous rappeler de ne pas regarder en surface, ce que vous aimez ou n'aimez pas, ce que vous voulez ou ce dont vous avez besoin mais de regarder la dimension sacrée et spirituelle présente en permanence. Pour tous ceux qui adoptent cette pratique, Dieu, comme la beauté, est dans les yeux de celui qui regarde. Au lieu par exemple de réagir au stress qui se lit sur le visage des gens, regardez au-delà, à l'amour dans leur cœur, ou à la lueur dans leurs yeux ou encore à la pureté de leur nature essentielle, pourtant cachée.

Simple, cette pratique l'est certes, ce qui ne signifie pas qu'elle soit facile. Commencez peut-être par la pratiquer pendant 10 minutes puis voyez comment cela se passe. Si elle vous plaît, vous pouvez la rallonger en fonction de votre inspiration. (Pour vous aider à N'oubliez pas, vous pouvez répéter une phrase telle que « Cela aussi est divin », pas continuellement comme un mantra, mais de temps en temps, comme un rappel.)

Le guru yoga : la pratique tibétaine de la dévotion

Pour un adepte du bouddhisme tibétain, le *guru* (ou gourou) ou maître spirituel incarne la sagesse et la compassion de tous les êtres illuminés dans l'espace et le temps. En invoquant le guru et en « priant avec ferveur et avec une dévotion non affectée », selon les mots du grand maître contemporain Dudjom Rinpoché (cité dans *Le Livre tibétain de la Vie et de la Mort* de Sogyal Rinpoché) « après quelque temps, les bienfaits directs de l'esprit sage du maître vous seront transmis, vous procurant une prise de conscience unique, au-delà des mots, née en profondeur à l'intérieur de votre esprit ».

L'objectif du guru yoga, en d'autres termes, est de faire un avec la réalité supérieure (que vous l'appeliez Dieu, esprit ou nature-de-Bouddha) en fusionnant lors d'une première étape avec l'esprit et le cœur d'un maître illuminé. (Dans la tradition tibétaine, l'esprit de sagesse du guru, dont on dit qu'il ressemble à l'immensité du ciel, est finalement identique à l'être lui-même.)

Vous n'avez heureusement pas à devenir un bouddhiste tibétain pour pouvoir profiter de cette pratique. En voici une courte version que chacun peut pratiquer (elle est adaptée du livre de Sogyal Rinpoché, Le Livre tibétain de la Vie et de la Mort) :

1. **Asseyez-vous en silence, fermez les yeux et respirez plusieurs fois lentement et profondément, en vous détendant un peu à chaque expiration.**

   Si vous savez déjà méditer, faites-le à votre façon pendant quelques minutes.

2. **Imaginez que vous ayez en face de vous et au-dessus de votre tête un être illuminé ou un saint pour lequel vous ressentez un amour ou une vénération particulière – il peut s'agir de Jésus, de Bouddha, de Moïses ou de Mère Térésa.**

   Si vous ne gravitez pas vers les saints et les sages, imaginez simplement un être rempli d'une sagesse et d'une compassion infinies. S'il ne vous est pas facile de le visualiser, contentez-vous de sentir cet être vivant dans votre cœur.

3. **Intensifier l'expérience en approfondissant vos sentiments d'inspiration et de dévotion.**

   Cet être existe réellement ici et maintenant et incarne les bénédictions des saints et des sages illuminés.

4. **Détendez votre corps, sentez la présence de cet être à l'intérieur de votre cœur et demandez-lui de vous aider à voir votre propre nature essentielle.**

5. **Laissez votre esprit et votre cœur fusionner avec l'esprit et le cœur de cet être illuminé lorsque vous demandez à être rempli de clarté et de compassion.**

6. **Poursuivez la fusion des cœurs et des esprits pendant que vous récitez un mantra, si vous en possédez un.**

   (Voir la section « Mantra : invoquer le divin à tout moment », plus en avant dans le chapitre.)

   Si vous n'en avez pas, contentez-vous de vous asseoir avec vénération et dévotion.

7. **Sentez progressivement votre esprit et votre cœur ne plus faire qu'un avec ceux du guru – c'est-à-dire, immenses, clairs et lumineux comme le ciel.**

8. **Imaginez que des milliers de rayons d'une lumière blanche et pure émanent du guru et pénètrent chaque cellule de votre corps, vous guérissant, vous purifiant et vous donnant du pouvoir par le vaste esprit de l'illumination.**

9. **Laissez le guru se dissoudre dans la lumière et devenir un avec vous, de sorte que toute séparation a disparu.**

10. **Reposez-vous pendant plusieurs minutes dans cette vaste et lumineuse nature de l'esprit.**

    Sachez sans l'ombre d'un doute que votre esprit et celui du guru ne font plus qu'un.

N'OUBLIEZ PAS

Psalmodier et se prosterner

Outre la méditation et la contemplation, le chemin de dévotion comporte habituellement des pratiques actives comme la psalmodie, le chant ou la prosternation. Comme vous l'avez certainement constaté si vous avez déjà chanté en solo avec un chœur de gospel ou psalmodié des hymnes de dévotion indiens, en élevant votre voix en prières au Divin, vous vous remontez le moral, ouvrez votre cœur et renforcez votre dévotion.

Si vous avez un penchant (ou une faiblesse !) pour la dévotion, essayez d'incorporer de temps à autre quelques psalmodies ou chants dans vos méditations. Optez de préférence pour des chansons qui ont une résonance ou une signification particulière pour vous.

Psalmodier des mots ou des phrases sacrés a aussi le pouvoir, si l'on en croit la sagesse populaire, d'ouvrir, de stimuler et d'harmoniser les centres d'énergie. (Pour en savoir plus sur les centres d'énergie, voyez le chapitre 12.) Ainsi, psalmodier permet « d'accorder » votre corps et de le préparer à la méditation et aux autres pratiques spirituelles.

Pour ce qui est de la prosternation : y a-t-il un meilleur moyen d'apprendre à abandonner ses préoccupations égocentriques et ses schémas habituels qu'en se mettant régulièrement à genoux ? Un célèbre maître zen arborait un cal perpétuel sur son front à force de se prosterner pour adoucir son entêtement. Mon premier maître zen avait coutume de dire : « Le bouddhisme est une religion de prosternations. »

La prosternation figure aussi parmi les traditions judéo-chrétiennes et islamiques ; comme la méditation, c'est une pratique universellement connue pour surmonter la séparation et approcher la dimension spirituelle de l'être.

S'incliner ne signifie pas abandonner son autonomie à un pouvoir ou une force extérieur. Lorsque vous vous prosternez – devant Dieu, Jésus, Bouddha, l'image d'un saint ou d'un maître – vous vous prosternez en réalité devant votre propre nature essentielle.

En fait, je considère la prosternation comme une expression de l'unité essentielle de l'intérieur et de l'extérieur, de celui vers lequel on s'incline et celui qui s'incline. Comme on dit en Inde, « Le divin en moi se prosterne devant le divin en toi. »

Le chemin de la vision intérieure : à la découverte de celui que vous êtes

Si vous cherchez des réponses à des questions purement spirituelles comme « Qui suis-je ? » « Qu'est-ce que la réalité ? », mais que vous ne témoignez pas d'un intérêt particulier pour Dieu ou la dévotion, vous pouvez être attiré par le chemin de la vision intérieure. Chaque tradition religieuse a ses versions ou équivalences : le christianisme a la *via negativa* des pères du désert, le judaïsme les pratiques mystiques de la doctrine de la kabbale, l'hindouisme a ses enseignements non dualistes (comme l'Advaita-Vedânta) et le bouddhisme se focalise presque uniquement sur la culture de l'expérience intérieure. (Même les pratiques de dévotion comme le guru yoga se donnent pour objectif final d'atteindre une plus grande vision intérieure ou une plus grande sagesse.)

N'OUBLIEZ PAS

Contrairement à la dévotion, qui concentre l'esprit sur une représentation du Divin, le chemin de la vision intérieure se fonde sur l'étude et la conscience directes de l'expérience présente pour voir la réalité plus profonde qui se trouve au-delà des apparences superficielles. Lorsque vous n'avez de cesse d'interroger et d'examiner en profondeur ce qui semble être la réalité, vous tombez inévitablement sur ce qui est finalement la réalité – l'essence sans forme et indestructible de toutes les apparences. (Un peu comme si vous épluchiez un oignon, ôtant tunique après tunique.)

L'objet de cette approche n'est pas de nier la réalité relative des personnes et choses ordinaires (j'y inclus vous et moi). Au contraire, le chemin de la vision intérieure enseigne l'existence d'une réalité à deux niveaux : la réalité *relative* et la réalité *absolue*. (Voyez l'encadré « Là où le plan vertical rencontre l'horizontal » au début de ce chapitre.)

Au niveau relatif, il est bien évidemment important de gagner sa vie, de payer les factures, de consacrer du temps à ses amis et sa famille – si vous faites comme si le *relatif* n'était pas réel, vous allez au-devant de gros problèmes. Pensez aux procédures de faillites et aux contraventions ! Comme le disent les soufis : « Ayez confiance en Dieu mais assurez-vous de bien attacher votre chameau ! »

Parallèlement pourtant, il existe un niveau absolu – une présence divine ou une dimension sacrée qui sous-tend ce monde et lui donne tout son sens. Lorsque vous atteignez ce niveau, vous voyez la réalité plus profonde des choses, exactement comme le mystique voit Dieu partout où se porte son regard. Que ce soit directement ou plus progressivement, le chemin de la vision intérieure dans ses différentes incarnations vous conduit à une expérience ou une connaissance de ce niveau de réalité absolu. (En Orient, cette connaissance est appelée *illumination* ou *libération*. En Occident, on parle de *gnose* – qui vient du grec gnôsis, la connaissance).

La plupart des pratiques centrales présentées dans ce livre vous montrent comment sonder votre expérience présente afin d'arriver par la suite à développer une vision intérieure. Pour vous donner un aperçu du niveau absolu, voici trois exercices destinés à briser votre perception usuelle des choses afin de vous révéler une réalité plus profonde. En général, ils fonctionnent mieux si vous avez déjà pratiqué des techniques méditatives de base comme suivre votre souffle ou réciter un mantra.

Élargir vos frontières

En reprenant là où la méditation sur le corps énergétique s'est arrêté (voir l'encadré « Jouer avec votre corps énergétique », précédemment dans ce chapitre), cette technique vous permet de vous rendre compte que votre corps ne s'arrête pas à votre peau – ni aux confins de la Voix Lactée d'ailleurs.

1. **Commencez par vous asseoir en silence, fermer les yeux et respirer lentement et profondément à plusieurs reprises, en vous détendant un peu à chaque expiration.**
2. **Sentez la solidité et la densité de votre corps comme vous les percevez habituellement.**
3. **En inspirant, imaginez que votre tête se remplisse d'une brume transparente et légère ; pendant l'expiration, imaginez que toute la solidité et la densité s'échappent de votre tête, la laissant agréablement vide, spacieuse et ouverte aux sensations et à l'énergie vitale.**

   Ne vous inquiétez pas, vous n'allez pas disparaître !
4. **Inspirez la brume dans votre cou et votre gorge et expirez toute tension et densité, laissant cette partie du corps spacieuse et ouverte.**
5. **Continuez de pratiquer cette méditation sur votre poitrine, vos poumons et votre cœur ; puis vos bras et vos mains ; votre abdomen et vos organes internes ; votre bassin, vos fesses et vos parties génitales ; et enfin, vos cuisses, vos jambes et vos pieds.**
6. **Sentez tout votre corps complètement vide, spacieux et ouvert au courant de l'énergie vitale.**

   Reposez-vous avec ce sentiment pendant quelques instants, sans pensée ni analyse. Contentez-vous de profiter.
7. **Si certaines zones paraissent encore denses ou compactes, inspirez à l'intérieur jusqu'à ce qu'elles se vident et s'ouvrent.**

   Vous remarquerez peut-être que les limites de votre corps sont maintenant diffuses ; vous n'êtes plus très sûr de l'endroit où elles se terminent et où commence le monde extérieur.
8. **Élargissez les frontières de votre corps et de votre conscience jusqu'à y inclure l'ensemble de la pièce dans laquelle vous vous trouvez ainsi que tout ce qu'elle contient.**
9. **Élargissez encore davantage pour y inclure l'immeuble tout entier, puis tout le bloc, le village ou la ville et enfin le pays.**
10. **Poursuivez cet élargissement pour englober la Terre entière, puis le système solaire, la Voie Lactée, l'univers et au-delà des frontières de l'univers connu.**

Consacrez quelques minutes à chaque niveau. Votre immensité est colossale : vous contenez tout. Laissez les pensées les sentiments ou les sensations monter à l'intérieur de cette vastitude.

11. **Après avoir passé plusieurs minutes dans l'immensité, commencez à porter votre attention sur ce que vous ressentez.**

    Si vous n'arrivez pas à localiser de sentiments, très bien – contentez-vous d'apprécier l'immensité pendant quelques minutes supplémentaires ! Puis, attachez-vous à l'étude de votre corps : vous sentez-vous plus calme et détendu qu'auparavant ? Notez-vous un changement au niveau de votre respiration ?

12. **Revenez progressivement à votre corps avant de vous lever et de retourner à vos occupations.**

    Notez si vous voyez un changement dans votre image ou votre expérience des gens et des choses.

Il est possible de pratiquer la première partie de cet exercice (vacuité et ouverture) comme fin en soi : elle a le pouvoir d'apaiser l'esprit, de détendre et d'harmoniser le corps. Pratiquée régulièrement, elle vous permettra de créer un sentiment corporel d'amplitude, d'ouverture et d'éclat d'un seul geste de votre conscience.

Regarder dans la nature de l'esprit

SAGESSE POPULAIRE

Dans la philosophie zen, on raconte la légende de Bodhidharma, premier patriarche chinois du zen (ch'an) qui serait resté pendant neuf ans assis à méditer devant un mur sans bouger. Les adeptes du zen attribuent à Bodhidharma une multitude de prouesses surhumaines. On raconte par exemple qu'il s'était coupé les sourcils afin de pouvoir méditer sans dormir et que les premiers théiers ont poussé à l'endroit où sont tombés ses sourcils. (Après tout, le thé est un moyen plus doux et agréable de rester éveillé !)

Quoi qu'il en soit, un moine fervent nommé Hui-ko vint voir Bodhidharma et lui demanda humblement de l'aider à apaiser son esprit agité. Après avoir longtemps refusé de parler à Hui-ko, Bodhidharma finit par lui dire de trouver son esprit et de venir le lui apporter pour qu'il l'apaise. Pendant plusieurs mois, le jeune moine chercha son esprit dans la méditation puis s'en retourna finalement vers Bodhidharma et lui dit qu'il ne trouvait son esprit nulle part. « Alors, je l'ai apaisé pour toi », lui répliqua Bodhidharma – et Hui-ko fut sur le champ illuminé. (Vous devez maintenant être habitué à toutes ces histoires zen !)

Comme le laisse supposer cette anecdote, les bouddhistes ont conçu des techniques puissantes pour explorer l'esprit et saisir la nature essentielle (qui se trouve être la réalité supérieure dont j'ai parlé précédemment). Vous n'avez de surcroît même pas à étudier avec un maître zen pour goûter cette nature essentielle ! Voici un exercice que j'ai adapté de la tradition tibétaine :

1. **Commencez par vous asseoir en silence, fermer les yeux et respirer à plusieurs reprises lentement et profondément, en vous détendant un peu à chaque expiration.**
2. **Méditez selon vos habitudes pendant quelques minutes pour vous décontracter et focaliser votre esprit, puis laissez-le se reposer dans son « état naturel », comme le nomment les Tibétains, sans rien faire de particulier.**

   Si vous pouvez suivre cet exercice les yeux ouverts et fixés droit devant vous, formidable – vous le ferez à la manière tibétaine. Sinon, si vous êtes trop distrait, fermez les yeux.
3. **Posez-vous plusieurs questions auxquelles vous répondez en utilisant votre esprit pour regarder directement à l'intérieur de votre esprit.**

   Ne pensez pas à votre esprit, ne l'analysez pas et ne vous préoccupez pas des sentiments ou des sensations qu'il contient. Contentez-vous plutôt de le regarder comme s'il était un oiseau ou un arbre. Vous le voyez, posez-y votre esprit. Consacrez quelques minutes à répondre à chaque question.
4. **Commencez par noter une pensée particulière au moment où elle monte et reste dans votre esprit.**
   - Prenez par exemple un souvenir, un projet ou un fantasme.
   - Cette pensée a-t-elle une forme ou une silhouette particulière ? Quelle est sa grandeur ?
   - A-t-elle une ou plusieurs couleurs ?
   - A-t-elle un début, un milieu et une fin ?
   - Où se situe-t-elle ? À l'intérieur ou à l'extérieur de votre corps ?
   - D'où vient-elle ? Où va-t-elle lorsque vous ne la pensez plus ? Combien de temps dure-t-elle lorsque vous continuez de la penser ?
   - Cette pensée a-t-elle une substance ou est-elle simplement vide, ouverte et remplie d'espace. Laisse-t-elle une trace dans votre esprit comme des empreintes de pas sur une plage ou bien n'en laisse-t-elle aucune, comme si vous écriviez dans l'eau ?
5. **Portez votre attention sur votre esprit lui-même et posez les questions suivantes :**
   - N'oubliez pas que je parle ici de l'esprit et pas du cerveau. Si vous pensez que votre esprit demeure à l'intérieur de votre cerveau, eh bien, trouvez-le et apportez-les moi !

- Votre esprit lui-même a-t-il une forme ou une silhouette ? Quelle est sa grandeur ? A-t-il une ou plusieurs couleurs ?
- Votre esprit est-il identique à vos pensées ou bien s'en tient-il au terrain ou à l'espace dans lequel montent et meurent vos pensées ?
- Où se situe-t-il ? À l'intérieur ou à l'extérieur de votre corps ? A-t-il un début ou une fin ?
- Votre esprit a-t-il une substance comme la Terre ou est-il vide et spacieux comme le ciel ? Est-il vide et noir ou bien lumineux et transparent ?

6. **Reposez-vous quelques minutes dans la nature de votre esprit avant de vous lever et de vaquer à vos occupations.**

Se demander « Qui suis-je ? »

Depuis aussi longtemps qu'ils ont la faculté de réfléchir à leur expérience, les êtres humains se posent cette question : « Qui suis-je ? » Les maîtres zen, les cheikhs soufis, les sages indiens, les rabbins juifs et les enseignants de pratiquement toutes les autres traditions spirituelles se sont servis de cette question pour aider leurs disciples à découvrir au-delà de leurs identités habituelles une conception plus profonde de leur véritable nature.

Lorsque vous posez cette question pour la première fois, voici ce que vous obtenez le plus souvent : « Je suis une femme », « Je suis un père de famille », « Je suis avocat », « Je suis un coureur. » En creusant un peu, vous allez obtenir des réponses plus spirituelles comme « Je suis l'amour incarné » ou « Je suis un enfant de Dieu. » Pourtant, si vous mettez tout cela de côté et poursuivez votre quête, vous finirez par avoir une intuition directe d'une identité plus fondamentale qui n'a absolument rien à voir avec celui que vous pensez être.

Pratiquez l'exercice suivant avec un partenaire, si possible. (L'un commence par questionner, l'autre par répondre.) Si vous n'avez personne à portée de main, faites l'exercice devant un miroir :

1. **Asseyez-vous confortablement face à votre partenaire, en vous regardant d'une manière décontractée et naturelle.**
2. **Laissez celui qui interroge poser la question suivante « Qui es-tu ? » La personne en face répond ce qui lui vient à l'esprit.**
3. **Après une pause, la première personne redemande « Qui es-tu ? » et la seconde répond une nouvelle fois.**

   Si vous le faites seul, vous pouvez bien évidemment jouer les deux rôles.

4. **Poursuivez pendant une quinzaine de minutes, puis inversez les rôles et recommencez pendant le même temps.**

   Celui qui interroge ne doit ni critiquer ni juger d'aucune façon les réponses de l'autre. Il doit se contenter d'écouter, de marquer des pauses puis de requestionner.

   Celui qui répond doit chercher une réponse sans forcer puis répondre. S'il n'en trouve pas ou s'il n'a rien à dire pendant un moment, il peut se contenter de s'asseoir en silence avec le fait de ne pas savoir. Il est possible qu'il s'agite, qu'il se trouble, commence à rire ou pleurer ou connaisse des moments d'immobilité parfaite.

   Vous devez accepter tout ce qui se produit, vous détendre et continuer. Même un rapide aperçu de qui vous êtes vraiment peut bouleverser votre vie.

5. **Lorsque vous avez fini, asseyez-vous pendant quelques minutes avec votre expérience avant de vous lever et de retourner à vos occupations.**

Comment trouver un professeur et pourquoi cela en vaut la peine

Que faites-vous si vous avez envie de faire du tennis mais ne savez pas y jouer ? Dans un premier temps, vous pouvez regarder les autres jouer et peut-être acheter un livre ou deux avant d'aller vous-même sur un court pour vous entraîner. Lorsque vous maîtrisez les gestes de base, vous éprouvez le besoin de vous inscrire dans un cours ou de prendre des cours particuliers pour vous aider à perfectionner vos coups ou rectifier les erreurs dues à votre apprentissage sur le tas. Bien sûr, il existera toujours une poignée de prodiges autodidactes qui parviendront au sommet – mais la plupart des bons joueurs de tennis désirant améliorer leur jeu finissent par prendre des cours.

N'OUBLIEZ PAS

Il en va de même avec la méditation. Vous pouvez effectuer les exercices proposés dans ce livre pendant des semaines, des mois et même des années et en tirer des bénéfices, sans enseignement supplémentaire. Mais, à un certain point, vous risquez de rencontrer des difficultés que vous n'arriverez pas à résoudre seul (voir les chapitres 11 et 12). Vous pouvez aussi commencer à faire des expériences spirituelles qui vous procurent des aperçus d'une plus grande réalité et aiguisent votre désir d'une exploration plus approfondie. Si vous souhaitez aller de l'avant et affiner votre pratique méditative, il vous faut trouver un professeur.

Quel type de professeur choisir ?

Avant de partir en quête d'un professeur, vous devez déterminer le type de d'enseignement que vous recherchez. La plupart des enseignants de méditation suivent une tradition spirituelle particulière – ils sont yôgis, bouddhistes zen ou chrétiens contemplatifs par exemple – et offrent une instruction orientée vers un voyage spirituel donné, avec une terminologie et des enseignements particuliers. Tant mieux, si c'est ce que vous cherchez – mais si vous désirez une instruction simple, sans spiritualité, il vous sera peut-être plus difficile de trouver un professeur.

TRUC

Certains professeurs de hatha-yoga proposent des instructions méditatives de base avec un minimum de mots sanscrits et connaissent même assez bien le territoire pour vous aider si vous restez bloqué. Si vous pratiquez les méditations de la pleine conscience présentées dans ce livre (voyez le chapitre 6), vous pouvez vous tourner vers la tradition bouddhiste du Vipassanâ (compréhension de la Vraie Nature du monde).

N'OUBLIEZ PAS

Si vous êtes attiré par une tradition ou un chemin spirituel donné, vous allez rencontrer moins de difficultés. Il vous reste auparavant à déterminer de quel type de professeur vous avez besoin. Il en existe quatre principales catégories, qui diffèrent par le contenu de leur enseignement et leur relation aux étudiants. (Les termes employés ne figureront pas forcément sur la carte de visite du professeur. Ils permettent simplement de différencier les rôles de chacun. Certains professeurs peuvent par exemple être un mélange des quatre à la fois.)

- **L'instructeur** : c'est celui qui vous enseigne des techniques, vous donne des conseils pour les mettre en pratique et vous aide en cas de panne ou de réglage à faire.
- **Le mentor** : c'est celui qui vous encourage personnellement, vous soutient dans votre pratique, vous guide pour vous débloquer et sert de modèle car il est passé par là avant vous. Il enseigne en général également des techniques.
- **Le pandit** : c'est celui qui transmet la connaissance à travers l'expression et l'explication des textes et des enseignements spirituels. Il peut être un érudit ou un méditant.
- **Le maître** : c'est celui qui incarne l'essence des enseignements spirituels. Il vous aide à percer vos endroits de blocage et favorise le processus d'élargissement ou de dissolution du moi. Il peut (mais pas forcément) avoir une relation intense et stimulante avec ses élèves.

Les raisons pour lesquelles un professeur peut vous être utile

Comme je l'ai mentionné précédemment, un instructeur peut vous aider à affiner votre pratique et gérer les questions qui surgissent sur le chemin. Si vous désirez approfondir votre pratique et l'utiliser à des fins spirituelles, il vous faut assurément trouver un mentor ou un maître spirituel.

Avant tout, il se peut que vous rencontriez des difficultés et des défis tels ceux décrits aux chapitres 11 et 12 et, par exemple, avoir des problèmes pour gérer des émotions intenses et récurrentes comme la peur ou la colère. Il peut aussi vous arriver de rencontrer des obstacles comme le doute et l'hésitation et ne pas savoir comment avancer seul, ou ressentir de puissants courants d'énergie monter et descendre le long de votre colonne vertébrale que vous ne saurez pas stopper. Et là, il vous faudra illico un professeur – et vite !

En poursuivant votre voyage, vous rencontrerez peut-être de véritables visions et expériences spirituelles intérieures que vous ne saurez ni entretenir ni retrouver. Il faut admettre que le processus de révélation spirituelle ressemble plus souvent à une brousse sans piste qu'à un véritable « chemin » comme on l'appelle par euphémisme. On ne sait jamais vraiment ce qu'une pratique intensive peut nous faire rencontrer. Au cours de l'expérience de l'élargissement et de la dissolution du moi dans la méditation, vous pouvez par exemple devoir faire face à une puissante résistance des forces du psyché qui s'opposent au changement. Car après tout, ce sont de profonds bouleversements dont il s'agit – et beaucoup d'entre nous se défendent, même face au plus petit changement dans leur vie.

N'OUBLIEZ PAS

Votre professeur spirituel peut vous préparer et vous soutenir pendant toute la phase de transformation et même l'accélérer en vous aidant à affronter vos résistances ou vos blocages. Certains professeurs se comportent d'ailleurs comme des *amis spirituels*, en vous traitant avec la camaraderie et l'égalité que vous êtes en droit d'attendre d'un collègue, tout en partageant également leur richesse et leur compréhension. D'autres agissent plutôt comme des *gurus traditionnels*, vous transmettant directement leur compréhension tout en s'appuyant activement contre vos blocages. (Il y a bien sûr beaucoup de professeurs qui se situent entre ces deux extrêmes et associent un peu des deux styles.)

Quelle que soit leur approche, tous les bons professeurs vous aident à créer et à nourrir, par la relation qu'ils entretiennent avec vous, un vaisseau sacré ou un espace dans lequel le processus difficile, merveilleux mais finalement libérateur de la transformation spirituelle, peut se dérouler.

Que chercher chez un professeur ?

Avant de s'attaquer au problème, je voudrais vous inciter à explorer vos attentes et vos préjugés. Lorsque vous pensez à un professeur spirituel, quelle image ou idée vous vient immédiatement à l'esprit ? Peut-être imaginez-vous un monastique cloîtré, habillé d'une robe couleur terre qui divulgue ses conseils d'un ton feutré avant de s'en retourner à sa cellule poursuivre ses méditations. Ou au contraire, voyez-vous un être joyeux et expansif, vivant dans votre monde quotidien, et irradiant l'amour et la lumière partout où il va.

Certaines personnes idéalisent le professeur, exigeant de lui la perfection – elles n'en sont que plus déçues lorsqu'elles se rendent compte qu'il n'est pas parfait. D'autres réagissent à l'opposé et ont du mal à traiter quiconque avec respect et à abandonner leurs préjugés pour permettre à la sagesse des autres de les pénétrer. La tendance occidentale est de se méfier de l'autorité et de croire qu'on peut y arriver par soi-même. D'ailleurs, me direz-vous, regardez tous ces pasteurs, prêtres et gourous autoproclamés pris dans des situations fort embarrassantes. Si une bonne dose de scepticisme peut faire des merveilles, trop peut, en revanche, vous tenir complètement à l'écart des professeurs (et par conséquent de la pratique spirituelle).

Consulter le guru à l'intérieur de vous

Avant de partir en quête d'un professeur spirituel, vous avez peut-être envie de regarder votre propre source intérieure de conseils et de sagesse. En fin de compte, c'est l'unique chose en laquelle vous pouvez avoir une confiance totale et un bon professeur vous aidera à la localiser. C'est véridique, même *vous*, avez un gourou en vous. Comme a dit Jésus, « frappez, on vous ouvrira, cherchez et vous trouverez ». Voici un exercice pour vous aider à chercher et trouver :

1. **Commencez par vous asseoir en silence, fermer les yeux et respirer lentement et profondément plusieurs fois, en vous décontractant à chaque expiration.**
2. **Consacrez plusieurs minutes à vous imaginer dans un lieu sûr, confortable, relaxant et calme en utilisant tous vos sens pour rendre l'expérience aussi vivante que possible.**
3. **Pendant que vous explorez cet endroit paisible, vous pouvez commencer à sentir la présence d'un être sage et compatissant.**

   Sachez que cet être représente votre moi supérieur ou vérité plus profonde. (N'hésitez pas à utiliser vos propres mots pour nommer cet être.) Sa présence peut se faire sentir quelque part dans votre corps ou bien sous la forme d'une intuition. Si vous ne ressentez pas cette présence tout de suite, continuez d'apprécier le lieu tranquille tout en l'invitant à se manifester.
4. **Imaginez que vous vous installiez dans un coin particulier et que vous regardiez devant vous, détendu et ouvert.**
5. **Peu à peu, cet être sage et compatissant se matérialise dans l'espace devant vous.**

MÉDITATION

Consulter le guru à l'intérieur de vous *(suite)*

Notez comment il vous apparaît. Il peut prendre l'aspect d'un vieil homme ou d'une vieille femme sage ou celle d'un maître zen, d'un chrétien contemplatif mais peut aussi prendre la forme d'une rose ou d'un arbre ou (si vous n'êtes pas très visuel) se manifester par un sentiment dans votre ventre ou votre cœur. Il peut également être un portrait plus âgé et plus sage de vous-même.

6. **Accueillez la forme qui se présente et traitez-la avec le respect et tous les égards que vous auriez pour un professeur de spiritualité.**

   Note : si cet être apparaît critique ou très sévère, ce n'est pas celui que vous cherchiez. Demandez-lui de se pousser pour laisser le bon apparaître.

7. **Demeurez plusieurs minutes en silence en présence de cet être sage et compatissant.**

   Vous pouvez l'imaginer irradiant de la lumière et de l'amour dans toutes les directions pendant que vous recevez en silence ce qu'il a à vous offrir.

8. **Consacrez quelques minutes (ou plus) pour poser vos questions et recevoir des réponses.**

   N'ayez aucune inquiétude si cet échange semble étrange ou compliqué au début ; avec de la pratique, vous découvrirez que cet être développe une voix propre.

9. **Avant de dire au revoir, vous pouvez lui demander de vous offrir un cadeau représentant exactement les qualités dont vous avez besoin à ce moment précis.**

10. **Lorsque vous vous sentez rempli, remerciez-le pour vous avoir consacré du temps ce jour.**

    Dites-lui que vous aimeriez le revoir à l'avenir et dites-lui au revoir pour l'instant.

11. **Ramenez progressivement votre conscience sur votre expérience ressentie et ouvrez les yeux.**

12. **Prenez le temps de réfléchir à cette expérience, aux réponses et aux présents que vous avez reçus.**

TRUC

Quels que soient vos attentes et préjugés, vous allez peut-être devoir les mettre de côté lorsque vous vous mettrez en quête d'un professeur, car il se peut qu'il soit très différent de ce que vous imaginiez. Quoi qu'il en soit, il lui faut cependant posséder certaines qualités. Je vous propose ici une liste des qualités, à mon humble avis, indispensables à un bon professeur. Elle est fondée sur mes propres observations au cours de plus de vingt-cinq ans de pratique spirituelle. Les professeurs n'auront pas tous l'ensemble de ces qualités, mais sachez que plus ils en auront, mieux cela vaudra. Un bon professeur doit :

- Se montrer humble, monsieur Tout le Monde, terre-à-terre, ni arrogant ni gonflé d'importance. Dans les monastères zen, c'est le moine responsable qui lave les toilettes.

- Faire preuve d'honnêteté, de simplicité et de clarté et ne pas être ni fuyant ni sur la défensive. En devenant spirituellement mûrs, les gens deviennent de plus en plus soulagés de l'héritage psychologique.
- Encourager la pensée objective et l'investigation franche de leurs étudiants plutôt qu'une obéissance aveugle à un dogme ou une doctrine donné.
- Avoir comme préoccupation majeure le développement spirituel de leurs élèves et non leur renommée, leur autorité, leur influence ou la taille de leur entreprise.
- Pratiquer ce qu'ils prêchent au lieu de se considérer exempts des instructions morales et éthiques qu'ils font suivre aux autres.
- Incarner les plus hautes valeurs spirituelles comme la bonté, la patience, la sérénité, la joie, la paix, l'amour et la compassion.

Comment trouver un professeur

Maintenant que j'ai exposé l'importance d'avoir un professeur et décrit les qualités requises, je vais vous faire un aveu : trouver un professeur obéit à un processus tout aussi mystérieux que le voyage spirituel lui-même. Pour certains, cela s'apparente beaucoup à la recherche d'un amant ou d'un camarade – impliquant un mélange de chance, de disponibilité et de chimie. Pour d'autres, cela consiste ni plus ni moins à suivre les conseils d'un ami ou à se présenter au bon endroit au bon moment. J'ai moi-même rencontré mon premier maître zen après avoir regardé à « zen » dans l'annuaire téléphonique ! D'autres personnes de ma connaissance ont rencontré leurs professeurs dans leurs rêves avant de les voir en chair et en os. Comme le dit une expression populaire indienne : « quand l'élève est prêt, le professeur apparaît ».

N'OUBLIEZ PAS

Il vous faut, en définitive, dans cette démarche, faire confiance à votre intuition, votre propre connaissance intérieure – c'est le seul équipement valable que nous ayons pour naviguer dans l'univers fantastique et imparfait qui est le nôtre. Le meilleur conseil que j'aie jamais reçu d'un professeur est celui d'un lama tibétain qui toucha ma poitrine près de mon cœur en me disant : « Le véritable guru se trouve à l'intérieur de toi. » (Pour savoir comment trouver votre professeur intérieur, reportez-vous à l'encadré « Consultez le guru à l'intérieur de vous. »)

EXERCICE

Découvrir le ciel de l'esprit

Voici une courte méditation que vous pouvez pratiquer dès que vous êtes dehors et qui vous donne un avant-goût de l'immensité de votre propre nature essentielle, que les adeptes zen appellent, à raison, « grand esprit ».

1. **De préférence par temps clair, asseyez-vous ou couchez-vous les yeux tournés vers le ciel.**

   Mettez de côté votre esprit analytique pour le moment ainsi que tout ce que vous pensez savoir sur le ciel.

2. **Consacrez plusieurs minutes à contempler l'immensité du ciel, qui semble s'étirer à l'infini dans toutes les directions.**

3. **Laissez progressivement votre esprit s'élargir pour remplir le ciel – de haut en bas, du nord au sud, d'est en ouest.**

   Laissez partir toute notion de frontières personnelles au fur et à mesure que vous remplissez le ciel de votre conscience.

4. **Devenez complètement le ciel et reposez-vous dans l'expérience pendant quelques minutes.**

   Revenez petit à petit à votre perception normale de vous-même.

5. **Comment vous sentez-vous ? Avez-vous remarqué une quelconque modification dans votre conscience ?**

   Une fois que vous avez pris le tour de main, vous pouvez pratiquer cet exercice sur de courtes périodes, à n'importe quel moment de la journée, pour vous rappeler qui vous êtes – par exemple en promenant le chien le matin ou en regardant par la fenêtre pendant la pause au boulot.

TRUC

Je me suis retrouvé attiré intuitivement par des professeurs en raison des qualités intrinsèques qu'ils semblaient irradier. Mais je suis aussi tombé sur des professeurs, par hasard, résultat d'une succession heureuse d'événements. Soyez ouvert mais pas crédule, sceptique mais pas cynique. N'hésitez pas à poser des questions, à attendre des réponses et à prendre votre temps. Selon le Dalaï-Lama, les étudiants tibétains peuvent passer des années à chercher des professeurs pour être certains qu'ils incarnent l'enseignement qu'ils ont embrassé. Tout comme vous n'allez pas vous marier avec le premier venu, la relation avec un professeur spirituel est une relation intime et profonde qui ne doit pas être précipitée.

Chapitre 14

Établir un programme sur mesure

Dans ce chapitre :

- Trouver les techniques correspondant à votre motivation
- Compléter votre programme avec des méditations pour l'esprit, le cœur et le corps
- Découvrir les bénéfices d'une pratique régulière
- Concocter votre programme personnalisé
- Méditer avec d'autres personnes – en groupes, dans des ateliers ou des stages ou lors de retraites

Comme vous avez pu vous en rendre compte si vous avez feuilleté les autres chapitres, j'ai présenté dans ce livre des pratiques méditatives empruntées à différentes sources spirituelles anciennes. Peut-être ai-je péché par gourmandise, mais mon objectif était simplement de m'assurer que j'avais couvert toutes les possibilités et proposé la gamme la plus vaste possible de méditations pour satisfaire le plus grand nombre.

Inutile de préciser que vous ne pouvez pas pratiquer l'ensemble de ces techniques – et vous n'en avez d'ailleurs certainement pas envie ! Nous allons maintenant voir comment choisir celles qui correspondent à ce que vous attendez et concocter un programme personnalisé en fonction de vos besoins. Vous trouverez aussi dans ce chapitre quelques tuyaux pour méditer avec d'autres personnes – et pour mettre sur pied une journée entière de retraite monastique.

Assembler les pièces du puzzle

Aucun livre ne permettait au cours des siècles passés de piocher parmi les techniques méditatives existantes et de les goûter comme on goûte un vin lors d'une dégustation ! Aujourd'hui, grâce à *La Méditation pour les Nuls*, c'est possible ! Auparavant, les personnes désireuses de s'initier à la méditation devaient s'estimer heureuses lorsqu'elles trouvaient un professeur acceptant de leur divulguer quelques-unes de leurs méthodes secrètes. Elles les emportaient alors chez elles et les pratiquaient avec une volonté farouche pendant le reste de leur vie.

Les temps ont changé et nous disposons aujourd'hui d'un véritable hypermarché de la méditation, proposant des techniques différentes à chaque rayon. Que nous reste-t-il à faire ? Uniquement nous connaître, être capable de déterminer ce qui nous plaît et ce qui ne nous plaît pas et ce que nous attendons de la méditation. Il ne nous reste plus ensuite qu'à piocher ici et là, faire confiance à nos papilles gustatives pour finalement choisir l'une des approches disponibles. Celle-ci devient la pièce maîtresse autour de laquelle s'articule notre pratique régulière, un peu comme un bon repas s'articule autour d'un vin particulièrement fin. Bon, c'en est assez des métaphores épicuriennes !

Voici les principales pièces maîtresses présentées dans ce livre. J'y ai inclus à la fois les méditations et les pratiques qui leur correspondent :

- La méditation en pleine conscience (chapitre 6)
- La méditation sur un mantra (chapitres 3 et 13)
- Le balayage et la relaxation du corps (chapitre 6)
- La méditation en marchant (chapitre 15)
- La méditation sur la bonté (chapitre 10)
- La méditation sur la compassion (chapitre 10)
- Travailler sur les émotions et les schémas de comportement habituels (chapitre 11)
- La méditation de dévotion (chapitre 13)
- La vision intérieure en tant qu'analyse de soi (chapitre 13)
- La méditation curative (chapitre 16)
- La pleine conscience en marche (chapitre 16)
- Utiliser un autel de méditation (chapitre 8)
- Psalmodies et/ou prosternations (chapitre 13)
- Dédier votre pratique (chapitre 13)

Quelles pratiques inclure dans votre entraînement ? Pour commencer, il est préférable de débuter par quelque chose de simple : choisissez une technique et pratiquez-la pendant plusieurs mois – ou plusieurs années. Ensuite, lorsque vous jugez votre capacité de concentration suffisante, vous pouvez envisager de combiner plusieurs pratiques comme les méditants traditionnels.

NOTIONS SPIRITUELLES

Dans la tradition bouddhiste par exemple, les méditants mélangent généralement les méditations visant à cultiver la sagesse avec celles permettant de provoquer la compassion et l'amour. Ensuite, ils saupoudrent ces ingrédients de base selon leurs besoins de méditations curatives ou d'analyse de soi. Puis, ils y incorporent quelques méditations en marchant (qui servent de pont entre les méditations assises et la vie quotidienne). Enfin, ils initient leur programme en se remémorant les raisons qui motivent leur méditation et finissent par dédier la vertu ou le pouvoir de la méditation au bénéfice des autres. (Le mélange des ingrédients n'est bien évidemment pas fortuit mais résulte de plusieurs milliers d'années de pratique.)

Vous n'êtes pas forcément aussi méthodique et préférez peut-être suivre votre intuition et faire comme bon vous semble. Si c'est le cas : allez-y, foncez ! Choisir un ensemble de techniques méditatives peut être un processus aussi personnel et mystérieux que le choix d'un partenaire. Avant de prendre votre décision, voici quelques indications pour vous aider à définir votre motivation, équilibrer votre pratique et faire confiance à votre intuition.

À chacun l'élément qui lui convient

N'OUBLIEZ PAS

De la même façon que vous ne découperiez pas du beurre avec une scie à métaux ou que vous n'utiliseriez pas votre brosse à dents pour nettoyer votre moquette, vous n'allez pas méditer quotidiennement pendant trois heures si votre seul objectif est de réduire votre stress, ni vous contenter de 10 minutes par jour si vous êtes fermement décidé à atteindre l'illumination à la fin de la semaine suivante ! J'ai décrit au chapitre 4 les cinq motivations principales pour méditer :

- Améliorer sa vie
- Se comprendre et s'accepter
- Découvrir sa vraie nature
- Éveiller les autres
- Exprimer sa perfection naturelle

Savoir laquelle répond le mieux à vos ambitions est un pas important pour déterminer comment et combien de temps méditer. (Est-il besoin de préciser que la plupart des méditants se classent dans les trois premières : les deux dernières étant généralement réservées aux méditants expérimentés). La méditation en pleine conscience (présentée en détail au chapitre 6) constitue une excellente méditation de base, quelle que soit la motivation, et peut être élargie à tout moment de la vie (voir chapitre 15). En ce qui concerne les autres, tout dépend de vous.

Si vous souhaitez par exemple favoriser la guérison d'une maladie chronique, vous pouvez y ajouter une ou deux méditations curatives présentées au chapitre 16. Si votre objectif est de parvenir à une meilleure connaissance de vous-même ou bien gérer des émotions ou des comportements difficiles, optez pour une ou plusieurs des techniques proposées au chapitre 11. Si vous envisagez de gravir la montagne jusqu'à son sommet (voyez le chapitre 1 pour l'ascension vers le sommet de la méditation), recherchez dans les méditations du chapitre 13 celle(s) qui vous permettra de vous approcher de Dieu ou de découvrir votre être essentiel.

N'oubliez pas que ce livre ne constitue qu'une introduction : si vous souhaitez approfondir l'une des voies exposées, il vous faudra vous procurer d'autres ouvrages et envisager peut-être un suivi avec un professeur. (Pour obtenir une liste des livres qui peuvent compléter celui-ci, reportez-vous à l'annexe ; pour savoir comment trouver un professeur, voyez le chapitre 13.)

Utiliser toutes ses capacités ou combler les trous ?

Outre la motivation, vous pouvez avoir envie de connaître un peu mieux vos tendances générales et vos traits de caractère et comprendre dans quelles mesures ils jouent un rôle sur vos choix méditatifs. Certaines personnes, plus cérébrales, se tournent par exemple vers la méditation pour essayer de mieux se comprendre et de voir plus clair en elles. D'autres s'identifient davantage avec leurs sentiments et sont plus attirées par un désir profond de ressentir l'amour de Dieu ou d'exprimer leur dévotion ou leur compassion ou encore de travailler en étroite communion avec un professeur. D'autres enfin se focalisent surtout sur leur corps et voient dans la méditation un moyen de le soigner, de le faire fonctionner ou de le stimuler. Ces trois types de personnes – les cérébraux, les sentimentaux et les physiques – sont décrits dans de nombreuses traditions méditatives ainsi que dans la tradition scientifique occidentale. Arrêtez-vous un instant pour déterminer à quelle catégorie vous appartenez.

Les *cérébraux* gravitent immédiatement vers les pratiques de vision intérieure ; les sentimentaux vers les pratiques de dévotion et de compassion et les *physiques* vers les exercices de relaxation et les méditations curatives. Nous avons cependant tous un cœur, un corps et un esprit et il nous faut développer et cultiver les trois dans nos pratiques méditatives si nous voulons devenir des êtres humains harmonieusement développés.

TRUC

Soyez attentif à vos tendances et donnez-leur libre cours : après tout, vous devez faire ce qui est bien pour vous – et les pratiques qui vous semblent bien sont souvent celles qui vous correspondent. Vous pouvez aussi envisager de combler les trous par des méditations tirées des autres catégories qui vont vous conduire dans des directions que vous n'avez que rarement l'occasion d'emprunter. Si vous faites par exemple des expériences de vision intérieure, vous pouvez les faire précéder de psalmodies ou de prosternations de dévotion (ou mieux encore, effectuer vos expériences avec une attitude de bonté et de compassion). Si vous vous concentrez sur les pratiques de la compassion ou sur le travail sur les émotions, pensez aussi à détendre votre corps et votre esprit et à prêter attention à votre expérience ressentie. Enfin, toutes les méditations de base vous aideront à développer les différents éléments de vous-même – cœur, esprit et corps –, mais veillez à ne pas en favoriser un par rapport aux autres, voire à en éluder un totalement.

Soyez vigilant car la vie a une tendance troublante à nous dévoiler notre talon d'Achille et à nous montrer avec précision les qualités qu'il nous faut développer. Si vous n'attirez que les personnes « excessivement émotives » ou si les « tendances à philosopher » de votre partenaire vous rendent fou, peut-être allez-vous trouver dans vos réactions les qualités mêmes qu'il vous faut ajouter à votre propre répertoire.

Essayez, faites confiance à votre intuition puis attelez-vous à la tache

N'OUBLIEZ PAS

Il est impossible de savoir quels effets une méditation aura sur vous si vous ne vous y attelez pas régulièrement sur une longue période. Se contenter de la lire dans un livre comme celui-ci ne vous apportera pas grand-chose ; la pratiquer une fois ou deux ne peut que vous donner un avant-goût et vous permettre de voir si vous avez envie d'aller plus loin, mais vous n'en tirerez pas les effets qu'elle avait pour objectif de vous procurer.

TRUC

Je vous invite vivement à regarder autour de vous et essayer les méditations qui attirent votre attention. Observez ce que vous éprouvez en les pratiquant puis faites confiance à votre sens intuitif. Une fois votre choix établi, engagez-vous à pratiquer votre méditation régulièrement sur une longue durée – je parle ici de mois, voire d'années. (Pour en savoir plus sur l'effort, la discipline et l'engagement, voyez le chapitre 9.) Vous avez bien lu, j'ai parlé « d'engagement ». En deux mots, cela revient à répéter la même méditation encore et encore si vous voulez en retirer les bénéfices escomptés. Je sais que ce conseil va à l'encontre de notre culture du « toujours plus vite », mais je vous conjure d'abandonner l'idée de trouver dans le monde de la méditation un raccourci ou un système permettant d'arriver plus vite à l'illumination. Comme l'exhorte la pub de Nike, « Just do it » (Fais-le) – de préférence avec bonté, douceur, patience et compassion, mais vous n'y échapperez pas, il vous faudra le faire, encore et encore !

Les inconvénients du dilettantisme

Dans tous les domaines – du football, à la politique en passant par la culture – vous pouvez engranger une foule d'informations et de connaissances pour impressionner vos amis ou votre famille sans jamais vous salir les mains à essayer ce sur quoi vous êtes si calé. (Rien ne vous empêche par exemple de vous transformer en encyclopédie vivante du foot sans être capable ne serait-ce que de shooter dans un ballon.) Il en est de même avec la méditation. Comme le dit la philosophie zen « les gâteaux peints ne satisferont pas votre faim » ; lire les meilleurs ouvrages sur la méditation n'apaisera en rien votre esprit ni ne réduira votre stress d'un iota. (Vous deviendrez simplement ce qu'un professeur bouddhiste appelait un « matérialiste spirituel ».) Il n'y a rien à faire : il vous faut retrousser les manches et appliquer ce que vous avez lu.

Pareillement, n'espérez pas de progrès si vous avez décidé de zapper entre les différentes techniques (« Hum, on est mardi, c'est le jour de la pleine conscience. ») car vous ne ferez en fin de compte que les effleurer. Au contraire, vous devez en choisir une (ou deux) et vous y tenir ! La méditation n'est pas pour les touche-à-tout ! L'objectif est de parvenir à la maîtrise de cet art, pas d'enrichir votre collection de nouveaux tours.

Lorsque vous êtes confronté à l'agitation ou à l'ennui (ou l'un des autres « obstacles » décrits au chapitre 12) gardez-vous de la conclusion hâtive d'avoir fait une erreur. Utilisez au contraire votre résistance ou autre émotion ou état mental difficile comme pâture pour votre méditation. (Pour savoir comment faire, voyez les chapitres 11 et 12.)

Mettre en place une pratique régulière

Muni de ces indications qui devraient vous permettre de rassembler les pièces du puzzle, il ne vous reste plus qu'à mettre au point une pratique que vous suivrez jour après jour. Ne perdez pas de vue que l'objectif de la méditation est avant tout de vous détendre physiquement et de soulager votre esprit très actif et non pas de vous rendre la vie plus compliquée encore. Voici les principales étapes qui vont vous aider à établir une pratique personnalisée :

- **Choisir votre technique de base** : si vous ne faites rien d'autre, vous disposerez tout de même d'une pratique méditative utile. Je vous conseille dans ce cas d'opter pour la pleine conscience car elle vous enseigne des aptitudes que vous pouvez ensuite répercuter dans chacune de vos activités et à chaque instant de votre vie quotidienne. Certaines personnes préfèrent néanmoins méditer sur un mantra ou se concentrer sur un objet donné.

- **Compléter votre pratique** : comme je l'ai déjà évoqué dans la section précédente, vous pouvez avoir envie d'ajouter une pratique ou deux pour cultiver différentes qualités mentales, physiques ou qualités de cœur. Si vous ne disposez cependant que d'un laps de temps très court à consacrer quotidiennement à la méditation, contentez-vous de votre technique de base au lieu de tout compliquer.
- **Décider de la fréquence et du temps consacré** : selon votre motivation et les raisons qui ont fait naître votre désir de méditer, vous allez y consacrer plus ou moins de temps, plus ou moins fréquemment. Sans compter que votre intérêt grandit ou diminue en fonction des phases de votre vie. À certaines périodes vous serez davantage axé sur votre vie de famille et votre réussite extérieure, à d'autres vous serez plus préoccupé par votre développement intérieur. Voyez le chapitre 8 pour apprendre à programmer vos méditations.
- **Garder le même rythme** : je ne le dirai jamais assez. Quoi que vous fassiez, et quelle que soit la période de votre vie, veillez sur votre pratique de base comme vous le feriez sur vos enfants ou ceux que vous aimez – envers et contre tous, contre vents et marées, en dépit des hauts et des bas et des clichés qui vous viendront à l'esprit.
- **Ajouter des pratiques pour répondre à ses besoins et s'y tenir** : si vous tombez malade par exemple, incorporez une méditation curative. Si vous avez envie d'ouvrir davantage votre cœur, ajoutez une méditation sur la bonté. Attention, ne sacrifiez pas votre technique de base et poursuivez également votre nouvelle méditation.
- **Savoir quand approfondir** : si vous éprouvez un profond désir de méditer plus longtemps, ne vous en privez pas. Plus vous méditerez, plus vous approfondirez vos méditations – n'ayez pas d'inquiétude, vous saurez intuitivement quand le moment sera venu. Il est préférable d'attendre que l'envie se fasse sentir plutôt que de vous contraindre à passer le cap parce que vous pensez « qu'il faut le faire ». (Pour en savoir plus sur les retraites, voyez la section « Deux ou plus : méditer en groupe. »)
- **Chercher de l'aide lorsque nécessaire** : vous ne pouvez vous aventurer en terrain inconnu que jusqu'à un certain point. Si vous commencez à être confronté à certains problèmes ou à faire des expériences troublantes ou effrayantes (ou si vous désirez seulement être rassuré sur votre pratique), le moment est peut-être venu de trouver un professeur. (Pour une vue d'ensemble des problèmes et pièges de la méditation, voyez le chapitre 12. Pour obtenir des conseils sur le choix d'un professeur, voyez le chapitre 13.)

Respecter les cycles de la pratique

Je n'aime pas d'une manière générale parler de « progrès » en méditation. Je préfère rappeler que vous vous situez toujours à l'endroit qui est votre objectif, c'est-à-dire ici et maintenant. La méditation implique d'ôter un à un les voiles qui vous empêchent de voir ce qui a pourtant toujours été là.

Il est capital de bien comprendre que la méditation n'implique pas un développement ou un progrès linéaire. Chaque jour est un nouveau jour et chaque méditation est différente de la précédente. Votre esprit pourra un jour être extraordinairement clair et calme et le lendemain, sans prévenir, devenir aussi trouble qu'une mer démontée. Voilà résolu le problème du progrès linéaire !

Au lieu d'une ligne, je préfère l'image d'une spirale qui s'enroule sans cesse et finit par monter. Vous traverserez des périodes où des événements perturbateurs (changement de carrière, décès, séparation) viendront réveiller les émotions et schémas difficiles qui s'infiltrent dans vos méditations. Mais vous connaîtrez aussi des phases tranquilles pendant lesquelles votre concentration s'approfondira et votre esprit s'apaisera. En continuant patiemment de méditer, sans trop vous décourager ni exploser de joie, vous découvrirez que vous vous élargissez pour englober un peu plus de celui que vous êtes – les hauts et les bas, les points tendres et les points durs. Vous deviendrez alors plus joyeux et paisible – mais pas de la façon linéaire et mesurable que vous connaissez.

Deux ou plus : méditer en groupe

Toutes les grandes traditions spirituelles s'accordent sur ce point : méditer avec les autres procure des bénéfices extraordinaires qui rehaussent votre pratique individuelle et accélèrent votre épanouissement personnel et spirituel. Les bouddhistes considèrent les communautés de pratiquants comme l'un des trois joyaux ou trésors de la pratique, en même temps que le professeur éveillé et la vérité elle-même. Les juifs croient que Dieu écoute vraiment lorsque dix de ses fidèles se réunissent en prière. Jésus lui-même n'a-t-il pas dit assez élégamment : « Si deux ou trois se trouvent assemblés en mon nom, je suis au milieu d'eux. »

D'ailleurs, des chercheurs comme Dean Ornish ont montré qu'un sentiment d'appartenance ou de parenté avec les autres améliorait non seulement la qualité de la vie mais augmentait aussi la longévité. Selon une étude, ceux qui avaient répondu « oui » aux questions suivantes « Votre foi vous donne-t-elle de la force ? » et « Faites-vous partie d'un organisme qui se réunit régulièrement ? » avaient sept fois plus de chances de survivre à une opération à cœur ouvert que ceux qui avaient répondu « non ». Dans une seconde étude, des femmes recevant les mêmes traitements classiques pour un cancer du sein avec métastases avaient été divisées en deux groupes : dans le premier, celles se réunissant toutes les semaines pour se soutenir et, dans le second, celles qui ne se voyaient pas. Au bout de cinq ans, les femmes du premier groupe avaient vécu deux fois plus longtemps que celles du second.

Sur un plan plus pratique, vous retrouver avec d'autres méditants peut vous encourager dans une quête qui peut sembler à certains moments fastidieuse. C'est également l'occasion de parler de votre pratique et profiter de l'expérience des autres – certains ayant peut-être réussi à surmonter les difficultés auxquelles vous êtes confronté ou viennent de traverser la période dans laquelle vous entrez vous-même.

Mais comment trouver d'autres personnes pour méditer ? Plusieurs options s'offrent à vous : rejoindre un cours ou un groupe déjà formé ; former vous-même un groupe ; suivre un atelier, un stage ou participer à une retraite.

Rejoindre ou constituer un groupe

La méditation étant aujourd'hui un mouvement moins confidentiel, il devient assez facile de trouver des cours, des stages, des ateliers ou des lieux de rencontre. L'inconvénient est que vous ne serez pas forcément attiré par la pratique enseignée. Cette formule ne vous conviendra pas non plus si vous savez déjà méditer et recherchez simplement le soutien et la chaleur corporelle des autres.

TRUC

Essayez de glaner des informations autour de vous et auprès de méditants, de vous renseigner auprès de votre mairie ou de chercher sur Internet les cours les plus proches de chez vous. Le plus pratique est peut-être de former vous-même votre propre groupe ! Les participants ne sont pas forcés de pratiquer les mêmes techniques ou de partager les mêmes convictions spirituelles ou religieuses : il suffit qu'ils partagent le désir d'etre ensemble et de s'asseoir en silence pour méditer. Vous pourriez commencer par la lecture d'un passage tiré de la littérature spirituelle si tout le monde est d'accord et même terminer par une discussion ou un moment de silence pendant lequel chacun offre ce qu'il a envie de faire partager.
Rien ne s'oppose à ce que vous vous contentiez de vous réunir, vous asseoir en silence pour méditer, vous sourire puis partir. Tout dépend de vos aspirations.

Participer à votre premier atelier ou votre première retraite

Si vous avez le goût de l'aventure ou si vous éprouvez le besoin d'un enseignement et de conseils plus approfondis, inscrivez-vous pour une période donnée dans un groupe de méditation. Un grand nombre d'organismes référencés dans l'annexe possèdent des centres qui proposent des cours particuliers, des ateliers, des stages, des groupes ou des retraites. L'autre option consiste à rejoindre un monastère, une communauté ou un ashram et de goûter à la vie au sein d'une communauté de personnes dont l'objectif essentiel est de méditer.

Renseignez-vous bien au préalable sur le programme prévu tout au long de la retraite et méfiez-vous de la tendance de certains groupes à essayer de vous convertir à leur propre croyance ou idéologie – à moins, bien entendu, que vous ne soyez intéressé.

Autre point à noter, même si l'atmosphère est détendue et l'approche méditative douce, vous risquez de vous sentir un peu effrayé au début car les longues périodes de méditation silencieuse ne procurent pas les diversions habituelles (télévision, téléphone) qui vous empêchent de vous retrouver avec vous-même. Ne soyez pas surpris si vous vous inscrivez puis trouvez toutes les meilleures raisons du monde (allant des enfants malades aux impératifs du travail) de vouloir annuler au dernier moment. Mon conseil : suivez votre intention de départ et allez-y quand même. Vous serez heureux de l'avoir fait.

Voici quelques autres raisons que vous pouvez invoquer pour remettre votre premier atelier ou première retraite à plus tard, accompagnées de réponses :

- « **Je ne suis pas encore assez bon**. » Il est parfaitement compréhensible que l'idée de rester assis en silence pendant trois, quatre heures, voire davantage, vous donne des frissons dans le dos, surtout si vous avez déjà eu des difficultés à trouver la patience de supporter quinze toutes petites minutes ! Ne laissez pas vos réticences prendre le dessus – vous allez être surpris de constater à quel point votre méditation peut devenir profonde et longue lorsque vous vous sentez soutenu par un professeur ou un groupe de personnes qui partagent vos aspirations.
- « **J'ai des problèmes de dos ou de genoux**. » Si vous avez de réels problèmes physiques, il vous faudra peut-être prendre des précautions particulières et même modifier votre programme, mais ne vous découragez pas et ne vous laissez pas dissuader. Informez-en au préalable ceux qui vont diriger la retraite afin qu'ils puissent vous aider à être le plus confortablement installé possible. (Si vous souffrez des douleurs habituelles qui accompagnent la position assise, vous constaterez avec joie qu'elles s'estompent ou deviennent de moins en moins distrayantes au cours de la retraite.)

- « **Je n'ai pas le temps.** » Que voulez-vous exactement dire par là ? Que chaque minute entre maintenant et Noël prochain est déjà réservée à quelque chose de particulier ? Ou bien que vous préféreriez faire autre chose de votre temps libre ? Dans ce cas, pas de problème. Mais si vous avez fermement l'intention de partir faire une retraite, je peux vous garantir que le temps se matérialisera comme par enchantement. Et qui sait ? Peut-être découvrirez-vous que l'expérience intérieure et la tranquillité d'esprit que vous ramenez chez vous valent nettement le temps que vous avez investi.

Moine pour une journée : organiser votre retraite solitaire

Si vous méditez régulièrement depuis plusieurs semaines, mois (ou années) et éprouvez l'envie de vous accorder un espace de temps plus vaste mais préférez rester seul (ou s'il vous est difficile de joindre un groupe), pourquoi ne pas organiser une retraite solitaire ? Il vous faut du temps (la première fois, même une demi-journée fera l'affaire), un lieu (de préférence loin des distractions familières, même si vous vivez seul chez vous) et une bonne dose de motivation et d'autodiscipline.

TRUC

Prenez soin de bloquer des périodes pour vos méditations assises et vos méditations en marchant (de façon à laisser reposer votre dos ou votre genou fatigué), de vous ménager des plages horaires creuses dans votre programme pour pouvoir être tout simplement, marcher dans la nature ou écouter les oiseaux. Inspirez-vous des conseils donnés ci-dessous sans les suivre à la lettre pour ne pas ôter toute vie à votre méditation. Il est également primordial de cultiver l'atmosphère de la méditation et de continuer à pratiquer la pleine conscience durant toute votre journée, que vous méditiez, fassiez une sieste ou alliez aux toilettes.

Voici un exemple de programme de retraite d'une journée, destiné à un débutant :

8 h – 8 h 45	Petit déjeuner (méditation en mangeant)
8 h 45 – 9 h	Contemplation (de votre intention ou de votre motivation la plus profonde pour entreprendre cette retraite)
9 h – 9 h 30	Méditation assise
9 h 30 – 9 h 45	Méditation en marchant
9 h 45 – 10 h 15	Méditation assise
10 h 15 – 10 h 30	Méditation en marchant
10 h 30 – 11 h	Méditation assise
11 h – 12 h 30	Lecture inspiratrice
12 h 30 – 13 h 30	Déjeuner (méditation en mangeant)
13 h 30 – 15 h 30	Sieste, marche ou lecture inspiratrice
15 h 30 – 16 h	Méditation assise
16 h – 16 h 15	Méditation en marchant
16 h 15 – 16 h 45	Méditation assise
16 h 45 – 17 h	Méditation en marchant
17 h – 17 h 30	Méditation assise
17 h 30 – 17 h 45	Dédicace (de la valeur de cette retraite au bénéfice de tout le monde)
17 h 45 – 19 h	Dîner (méditation en mangeant)

Facultatif :

7 h – 7 h 30	Méditation assise
7 h 30 – 7 h 45	Méditation en marchant
7 h 45 – 8 h 15	Méditation assise
8 h 15 – 8 h 30	Méditation en marchant
8 h 30 – 9 h	Méditation assise
9 h – 9 h 15	Dédicace

Regarder avec les yeux de la joie

La plupart du temps, nous percevons le monde à travers le filtre de nos désirs, de nos besoins, de nos attentes et de tous les états d'esprit qui peuvent voiler notre esprit. L'exercice suivant va vous permettre d'ôter vos filtres et de voir les choses à travers les yeux de la joie :

1. **Asseyez-vous en silence, fermez les yeux et respirez à plusieurs reprises lentement et profondément, en vous décontractant légèrement à chaque expiration.**

2. **Après avoir laissé de côté vos pensées, inquiétudes et soucis, observez votre expérience en cours et trouvez l'endroit à l'intérieur de vous où vous êtes joyeux et heureux.**

   Même si la tristesse, la fatigue ou l'anxiété dominent en général votre vie, il y a au moins une région en vous où vous ressentez du bonheur ou de la joie – peut-être un endroit caché à l'intérieur de votre cœur ou un coin tranquille en arrière de votre tête.

3. **Fusionnez avec ce sentiment et laissez-le pénétrer entièrement votre corps.**

   Si vous ne savez pas vraiment comment vous y prendre, essayez de voir si le sentiment a une couleur, une température ou une texture (ou bien les trois) et imaginez que cette qualité inonde et remplisse complètement votre corps.

4. **À présent, ouvrez les yeux et observez votre environnement et votre entourage avec ce sentiment de gaieté.**

   Si vous voyez ressurgir d'anciennes habitudes de regarder les choses, mettez-les de côté et continuez de regarder autour de vous à la lumière de votre joie.

5. **Continuez cet exercice aussi longtemps que vous le pouvez.**

   Qui sait ? Peut-être ne reverrez-vous jamais les choses comme avant !

Quatrième partie

La méditation en marche

« Les enfants adorent lorsque leur père médite. »

Dans cette partie...

Vous découvrirez comment élargir votre méditation à chaque domaine de votre vie. Après tout, à quoi bon s'asseoir calmement pendant une demi-heure si c'est pour être aussi stressé le reste de la journée ? Lorsque vous serez capable de rester présent, pleinement conscient et garder votre cœur ouvert même lorsque vous vous disputez avec votre partenaire, que vous êtes coincé dans les embouteillages, que vous devez gérer un enfant qui hurle ou un patron en colère, vous saurez méditer quel que soit le lieu où vous vous trouvez. Vous trouverez également dans cette partie quelques-unes des grandes techniques destinées à guérir ou être plus performant.

Chapitre 15

Comment méditer dans la vie quotidienne

Dans ce chapitre :

- Quelques tuyaux pour élargir votre méditation à toutes vos activités.
- Prendre conscience de vos réactions face aux situations auxquelles vous êtes confronté – et adapter votre vie en conséquence
- Partager les bénéfices de la méditation avec votre partenaire ou votre famille
- Découvrir les plaisirs secrets de la méditation dans les relations sexuelles

J'ai comparé plus haut la méditation à un laboratoire dans lequel vous appreniez à faire attention à votre expérience, à découvrir comment cultiver les qualités de paix, d'amour et de bonheur. Disons que les découvertes effectuées dans l'espace surveillé et contrôlé de votre laboratoire n'ont qu'une portée limitée tant que vous ne savez pas les appliquer dans des situations et à des problèmes de la vie réelle. De même, les aptitudes, visions intérieures et sentiments de paix que vous développez sur le coussin ne vous mèneront pas bien loin tant qu'ils y resteront confinés. Voilà, nous touchons maintenant à l'objectif même de la méditation qui est de vous aider à vivre une vie plus heureuse, plus pleine et moins stressante !

Au fur et à mesure que vous serez capable d'être plus attentif pendant vos séances de méditation, vous apprendrez tout naturellement à porter une attention plus consciente sur tout ce qui vous entoure, sur et en dehors du coussin. Quelques petits tuyaux pour élargir la pratique de la pleine conscience afin de rester ouvert, présent et attentif à chaque instant, même dans les situations les plus difficiles ou peu motivantes (être bloqué dans un embouteillage, faire le ménage, s'occuper des enfants ou gérer des situations conflictuelles au travail) pourront quand même vous être utiles. Ils vous seront aussi bénéfiques pour encore mieux réussir votre vie de famille ou votre vie de couple, dans tous ses aspects, y compris sexuels.

La paix à chaque pas : étendre la méditation à vos activités quotidiennes

Voici une citation qui exprime l'esprit de la méditation en marche mieux que tout ce que je pourrais vous dire. Elle est tirée de *Peace Is Every Step*, écrit par le moine bouddhiste zen vietnamien Thich Nhât Hanh.

> « Chaque matin, lorsque nous nous levons, nous disposons de vingt-quatre nouvelles heures à vivre. Quel don précieux ! Nous avons la capacité de vivre de telle façon que ces vingt-quatre heures apportent paix, joie et bonheur à nous-même et aux autres… Chacune de nos respirations, chacun de nos pas peut être rempli de paix, de joie et de sérénité. Nous avons uniquement besoin d'être éveillé, et conscient du moment présent. »

Celui qui a écrit ces lignes n'est ni un reclus ni un optimiste béat ; il a pratiqué la pleine conscience à une période extrêmement difficile. Il a travaillé inlassablement pendant la guerre du Viêt-Nam à la réconciliation des factions en conflit dans son pays d'origine ; a créé et dirigé la Délégation bouddhiste pour la Paix lors des conférences de paix de Paris. En récompense de ses efforts, il fut même proposé par Martin Luther King Jr. pour le prix Nobel de la paix en 1967. Thich Nhât Hanh, contraint à l'exil depuis 1966, vit actuellement dans le sud de la France, au sein d'une petite communauté qu'il a créée en 1982 sous le nom de *Village des Pruniers* où il enseigne la pleine conscience en marche (un mélange de vie en pleine conscience et de responsabilité sociale. Il incarne réellement l'enseignement qu'il prêche.

Comme le dit Thich Nhât Hanh, vous devez être éveillé et conscient du moment présent – car après tout, c'est le seul que vous ayez. Même les souvenirs du passé et les projections du futur se déroulent dans le présent. Si vous ne vous réveillez pas pour sentir le parfum des fleurs, le goût de ce que vous mangez et regarder la lumière dans le regard de ceux que vous aimez, vous ratez la beauté et la valeur de votre vie. Comme le dit Thich Nhât Hanh : « chaque pensée, chaque action dans la lumière de la conscience devient sacrée ».

D'un point de vue plus pratique, vous ne pouvez réduire votre stress qu'en sortant de votre tête (lieu où toutes les pensées et émotions stressantes rivalisent pour attirer votre attention) et vivre pour ce qui se déroule ici et maintenant. Lorsque vous aurez appris à être présent pendant vos méditations, il vous faudra *conserver* cette faculté pour toujours, à chaque instant, si vous ne voulez pas retomber dans vos vieilles habitudes stressantes. D'ailleurs, être parfaitement conscient de ce que vous faites ou vivez est formidablement bénéfique, et vous apporte :

- De la concentration, de l'efficacité et de la précision dans ce que vous faites
- Une expérience d'effort sans peine, de flux et d'harmonie
- Une diminution du stress car l'esprit n'est pas perturbé par ses inquiétudes et soucis et coutumiers
- Une meilleure jouissance de la richesse et des trésors de la vie
- Une plus grande disponibilité ou présence et la faculté d'ouvrir votre cœur et d'être touché et ému par les autres
- Des liens plus profonds avec vos amis et vos proches
- Une ouverture d'esprit vers la dimension spirituelle de la vie

Il est inutile de devenir moine bouddhiste pour pratiquer la pleine conscience – vous pouvez vous éveiller et être attentif au beau milieu d'activités les plus quelconques. Certaines des techniques et trucs conçus par les grands enseignants, que je vais exposer dans les paragraphes suivants, peuvent cependant vous être particulièrement bénéfiques.

Revenir à votre souffle

Il arrive parfois que vous alliez si vite et que vous gériez tant d'affaires à la fois que vous ne savez plus comment (ni à quoi) être attentif. « Où donc poser mon attention » vous demandez-vous alors « lorsque les choses vont si vite ? » Tout comme vous pouvez commencer votre pratique traditionnelle de la pleine conscience en comptant ou suivant vos respirations (voir chapitre 6), il vous est toujours possible de revenir à l'expérience directe et simple de votre souffle, même dans les situations les plus compliquées. Peu importe le nombre de choses que vous faites en même temps, vous continuez de respirer – et l'expérience physique d'inspirer et d'expirer constitue un point d'ancrage important pour votre attention en période de stress. Ensuite, lorsque vous êtes revenu à votre souffle, vous pouvez progressivement élargir votre attention pour y englober la pleine conscience de vos autres activités.

Porter une attention consciente sans forcer sur votre souffle a un effet apaisant : votre attention se détourne de vos pensées, votre esprit se ralentit pour se mettre au pas et au rythme de votre corps. Un corps et un esprit parfaitement synchronisés procurent une aisance naturelle, une harmonie et une tranquillité intérieures que les circonstances externes ne parviennent pas à troubler.

Commencez par arrêter ce que vous êtes en train de faire et vous concentrer sur votre souffle. Vous pouvez poser votre attention soit sur le mouvement de votre ventre soit sur la sensation produite par l'air entrant et sortant de vos narines. Soyez attentif à ces sensations pendant 4 ou 5 respirations, en appréciant la simplicité et l'authenticité de l'expérience. Respirer consciemment permet de rester éveillé et présent ici et maintenant. Reprenez ensuite vos activités normales tout en continuant d'être conscient de votre souffle. (Si cette conscience pluridimensionnelle vous semble trop complexe ou trop confuse, contentez-vous de revenir de temps à autre à votre respiration.)

Écouter la cloche de la pleine conscience

Les monastères utilisent traditionnellement des cloches et des gongs pour signaler au moines et nonnes de suspendre leurs activités, de lâcher leurs pensées et leurs rêveries et poser en douceur leur attention au moment présent. Puisque ni vous ni moi ne vivons avec des cloches, Thich Nhât Hanh suggère d'utiliser les sons répétitifs de notre environnement pour nous rappeler gentiment de nous réveiller et d'être attentif.

Vous pouvez par exemple faire sonner votre montre toutes les heures et prendre le temps alors d'apprécier votre souffle pendant une minute ou deux avant de reprendre votre travail (en toute conscience, il va de soi !) Mais vous pouvez aussi entendre la cloque de la pleine conscience dans la sonnerie de votre téléphone ou lors du démarrage de votre ordinateur ou dans le bruit de l'alarme de la voiture que vous désactivez avant de l'ouvrir. N'oubliez pas de vous arrêter, de savourer votre respiration puis de continuer en restant pleinement conscient et vivant.

Savourer un repas en mangeant en toute conscience

Vous est-il déjà arrivé de terminer un repas en vous demandant qui avait bien pu finir votre assiette ? Vous vous souvenez parfaitement de l'avoir apprécié au début puis d'avoir remarqué tout d'un coup que votre assiette était vide et que vous n'avez prêté attention à aucune des bouchées entre temps. Peut-être avez-vous discuté en mangeant avec un ami ou lu le journal ou vous êtes-vous perdu dans vos soucis financiers ou sentimentaux.

Voici une méditation qui va vous permettre d'être attentif à ce que vous mettez dans votre bouche. Vous allez savourer ce que vous mangez comme vous ne l'avez encore jamais fait et – en prime - faciliter votre digestion en réduisant le stress ou la tension que vous apportez vous-même à table. (Vous n'aurez probablement pas envie de manger tout le temps avec une telle attention, mais une petite dose de pleine conscience à chaque repas sera néanmoins bénéfique.)

Savourer un repas en mangeant en toute conscience *(suite)*

1. **Avant de commencer à manger, prenez le temps d'apprécier votre nourriture.**

   Vous avez peut-être envie, comme dans la tradition zen, de songer à la Terre, aux rayons du soleil qui ont donné la vie à cette nourriture, à l'effort de tous ceux qui ont contribué à l'apporter sur votre table. Vous pouvez aussi exprimer vos remerciements à Dieu ou à l'esprit – ou tout simplement vous asseoir en silence et éprouver de la gratitude pour ce que vous avez. Si vous mangez avec d'autres personnes, tenez-vous par exemple par la main, souriez-vous ou établissez une autre forme de contact.

2. **Portez votre attention sur votre main au moment où vous amenez le premier morceau de nourriture à la bouche.**

   Vous pouvez, comme il est d'usage dans certaines traditions monastiques, manger plus lentement que la normale. Si cela ne vous convient pas, mangez à votre rythme habituel en étant aussi attentif que possible.

3. **Soyez pleinement conscient au moment où la première bouchée pénètre à l'intérieur de votre bouche et inonde vos papilles de sensations.**

   Remarquez la tendance de l'esprit à juger la saveur : « c'est trop épicé ou trop salé » ou encore « ça ne ressemble pas à ce que j'attendais. » Notez toutes les émotions que cette bouchée peut susciter : déception, soulagement, irritation, joie. Observez d'éventuelles répercussions de plaisir ou de chaleur ou toute autre sensation physique. Bon appétit !

4. **Si vous parlez en mangeant, regardez les conséquences de la conversation sur votre état.**

   Certains sujets vous stressent-ils ou rendent-ils votre digestion plus difficile ? La conversation vous empêche-t-elle d'apprécier ce que vous mangez ou bien parvenez-vous à conjuguer les deux ?

5. **Restez attentif à chaque bouchée pendant l'intégralité du repas.**

   C'est probablement la partie de l'exercice la plus difficile car nous avons tendance à nous éloigner dès que nous avons identifié la saveur de notre repas. Pourtant, vous pouvez apprécier son goût nouveau à chaque bouchée. (En cas de distraction, arrêtez-vous et respirez quelques instants avant de reprendre le cours de votre repas.)

6. **Pour faciliter la pleine conscience, vous pouvez de temps à autres, manger en silence.**

   Vous risquez de trouver cela étrange ou gênant au début mais vous vous rendrez progressivement compte qu'un repas silencieux peut vous apporter un répit substantiel face aux pressions de la vie.

TRUC

Même l'absence de sons peut constituer un rappel important. Dès que vous rencontrez un feu rouge par exemple, au lieu de céder à la contrariété ou à l'anxiété, mettez-vous à l'écoute de vous-même, respirez avec conscience et relâchez votre tension et votre hâte. Vous pouvez aussi laisser des moments de beauté vous réveiller - une jolie fleur, le sourire d'un enfant, le coucher du soleil à travers les rideaux, une tasse de café bien chaude. Enfin, rien ne vous empêche d'acheter une cloche traditionnelle et de la faire tinter de temps en temps.

TRUC

Se libérer de la tyrannie du temps

Le sentiment d'être dirigé par son carnet de rendez-vous et de ne plus avoir de temps pour communiquer avec soi-même et avec ceux qu'on aime est de plus en plus fréquent. Rien ne vous oblige à laisser l'horloge mener votre vie. Si ne vous est pas toujours possible de bousculer votre emploi du temps, vous pouvez sans aucun doute modifier votre relation au temps.

Voici quelques conseils dans ce sens adaptés du livre de Jon Kabat-Zinn *Full Catastrophe Living* :

- **Rappelez-vous que le temps est une convention créée par notre esprit pour nous aider à organiser nos expériences**. Il n'a pas de réalité absolue comme l'a découvert Einstein. Lorsque vous vous amusez le temps passe à vitesse grand V, lorsque vous souffrez ou vous ennuyez, chaque minute semble durer une éternité.
- **Vivez le plus possible dans l'instant présent**. Le temps étant une création des pensées, vous sombrez dans une dimension éternelle lorsque vous contournez l'esprit qui pense et posez votre attention ici et maintenant. Dès que vous commencez à planifier l'avenir ou regretter le passé, vous vous retrouvez immédiatement lié par les pressions du temps.
- **Prenez le temps de méditer quotidiennement**. La méditation vous enseigne à être présent et vous offre l'entrée la plus efficace dans le royaume éternel. Comme le dit Jon Kabat-Zinn, « S'engager simplement à pratiquer le non-faire, à renoncer à lutter, à être neutre…nourrit l'éternel en vous. »
- **Simplifiez-vous la vie**. Si vous remplissez votre vie de quêtes triviales et d'habitudes dévoreuses de temps, il ne faut pas vous étonner de ne plus avoir que des miettes pour les choses qui comptent vraiment. Faites le bilan de vos journées et envisagez peut-être d'abandonner une ou plusieurs activités qui ne vous tiennent pas tant à cœur ; vous ralentirez le rythme ce qui vous laissera le temps de vous retrouver.
- **N'oubliez pas que votre vie vous appartient**. Même si vous avez une famille à s'occuper ou un travail qui exige votre attention, gardez à l'esprit que vous avez le droit de répartir votre temps comme bon vous semble. Vous ne lésez personne si vous consacrez une demi-heure par jour à la méditation.

Répéter une expression pour vous aider à être conscient

Il existe dans la tradition juive des prières spéciales pour presque toutes les occasions (aussi bien lorsqu'on voit un éclair que lorsqu'on mange un morceau de pain) qui servent à rappeler aux fidèles que Dieu est continuellement présent. Les Bouddhistes ont recours à de courts couplets qui les aident à revenir à la simplicité toute bête d'être à chaque instant. Les Chrétiens disent les grâces avant les repas, avant d'aller se coucher et au cours d'autres occasions. Contrairement aux mantras – mots ou courtes expressions répétés à l'infini – ces vers ou prières diffèrent d'une situation à l'autre et ne délivrent qu'un seul message.

Thich Nhât Hanh conseille par exemple de psalmodier en silence les vers suivants pour parfaire la pleine conscience et faire de la respiration consciente une occasion de se détendre et de savourer la vie :

En inspirant, j'apaise mon esprit

En expirant, je souris

Demeurant dans le moment présent

Je sais que c'est un moment merveilleux

Synchronisez le premier vers avec l'inspiration, le second avec l'expiration et ainsi de suite – et respectez ce que vous dites. C'est-à-dire apaisez votre esprit, souriez-vous (voir l'encadré Pratiquer un demi-sourire, plus loin dans ce chapitre) et apprécier l'instant présent. Avec l'habitude, il vous suffira de dire « apaisement, sourire, moment présent, moment merveilleux. » Si vous n'êtes pas emballé par la terminologie de Thich Nhât Hanh, n'hésitez pas à utiliser les vers de votre composition pour toutes les situations quotidiennes comme la respiration, la nourriture, le bain, le travail et même le téléphone ou les toilettes.

Observer l'effet des différentes situations sur vous

Une fois que vous commencez à étendre votre pratique de la pleine conscience à une gamme beaucoup plus vaste d'expériences sensorielles, vous pouvez également amener cette conscience intérieure sur toutes vos autres activités. Au milieu de perdre contact avec vous-même pendant que vous regardez la télévision, conduisez ou travaillez sur votre ordinateur, il vous est possible de maintenir ce qu'un professeur appelle la *conscience double* c'est-à-dire une conscience simultanée de ce qui se passe autour de vous et de l'effet de cette situation ou activité sur vous.

N'OUBLIEZ PAS

Vous remarquerez progressivement que vous êtes tendu lorsque vous roulez trop vite, nerveux ou agité lorsque vous regardez certaines émissions télévisées ou totalement amorphe au lieu d'être revigoré après avoir passé plusieurs heures au téléphone. Vous n'avez pas besoin d'exprimer un quelconque jugement ou d'élaborer des aménagements à partir de ce que vous découvrez. Contentez-vous d'en prendre note. Si vous avez à cœur de cueillir les fruits de votre méditation, vous vous écarterez naturellement de situations (habitudes, activités de loisir, personnes, environnements de travail) qui vous stressent et vous vous tournerez vers des situations qui vous aident à être calme, détendu, en harmonie et en contact avec vous et les autres.

Lorsque votre souffrance et votre stress reposent sur vos schémas habituels et vos émotions difficiles, la conscience double vous aide à observer votre réactivité et créer un espace intérieur pour la découvrir et entrer en amitié avec elle, au lieu de l'extérioriser par rapport aux autres.

TRUC

Amener votre méditation au travail avec vous

Les délais très serrés, l'évaluation constante des performances et les menaces de faillite dans le monde très compétitif d'aujourd'hui font peser des pressions énormes sur les employés comme sur les dirigeants, y compris ceux qui sont assurés d'un emploi stable. Quelle que soit votre situation, vous pouvez réduire votre stress en suivant les conseils ci-dessous pour apprendre à méditer tout en travaillant :

- Avant de vous lever chaque matin, réitérez votre détermination à rester aussi calme et détendu que possible. Essayez de vous ménager une petite plage horaire pour méditer avant de franchir la porte. Vous donnerez le ton à votre journée.
- Si vous êtes attentif à votre expérience, vous découvrirez les véritables situations qui génèrent votre stress ; évitez-les ou modifiez-les autant que faire se peut. Le travail est parfois très exigeant ; n'en faites pas plus que ce que vous êtes capable de supporter.
- Observez comment votre esprit amplifie votre stress – par exemple en alimentant des propos tels « Je suis un raté » ou « Je n'ai pas tout ce qu'il faut » ou en imaginant que vous allez être mis en boite ou que votre patron ou vos collègues complotent contre vous. Mettez doucement ces inventions de côté et reconcentrez-vous sur ce que vous étiez en train de faire.
- Au lieu de poireauter devant la machine à café pour ajouter la caféine à la liste déjà longue de vos sources de stress, utilisez vos temps de pause pour méditer en paix dans votre bureau. Vous vous sentirez après plus détendu et revigoré.
- Déjeunez avec des personnes que vous appréciez – ou bien seul dans le calme. Autre option : faites une petite balade ou tout autre exercice ; c'est le meilleur moyen d'évacuer le stress.
- Toutes les heures, suspendez votre activité et accordez-vous quelques instants pour respirer profondément, suivre votre souffle, vous lever et vous étirer ou faire quelques pas dans votre bureau.

TRUC

Amener votre méditation au travail avec vous *(suite)*

- Pratiquez le demi-sourire pour diffuser du bien-être à vous-même et à vos collègues. Lorsque vous êtes en contact avec les autres, adoptez une attitude amicale et aimante. Un méditant me raconta un jour qu'il avait, à lui seul, retourné une atmosphère négative dans un bureau rien qu'en souriant délibérément et en générant de la bonne volonté.

La méditation dans les activités familiales

TRUC

Tout ce que vous faites ou éprouvez est une occasion de pratiquer la pleine conscience. Commencez par une de vos activités routinières – celles que vous faites en pilotage automatique pendant que vous êtes ailleurs, en proie à vos rêves, vos chimères ou vos angoisses. Même les tâches les plus habituelles peuvent pourtant devenir agréables et animées lorsqu'elles sont menées avec une attention et une application totales. Voici une liste de ces activités ordinaires accompagnée de quelques suggestions pour les pratiquer en pleine conscience :

- **Laver la vaisselle** : si vous mettez de côté vos jugements (qui œuvrent pour vous pousser à faire quelque chose de plus sérieux ou de plus constructif de votre temps) et continuez à laver la vaisselle –le carrelage ou la salle de bain peu importe – peut-être vous apercevrez-vous que cette activité ne vous déplaît nullement. Remarquez les contours des assiettes et des bols en les nettoyant. Prenez conscience de l'odeur et de la nature glissante du liquide vaisselle, du bruit que font les ustensiles de cuisine en s'entrechoquant ; la satisfaction que procure le simple geste de débarrasser l'assiette de ses restes et de la laisser propre et de nouveau prête à l'emploi.
- **Travailler sur ordinateur** : plus vous êtes absorbé par les informations qui défilent sur votre écran, plus vous perdez le contact avec votre propre corps et votre environnement. Faites des pauses de temps en temps pour suivre votre souffle et contrôler votre position assisse. Si vous commencez à vous raidir et à tendre le cou, étirez doucement votre colonne vertébrale (comme décrit dans le chapitre 5) et décontractez votre corps. Pendant les trous qui jalonnent votre journée de travail, revenez à votre respiration et à votre corps et détendez-vous.

- **Conduire** : qu'y a-t-il de plus stressant que de se frayer un passage dans une circulation dense ? Outre les arrêts répétés, vous devez avoir un œil sur tout, de tous les côtés, le danger pouvant venir de n'importe quelle direction. De plus, vous augmentez le stress de la conduite en voulant atteindre votre destination plus vite qu'il n'est matériellement possible, déclenchant colère et impatience.

  La pleine conscience est une excellente antidote au stress au volant. Respirez plusieurs fois profondément avant de démarrer. Tout en relâchant en pleine conscience la tension et le stress, revenez inlassablement à votre respiration. Sentez le volant entre vos mains, la pression de vos pieds sur les pédales, le poids de votre corps contre le siège. Notez votre tendance à critiquer les autres conducteurs, à vous détacher, à vous mettre en colère ou à perdre patience. Observez les effets de la musique ou de la radio sur votre humeur pendant que vous conduisez. Lorsque vous vous réveillerez et regarderez autour de vous, vous serez sûrement surpris de voir que tout le monde (vous compris) est en train de piloter un engin d'acier et de plastique de plus d'une tonne dans lequel ont pris place des êtres humains précieux et vulnérables. Cette révélation vous poussera peut-être à conduire plus attentivement et plus prudemment.

- **Parler au téléphone** : pendant que vous téléphonez, ne perdez pas le contact avec votre respiration et observez vos réactions. Certains sujets provoquent-ils de la colère, de la peur ou de la tristesse ? D'autres vous procurent-ils de la joie ou du plaisir ? Êtes-vous sur la défensive ? Touché émotionnellement ? Notez également ce qui vous émeut ou vous motive à parler. Essayez-vous d'influencer ou convaincre la personne à l'autre bout du fil ? Possédez-vous un programme secret de jalousie ou de ressentiment – ou peut-être d'être aimé et apprécié ? Ou bien êtes-vous simplement ouvert et réceptif à ce qui se dit au moment présent, sans le vernis du passé ou du futur ?

- **Regarder la télévision** : comme l'écran de votre ordinateur, l'écran de télévision peut littéralement vous happer et vous faire oublier que vous êtes aussi constitué d'un corps. (Pour en savoir plus sur la méditation et la télévision, voyez le chapitre 6.) Faites une pause pendant les publicités pour baisser le son, suivre votre souffle et arrimer votre conscience dans le moment présent. Faites un petit tour, regardez par la fenêtre, parlez avec les membres de votre famille. (Comme beaucoup de personnes, vous avez peut-être recours à la nourriture pour vous recaler dans votre corps pendant que vous regardez la télé ; sachez toutefois que cela ne fonctionne que si vous êtes attentif à ce que vous mangez – sans compter que s'alimenter sans en être conscient se paye cher sur la balance : demandez à n'importe quel pantouflard !

- **Faire du sport** : l'exercice physique est une formidable occasion d'amener votre conscience aux mouvements simples et répétitifs de votre corps. Malheureusement, de plus en plus de sportifs mettent leur casque audio, allument le baladeur et se séparent d'eux-mêmes. La prochaine fois que vous touchez à votre équipement de sport ou allez à un cours d'aérobic, appliquez-vous à suivre au mieux votre souffle. (Il est toujours possible de revenir à sa respiration même lorsque l'entraînement est difficile.) Vous pouvez également porter votre attention sur vos mouvements – sur la flexion des muscles, le contact avec l'équipement (ou le sol), les sensations de chaleur, de plaisir ou d'effort. Observez ce qui vous tient écarté de vous. L'image de votre corps vous perturbe-t-elle ? Votre poids est-il une obsession ? Fantasmez-vous sur votre corps futur à tel point que vous êtes incapable d'être présent à ce que vous faites ? Bornez-vous à noter puis retournez à votre expérience. Peu à peu, vous apprendrez à tant apprécier votre corps que le regard des autres n'aura plus d'importance.

SAGESSE POPULAIRE

L'attention, encore l'attention, toujours l'attention

La tradition zen, parce qu'elle met l'accent sur le dur labeur et l'appréciation de ce qui est ordinaire, fourmille d'anecdotes louant les bénéfices de l'attention consciente dans toutes les activités quotidiennes. Voici deux de mes préférées.

La première est l'histoire d'un homme d'affaires venu voir un maître célèbre pour lui demander de lui dessiner les pictogrammes japonais définissant le plus précisément l'esprit zen. Le maître en dessine alors un seul : l'attention.

« Mais le zen ne se limite pas seulement à ça » proteste l'homme d'affaires.

« C'est vrai, vous avez raison » répond alors le maître et il dessine le même pictogramme sous le premier : l'attention, l'attention.

L'homme d'affaires s'énerve. « Vous me faites marcher ! » fulmine-t-il, le visage devenu soudain rouge.

En silence le maître ajoute un troisième pictogramme et le montre à son hôte survolté. Il est maintenant inscrit sur le rouleau : l'attention, l'attention, l'attention.

La seconde histoire est celle d'un moine itinérant qui se dirige vers un monastère très connu. Il commence à gravir le chemin menant en haut de la montagne lorsqu'il remarque une feuille de laitue dévalant le ruisseau. « Hmm » commente-t-il l'air songeur « un maître qui laisse ses élèves préparer les repas avec tant de négligence ne mérite ni mon temps ni mon attention. »

Au moment où il s'apprête à rebrousser chemin il aperçoit le chef cuisinier en personne, la robe flottant dans la brise, se hâtant de descendre la pente pour récupérer la feuille rebelle.

« Ah » se dit alors le moine en changeant une nouvelle fois de direction « après tout peut-être devrais-je m'arrêter ici pour étudier quelque temps. »

Méditer en famille : les parents, les enfants et les autres membres

Si vous êtes un méditant en herbe, concilier vie de famille et méditation n'est pas toujours forcément simple. Vous pouvez, certes, avoir envie d'inviter, d'encourager, voire de contraindre vos proches à méditer avec vous. Par ailleurs, ce sont les personnes les plus proches de vous qui peuvent perturber votre toute nouvelle et encore fragile tranquillité d'esprit comme personne d'autre au monde !

Seul votre époux ou épouse connaît par exemple les mots susceptibles de vous exaspérer ou de vous froisser. Seuls vos enfants ont cette extraordinaire faculté de mettre votre patience à rude épreuve ou de contester votre désir que les choses se fassent d'une certaine façon. (Si vous avez déjà essayé de vous décontracter et de suivre votre souffle pendant que votre petit dernier piquait une colère ou que votre grand tentait lamentablement de vous expliquer pourquoi il était rentré à 2 h du matin la veille, vous savez de quoi je parle.)

Il est possible de trouver un moyen d'incorporer une pratique méditative traditionnelle dans vos relations les plus intimes tant que les personnes impliquées sont réceptives à vos efforts. Qu'elles trouvent ou non un intérêt dans la méditation importe peu, vous pouvez toujours vous servir des liens qui vous unissent à elles comme d'une possibilité exceptionnelle d'être pleinement attentif à vos réactions et comportements habituels. À vrai dire, la vie de famille fournit une occasion unique d'ouvrir votre cœur.

Méditer avec les enfants

Si la méditation vous passionne, vous avez peut-être envie d'en faire profiter vos enfants (ou petits-enfants, filleuls, neveux et nièces.) L'envie peut aussi venir d'eux : vous voyant rester assis en silence quotidiennement pour méditer leur donnera peut-être le désir de faire comme vous. (Les jeunes enfants, plus particulièrement, imitent en général tout ce que font leurs parents.) Si vous ressentez de la curiosité chez vos enfants, n'hésitez surtout pas à leur donner des instructions brèves et invitez-les à méditer avec vous – sans vous attendre à ce qu'ils s'y tiennent. Les plus jeunes ont une capacité d'attention limitée et les plus âgés des centres d'intérêts qu'ils trouvent plus fascinants.

Comme vous l'avez sûrement remarqué, avant 6 ou 7 ans, les enfants passent la majeure partie de leur temps dans un état modifié d'émerveillement et de plaisir (lorsqu'ils ne sont pas, c'est entendu, en train de hurler). Au lieu de leur apprendre à méditer, essayez le plus possible d'aller dans leur monde. Montrez-leur les détails les plus infimes de la vie et encouragez-les à observer sans interpréter. Ramassez une feuille, par exemple, et examinez-la attentivement avec eux ; observez le balai des fourmis, les étoiles dans le ciel. Pour protéger leur capacité naturelle à méditer, limitez les heures de télé et de jeux vidéo qui étouffent la curiosité et le rêve et évitez de les pousser trop jeune à développer leur intellect.

Si vos enfants sont plus grands et montrent de l'intérêt pour la méditation, n'hésitez pas à leur enseigner des pratiques méditatives traditionnelles comme suivre son souffle ou réciter un mantra – mais toujours sous une forme facile et amusante. Laissez-leur la liberté de pratiquer ou non, selon leur envie. La méditation aura avant tout un grand impact sur vos enfants en vous rendant plus calme, plus heureux, plus aimant et moins réactif. En vous voyant changer en mieux, ils seront tout naturellement intéressés par votre pratique pour pouvoir en récolter les mêmes fruits.

Méditer avec votre partenaire et les autres membres de la famille

Comme la prière, la méditation peut rapprocher une famille. Lorsque vous êtes tous réunis en silence, même pour quelques minutes seulement, vous devenez naturellement sensible à un niveau d'existence plus profond où les différences et les conflits ont perdu de leur importance. C'est l'occasion aussi de pratiquer des techniques spécifiques au cours desquelles vous ouvrez par exemple votre cœur pour envoyer de l'amour aux uns et aux autres et en recevoir en retour (voir l'encadré « Communiquer plus profondément avec un conjoint ou un ami » un peu plus loin). Si votre famille est d'accord, introduisez des pratiques méditatives dans votre emploi du temps quotidien – en vous asseyant par exemple tous en silence quelques instants avant de manger ou pour réfléchir avant d'aller vous coucher sur les choses positives survenues au cours de la journée.

Étreindre de tout son cœur

Pour remplacer les pratiques méditatives traditionnelles avec vos enfants, serrez-les simplement dans vos bras : c'est l'occasion de suivre votre souffle et d'être présent. La prochaine fois que vous les prenez dans vos bras, observez votre façon de les tenir. Vous raidissez-vous ou gardez-les vous à distance ? Retenez-vous votre respiration ? Êtes-vous ailleurs ? Étouffez-vous votre amour parce que vous êtes irrité ou contrarié ? Accomplissez-vous ce geste le plus vite possible pour passer à quelques chose de plus « important » ? Ce que vous allez découvrir risque de vous surprendre. (Si au contraire, vous êtes heureux et satisfait de votre façon d'étreindre vos enfants, oubliez la deuxième partie de cet encadré.)

Au lieu de vous juger, peut-être voulez-vous apprendre à éteindre différemment. La prochaine fois que vous étreignez vos enfants (conjoint, famille ou amis), marquez une pause pendant que vous les tenez dans vos bras, décontractez-vous et respirez trois ou quatre fois consciemment. Si vous en sentez le désir, posez votre conscience sur votre cœur et envoyez-leur de l'amour intentionnellement. Serrez quelqu'un dans vos bras pourra alors devenir plus plaisant – et vos enfants se sentiront par la même occasion mieux aimés et nourris.

N'OUBLIEZ PAS

Les rites familiaux sont une formidable aubaine de pratiquer la pleine conscience ensemble et d'établir une relation plus profonde et plus chaleureuse. En invitant vos proches à préparer le repas ou à travailler au jardin en toute conscience, ils remarqueront mieux la qualité de votre attention et seront peut-être enclins à suivre votre exemple. Faites comme bon vous semble : en leur proposant de cuisiner, de manger ou de travailler différemment ou en faisant référence, si vous vous sentez plus à l'aise, à des expressions comme « l'amour » ou « prendre soin » au lieu de « pleine conscience ». Sachez toutefois que l'exemple que vous leur donnerez aura un impact plus important que toutes vos instructions. De temps à autres, pratiquez en famille la méditation en mangeant (voyez l'encadré « Savourer un repas en toute conscience, en début de chapitre ») – mais l'exercice doit conserver un caractère amusant, affectueux et décontracté.

Méditer pendant l'amour

« À quoi bon méditer en faisant l'amour ? ». « Nous passons avec mon partenaire un excellent moment – que pourrait-on y ajouter ? ». Voilà les interrogations que je rencontre lorsque j'aborde le sujet. Et à cela, j'ai une réponse très séduisante : vous pouvez améliorer considérablement vos rapports sexuels en y consacrant toute votre attention et tout votre cœur. Nombreux sont ceux qui font l'amour avec leur esprit – ils fantasment sur le sexe lorsqu'ils sont seuls et lorsqu'ils font l'amour avec leur partenaire. Pourtant, le véritable acte sexuel se déroule ici et maintenant, caresse après caresse, sensation après sensation. Lorsque vous prenez vos distances ou fantasmez, vous en ratez le meilleur – réduisant de fait votre plaisir et votre satisfaction.

MÉDITATION

Établir une relation plus profonde avec un partenaire ou un ami

Si votre partenaire sait déjà méditer, peut-être apprécierez-vous de programmer des plages horaires régulières pour méditer côte à côte. Si vous avez envie de pousser plus loin et parvenir à un niveau relationnel supérieur, essayez l'exercice suivant. (Il se pratique aussi avec un ami proche). Si votre partenaire ne médite pas mais désire apprendre, cet exercice constitue une excellente introduction :

1. **Asseyez-vous l'un en face de l'autre, genoux serrés. Allongez les mains devant vous et unissez-les à celles de votre partenaire – mains droites tournées vers le haut; mains gauches tournées vers le bas.**

2. **Fermez les yeux, respirez profondément plusieurs fois et détendez-vous le plus possible sur l'expiration.**

3. **Ajustez votre souffle sur celui de votre partenaire pour arriver progressivement à synchroniser vos inspirations et expirations.**

   En d'autres termes, inspirez et expirez ensemble. Prenez la peine d'apprécier l'harmonie et la relation plus profonde suscitées par ce rythme partagé.

4. **Au bout de plusieurs minutes, commencez à alterner les inspirations et les expirations.**

   Expirez de l'amour, de la lumière ou de l'énergie curative ; inspirez l'amour et l'énergie que votre partenaire vous a envoyés et placez-les sur votre cœur.

   Poursuivez pendant aussi longtemps que vous le désirez. Pour intensifier la relation, regardez-vous dans les yeux, attentivement et tendrement, et laissez l'amour circuler librement entre vos regards.

5. **Lorsque vous vous sentez plein, imaginez que l'amour que vous avez généré entre vous deux s'élargit pour englober tous ceux que vous aimez – pour finalement inclure et animer tous les êtres en tous lieux.**

6. **Terminez la méditation en vous prosternant l'un devant l'autre ou en vous étreignant.**

   Vous pouvez poursuivre par un massage mutuel ou, si vous formez un couple, par une douche ou un bain chauds pris ensemble ou par faire l'amour comme expliqué plus haut.

N'OUBLIEZ PAS

Les personnes introduisant la méditation dans leurs rapports sexuels disent jouir d'une meilleure réceptivité, d'une satisfaction plus intense, et d'orgasmes au niveau de tout le corps. Les hommes en particulier, affirment être capables de tenir plus longtemps ; les femmes assurent atteindre l'orgasme plus fréquemment. Encore plus important, une conscience de tout son cœur et de toute son attention permet d'insuffler plus d'amour dans l'acte sexuel et par conséquent de parvenir à un niveau de relation plus profond avec son partenaire, ce qui peut véritablement transformer l'acte sexuel en une expérience spirituelle.

Voici quelques conseils pour introduire la méditation dans l'acte d'amour. Faites-les partager à votre partenaire s'il est intéressé – mais sachez que le simple fait de les appliquer vous-même permet d'améliorer la qualité de votre relation sexuelle et inciter votre partenaire à suivre votre exemple.

- **Établir une relation d'amour entre vous**. Avant de faire l'amour, consacrez quelques minutes (ou plus) à établir une relation aimante et affectueuse. Vous pouvez vous regarder tendrement dans les yeux, faire passer des messages nourrissants ou murmurer des mots d'amour (ou faire l'exercice présenté dans l'encadré ci-contre) – enfin tout ce qui vous aide à baisser la garde et ouvrir votre cœur.
- **Voir le Divin dans votre partenaire**. Dans les pratiques méditatives sexuelles traditionnelles d'Inde et du Tibet, les partenaires se visualisent en tant que dieu ou déesse, l'incarnation du divin masculin ou féminin. Si vous n'êtes pas prêt à aller si loin, vous pouvez quand même, en faisant l'amour, vous attacher aux sentiments de profond respect et de dévotion que vous éprouvez pour votre partenaire.
- **Soyez présent – et revenez lorsque vous vous éloignez**. Lorsque vous avez établi la relation entre vos organes génitaux et votre cœur, vous pouvez commencer à vous caresser avec tendresse, le plus attentivement possible. Lorsque vous fantasmez ou vous écartez, revenez en douceur au moment présent. Si des sentiments non résolus comme le ressentiment ou la blessure vous empêchent de vous investir totalement, ne faites pas semblant – arrêtez-vous et discutez tranquillement du problème avec votre partenaire jusqu'à ce que la communication soit rétablie.
- **Ralentissez et accordez-vous**. Observez toute tendance à vous mettre sur le pilote automatique, notamment lorsque la passion se construit. Ralentissez plutôt le pas et mettez-vous au diapason de toute votre gamme de sensations, au lieu de vous concentrer uniquement sur vos organes génitaux. Le plaisir n'en sera que plus intense et vous découvrirez que vous contrôlez davantage votre énergie. Assurez-vous d'être également synchronisé sur votre partenaire – et n'hésitez pas à lui demander comment il (ou elle) préfèrerait être caressé.
- **N'oubliez pas votre souffle**. Arrivé au cœur de la passion, nombreux sont ceux qui retiennent leur respiration. Malheureusement, cette réaction peut annihiler votre plaisir et accélérer l'orgasme (pour les hommes) ou l'empêcher (si vous êtes une femme). Une respiration attentive et consciente peut vous maintenir dans le moment présent, vous détendre et approfondir considérablement votre plaisir.

- **Lorsque l'énergie arrive à son point culminant, arrêtez-vous quelques instants, respirez ensemble et détendez-vous**. Cette étape peut vous sembler paradoxale (beaucoup ayant tendance au contraire à aller plus vite lorsqu'ils sont excités), mais elle représente véritablement l'entrée secrète dans le monde de l'épanouissement sexuel. En abandonnant votre tendance active et intentionnée, en vous décontractant et en respirant ensemble, vous approfondissez votre relation amoureuse et vous vous ouvrez à une fréquence supérieure de plaisir, semblable à ce que les mystiques appellent l'extase. Lorsque vous sentez votre passion diminuer, vous pouvez retourner à votre activité amoureuse – sans hésiter à vous arrêter et respirer au moment où votre énergie arrive à son point culminant pour retourner ensuite encore une fois à l'acte lui-même.

EXERCICE

Pratiquer le demi-sourire

Si vous observez attentivement les statues classiques du Bouddha ou les visages des madones de la Renaissance, vous remarquerez le demi-sourire, symbole de joie et de tranquillité. Selon le professeur bouddhiste vietnamien Thich Nhât Hanh, il est possible de retrouver sa bonne heure et son bonheur naturel simplement en souriant consciemment, même lorsque le moral n'est pas au rendez-vous. « Un minuscule bourgeon de sourire sur les lèvres nourrit la conscience et nous apaise comme par miracle » peut-on lire dans Peace is Every Step. « Cela nous ramène à la paix que nous pensions avoir perdu. »

La recherche scientifique actuelle reconnaît que le sourire relaxe les muscles de l'ensemble du corps et procure sur le système nerveux les mêmes effets que le véritable plaisir.

Voici quelques brèves indications pour pratiquer le demi-sourire conseillé par Thich Nhât Hanh :

1. **Consacrez quelques instants pour former un demi-sourire avec vos lèvres.**

   Observez la réaction des autres parties de votre corps. Votre ventre se détend-il ? Votre dos se redresse-t-il naturellement un petit peu ? Voyez-vous une subtile évolution de votre humeur ? Notez également toute résistance lorsque « vous n'avez pas franchement le cœur à ça. »

2. **Gardez ce demi-sourire pendant au moins 10 minutes.**

   Remarquez-vous un changement dans vos agissements ou vos réactions par rapport aux autres ? Répond-on à votre sourire par un sourire ?

3. **La prochaine fois que vous n'avez pas le moral, essayez le demi-sourire pendant une demi-heure et notez ensuite comment vous vous sentez.**

Chapitre 16

La méditation au service de la guérison et de l'amélioration des performances

Dans ce chapitre :

- Bénéficier des progrès de la psychophysiologie
- Explorer les diverses voies méditatives au cours du rétablissement
- La lumière, les images, les bruits et le souffle au secours de la guérison
- Les facultés méditatives qui vous permettent d'être au mieux
- Méditer pour être plus performant

Si vous mettez en pratique les techniques de base expliquées tout au long de ce livre (notamment au chapitre 6), vous devez commencer à remarquer une amélioration progressive de votre santé (même si vous pensiez être déjà en bonne santé) et une augmentation de votre énergie et de votre vitalité. Vous parvenez même à accomplir les choses qui avaient coutume de vous stresser avec plus de facilité et moins d'anxiété.
Les chercheurs occidentaux ont en fait corroboré les découvertes des professeurs et guérisseurs traditionnels, selon lesquelles la méditation avait une capacité extraordinaire de fortifier et guérir le corps et de rendre plus performant en éduquant l'esprit et en ouvrant le cœur. (Si vous ne me croyez pas, regardez la liste détaillée des bénéfices de la méditation présentée au chapitre 2.)

Mais que faire si vous voulez gérer un problème de santé particulier, transformer votre jeu de tennis ou faire meilleure figure au travail ?
La méditation a-t-elle des techniques spécifiques à vous offrir ? Bien sûr !
Les guérisseurs anciens et modernes ont concocté des méditations formidables pour faciliter le rétablissement : vous allez même pouvoir les essayer dans ce chapitre ! Au cours de ces dernières années, certains gurus et entraîneurs ont appliqué ces principes pour être plus performants au bureau et sur le terrain.

Je sais que j'ai dit quelque part dans ce livre qu'il ne fallait pas se fixer d'objectif pour méditer. C'est vrai, mais ici vous pouvez tricher un peu et appliquer les facultés acquises tout au long des chapitres précédents. Si vous ne les avez pas lus – vous n'avez qu'à piocher dans les conseils donnés ici.

La méditation : un moyen de vous aider à guérir votre corps

Le lien entre la méditation et la guérison est effectivement très vénérable. Prenez les plus grands professeurs spirituels au monde – beaucoup étaient connus autant pour leurs facultés de guérison que pour leur sagesse et leur compassion. Jésus a par exemple fait preuve de sa maturité spirituelle en aidant le boiteux et l'estropié à marcher et l'aveugle à voir. Un mystique juif du nom de Baal Shem Tov est un faiseur de miracles et un guérisseur notoire et le Bouddha historique est traditionnellement comparé à un médecin car les pratiques qu'il enseignait aidaient à soulager la souffrance.

Le plus important, pour vous comme pour moi, est que ces maîtres aient transmis leurs techniques méditatives, permettant ainsi aux pratiquants de parvenir à un contrôle des fonctions corporelles au-delà de toute attente. Avez-vous déjà entendu parler de ces yôgis capables d'arrêter leurs mouvements cardiaques pendant plusieurs heures et de continuer à vivre sans que l'on puisse déceler le moindre mouvement respiratoire ou métabolique ? Ou de ces moines tibétains capables de produire une telle chaleur interne qu'ils sont parvenus à sécher des couvertures humides posées sur leur corps par des températures inférieures à zéro degré ? Ces personnes ne sont pas des chimères mais existent bel et bien – et leurs exploits exceptionnels ont été évalués par des scientifiques occidentaux.

Le domaine naissant de la psychophysiologie a été mis au point dans les années 1970 lorsque les scientifiques qui étudiaient les capacités de méditants entraînés aux techniques orientales se sont aperçus que l'esprit pouvait avoir des répercussions extraordinaires sur le corps – ou plus précisément, que le corps et l'esprit étaient indissociables. Plus récemment, des études ont montré que le système immunitaire et le système nerveux étaient inextricablement liés et que le stress émotionnel et psychologique pouvait arrêter le fonctionnement du système immunitaire et encourager la croissance ou la propagation des troubles liés au système immunitaire comme le cancer, le sida et les maladies auto-immunes. (Pour en savoir plus sur les relations corps-esprit et les bénéfices de la méditation sur la santé, voyez le chapitre 2.)

Actuellement, la plupart des médecins reconnaissent l'incidence des facteurs psychologiques et l'importance de la relaxation et de la réduction du stress pour conserver une bonne santé. Si l'on en croit une plaisanterie qui court dans le milieu médical, les médecins psychophysiologues ont remplacé le vieil adage sur l'aspirine par « prenez deux méditations et appelez-moi demain matin ».

Point important à préciser, il est inutile de savoir contrôler ses pulsations cardiaques ou son métabolisme pour bénéficier des pouvoirs curatifs de la méditation. Il suffit de s'asseoir en silence, de focaliser son esprit et de pratiquer l'un des exercices expliqués dans cette section. Avoir une expérience méditative facilite les choses – expérience que vous pouvez acquérir en allant au chapitre 6 – mais vous pouvez commencer ici, si vous êtes fortement motivé et si vous apprenez au fur et à mesure.

Que veut réellement dire guérison ?

Comme je l'ai déjà mentionné en début de partie, guérir signifie retrouver un état intrinsèque d'intégrité et de bien-être, ce que notre langage, dans sa sagesse, relie au sacré. Prenons l'exemple du rhume. Une fois que votre rhume est passé et que vous vous sentez mieux, vous êtes toujours la même personne – vous êtes revenu à votre stade d'avant la maladie. C'est d'ailleurs pour cela que beaucoup de gens disent, une fois rétablis, « je suis redevenu moi-même ».

De par sa nature même, la méditation offre une guérison plus profonde. L'affection qu'elle permet de combattre est peut-être la plus douloureuse de toutes – il s'agit d'un trouble humain épidémique appelé *séparation* (voire, pire encore, *aliénation*) de notre propre être, des autres êtres humains et des choses. (Pour plus d'informations sur cette « maladie », voyez le chapitre 2.) La méditation guérit cette séparation en rétablissant vos relations ici et maintenant avec vos sentiments, vos expériences sensorielles et tous les aspects de vous que vous avez pu désavouer. En clair, vous devenez plus entier !

Fait capital, vous renouez avec votre nature essentielle – avec l'*être pur* – qui est lui-même entier et parfait ainsi. Stephen Levine, qui fut le premier à utiliser la méditation comme méthode curative dans ses très nombreux livres, parlait de « la guérison pour laquelle nous avons été mis au monde ».

Plus vous vous reconnectez avec votre bien-être et votre intégrité, plus vous inondez votre corps mental d'amour et d'énergie vitale. (Comme je l'ai dit au chapitre 5, la source de l'être en vous est la source de toutes les qualités et sentiments positifs et vitaux.) Et comme les scientifiques l'ont prouvé à maintes reprises, cette énergie vitale mobilise les ressources curatives du corps, renforce le système immunitaire et facilite tout naturellement le processus de réparation et de renouvellement. En résumé, soigner la séparation contribue à la guérison du corps.

Même si vous souffrez d'une maladie chronique et ne pouvez jamais guérir complètement physiquement, il vous est toujours possible d'effectuer la guérison que vous êtes né pour faire. Inutile de vous considérer comme un raté, vous n'iriez pas mieux (comme certaines approches curatives incitent à penser). Après tout, rien ne vous empêche de vous encourager à guérir avec la méditation – en sachant que la maladie est un processus mystérieux que ni vous ni moi ne sommes à même de comprendre. Qui sait ? Peut-être êtes-vous malade parce que vous avez besoin de ralentir, de reconsidérer vos priorités et de reprendre contact avec vous-même. À l'image de quelques autres situations de la vie, la maladie peut devenir un messager capital, vous exhortant vivement à modifier radicalement votre vie.

Comment la méditation guérit-elle ?

N'OUBLIEZ PAS

Outre surmonter la séparation, les pratiques méditatives de base proposées dans ce livre (notamment aux chapitres 6 et 10) contribuent au rétablissement de diverses façons :

- **Amour et relation avec soi-même** : d'après les recherches du Dr Dean Ornish (voir chapitre 10), l'amour est le facteur le plus important dans le rétablissement, dépassant même l'alimentation et l'exercice. Pour guérir votre cœur, vous devez l'ouvrir – ses découvertes ont été corroborées par des études sur le cancer, le sida et autres maladies très graves. En vous mettant en contact avec l'amour dans votre cœur (qui, comme je l'ai déjà dit, n'est pas uniquement une émotion mais une expression directe de l'être lui-même), la méditation nourrit vos organes internes et l'ensemble de votre organisme psychophysiologique.
- **Apaisement de la tension et du stress** : en vous apprenant à détendre le corps et apaiser l'esprit (voir chapitre 6), la méditation prévient dans un premier temps la maladie puisqu'elle en réduit l'une des principales causes, le stress, à l'origine de maladies cardiaques, de troubles gastro-intestinaux et de céphalées par tension nerveuse. Jon Kabat-Zinn en particulier, auteur du best-seller *Où tu vas, tu es*, a mis au point un programme de réduction du stress fondé sur la pratique bouddhiste de la pleine conscience qui enseigne aux participants le moyen de réduire leur stress au cours de la méditation et d'étendre les bénéfices de leur pratique à tous les domaines de leur vie. (Pour en savoir plus sur le travail de Kabat-Zinn, voyez le chapitre 2.)
- **Retrouver son alignement et son équilibre** : les pratiques curatives traditionnelles comme l'*Ayurveda* (médecine traditionnelle indienne à base d'herbes et d'une bonne alimentation) ou la médecine chinoise, ainsi que des approches plus courantes comme la chiropraxie ou l'ostéopathie sont fondées sur le fait que le corps devient malade lorsqu'il est déséquilibré ou n'est plus aligné. La méditation permet

alors de ralentir l'esprit pour le mettre au rythme de la respiration, ce qui rétablit l'équilibre et l'harmonie avec le corps, facilitant la guérison. S'asseoir le dos droit (voir chapitre 7) permet en outre de placer la colonne vertébrale en ligne et favorise la circulation libre de l'énergie vitale à travers l'ensemble du corps, stimulant le bien-être physique et psychologique.

- **L'ouverture et l'assouplissement** : comme la plupart des malades, vous avez peut-être tendance à perdre patience ou vous énerver contre vous-même lorsque vous êtes blessé ou que vous n'êtes pas bien. Certains émettent même des jugements sévères, comme si être malade était quelque chose de mal ou de répréhensible. Malheureusement, ces émotions négatives amplifient souvent la souffrance – et peuvent même aggraver la maladie – en contribuant à vous contracter et vous crisper. La pratique régulière de la méditation permet de développer l'ouverture à votre expérience, si déplaisante soit-elle, et l'assouplissement tout autour, et non pas de la juger ou de la repousser.
- **Créer un espace pour l'ensemble de vos émotions** : en acceptant votre expérience dans la méditation, vous créez un environnement accueillant dans lequel vos sentiments peuvent bouillonner et se libérer au lieu d'être supprimés ou extériorisés. (Pour savoir comment méditer sur les émotions, voyez le chapitre 11.) Plusieurs études montrent que les sentiments non exprimés et enfermés dans le corps forment des foyers de tension et de stress pouvant plus tard jouer un rôle dans le développement de maladies graves comme le cancer ou les maladies cardiaques. De plus, être capable d'éprouver pleinement ses sentiments rend naturellement plus enjoué – et donc en meilleure santé.
- **L'harmonie, la joie et le bien-être** : les qualités positives comme le bonheur, la joie ou la paix ne proviennent pas de l'extérieur, ou d'une tierce personne. Elles montent spontanément et naturellement de votre for intérieur, comme l'eau jaillissant d'une source. La seule chose à faire est de créer l'environnement intérieur adéquat, comme vous le faites en méditant. (Il est bien entendu toujours possible de cultiver des émotions positives comme l'amour et la compassion comme je l'ai décrit au chapitre 10.) Des chercheurs occidentaux ont démontré que ces qualités positives étaient en corrélation avec une foule de réponses corporelles positives depuis la baisse de la tension artérielle et une meilleure réponse immunitaire à la libération d'analgésiques naturels appelés *bêta endorphines*. (Pour en savoir plus sur les bienfaits de la méditation sur la santé, voyez le chapitre 2.)
- **Se libérer de l'auto-attachement et des schémas habituels** : au bout du compte, c'est l'illusion (que nous partageons tous) d'être un individu séparé, isolé et coupé des autres et du reste de la vie, qui se trouve au cœur de toute la souffrance et le stress. Selon le maître tibétain Tulku Thondup, auteur de L'*Infini Pouvoir de guérison de l'esprit selon le bouddhisme tibétain*, « vivre en paix, libéré des afflictions émotionnelles

et détaché de l'attachement au « soi » est la médecine suprême pour la santé mentale et physique ». Au fur et à mesure que vous pénétrez vos schémas habituels (dont les racines profondes se trouvent à la fois au niveau du corps et au niveau de l'esprit) puis lâchez prise, vous devenez moins réactif émotionnellement (ce qui diminue votre stress) et plus réceptif positivement (voire joyeusement) au déroulement des événements de votre vie. (Pour en savoir plus sur les schémas comportementaux habituels, voyez le chapitre 11.)

- **S'éveiller à la dimension spirituelle** : Herbert Benson, professeur à l'université de médecine de Harvard, a mis au point une technique appelée la « réponse relaxante » (voir chapitre 2) fondée sur l'étude de personnes répétant un mot ou une expression simple (*mantra*). Au fil des années, il s'est rendu compte que plus le mantra avait de sens, plus la technique parvenait efficacement à détendre le corps et favoriser la guérison. « Si vous êtes intimement persuadé de votre philosophie personnelle ou de votre foi religieuse », déclare-t-il dans *Beyond the Relaxation Response*, « vous êtes très capable d'accomplir des exploits mentaux et physiques extraordinaires sur lesquels {nous} ne pouvons que spéculer ». En d'autres termes, vous augmentez les pouvoirs curatifs de la méditation lorsque vous élargissez votre conscience pour y englober une dimension spirituelle de l'être.

N'OUBLIEZ PAS

La méditation pour affronter la mort

De nombreux maîtres ont écrit sur le rôle important que la méditation pouvait jouer pour aider les personnes à franchir le gouffre entre la vie et la mort. En fait, certaines traditions, comme le bouddhisme zen, rappellent que l'un des objectifs fondamentaux de la pratique méditative est de nous préparer à la transition finale.

La plupart des traditions reconnaissent que la façon dont vous vivez détermine la façon dont vous mourez. (Si vous êtes par exemple craintif ou coléreux, il est fort probable qu'au moment de votre mort vous soyez rempli de peur ou de colère. Si au contraire, vous êtes calme, aimant et gai, ces qualités inonderont votre corps au moment ultime.) Beaucoup soutiennent également que le moment même de la mort est un facteur capital qui détermine ce qui va suivre. (Sur ce qui pourrait se passer ensuite, l'unité n'est plus du tout de rigueur !)

Si la mort est pour vous un sujet d'inquiétude, la méditation peut vous y préparer tout en vous apportant davantage de paix et d'harmonie dans votre vie dès à présent. Les techniques présentées tout au long de ce livre vous seront particulièrement appréciables au seuil de la mort.

N'oubliez pas : si la méditation peut aider à rendre la mort plus sécurisante et moins effrayante, il n'y a pas de « bonne » et de « mauvaise » manière de mourir. Chacun vit et meurt à sa façon.

- **Rester présent** : est-il utile de rappeler que la peur, le regret et autres sentiments négatifs sont grossis un millier de fois lorsque vous approchez de l'inconnu ? En portant votre conscience sur votre souffle ou tout autre objet, vous apaisez votre esprit et l'empêchez de descendre en flèche vers la négativité.

La méditation pour affronter la mort *(suite)*

- **Accueillir tout ce que survient** : les semaines, les jours et les moments qui conduisent à la mort peuvent être lourds de sensations douloureuses, d'émotions et d'états mentaux difficiles. Si vous avez appris à vivre votre expérience, consciemment, quelle qu'elle soit, vous êtes mieux préparé pour affronter cette période pénible.
- **Ouvrir son cœur** : en pratiquant l'ouverture du cœur à vous-même et aux autres (voir chapitre 10), vous serez prêt à accéder à cet amour lorsque vous en aurez besoin – et à quel autre moment pourriez-vous en avoir plus besoin ! L'amour, dans l'enseignement de nombreuses traditions, permet de combler le gouffre entre la vie et l'après. Ceux qui meurent dans l'amour accordent l'incommensurable héritage de l'amour à ceux qu'ils laissent derrière eux.
- **Lâcher prise** : en revenant inlassablement à votre souffle ou à tout autre objet de méditation, vous prenez l'habitude de lâcher prise et de ne pas vous attacher à vos sentiments, émotions, soucis, à ce que vous aimez et ce que vous n'aimez pas – et même, peut-être, de laisser partir celui que vous pensez être. On dit dans la tradition zen que lorsque l'on devient expert à mourir ainsi sur le coussin de méditation, la véritable mort ne pose plus aucun problème. Ou si vous préférez, selon les termes de Stephen Levine dans *Healing into Life and Death*, « Lâcher prise au moment ultime et entrer de tout son cœur dans le suivant est mourir dans la vie et guérir dans la mort. »
- **Croire en l'immortalité** : en approfondissant votre relation avec le fait d'*être* (par opposition au fait de penser ou de faire), vous pourrez vous éveiller à une dimension spirituelle ou sacrée qui insuffle un sens à cette vie tout en la transcendant. Que vous appeliez cette dimension le vrai moi, la nature essentielle, Dieu ou l'esprit, vous savez maintenant (et ne vous contentez plus seulement de croire) qu'il existe quelque chose de beaucoup plus grand que votre existence séparée qui guide votre vie et survit à votre mort. Comme vous pouvez l'imaginer, cette révélation rend la mort beaucoup plus facile à affronter.

Outre vous préparer à affronter votre propre disparition, la méditation peut vous apprendre comment soutenir ceux que vous aimez à l'approche de la mort. Il vous suffit d'appliquer les principes présentés ici pendant le temps que vous leur consacrez, soit en partageant ce que vous avez découvert dans vos méditations (s'ils sont suffisamment ouverts pour l'entendre), soit en étant présent à leurs côtés avec tout l'amour, l'attention, la confiance, l'ouverture d'esprit et le lâcher-prise que vous pouvez. (Il vous est aussi possible d'encourager leur lâcher-prise en pratiquant avec eux « la respiration Ahhh ». Pour en savoir plus sur la méditation comme préparation à la mort, je vous conseille le livre de Stephen Levine *Healing into Life and Death* ou celui de Sogyal Rinpoché *Le Livre tibétain de la vie et de la mort*.

Le pouvoir curatif des images

Dans son livre *Staying Well with Guided Imagery*, Belleruth Naparstek, psychothérapeute et pionnier des images guidées, cite de très nombreuses recherches établissant trois principes de base sous-tendant le pouvoir curatif des images. Ceux-ci apportent une explication à l'efficacité des méditations proposées dans ce chapitre, qui font grandement appel aux images. (Soit dit en passant, les images peuvent ou non être visuelles ; si vous êtes davantage kinesthésique ou auditif, par exemple, vous pourrez entendre ou sentir ces « images » plutôt que les voir.)

- **Votre corps répond aux images sensorielles comme si elles étaient réelles**. Si vous ne voyez pas très bien ce que je veux dire, rappelez-vous les sensations et les émotions que vous avez éprouvées lors de votre dernier fantasme sexuel ou en vous souvenant de vos dernières vacances. Dans une des études mentionnées dans le livre de Naparstek, il apparaissait que 84 % des personnes exposées à l'urticaire n'avaient aucune réaction lorsqu'elles imaginaient, sous hypnose, que la plante était inoffensive. En d'autres termes, leur corps croyait aux images suscitées par leur esprit et ne provoquait pas d'éruption de boutons ! Plusieurs autres études ont montré que les patients pouvaient utiliser les images positives pour augmenter considérablement le nombre de cellules du système immunitaire (par exemple, les globules blancs ou les neutrophiles) dans leur sang.
- **Dans l'état méditatif, vous pouvez guérir, changer, apprendre, et grandir plus rapidement**. Naparstek parle d'*état modifié* pour désigner un état d'esprit calme, détendu et concentré – exactement l'état cultivé par la méditation. Ce principe s'applique également à la résolution des problèmes et à l'amélioration des performances : il est plus facile d'explorer de nouveaux comportements, d'améliorer ceux existant déjà et de faire des découvertes tactiques dans un état méditatif que dans un état d'esprit ordinaire. (Pour savoir comment être plus performant, voyez la section « La méditation : le meilleur moyen d'être plus performant dans le travail et les loisirs », plus loin dans ce chapitre).
- **Les images procurent un sentiment de maîtrise dans les situations difficiles, réduisant par là même le stress et renforçant l'amour-propre**. Lorsque vous vous battez avec un problème de santé ou une mission de travail difficile, être convaincu de n'avoir aucun contrôle sur le résultat peut entraîner un sentiment d'énervement et d'impuissance. Si vous savez au contraire que vous pouvez utiliser les images pour aider votre corps à guérir ou devenir plus performant, vous retrouvez confiance en vous et espoir en l'avenir. Un grand nombre d'études ont montré que les gens se sentaient mieux et étaient plus efficaces lorsqu'ils étaient persuadés d'avoir un certain contrôle sur leur vie.

À ces principes, Naparstek ajoute que l'émotion amplifie le pouvoir des images. Lorsque vous vous autorisez à éprouver profondément ces images en plus de les connaître totalement de tous vos sens, vous leur conférez un pouvoir de guérison et de transformation personnelle encore plus grand.

Six méditations curatives

Comme je l'ai indiqué en début de chapitre, vous n'avez besoin d'aucun exercice particulier pour profiter des bienfaits curatifs de la méditation – si ce n'est observer une pratique régulière, appuyée sur les instructions fournies tout au long de ce livre. Si vous êtes confronté à un problème de santé chronique (ou désirez tout simplement améliorer votre état de santé général), essayez une ou plusieurs des méditations expliquées ci-dessous. Vous pouvez les ajouter à vos exercices quotidiens, ou bien les pratiquer seuls, pendant une période donnée. À une exception près, elles utilisent toutes des images guidées pour décontracter le corps, diminuer le stress, alléger la souffrance, augmenter le sentiment de maîtrise de soi et mobiliser les ressources curatives. (Je vous conseille les livres de Stephen Levine Healing into Life and Death et de Tulku Thondup L'Infini Pouvoir de guérison de l'esprit selon le bouddhisme tibétain, si vous désirez approfondir ce sujet).

Un endroit tranquille

En décontractant rapidement et facilement le corps, cette méditation peut être utilisée seule, pour faciliter la guérison, ou pratiquée comme exercice préliminaire avant l'une des visualisations curatives présentées ici.

1. **Commencez par vous asseoir confortablement, fermer les yeux et respirer profondément à plusieurs reprises.**
2. **Imaginez-vous dans un lieu sûr, protégé et calme.**

   Il peut s'agir d'un endroit que vous connaissez (un site naturel par exemple – comme une prairie, une forêt ou une plage), d'un lieu que vous avez visité une ou deux fois auparavant ou tout bonnement d'un espace sorti de votre imagination.
3. **Prenez le temps nécessaire pour imaginer cet endroit paisible aussi nettement que possible, de tous vos sens.**

   Observez les couleurs, les formes, les sons, la lumière, la sensation de l'air sur votre peau, le contact de vos pieds avec le sol. Explorez cet endroit du fond du cœur.
4. **Autorisez-vous à demeurer dans les sensations de confort, de sécurité et de tranquillité suscitées par ce lieu.**
5. **Restez-y aussi longtemps que vous le souhaitez.**

   Une fois l'exercice fini, revenez au moment présent et ouvrez les yeux, tout en continuant de profiter des sentiments agréables et positifs.

Le sourire intérieur

En souriant à vos organes internes, vous pouvez leur insuffler l'énergie curative de l'amour. « Dans la Chine traditionnelle, les taoïstes enseignaient qu'un sourire intérieur permanent, un sourire à soi-même, assurait santé, bonheur et longévité », écrit Mantak Chia dans son livre *Éveillez l'énergie curative du tao*. « Sourire à soi-même est comme jouir de l'amour : vous devenez votre propre meilleur ami. » Essayez la méditation suivante, adaptée de son livre.

1. **Commencez par fermer les yeux, formez un demi-sourire avec vos lèvres et amenez l'énergie du sourire dans vos yeux.**

   Sentez le sourire briller à travers vos yeux. Les taoïstes pensent que décontracter les yeux permet d'apaiser l'ensemble du système nerveux.

2. **Lorsque vous sentez vos yeux remplis de l'énergie éclatante de votre sourire, vous pouvez commencer à faire descendre cette énergie dans tout votre corps.**

   Ne vous inquiétez pas si vous ne savez pas très bien comment « faire descendre » cette énergie. Imaginez-la se déplacer et elle le fera ! (À propos, les Taoïstes lui ont donné le nom de *Ch'i* ou *Chi*, nom que l'on retrouve dans des arts martiaux très populaires comme le *Tai chi* et le *Chi Kung* et l'assimilent à la force vitale.)

3. **Amenez l'énergie du sourire dans votre mâchoire et sur votre langue.**

   Comme beaucoup, vous retenez probablement la tension dans votre mâchoire – en la détendant, vous remarquerez une décontraction de tout votre corps.

4. **Descendez le sourire dans votre cou et votre gorge et faites disparaître toute tension à cet endroit-là.**

5. **Laissez l'énergie relaxante du sourire circuler jusqu'à votre cœur, pour le remplir d'amour.**

6. **Depuis votre cœur, laissez l'amour circuler jusqu'aux autres organes internes en les détendant, les assouplissant et les rajeunissant à son passage. Voici l'ordre à suivre :**

   Poumons ; foie (sous la cage thoracique, sur le côté droit), reins (juste sous la cage thoracique, en arrière, de part et d'autre de la colonne vertébrale) ; pancréas et rate (au milieu de l'abdomen).

   Lorsque vous avez fini de faire descendre l'amour à tous ces organes, posez votre sourire sur votre *Tan t'ien* (point situé environ 5 cm au-dessous de votre nombril et 3 cm à l'intérieur du corps).

7. **Amenez de nouveau votre sourire dans vos yeux puis dans votre bouche.**

8. **Produisez un peu de salive, avalez-la et laissez votre sourire la suivre le long de votre système digestif, diffusant la relaxation dans tout votre tube digestif (œsophage, estomac, intestin grêle et côlon).**

9. **Ramenez une fois de plus votre sourire à vos yeux et faites-le descendre au centre de votre colonne vertébrale, vertèbre après vertèbre, jusqu'au coccyx.**

   Gardez le dos bien droit pendant l'exercice.

N'OUBLIEZ PAS

Travailler sur la douleur

Comme la mort, la douleur est un sujet complexe qui mérite à lui seul un chapitre propre (voire un livre entier !). La plupart d'entre nous ne ressentent jamais la douleur physique telle qu'elle est – c'est-à-dire un ensemble de sensations physiques intenses. Nous avons au contraire tendance à réagir à notre douleur – à nous contracter et nous resserrer autour d'elle, à nous battre pour la faire disparaître – et tisser une histoire à son propos que nous superposons sur cette expérience : « Pourquoi moi ? Qu'ai-je fait pour mériter ça ? » ou « C'est insupportable. Je ne m'en sortirai jamais. » En même temps, nous prolongeons notre douleur jusqu'à la transformer en souffrance. (Pour en savoir plus sur la différence entre la douleur et la souffrance, voyez le chapitre 5.)

Arriver à supporter la douleur est possible si vous effectuez un travail d'assouplissement tout autour (au lieu de lui résister) et si vous élargissez votre conscience et votre cœur pour l'incorporer (au lieu de vous durcir et de vous contracter). Si après tout, vous êtes incapable de vous en débarrasser ou de la contenir hors de votre esprit, pourquoi ne pas l'accueillir, voire (il faut bien le dire) d'entrer en amitié avec elle ? Ce n'est possible à faire qu'avec une très grande pratique, c'est pourquoi les méditations proposées tout au long de ce livre constituent une excellente préparation au travail sur la douleur, notamment les exercices de relaxation comme celui décrit au chapitre 6. (Pour plus d'informations sur le sujet, voyez le chapitre 7.)

Vous pouvez envisager de commencer par ouvrir et assouplir les petites douleurs survenant au cours de la méditation assise, puis travailler progressivement sur des douleurs plus importantes (violent mal de tête, mal de gorge ou mal de dos).

Vous pouvez aussi effectuer le travail immédiat de mettre à l'épreuve l'histoire que vous raconte votre esprit et de retourner aux sensations nues de la douleur elle-même – qui sera inévitablement plus supportable que le scénario catastrophe que votre mental n'a de cesse de monter de toutes pièces. Dans son livre *Full Catastrophe Living*, Jon Kabat-Zinn, qui travaille à la clinique de réduction du stress du Centre Médical de l'Université du Massachusetts, sur des patients atteints de maladies chroniques, propose d'aller directement dans les sensations de douleur et de se poser la question : « Quel est le degré de ma douleur en ce moment précis ? » Dans la majeure partie des cas, dit il, vous vous rendrez compte que votre douleur est après tout tolérable.

La douleur intense ayant aussi tendance à faire sortir les problèmes non résolus et les émotions non ressenties accumulés tout au long de la vie, ne soyez pas surpris si vous devez aussi vous tourner vers le chapitre 11 pour y trouver quelques conseils sur les états mentaux difficiles. Enfin, la douleur est dans certains cas un extraordinaire professeur qui vous pousse à approfondir votre méditation et à vous ouvrir au moment présent comme jamais vous ne l'avez encore fait.

10. **Lorsque vous en avez terminé avec votre colonne vertébrale, reposez votre sourire dans votre Tan t'ien et observez comment vous vous sentez.**

    Reposez-vous ainsi pendant quelques minutes avant de reprendre vos activités normales. Une fois l'habitude prise, il ne vous faudra que quelques minutes pour effectuer cet exercice.

Un bon médicament

Si vous souffrez d'une maladie qui requiert un traitement médicamenteux, avaler vos médicaments peut vous procurer un certain dégoût, un jugement négatif ou une aversion face à votre état comme si vous vous sentiez mal foutu ou responsable d'avoir laissé votre corps souffrir. Pendre les médicaments (ou toute autre forme de traitement) en toute conscience permet d'accompagner le traitement d'amour et d'augmenter ainsi considérablement son pouvoir curatif. (Même sans être malade, rien ne s'oppose à ce que vous adoptiez une attitude identique en prenant des vitamines ou des plantes médicinales.) Les Sioux connaissent cela très bien puisqu'ils nomment chaque acte d'amour « bon médicament ».
(La méditation suivante est adaptée du livre de Stephen Levine *Healing Into Life and Death*.)

1. **Commencez par fermer les yeux et tenir les comprimés dans une main pendant quelques instants.**

   Notez la sensation qu'ils produisent : leur poids, leur texture.

2. **Songez que ces médicaments ont le pouvoir d'aider votre corps à guérir.**

   Il est même possible que vous éprouviez de la gratitude à remonter dans votre cœur. Vous faites partie des chanceux : vous avez accès aux soins médicaux, et ces médicaments vous ont été prescrits par un médecin.

3. **Observez toute éventuelle résistance à prendre ces médicaments – peur, honte ou sentiment de réprobation.**

   Laissez ces sentiments monter dans votre conscience et accueillez-les avec gentillesse et compassion.

4. **Détendez-vous et assouplissez votre corps pendant que vous vous préparez à recevoir les comprimés.**

5. **Doucement et avec toute votre attention, déposez-les dans votre bouche et avalez-les avec quelque chose à boire.**

   Sentez-les descendre dans votre œsophage jusqu'à votre estomac puis irradier leur pouvoir curatif comme la douce sensation d'un feu rougeoyant. Ouvrez votre corps pour les recevoir.

6. **Imaginez les médicaments pénétrer dans votre sang et atteindre les zones qui implorent la guérison.**

   Accompagnez les médicaments d'amour et de compassion.

7. **Sentez l'amour et les médicaments inonder et guérir les zones malades.**

   Imaginez toutes les maladies et toute résistance disparaître. Laissez-vous guérir.

8. **Restez assis en silence quelques minutes pendant que les médicaments et l'amour poursuivent leur mission de guérison.**

Guérir avec la lumière

Tout comme il est possible de purifier et d'éliminer vos schémas habituels en suscitant le pouvoir d'êtres ou d'énergies spirituels (voir chapitre 11), il est possible d'accéder à la même source de pouvoir et de lumière pour aider le corps à guérir. Somme toute, la maladie physique et la souffrance émotionnelle ne sont que différentes facettes d'un même problème fondamental – différentes façons de vous éloigner de votre intégralité et de votre santé. Voici un exercice destiné à diriger la lumière aux endroits internes de votre corps qui implorent la guérison.

1. **Commencez par vous asseoir et méditer selon vos habitudes pendant plusieurs minutes.**

   Si vous n'avez pas d'habitudes établies, voyez le chapitre 6 – ou contentez-vous de vous asseoir en silence, de respirer profondément tout en laissant votre corps se décontracter légèrement à chaque expiration.

2. **Imaginez une sphère de lumière suspendue à environ 30 cm au-dessus de votre tête, un peu vers l'avant.**

   En regardant de plus près, vous remarquez que cette sphère a la forme d'un être qui incarne toute l'énergie positive et curative dont vous avez besoin. Cela peut être un personnage spirituel comme Jésus, la Vierge Marie ou le Dalaï-Lama, mais aussi un être ou un objet naturel (soleil, lune, vent, océan, arbre, fleur ou montagne, par exemple).

3. **Imaginez cette sphère irradier de la lumière dans toutes les directions jusqu'aux confins de l'univers.**

   Ce faisant, elle aspire l'énergie de toutes les forces bienfaisantes qui aident à votre guérison dans la sphère.

4. **Imaginez cette énergie curative et positive briller comme la lumière d'un millier de soleils circulant dans votre corps.**

   Imaginez que cette lumière élimine le stress, la toxicité, le désaccord, la maladie et les remplace par le rayonnement, la vitalité et la santé. Vous pouvez imaginer en particulier que vous dirigez cette lumière comme un flambeau vers toutes les zones impliquées dans votre maladie ou votre souffrance. Imaginez cette lumière dissoudre les contractions pour les remplacer par une ouverture d'esprit et un confort et inonder tout point faible de pouvoir et de force.

5. **Continuez d'imaginer cette lumière puissante et curative insuffler chaque cellule et chaque molécule de votre être, vous laissant en bonne santé, apaisé et fort.**
6. **Imaginez que cette sphère lumineuse descende progressivement dans votre cœur où elle continue d'irradier cette puissante lumière curative.**
7. **Imaginez-vous devenu un être lumineux doté d'une sphère lumineuse dans le cœur qui irradie en permanence la santé, l'harmonie, la paix et la vitalité – dans un premier temps à l'ensemble des cellules et particules de votre propre être, puis, à travers vous, à tous les autres êtres, dans toutes les directions.**

   Vous pouvez porter en vous le sentiment de vitalité et de force suscité par cet exercice pendant le reste de la journée.

La respiration Ahhh

Si vous êtes à la recherche d'un moyen d'aider quelqu'un que vous aimez à se rétablir, en dehors de lui acheter des fleurs, lui faire la cuisine ou l'aider dans les tâches ménagères, essayez cette méditation à deux, tirée du travail de Stephen Levine, dont les très nombreux ouvrages ont aidé des milliers de personnes à vivre (et mourir) avec plus d'amour et de conscience. Il écrit dans *Healing into Life and Death* : « c'est l'un des exercices les plus simples et les plus efficaces que nous connaissions pour donner confiance en une guérison définitive jamais bien loin – pour sentir le cœur que nous partageons tous, l'esprit unique de l'être ». Elle peut aussi vous servir à renforcer l'intimité de vos relations avec vos parents, vos enfants, votre partenaire et vos amis. (Si l'autre personne se sent d'attaque, prenez le temps de recevoir aussi la respiration Ahhh en plus de la donner.)

1. **Avant de commencer, décrivez l'exercice à votre partenaire et assurez-vous qu'il n'est pas gêné de le faire.**

   Dites-lui qu'il peut l'interrompre à n'importe quel moment, simplement en levant le bras.

2. **Commencez par faire allonger la personne recevant la respiration Ahhh sur un lit ou par terre.**

   Asseyez-vous près d'elle, au niveau du buste, mais sans la toucher.

3. **Encouragez cette autre personne à se détendre et à respirer confortablement tout en observant les allées et venues de sa respiration.**

   Abandonnez maintenant toute communication verbale jusqu'à la fin de l'exercice.

4. **Commencez à synchroniser votre respiration sur la sienne.**

   Inspirez et expirez en même temps qu'elle. Adaptez-vous à un changement éventuel de rythme et modifiez votre rythme en conséquence.

5. **Après 8 à 10 respirations, commencez à prononcer le son Ahhh sur l'expiration, avec douceur, gentillesse mais de façon audible.**

   À chaque répétition, laissez le son monter d'un endroit un peu plus profond du corps, pour que le « Ahhh » finisse par provenir du fond de votre ventre. Inspirez ensemble en silence, puis dites « Ahhh » sur l'expiration. (Votre partenaire n'a pas besoin de répéter le son.)

6. **Poursuivez cette méditation partagée pendant aussi longtemps que vous vous sentez à l'aise.**

   Lorsque vous avez fini, prenez le temps de discuter avec votre partenaire de vos expériences. Cette pratique à deux provoque des réponses diverses. Certaines personnes se détendent comme elles ne l'ont jamais fait avant, d'autres remarquent une crainte de lâcher prise ou d'être si près de l'autre personne. D'autres enfin ont une vision de paix profonde au-delà de leurs soucis et de leur désarroi habituels. Quelle que soit votre expérience (et celle de votre partenaire), vous pouvez l'accueillir (autant que possible) avec une ouverture d'esprit et une acceptation neutre.

La Grande Mère

Nombre de traditions méditatives présentent un archétype du personnage féminin qui nourrit, guérit et porte la souffrance des autres. Dans la tradition chrétienne, il s'agit de Marie, la mère des douleurs. Dans le bouddhisme, elle est incarnée par Kuan-Yin, littéralement « celui qui est attentif au ton (suppliant) du monde », qui entend et répond aux pleurs du monde. Modelée d'après la bonne mère qui aime ses enfants sans condition, la Grande Mère peut être invoquée sous toutes les formes que vous voulez. Elle possède la capacité d'apaiser votre douleur de sa compassion et de vous aider à guérir en totalité.

1. **Commencez par vous asseoir confortablement, fermer les yeux et respirer profondément à plusieurs reprises en vous décontractant un peu à chaque expiration.**

   Laissez votre ventre s'assouplir.

2. **Portez votre attention sur votre cœur et observez la présence d'une éventuelle douleur ou souffrance à cet endroit-là.**

   Respirez légèrement et en toute conscience sur l'endroit douloureux à l'intérieur du cœur.

3. **Imaginez la présence d'un personnage féminin d'une compassion infinie – la Grande Mère.**

   Sentez ses bras vous entourer et vous tenir dans son étreinte chaleureuse, nourrissante et encourageante. Relâchez-vous complètement et décontractez-vous dans ses bras. Vous n'avez plus besoin de vous soutenir.

4. **À chaque inspiration, aspirez son amour à l'intérieur de votre cœur sous la forme d'une lumière liquide et chaude.**

   À chaque expiration, ressortez toute la souffrance et la maladie sous la forme d'une suie noire, qu'elle reçoit naturellement pour la transformer en lumière.

SAGESSE POPULAIRE

Faire de Grandes Vagues

En feuilletant un ancien texte zen, je suis tombé sur une histoire vraie illustrant le pouvoir de la méditation pour rendre plus performant. C'est l'histoire d'un lutteur de sumo surnommé Grandes Vagues qui est si fort et si compétent qu'il est capable de battre même son professeur. Pourtant, en public il perd sa confiance en lui et ses combats. Il décide alors de demander de l'aide à un maître zen.

Après avoir écouté son histoire, le maître lui demande de passer la nuit dans le temple à méditer, en imaginant qu'il est « les grandes vagues » de son nom. « Imaginez que vous balayez de votre puissance tout ce qui passe devant vous, lui conseille alors le maître. Et vous deviendrez le grand lutteur que vous êtes destiné à être. »

Pendant la nuit, Grandes Vagues se concentre sur l'image de la puissance de la mer. Peu à peu son esprit devient unidirectionnel et, au matin, il est devenu lui-même l'océan indomptable. À partir de ce jour-là, conclut l'histoire, personne dans tout le Japon ne put jamais le battre.

5. **Si vous avez envie de partager votre douleur avec elle par des mots ou des larmes, faites-le.**

   Son cœur infini est rempli de compassion ; elle accueille votre souffrance comme s'il s'agissait de la sienne.

6. **Continuez de vous abandonner dans ses bras et de recevoir son amour dans votre cœur tout en laissant la souffrance et le désarroi lâcher prise.**

   À chaque respiration, vous vous sentez plus complet, plus entier, plus guéri. Sentez progressivement votre propre cœur fondre dans le sien.

7. **Passez autant de temps que vous le désirez en présence de la Grande Mère.**

   Lorsque vous avez terminé, imaginez qu'elle pénètre en vous et vous remplisse de sa présence. Vous êtes la Grande Mère (peu importe que vous soyez un homme ou une femme), son cœur est le vôtre. À partir de ce cœur, vous pouvez rayonner la lumière chaude de la compassion et de la guérison à tous les êtres, en tous lieux. Que tous les êtres soient heureux, en paix et libérés de la souffrance.

La méditation peut vous rendre plus performant au travail et dans vos loisirs

Pour des raisons très similaires à celles de la guérison, la méditation permet de devenir plus performant. En décontractant le corps et réduisant le stress et l'anxiété, vous fonctionnez en effet avec davantage d'efficacité. La méditation favorise les états mentaux positifs comme l'amour, la joie et le bien-être, et facilite la circulation de l'énergie vitale à travers le corps, stimulant la confiance en soi et un sentiment de pouvoir et d'efficacité. Elle éveille également une relation plus profonde avec la source de tout sens et de tout objectif, vous inspirant et vous donnant du tonus dans tout ce que vous faites.

N'OUBLIEZ PAS

La méditation vous enseigne également comment cultiver d'autres qualités et aptitudes qui contribuent naturellement à vous rendre plus performant, quoi que vous fassiez – sport, travail, jardinage, études ou simplement la vaisselle ou le ménage ! En voici une courte liste – si vous en voyez d'autres, faites-le-moi savoir :

- **Une focalisation et une concentration plus fortes** : lorsque vous avez appris à vous concentrer sur une tâche (en suivant votre souffle ou récitant votre mantra), vous êtes ensuite capable de reporter cette faculté dans votre travail ou dans vos loisirs. Il n'y a qu'à observer la capacité de focalisation et de concentration d'athlètes comme Michael Jordan, Steffi Graff ou Zinedine Zidane !
- **Une inattention minimale** : ce léger avantage est l'envers du précédent. Plus vous méditez avec régularité, plus les distractions s'évanouissent rapidement à l'arrière-plan, tandis que votre esprit se pose et se focalise dans une direction donnée. Inutile de préciser que l'on travaille ou joue mieux lorsque l'esprit n'est pas perturbé par le bavardage de millions de pensées hors propos. Comme le yôgi Berra dit un jour à propos du basket-ball, « comment peut-on penser et tirer en même temps ? ».

- **Être présent, sans aucune aspiration** : même si vous avez un objectif en tête – gagner la course, boucler votre projet, mettre la balle dans un minuscule trou à 250 m de distance – le paradoxe est que vous avez davantage de chances de gagner si vous mettez de côté vos objectifs pour ne vous concentrer que sur le mouvement ou la tâche à exécuter à un moment précis.
- **Une clarté perceptive et mentale accrue** : l'un des effets secondaires fortuits de garder l'esprit dans l'instant est d'aiguiser le sens et de rendre l'esprit plus prompt et plus sensible aux détails mineurs – ce qui est, bien évidemment, plus pratique lorsque vous essayez de faire pour le mieux.
- **Une plus grande résistance et une capacité de concentration plus longue** : au fur et à mesure que vous augmentez la durée de vos méditations de 10 à 15 puis 20 minutes ou plus, vous développez peu à peu le pouvoir d'être attentif plus longtemps. Vous n'êtes plus découragé ou épuisé si facilement lorsqu'un travail ou une activité de longue haleine ou très difficile se présente.
- **L'expérience du « flux »** : dans le milieu sportif, on parle de la « zone ». Il s'agit des moments ou des périodes prolongés pendant lesquels vous vous sentez en parfaite synchronisation avec votre corps et votre environnement. Le temps semble se ralentir, les sensations de bien-être et de joie sont plus fortes, vous percevez avec une très grande clarté tout ce qui se produit (et même avant que cela ne se produise) et vous savez avec exactitude ce qu'il vous faut faire ensuite. En cultivant vos pouvoirs de concentration, vous développez la capacité d'entrer dans le « flux » plus facilement, quelle que soit la situation. (Pour en savoir plus sur le « flux », voyez le chapitre 1.)
- **La vision multidimensionnelle des choses** : méditer vous apprend à observer et assister à votre expérience sans vous perdre dans les détails. Cette conscience élargie et globale vous permet de prendre du recul naturellement et d'observer le tableau en entier, ce qui peut s'avérer d'une utilité extrême lorsque vous essayez de résoudre un problème, devancer l'équipe adverse (dans le sport et dans les affaires) ou juste évaluer et améliorer vos performances. Certains grands athlètes racontent même être capables, pendant qu'ils jouent, de voir l'ensemble du jeu comme s'ils étaient en hauteur.
- **La pleine conscience des comportements autodestructeurs** : au fur et à mesure que vous élargissez votre conscience pour y englober vos sensations et procédés mentaux, vous découvrez des schémas répétitifs de pensées et de sensations, à l'origine de votre stress et de votre impossibilité de vous exprimer pleinement (voir chapitre 12).
  En élargissant cette pleine conscience à vos épreuves (au travail ou dans vos loisirs), vous pouvez parvenir à capturer vos schémas autodestructeurs pour les remplacer par des options plus productives et efficaces.

- **L'acceptation de soi et l'absence d'autocritique** : rien ne décourage plus l'enthousiasme et n'entrave plus la réussite que la tendance que nous partageons pour la plupart de nous rabaisser, notamment sous la pression. Mais en méditant régulièrement, vous apprenez à vous accepter tel que vous êtes et à noter les jugements lorsqu'ils surviennent. Puis, quand les choses vont mal, il vous suffit de faire appel à vos aptitudes méditatives pour désamorcer en douceur l'autocritique en vous focalisant sur l'action pour faire au mieux.
- **La compassion et le travail d'équipe** : dans son best-seller *Sacred Hoops*, Phil Jackson décrit comment il a formé une équipe de basketteurs championne du monde en s'inspirant de principes et leçons appris au cours de son étude de la méditation zen. En plus de la focalisation, de la pleine conscience et des autres facteurs évoqués ici, Jackson met l'accent sur le rôle de la compassion (qui peut être cultivée en méditation intentionnellement, voir le chapitre 10). « Au fur et à mesure que ma pratique {méditative} mûrissait, écrit-il, je commençais à apprécier l'importance de jouer avec un cœur ouvert. L'amour est la force qui enflamme l'esprit et soude les équipes entre elles. »

Outre les bénéfices que peut vous procurer une pratique régulière de la méditation, il existe aussi des méditations plus spécifiques pour rendre plus performant. Vous pouvez entre autre utiliser les images guidées pour parvenir à créer un état mental positif et vous préparer avant le déroulement des épreuves. (Pour en savoir plus sur les images guidées, voyez la section précédente.)

Dans son livre *Staying Well with Guided Imagery*, Belleruth Naparstek nomme la première catégorie d'images guidées les *images d'états de sensations* et la seconde les *images d'état de fin*. (Dans l'encadré « Faire de Grandes Vagues », plus haut dans ce chapitre, le lutteur de sumo en utilise une troisième, appelée les images métaphoriques, qui regroupe en fait des éléments des deux.)

Vous avez certainement entendu parler de ces athlètes professionnels aux jeux Olympiques qui utilisaient ces deux catégories d'images dans leur entraînement. Dans les deux prochaines sections, vous allez avoir l'occasion de pratiquer deux méditations destinées à vous forger un état mental positif et à exécuter votre épreuve avec succès.

Favoriser votre créativité

Les personnes créatives disent souvent entrer dans un état modifié ou méditatif lorsqu'elles imaginent ou créent. La méditation nourrit tout naturellement la créativité en vous aidant à contourner votre esprit analytique et exploiter une source d'énergie, de vitalité et d'intuition plus profondes. Les idées et images bouillonnent spontanément en méditation comme si elles provenaient d'une quelconque source collective.

En plus des méditations de base présentées partout dans ce livre, une méditation appelée « les pages matinales », tirée du livre de Julia Cameron *The Artist's Way*, peut stimuler la circulation de votre essence créative. Elle a pour objectif d'éveiller ce que Julia Cameron appelle le cerveau-artiste – la partie enjouée, créative et holistique de votre esprit – et d'esquiver le « Censeur », le critique intérieur qui décourage voire ridiculise vos impulsions créatrices.

La méditation est en elle-même assez simple. Première chose à faire le matin, de préférence au saut du lit : s'asseoir et remplir, à la main, trois pages de tout ce qui vous passe par la tête. Votre texte ne doit pas obligatoirement être bon ni parfaitement correct grammaticalement ; ni même avoir de sens. Ce qui importe est de remplir trois pages. En écrivant sans vérifier ou essayer d'être logique ou intelligent, vous échappez au Censeur tout en dégageant votre esprit de toutes les idées accumulées au cours de la nuit. Vous vous prouvez également qu'il n'est pas besoin de se sentir bien ou d'être de bonne humeur pour créer. Vous pouvez gribouiller des plaintes, des rêves ou des choses à faire, tout ce que vous voulez – vous ne pouvez pas faire d'erreur. Il suffit d'écrire !

Cameron propose quelques conseils pour tirer le meilleur parti de ces pages matinales :

- **Faites l'exercice tous les jours sans exception** : décidez par exemple à l'avance le nombre de semaines pendant lesquelles vous allez pratiquer l'exercice et allez jusqu'au bout de vos intentions. Comme la méditation, les pages matinales peuvent devenir une habitude que vous n'avez pas envie de perdre.
- **Ne les montrez à personne d'autre – et ne les lisez pas vous-même durant au moins les premières semaines**. Cameron suggère de ne pas les lire pendant les huit premières semaines, mais ne vous formalisez pas trop si vous succombez à la curiosité.
- **N'oubliez pas que les opinions négatives du Censeur sont fausses**. Rien ne vous empêche d'inclure les jugements de votre censeur dans vos pages matinales, si vous le souhaitez – mais surtout, n'y croyez pas !

Savourer le succès passé

Voici une méditation qui vise à décontracter votre corps, vous remonter le moral et vous placer dans un état d'esprit positif propice aux prouesses. Commencez, si possible, par la pratiquer plusieurs jours voire plusieurs semaines avant le jour J, de façon à avoir suffisamment de temps pour vous préparer.

1. **Commencez par la méditation de « l'endroit tranquille » présentée dans la section précédente.**

   Autre option : vous pouvez vous contenter de vous asseoir confortablement, de fermer les yeux et de respirer à plusieurs reprises profondément en vous détendant un peu à chaque expiration. Respirez et décontractez-vous ainsi pendant plusieurs minutes.

2. **Souvenez-vous d'une fois où vous avez réussi un exploit identique ou similaire.**

   Si vous n'avez rien fait de ce type auparavant, rappelez-vous de quelque chose que vous avez parfaitement réussi ou accompli avec succès.

3. **Prenez le temps de vous remémorer cet exploit avec autant de vivacité et de détails sensoriels que possible.**

   Où étiez-vous ? Que portiez-vous ? Que faisiez-vous exactement ? Qui d'autre se trouvait avec vous ? Quels sentiments ces exploits évoquent-ils ?

4. **Lorsque vous vous trouvez totalement plongé dans ce souvenir et que les sentiments positifs atteignent leur apogée, choisissez un geste physique qui souligne ces sentiments.**

   Vous pouvez par exemple croiser deux doigts ou poser votre main sur votre ventre.

5. **Laissez progressivement s'évanouir votre souvenir, retournez à votre conscience normale et ouvrez les yeux.**

6. **Pratiquez cette méditation plusieurs fois jusqu'à la date de l'épreuve en répétant à chaque fois le geste physique.**

7. **Le jour J, avant le début de l'épreuve, fermez les yeux pendant un instant et répétez le geste physique.**

   Vous serez surpris de constater que les sentiments positifs reviennent instantanément.

Répéter une épreuve

C'est une chose d'être dans un état d'esprit positif pendant l'épreuve, c'en est une toute autre de savoir avec précision ce que vous faites. Une fois détendu, vous pouvez appliquer les principes méditatifs afin d'ajuster à l'avance votre épreuve pour atteindre votre point culminant au moment crucial.

Voici une méditation similaire aux exercices effectués par les athlètes. Comme le dit Jack Nicklaus dans son livre *Golf My Way* : « Je ne joue jamais une balle, même à l'entraînement, sans en avoir une image très nette et une mise au point dans ma tête. » Je le répète encore une fois, donnez-vous le temps nécessaire de pratiquer avant la survenue de l'épreuve.

1. **Commencez par la méditation de « Un endroit tranquille » présentée dans la section précédente.**

   Autre option : vous pouvez vous contenter de vous asseoir confortablement, de fermer les yeux et de respirer profondément à plusieurs reprises, en vous décontractant un peu à chaque expiration. Respirez et décontractez-vous ainsi pendant plusieurs minutes.

2. **Imaginez-vous accomplissant votre épreuve parfaitement du début à la fin.**

   Essayez d'imaginer un tableau aussi vivant que possible auquel vous apportez le maximum de détails. Si vous vous représentez un match de tennis, par exemple, sentez le contact de la raquette dans votre main, celui des chaussures sur le court ; sentez votre bras se lever, se plier en arrière puis décrire un arc de cercle pour servir ; sentez l'impact de la balle au milieu de votre raquette et ainsi de suite.

   Plusieurs études ont montré que les répétitions kinesthésiques (celles dans lesquelles vous sentiez votre corps effectuer des mouvements) étaient pratiquement aussi efficaces que l'entraînement à proprement parler pour améliorer les performances dans le sport ou toute autre activité physique. Si vous répétez une présentation au boulot, imaginez-vous debout devant un groupe, parlant distinctement, de manière tout à fait convaincante, en faisant passer tous les points importants et ainsi de suite.

3. **Incorporez une dimension d'états de sensations en notant comment vous vous sentez pendant que vous effectuez votre épreuve.**

   Joie intense, sentiment d'excitation, de puissance ou de plaisir peuvent vous submerger. Si vous remarquez de la peur ou de l'appréhension, faites une pause, respirez plusieurs fois profondément, procédez comme d'habitude pour soulager votre peur puis reprenez votre répétition.

4. **Accordez-vous le temps nécessaire pour vous imaginer accomplissant votre épreuve sans la moindre erreur.**

   Si des erreurs apparaissent, arrêtez-vous, corrigez-les puis répétez l'exercice correctement. Au début, la répétition pourra durer aussi longtemps que l'épreuve elle-même. Mais lorsque vous aurez mis au point tous les détails, vous pourrez abréger les répétitions suivantes si vous ne disposez que de peu de temps.

5. **Prenez soin de pratiquer cet exercice plusieurs fois au moins avant la véritable épreuve.**

   Juste avant l'épreuve, arrêtez-vous un instant, fermez les yeux et visionnez une courte version de votre répétition.

EXERCICE

Apprécier la danse du ou

Durant les dix prochaines minutes, observez les manières imperceptibles (ou plus visibles) adoptées par votre esprit pour dire non à la vie – suppression de vos sentiments et de vos impulsions, jugement, voire rejet des autres, refus d'accepter les choses telles qu'elles sont. Vous pouvez par exemple sentir la tristesse monter mais la repousser et ne pas vouloir la ressentir. Ou encore regarder dans un miroir et apporter des retouches à ce que vous voyez, soit en critiquant votre apparence, soit en refusant de voir vos imperfections. Peut-être aussi fermez-vous votre cœur à ceux que vous aimez simplement parce qu'ils ne sont pas à la hauteur de vos attentes.

Vous seriez stupéfait de voir l'énergie consommée par votre esprit pour refuser d'accepter ce qui se passe réellement devant vos yeux.

À l'inverse, pendant les 10 minutes suivantes, appliquez-vous à dire oui. Quelle que soit votre expérience, qui que vous rencontriez, de quelque façon que la vie se présente à vous, remarquez votre tendance à résister et nier, et dites oui à la place. Oui à vos sentiments, oui à votre partenaire ou à vos enfants, oui à votre corps, à votre visage et oui à votre vie. Gardez autant que possible un esprit ouvert, spacieux et attentif. N'hésitez pas bien sûr à changer ce qui ne vous plaît pas, mais prenez auparavant le temps de dire oui à cette chose.

Il se peut que vous soyez tellement habitué à dire non que vous ne savez pas au départ comment dire oui. N'ayez pas peur d'essayer. Se répéter à soi-même le mot « oui » peut aider à démarrer. Peut-être finirez-vous par tant apprécier la danse des oui que vous l'élargirez à tous les domaines de votre vie. Et oui, et oui, et oui !

Cinquième partie

La partie des dix

« Je sais que ce n'est pas aussi exaltant que le saut à l'élastique, mais c'est peut-être le bon moment pour choisir la méditation comme passe-temps. »

Dans cette partie...

Cet espace est consacré aux réponses rapides et aux courtes méditations. La prochaine fois que vous séchez lorsque votre tante Catherine ou votre cousin David vous pose une question sur la méditation, la prochaine fois que vous avez vous-même des questions, la prochaine fois que vous êtes d'humeur à méditer mais ne voulez pas feuilleter le livre entier, examinez les perles qui se trouvent ici.

Chapitre 17

Réponses aux 10 questions les plus souvent posées sur la méditation

La plupart de ceux qui envisagent de s'adonner à la méditation ont quelques questions pour lesquelles il leur faut impérativement une réponse – dès qu'ils commenceront, d'autres arriveront. Vous trouverez donc dans ce chapitre des réponses courtes aux dix des questions les plus posées. Pour approfondir, voyez les explications fournies tout au long de ce livre.

La méditation ne risque-t-elle pas de me rendre trop détendu et trop distant pour réussir à l'école ou dans mon travail ?

Pour beaucoup, la méditation est encore associée à un autre choix de vie impossible, d'où leur crainte de se voir transformé en hippie ou en yôgi nombriliste dès l'instant où ils s'aventureront à s'asscoir en silence pendant une poignée de minutes. La méditation enseigne en réalité comment focaliser son esprit et réduire les distractions afin d'être plus efficace dans ses activités et son travail. Sans compter que tout le monde sait combien il est difficile d'effectuer quoi que ce soit de très bien lorsque l'on est trop tendu. La encore, la méditation aide à se détendre et à réduire l'anxiété pour mieux utiliser (et apprécier) son temps.

Comme je l'ai expliqué plus en détail dans le chapitre 1, la majorité des pratiques méditatives reposent sur l'association concentration/conscience réceptive. La concentration est indispensable pour fixer l'attention sur un objet donné, comme le souffle ou une sensation corporelle. Il vous est possible par la suite d'étendre cette faculté à votre travail, ou toute autre activité. Les psychologues appellent cette absorption totale inhérente à une concentration intense le « *flux* ». Il s'agit d'un état d'esprit où le temps se ralentit, les distractions s'estompent et l'activité se fait sans peine et avec un plaisir extrême.

La conscience réceptive permet d'élargir votre attention pour y englober toute la gamme de vos expériences, tant intérieures qu'extérieures. Les deux réunies – concentration et conscience réceptive – se combinent pour créer cette vigilance décontractée que l'on peut observer chez les grands artistes, les athlètes et adeptes des arts martiaux. On ne peut tout de même pas les accuser de planer ou d'être inefficaces, non ?

Comment trouver le temps de méditer dans un emploi du temps déjà surchargé ?

Le voilà l'éternel problème : le temps ! L'avantage incontestable de la méditation est de ne pas demander tant de temps que cela. Une fois les bases acquises (après avoir lu ce livre, bien sûr), vous pouvez commencer par y consacrer entre 5 et 10 minutes quotidiennement. La meilleure période est généralement le matin, tout du moins au début. Peut-être pouvez-vous vous ménager un court instant de tranquillité entre le brossage des dents et la douche. Où, si vous êtes matinal, apprécier les précieux moments de calme avant le réveil de toute la famille.

Quelle que soit la tranche horaire qui vous convient le mieux, l'important est de pratiquer régulièrement – si possible tous les jours, en sautant un jour de temps en temps (et en vous octroyant parfois une grasse mâtinée le dimanche). L'objectif ici n'est pas de faire de vous un automate, mais de vous donner toutes les chances de pouvoir profiter des très nombreux bénéfices de la méditation. Comme pour l'haltérophilie ou la pratique d'un instrument de musique, vous ne ressentirez les effets de la méditation que si vous êtes régulier.

En méditant assidûment pendant des jours et des semaines, vous commencerez peut-être à remarquer de petits changements dans votre vie – des moments de tranquillité, de paix ou d'harmonie que vous n'avez plus ressentis depuis votre enfance, si tant est que vous ayez connu des moments similaires ! Plus vous en percevrez les bénéfices, plus vous serez motivé pour trouver le temps de pratiquer – voire d'élargir votre créneau horaire jusqu'à 15 ou 20 minutes.

Ne pouvant pas m'asseoir parterre ou croiser les jambes, puis-je méditer sur une chaise ou allongé ?

Oui, tout à fait. En fait, les postures méditatives traditionnelles sont nombreuses. Outre celle assise, vous pouvez aussi adopter la posture debout, allongée, en marchant ou effectuer des mouvements particuliers (que l'on retrouve par exemple dans le Tai chi et la danse soufie). En réalité, toute position que vous pouvez maintenir sans peine convient à la pratique de la méditation. (Pour trouver une posture adéquate, voyez le chapitre 7.) Méditer en position couchée présente évidemment un inconvénient : le risque de vous endormir. Il vous faudra peut-être faire un petit effort (sans que cela vous rende nerveux, il va de soi) pour rester éveillé et concentré. Il est également préférable de vous allonger sur un tapis ou la moquette plutôt que sur votre lit – pour les raisons évidentes dont je viens de parler !

Plus important que le choix de la posture est la question du dos. Qu'en faire ? Si vous êtes affalé vers l'avant ou penché sur le côté, votre corps doit résister à la gravité et vous risquez avec le temps d'avoir mal et de ne pas être capable de conserver cette position au fil des semaines et des mois. Prenez au contraire l'habitude d'étirer votre colonne vertébrale (comme il est expliqué au chapitre 7), excellente position que vous pourrez adopter dans toutes vos activités.

Que faire contre l'agitation et la gêne que je ressens lorsque j'essaye de méditer ?

Pour commencer, savoir que vous n'êtes pas le seul pourra peut-être vous rassurer. Tout le monde, de temps en temps – voire souvent –, est confronté à ces petits problèmes. Sachez que la méditation agit comme un miroir qui vous renvoie votre propre image de vous. Croyez-le ou pas, c'est l'une de ses vertus. Lorsque vous interrompez votre vie active pendant quelques minutes pour vous asseoir en silence, vous pouvez vous rendre compte soudain de toute l'énergie nerveuse et des pensées frénétiques qui vous maintiennent en état de stress depuis tant de temps. Bienvenue dans le monde de la méditation !

Dans un premier temps, la méditation implique de focaliser son attention sur un objet donné – comme le souffle ou un mantra (mot ou expression) – et de la ramener en douceur, comme un chiot espiègle dès qu'elle s'égare. (Voyez le chapitre 6 pour les instructions de base.) Progressivement, vous remarquerez que votre gène et votre agitation s'apaisent d'elles-mêmes.

Lorsque vous avez atteint un niveau de concentration plus profond, commencez à élargir votre conscience pour y incorporer tout d'abord vos sensations puis vos pensées et émotions. À ce stade, vous pouvez explorer, entrer en amitié et enfin accepter cette agitation et cette gêne. Même si ce processus n'est pas des plus faciles, il a des implications très vastes, car il vous enseigne la résistance et la tranquillité d'esprit nécessaires pour accepter les inévitables difficultés dans tous les domaines de la vie. (Pour savoir comment entrer en amitié avec votre expérience, voyez le chapitre 11.)

Que dois-je faire si je peux pas m'empêcher de m'endormir lorsque je médite ?

Comme l'agitation, l'envie de dormir est l'un des obstacles les plus courants sur le chemin de la méditation. (Pour en savoir plus sur les obstacles que vous pourrez rencontrer, voyez le chapitre 12.) Même les plus grands méditants du passé ont fait état de leur lutte contre la somnolence – certains ayant même pris des mesures extrêmes pour rester éveillé, comme notamment s'attacher les cheveux au plafond ou méditer en bordure de falaise ! Si ça ce n'est pas de la détermination !

Pour les autres, c'est-à-dire vous et moi, il existe des solutions moins radicales pour ne pas s'assoupir et garder l'œil vif. Vous pouvez avant toute chose désirer explorer un peu cette envie de dormir. Dans quelle partie du corps se manifeste-t-elle ? S'agit-il simplement d'une pesanteur mentale ou bien êtes-vous également physiquement fatigué ? Peut-être vaudrait-il mieux que vous fassiez un petit somme au lieu de méditer !

Si vous décidez de poursuivre votre méditation, essayez d'ouvrir grand les yeux et de vous asseoir aussi droit que possible pour vous donner un peu de tonus. Si vous avez toujours envie de dormir, levez-vous et promenez-vous ou aspergez-vous le visage d'eau. De toute façon, la somnolence ne doit pas nécessairement vous empêcher de méditer – après tout, une méditation assoupie n'est qu'un moindre mal !

Comment savoir si je médite correctement ? Comment savoir si ma méditation fonctionne ?

Ces deux questions (en réalité les deux versants de la même question) reflètent le perfectionniste présent en chacun de nous qui surveille nos activités pour s'assurer que nous les accomplissons correctement. Ce qu'il y a de formidable avec la méditation, c'est qu'il est impossible de se tromper, à moins de ne rien faire. (C'est en fait ce perfectionniste qui est en cause dans la majeure partie de notre stress et l'objectif de la méditation est de diminuer ce stress, pas de l'intensifier.)

Pendant que vous méditez, mettez (dans la mesure du possible) de côté le perfectionniste et revenez en douceur à votre point de focalisation ici et maintenant. (Pour des instructions détaillées sur la méditation, voyez les autres chapitres de ce livre et notamment le chapitre 6.)

Les expériences que vous pourrez rencontrer au cours de vos méditations – envie de dormir, pensées surchargées, gène physique, agitation, émotion profonde – ne signifient pas que vous êtes dans l'erreur. Au contraire, elles constituent la matière première de vos méditations, les vieux schémas et habitudes qui se transforment progressivement au fur et à mesure que votre méditation s'approfondit. (Voyez le chapitre 11 pour découvrir comment transformer ces vieilles habitudes.)

Pour ce qui est de savoir si votre méditation « marche » ou non, ne vous attendez pas à voir apparaître des lumières clignotantes ou être pris de soudaines secousses d'énergie. Les changements seront plus imperceptibles et vos proches ou vos amis remarqueront peut-être que vous êtes moins irritable ou stressé qu'avant, vous-même vous sentirez plus heureux ou plus paisible à certains moments, sans aucune raison valable. Je le répète encore une fois : ne courrez pas après les résultats, car quand on est impatient, chaque seconde semble durer une éternité. Faites confiance à votre pratique et laissez les changements s'opérer par eux-mêmes.

Puis-je méditer en conduisant ou en travaillant sur mon ordinateur ?

Si pratiquer une méditation traditionnelle est impossible lorsque l'on fait quelque chose d'autre, il reste possible de faire ces choses méditativement. (Pour en savoir plus sur la méditation dans la vie quotidienne, voyez le chapitre 15.) Au cour de vos séance de méditation silencieuse, vous apprenez à rester aussi présent que possible au milieu du déferlement de pensées, d'émotions et de sensations perturbatrices. Lorsque vous vous installez derrière votre volant ou devant votre ordinateur, rien ne vous empêche d'appliquer au moins une partie de la présence consciente et attentive que vous avez acquise pour mieux négocier la circulation dense des heures de pointe ou la préparation d'un rapport. Vous verrez que vous accomplirez l'activité demandée avec moins de peine et de tension et que vous en tirerez davantage de plaisir.

C'est un peu comme faire du sport – du tennis par exemple. Vous devez dans un premier temps travailler sans relâche votre revers. Ensuite, lorsque vous faites un match, vous savez exactement comment faire, même si la situation est devenue beaucoup plus complexe et difficile.

Faut-il que je renonce à mes convictions religieuses pour méditer ?

Certainement pas. En réalité, comme l'ont découvert certains contemplatifs chrétiens et juifs, vous pouvez appliquer les principes et les techniques de base de la méditation à toute tradition ou tendance spirituelle et religieuse. La méditation consiste simplement à faire une pause dans votre vie surchargée, à respirer profondément, à vous asseoir en silence et à tourner votre attention vers l'intérieur. Ce que vous découvrez n'est pas le zen, le soufisme ou la méditation transcendantale mais vous – en entier, avec vos croyances, vos attaches et vos traits de caractère !

Comme William Johnston dans son livre *Zen et connaissance de Dieu* (voir annexe), nombreux sont ceux qui sont convaincus que les méthodes méditatives et leurs racines orientales approfondissent en réalité la relation qu'ils entretiennent avec leur foi occidentale en complétant la prière et la croyance par une expérience directe de l'amour et de la présence de Dieu.

Que dois-je faire si mon partenaire ou d'autres membres de ma famille n'encouragent pas ma pratique ?

J'avoue ne pas avoir de réponse facile à cette question, d'autant plus si vos proches y sont ouvertement hostiles. S'ils ne font que de la résistance ou ont tendance à vous interrompre aux moments inopportuns ou réclamer votre attention lorsque vous commencez à vous apaiser, il serait peut-être judicieux de leur parler et de leur expliquer votre intérêt pour la méditation. Rassurez-les en leur faisant comprendre que passer 5 à 10 minutes par jour à méditer ne signifie pas que vous les aimiez moins. Montrez-leur ce livre – ou prêtez-le-leur pour qu'ils puissent le lire eux-mêmes.

Après quelque temps de pratique, ils s'apercevront peut-être que vous êtes plus heureux d'être là – plus détendu, plus attentif, moins distrait et moins stressé – et leur résistance s'évanouira peu à peu. Qui sait ? Peut-être un jour décideront-il même de se joindre à vous et d'essayer la méditation !

La méditation peut-elle améliorer ma santé ?

Assurément oui. Des centaines d'études ont enquêté sur les bienfaits de la méditation pour la santé et sont arrivées à la conclusion que ceux qui pratiquaient régulièrement la méditation étaient en meilleure santé que les autres. Les méditants présentaient notamment une tension et un rythme cardiaque plus faibles, un taux de cholestérol moins élevé ; des ondes cérébrales plus lentes (en corrélation avec une relaxation plus importante) ; une respiration plus profonde et moins rapide ; un rétablissement plus rapide après un épisode de stress, et des douleurs moins fortes.
(Pour en savoir plus sur les bénéfices de la méditation pour la santé, voyez le chapitre 2.)

En harmonisant le corps et l'esprit, en procurant paix, bien-être et décontraction, la pratique régulière de la méditation facilite la libération des substances chimiques vitales du corps dans le sang et renforce la réponse immunitaire. Certaines techniques mises au point au fil des siècles par les grands méditants du passé (et adaptées à la vie occidentale contemporaine) sont spécifiquement destinées à stimuler le rétablissement. (Pour en savoir plus sur la méditation et la guérison, voyez le chapitre 16.)

Chapitre 18

Mes 10 méditations multi-usages préférées (plus deux)

Voici douze de mes méditations préférées, tirées des pages de ce livre. Je ne les ai pas uniquement choisies parce qu'elles me plaisaient, mais aussi parce qu'elles vous offraient une gamme très vaste de pratiques à essayer, depuis les visualisations élaborées aux techniques de base de la pleine conscience. (Pour en savoir plus sur la pleine conscience, reportez-vous au chapitre 6.) Si vous en avez envie, n'hésitez pas à les essayer directement. Pratiquées régulièrement, elles vous offriront un avant-goût de l'expérience méditative. Si vous n'êtes pas rassasié et en voulez plus, il ne vous reste qu'à feuilleter le reste du livre.

Pratiquer la relaxation

Pour réduire le stress et récolter les autres bénéfices de la relaxation, essayez cet exercice simple pendant 15 à 20 minutes quotidiennes. Appelé « réponse relaxante », il fut mis au point dans les années 1970 par le Dr Herbert Benson, professeur de l'Université de médecine de Harvard. Il repose sur ses recherches sur les bienfaits de la méditation transcendantale.

1. **Trouvez un endroit où vous pouvez vous asseoir en silence et où vous ne serez pas dérangé.**

   Pour plus de détails sur la création d'un environnement propice à la méditation, voyez le chapitre 8.

2. **Asseyez-vous dans une position que vous êtes capable de conserver pendant toute la durée de votre méditation.**

   Pour tout savoir sur les postures assises (avec schémas), voyez le chapitre 7.

3. **Choisissez un objet sur lequel vous allez vous concentrer.**

   Cet « objet » peut être un symbole visuel (une forme géométrique par exemple) ou un *mantra* (c'est-à-dire une syllabe, un mot ou une expression que vous répétez inlassablement). Pour en savoir plus sur les mantras, reportez-vous aux chapitres 3 et 13. Les objets qui ont pour vous un sens personnel ou spirituel profond sont particulièrement efficaces. Gardez autant que possible l'esprit focalisé sur cet objet. Lorsque vous êtes distrait, revenez à votre objet. (Si votre objet est intérieur, fermez les yeux.)

4. **Conservez une attitude réceptive.**

   Laissez les images, les pensées et les sentiments traverser votre esprit sans essayer ni de les retenir, ni de les interpréter. Ne succombez pas à la tentation d'évaluer vos progrès ; contentez-vous de ramener votre attention lorsqu'elle s'égare.

Après un certain temps de pratique régulière, vous pourrez constater que votre corps se décontracte davantage et que votre esprit s'apaise – deux des nombreux bénéfices de la méditation.

Suivre son souffle

Empruntée à la tradition bouddhiste de la pleine conscience, cette pratique fondamentale développe la concentration et vous apprend, par l'intermédiaire de votre souffle, à vivre chaque instant dans le moment présent, quoi que vous fassiez, où que vous soyez. Pour des instructions plus complètes (et davantage d'informations sur la pleine conscience), reportez-vous au chapitre 6.

1. **Commencez par trouver une posture assise confortable que vous serez capable de conserver pendant 10 à 15 minutes.**

   Respirez plusieurs fois profondément en expirant lentement. Sans essayer de contrôler votre respiration, laissez-la trouver sa profondeur et son rythme naturels. À moins d'une incapacité pour divers motifs, respirez toujours par le nez.

2. **Laissez votre attention se poser soit sur la sensation de votre souffle entrant ou sortant des narines soit sur le soulèvement et l'affaissement de votre ventre.**

   Si rien ne vous empêche dans l'absolu d'alterner l'objet de focalisation à chaque séance, il est préférable de n'utiliser qu'un seul point d'attention durant une même méditation – et il est aussi conseillé de l'adopter pour toutes vos pratiques.

3. **Portez toute votre attention sur vos inspirations et vos expirations.**

   Effectuez cet exercice avec la même attention que celle d'une mère veillant sur les mouvements de son jeune enfant – avec amour mais sans relâche, en douceur mais avec précision, en y prêtant une attention détendue mais concentrée.

4. **Lorsque vous vous rendez compte que votre esprit s'est égaré et que vous êtes plongé dans vos pensées, vos rêveries ou la planification de votre journée, ramenez-le en douceur mais fermement à votre souffle.**

   Les images et les pensées continueront certainement à trottiner et tourbillonner dans votre esprit pendant que vous méditez. Ne vous inquiétez pas, contentez-vous de revenir avec patience et fermeté à votre souffle. S'il vous est totalement impossible de suivre votre respiration, essayez de débuter en les comptant (voir chapitre 6).

5. **Continuez cet exercice simple (mais pas facile !) pendant toute la durée de votre méditation.**

   Avec de la pratique, votre esprit se calmera plus rapidement - et vous serez également plus présent et plus attentif dans les autres domaines de votre vie.

La méditation en marchant

Si vous n'avez pas très envie de vous asseoir, essayez la méditation en marchant. Il s'agit d'une très ancienne technique pratiquée dans les monastères et les centres de méditation du monde entier. C'est un moyen extraordinaire d'élargir la pleine conscience développée sur le coussin ou la chaise au monde en mouvement dans lequel nous vivons. Si le temps le permet, marchez dehors ; sinon, faites des va-et-vient chez vous.

1. **Commencez par marcher à allure normale, en suivant vos inspirations et vos expirations.**

2. **Réglez votre respiration sur vos pas.**

   Vous pouvez par exemple faire trois pas à chaque inspiration puis trois autres pendant l'expiration, ce qui, comme vous le constaterez en essayant, est nettement plus lent que l'allure normale. Si vous voulez augmenter ou diminuer votre vitesse, changez simplement le nombre de pas à chaque respiration. Gardez la même allure à chacune de vos marches. (Si vos inspirations et vos expirations sont de longueurs différentes, adaptez vos pas en conséquence.)

3. **En plus de votre respiration, soyez attentif aux mouvements de vos pieds et de vos jambes.**

   Notez le contact de vos pieds avec le sol. Regardez devant vous, à un angle d'environ 45°. S'il vous est trop difficile de suivre votre souffle et d'être en même temps attentif à vos pieds, choisissez l'un des deux et tenez-vous-y. Détendez-vous, marchez avec aisance et facilité.

4. **Poursuivez votre marche attentive et régulière aussi longtemps que vous le désirez.**

   Si votre attention dérive, ramenez-la à votre marche.

Manger en toute conscience

Vous est-il déjà arrivé de terminer un repas en vous demandant qui avait bien pu finir votre assiette ? Voici une méditation qui va vous permettre d'être attentif à ce que vous mettez dans votre bouche. Vous allez savourer ce que vous mangez comme vous ne l'avez encore jamais fait et – en prime – faciliter votre digestion en réduisant le stress ou la tension que vous apportez vous-même à table. (Vous n'aurez probablement pas envie de manger tout le temps avec une telle attention, mais une petite dose de pleine conscience à chaque repas sera néanmoins bénéfique.)

1. **Avant de commencer à manger, prenez le temps d'apprécier votre nourriture.**

   Vous avez peut-être envie, comme dans la tradition zen, de songer à la Terre, aux rayons du soleil qui ont donné la vie à cette nourriture, à l'effort de tous ceux qui ont contribué à l'apporter sur votre table. Vous pouvez aussi exprimer vos remerciements à Dieu ou à l'esprit – ou tout simplement vous asseoir en silence et éprouver de la gratitude pour ce que vous avez. Si vous mangez avec d'autres personnes, tenez-vous par exemple par la main, souriez-vous ou établissez une autre forme de contact.

2. **Portez votre attention sur votre main au moment où vous amenez le premier morceau de nourriture à la bouche.**

   Vous pouvez, comme il est d'usage dans certaines traditions monastiques, manger plus lentement que la normale. Si cela ne vous convient pas, mangez à votre rythme habituel en étant aussi attentif que possible.

3. **Soyez pleinement conscient au moment où la première bouchée pénètre à l'intérieur de votre bouche et inonde vos papilles de sensations.**

   Remarquez la tendance de l'esprit à juger la saveur : « c'est trop épicé ou trop salé » ou encore « ça ne ressemble pas à ce que j'attendais. » Notez toutes les émotions que cette bouchée peut susciter : déception, soulagement, irritation, joie. Observez d'éventuelles répercussions de plaisir ou de chaleur ou toute autre sensation physique. Bon appétit !

4. **Si vous parlez en mangeant, regardez les conséquences de la conversation sur votre état.**

   Certains sujets vous stressent-ils ou rendent-ils votre digestion plus difficile ? La conversation vous empêche-t-elle d'apprécier ce que vous mangez ou bien parvenez-vous à conjuguer les deux ?

5. **Restez attentif à chaque bouchée pendant l'intégralité du repas.**

   C'est probablement la partie de l'exercice la plus difficile car nous avons tendance à nous éloigner dès que nous avons identifié la saveur de notre repas. Pourtant, vous pouvez apprécier son goût nouveau à chaque bouchée. (En cas de distraction, arrêtez-vous et respirez quelques instants avant de reprendre le cours de votre repas.)

À la découverte de la beauté

Même dans les situations les plus chaotiques et les moins attrayantes, vous pouvez être sensible à une qualité ou une dimension de la beauté, si vous voulez bien vous en donnez la peine. C'est comme ces casse-tête en trois dimensions. Au départ, vous n'arrivez même pas à distinguer la forme à l'arrière-plan puis, lorsque vous l'avez perçue, vous n'avez presque même plus besoin de faire attention pour la redécouvrir. La prochaine fois que vous vous trouvez dans une situation ou un lieu peu engageant – pas trop chargé émotionnellement de préférence pour ne pas rendre l'exercice trop difficile –, faites comme suit :

1. **Consacrez un moment à trouver quelque chose de beau.**

   Il peut s'agir d'une pelouse au loin d'un beau vert, d'un bouquet de fleurs sur une table, du rire d'un enfant, d'un joli meuble, voire d'une sensation de chaleur dans votre ventre ou votre cœur.

2. **Respirez profondément, écartez toute sensation de gêne ou de stress et prenez plaisir à regarder la beauté.**

   Laissez cette beauté résonner pendant quelques instants comme si c'était un morceau de musique ou une marche dans la forêt.

3. **Recentrez votre attention sur votre situation présente et notez dans quelle mesure votre attitude a changé.**

   Vous savez à présent qu'il vous est possible de déplacer votre conscience pour voir la beauté à chaque fois que vous en avez envie.

Cultiver la bonté

Voici une méditation destinée à ouvrir votre cœur et initier un flot d'amour inconditionnel (ou *bonté*) pour vous et les autres. Vous pouvez commencer par 5 à 10 minutes de méditation de base en suivant votre souffle par exemple ou relaxant votre corps afin d'approfondir et de stabiliser votre concentration. (Voyez le chapitre 10 pour une description plus détaillée de cette méditation.)

1. **Commencez par fermer les yeux et respirer profondément à plusieurs reprises en décontractant un peu votre corps à chaque expiration.**
2. **Rappelez-vous d'une fois où vous vous êtes senti profondément aimé.**

   Restez plusieurs minutes habité de ce sentiment et laissez votre cœur y répondre. Observez la gratitude et l'amour monter pour cette personne.
3. **Laissez ces sentiments affectueux déborder et progressivement inonder tout votre être.**

   Laissez-vous vous remplir d'amour. Vous avez peut-être envie d'exprimer les souhaits et intentions qui servent de fondements à cet amour. Comme les bouddhistes le font, pourquoi ne pas vous dire « Pourvu que je sois heureux, serein et que je ne souffre pas ». N'hésitez pas à utiliser vos mots à vous. En tant que bénéficiaire, donnez de l'amour sans oublier d'en recevoir aussi.
4. **Lorsque vous avez fait le plein d'amour pour vous-même, imaginez que vous étendiez cet amour à un être cher en utilisant des mots identiques pour exprimer vos intentions.**

   Ne vous pressez pas ; laissez-vous autant que possible le temps de sentir cet amour au lieu de l'imaginer.
5. **Dirigez cette bonté vers tous ceux que vous aimez.**

   Là encore, prenez votre temps.
6. **Dirigez enfin ce sentiment à toutes les personnes et tous les êtres de la Terre.**

   Que tous les êtres soient heureux. Que tous les êtres soient en paix. Que tous les êtres soient libérés de la souffrance.

Assouplir votre ventre

Selon Stephen Levine, professeur de méditation américain, auteur de nombreux ouvrages sur la guérison et la mort, l'état du ventre refléterait l'état du cœur. En assouplissant consciemment votre ventre, vous arrivez à lâcher prise et à vous ouvrir aux sentiments tendres de votre cœur. (La méditation suivante est adaptée de son livre *Guided Meditations, Explorations and Healings*.)

1. **Commencez par vous asseoir confortablement et respirer plusieurs fois profondément.**
2. **Laissez votre conscience s'installer progressivement dans votre corps.**
3. **Laissez votre conscience descendre jusqu'à votre ventre pendant que vous assouplissez cette région en douceur.**

   Lâchez consciemment toute tension ou attachement.
4. **Laissez votre respiration entrer et sortir du ventre.**

   Pendant l'inspiration, votre ventre se soulève ; pendant l'expiration, il retombe.
5. **Continuez d'assouplir votre ventre à chaque respiration.**

   Laissez partir tout sentiment de colère, de peur, de douleur ou de chagrin non résolu que vous pouviez retenir.
6. **Observez les réactions de votre cœur pendant que vous poursuivez l'exercice.**
7. **Après 5 minutes de méditation au moins, ouvrez les yeux et reprenez vos activités normales.**

   De temps en temps, vérifiez votre ventre. Si vous notez un regain de tension, respirez doucement et assouplissez-le.

Guérir avec la lumière

Selon de nombreuses traditions méditatives, la maladie physique et la souffrance émotionnelle ne sont que différentes facettes d'un même problème fondamental – différentes façons de vous éloigner de votre intégralité et de votre santé. Voici un exercice destiné à diriger la lumière aux endroits internes de votre corps qui implorent la guérison.

1. **Commencez par vous asseoir et méditer selon vos habitudes pendant plusieurs minutes.**

Si vous n'avez pas d'habitudes établies, voyez le chapitre 6 – ou contentez-vous de vous asseoir en silence, de respirer profondément tout en laissant votre corps se décontracter légèrement à chaque expiration.

2. **Imaginez une sphère de lumière suspendue à environ 30 cm au-dessus de votre tête, un peu vers l'avant.**

   Comme le soleil, cette sphère incarne et irradie toutes les qualités positives, curatives et harmonieuses que vous désirez le plus manifester dans votre vie actuelle. (Au début, vous avez peut-être envie d'être précis – force, clarté, paix, amour, puis par la suite, initier cette lumière suffira.) Pour vous aider, vous pouvez imaginer un être spirituel comme Jésus ou le Bouddha à la place (ou à l'intérieur) de la sphère.

3. **Imaginez que vous vous impreigniez de toutes ces qualités grâce à la lumière curative, comme si vous preniez un bain de soleil.**

4. **Imaginez cette sphère irradiant la lumière dans toutes les directions jusqu'aux confins de l'univers et aspirant l'énergie de toutes les forces bienfaisantes qui aident à votre guérison dans la sphère.**

5. **Visualisez cette énergie curative et positive briller depuis la sphère comme la lumière d'un millier de soleils circulant dans votre corps et votre esprit.**

   Imaginez que cette lumière élimine toute la négativité et la tension, l'obscurité et la dépression, les soucis et les inquiétudes et les remplace par le rayonnement, la vitalité, la paix et toutes les qualités positives que vous recherchez.

6. **Continuez d'imaginer cette lumière puissante et curative insuffler chaque cellule et chaque molécule de votre être, faisant disparaître toute contraction et blocage pour vous laisser en bonne santé, apaisé et fort.**

7. **Visualisez cette sphère lumineuse descendre progressivement dans votre cœur où elle continue d'irradier cette puissante lumière curative.**

8. **Imaginez-vous devenu un être lumineux doté d'une sphère lumineuse dans le cœur qui irradie en permanence la santé, l'harmonie, la paix et la vitalité – dans un premier temps à l'ensemble des cellules et particules de votre propre être, puis, à travers vous, à tous les autres êtres, dans toutes les directions.**

   Vous pouvez porter en vous le sentiment de vitalité et de force suscité par cet exercice pendant le reste de la journée.

Garder contact avec la terre

Voici un exercice simple qui peut vous aider à redescendre sur terre lorsque vous commencez à sentir que vous vous dispersez et planez.

1. **Commencez par vous asseoir en silence, fermer les yeux et respirer plusieurs fois lentement et profondément.**

   Asseyez-vous si possible sur le sol, le dos droit (voir les positions assises au chapitre 5).

2. **Focalisez votre conscience sur le bas de votre ventre, sur un point situé à environ à 5 cm sous le nombril et 4 cm à l'intérieur du corps.**

   Les artistes guerriers appellent cette région le Tan t'ien et considèrent qu'elle est le point de convergence de l'énergie vitale ou ch'i. Explorez cette zone avec une attention consciente, en notant ce que vous ressentez.

3. **Dirigez votre respiration dans cette région, en l'élargissant pendant l'inspiration et en la contractant pendant l'expiration.**

   Respirez délibérément et consciemment dans votre Tan t'ien pendant au moins 5 minutes, en laissant votre conscience et votre énergie se concentrer à cet endroit-là. Remarquez votre centre de gravité se déplacer depuis le haut du corps à votre Tan t'ien.

4. **Tout en continuant de respirer dans votre Tan t'ien, imaginez que vous soyez un arbre dont les racines s'enfoncent en profondeur sous terre.**

   Ressentez et visualisez ces racines naître dans le Tan t'ien puis s'allonger depuis la base de la colonne vertébrale jusqu'au sol où elles s'enfoncent aussi loin que vous parvenez à l'imaginer.

5. **Sentez et visualisez ces racines aspirer l'énergie de la terre pendant l'inspiration puis cette énergie se diffuser par les racines pendant l'expiration.**

   Continuez de sentir et visualiser cette circulation d'énergie – vers le haut au moment de l'inspiration et vers le bas au moment de l'expiration – pendant 5 à 10 minutes.

6. **Une fois votre tan t'ien rechargé et fortifié, vous pouvez vous lever et reprendre vos activités normales.**

   De temps en temps, arrêtez-vous et imaginez ces racines.

Découvrir le ciel de l'esprit

Voici une courte méditation que vous pouvez pratiquer dès que vous êtes dehors et qui vous donne un avant-goût de l'immensité de votre propre nature essentielle, que les adeptes zen appellent, à raison, « grand esprit ».

1. **De préférence par temps clair, asseyez-vous ou couchez-vous les yeux tournés vers le ciel.**

   Mettez de côté votre esprit analytique pour le moment ainsi que tout ce que vous pensez savoir sur le ciel.

2. **Consacrez plusieurs minutes à contempler l'immensité du ciel, qui semble s'étirer à l'infini dans toutes les directions.**
3. **Laissez progressivement votre esprit s'élargir pour remplir le ciel – de haut en bas, du nord au sud, d'est en ouest.**

   Laissez partir toute notion de frontières personnelles au fur et à mesure que vous remplissez le ciel de votre conscience.

4. **Devenez complètement le ciel et reposez-vous dans l'expérience pendant quelques minutes.**
5. **Revenez petit à petit à votre perception normale de vous-même.**

   Comment vous sentez-vous ? Avez-vous remarqué une quelconque modification dans votre conscience ? Une fois que vous avez pris le tour de main, vous pouvez pratiquer cet exercice sur de courtes périodes, à n'importe quel moment de la journée, pour vous rappeler qui vous êtes – par exemple en promenant le chien le matin ou en regardant par la fenêtre pendant la pause au boulot.

Pratiquer le demi-sourire

Selon le professeur bouddhiste vietnamien Thich Nhât Hanh, il est possible de retrouver sa bonne heure et son bonheur naturel simplement en souriant consciemment, même lorsque le moral n'est pas au rendez-vous. La recherche scientifique actuelle reconnaît que le sourire relaxe les centaines de muscles du visage et procure sur le système nerveux les mêmes effets que le véritable plaisir. Sourire est aussi communicatif et entraîne également les autres à sourire et à être heureux.

1. **Consacrez quelques instants pour former un demi-sourire avec vos lèvres.**

   Observez la réaction des autres parties de votre corps. Votre ventre se détend-il ? Votre dos se redresse-t-il naturellement un petit peu ? Voyez-vous une subtile évolution de votre humeur ? Notez également toute résistance lorsque « vous n'avez pas franchement le cœur à ça. »

2. **Gardez ce demi-sourire pendant au moins 10 minutes lorsque vous reprenez vos activités.**

   Remarquez-vous un changement dans vos agissements ou vos réactions par rapport aux autres ? Répond-on à votre sourire par un sourire ?

3. **La prochaine fois que vous n'avez pas le moral, essayez le demi-sourire pendant une demi-heure et notez ensuite comment vous vous sentez.**

Un endroit tranquille

En décontractant rapidement et facilement le corps, cette méditation peut être utilisée seule pour faciliter la guérison. Elle représente également une sorte de monastère ou de refuge intérieur dans lequel vous pouvez aller lorsque vous vous sentez menacé, peu en sécurité ou stressé.

1. **Commencez par vous asseoir confortablement, fermer les yeux et respirer profondément à plusieurs reprises.**

2. **Imaginez-vous dans un lieu sûr, protégé et calme.**

   Il peut s'agir d'un endroit que vous connaissez (un site naturel par exemple – comme une prairie, une forêt ou une plage), d'un lieu que vous avez visité une ou deux fois auparavant ou tout bonnement d'un espace sorti de votre imagination.

3. **Prenez le temps nécessaire pour imaginer cet endroit paisible aussi nettement que possible, de tous vos sens.**

   Observez les couleurs, les formes, les sons, la lumière, la sensation de l'air sur votre peau, le contact de vos pieds avec le sol. Explorez cet endroit particulier du fond du cœur.

4. **Autorisez-vous à demeurer dans les sensations de confort, de sécurité et de tranquillité suscitées par ce lieu.**

5. **Restez-y aussi longtemps que vous le souhaitez.**

   Une fois l'exercice fini, revenez au moment présent et ouvrez les yeux, tout en continuant de profiter des sentiments agréables et positifs.

Index alphabétique

Achevé d'imprimer par Corlet, Imprimeur, S.A.
14110 Condé-sur-Noireau
N° d'Imprimeur : 70746 - Dépôt légal : avril 2003

Imprimé en France